普通高校"十三五"规划教材·管理科学与工程系列

管理运筹学

何大义　高孝伟 ◎ 编　著

清华大学出版社
北京

内 容 简 介

运筹学是经济管理相关专业的一门必修课程,在企业运营、管理、决策等诸多领域有着十分广泛的应用。本书是在作者多年教学经验的基础上编写而成的,全书共包括12章,基本涵盖了运筹学的基础内容。书中省略了大量的数学原理与相关定理性质等的证明,将较为深奥的运筹学基本原理用尽量浅显的方法加以阐述,更加侧重方法过程的讲解以及求解结论在经济管理上的解释,并介绍了Excel和LINGO软件求解运筹学问题的方法,同时辅以大量的实例讲解、案例应用、练习习题、软件应用等,旨在弱化学习运筹学的数学要求,让运筹学简单化和实用化。本书可为不同层次大学的本科生、研究生以及企业实践人员提供可借鉴的学习教材。

本书封面贴有清华大学出版社防伪标签,无标签者不得销售。
版权所有,侵权必究。举报: 010-62782989,beiqinquan@tup.tsinghua.edu.cn。

图书在版编目(CIP)数据

管理运筹学/何大义,高孝伟编著.—北京:清华大学出版社,2018(2024.8重印)
(普通高校"十三五"规划教材.管理科学与工程系列)
ISBN 978-7-302-50412-2

Ⅰ.①管… Ⅱ.①何… ②高… Ⅲ.①管理学-运筹学-高等学校-教材 Ⅳ.①C931.1

中国版本图书馆CIP数据核字(2018)第122991号

责任编辑:贺　岩
封面设计:汉风唐韵
责任校对:王凤芝
责任印制:丛怀宇

出版发行:清华大学出版社
    网　　址:https://www.tup.com.cn, https://www.wqxuetang.com
    地　　址:北京清华大学学研大厦A座   邮　　编:100084
    社 总 机:010-83470000   邮　　购:010-62786544
    投稿与读者服务:010-62776969, c-service@tup.tsinghua.edu.cn
    质量反馈:010-62772015, zhiliang@tup.tsinghua.edu.cn
印 装 者:北京鑫海金澳胶印有限公司
经　　销:全国新华书店
开　　本:185mm×260mm 印　张:18 字　数:394千字
版　　次:2018年7月第1版   印　次:2024年8月第8次印刷
定　　价:48.00元

产品编号:079620-01

前言

运筹学是一门应用科学,是一门建立在数学模型上的优化理论与方法,在现实企业运营、管理、决策等诸多领域有着十分广泛的应用。自20世纪80年代我国开始恢复管理工程专业以来,运筹学便一直是管理类专业学生的专业基础课或专业主干课。然而,各院校的重点学科不同,特色也存在差异,学生背景和数学基础更是千差万别,对于数学基础不强、非理工科背景的学生或在职研究生来说,学好运筹学具有一定难度。

美国运筹学学会前主席 S. Bonder 认为,运筹学应朝着运筹学应用、运筹科学和运筹数学三个方向发展。正是受此思想引导,很多研究者和教学实践者将更多的精力投入到运筹科学和运筹数学之上,推崇数学模型的精巧、复杂,使用高深的数学工具,而忽视了更有意义的应用研究。而且,随着计算机技术的发展,数学模型的数值计算与分析也越来越依赖于相关的优化软件。但现有运筹学教材较少涉及计算软件的应用,或者使用了一些专用软件,在一定程度上限制了学生学习的深入程度。

本教材的编写人员在长期从事运筹学教学和研究的基础上,依靠丰富的教学经验和对运筹学教学规律的深刻理解,将较为深奥的运筹学基本原理用浅显的方法加以阐述,尽量放弃定理或原理的数学证明和推演过程,侧重方法、结论在经济管理上的解释,弱化复杂的数学推导,使用通用软件求解运筹学问题,以实现运筹学简单化和普及性的需求,为不同层次的本科生、研究生以及企业实践人员提供可借鉴的学习教材。

本教材是在2007年中国大地出版社出版的《运筹学》教材的基础上改编而成,全书共包括12章,第1章至第6章由高孝伟编写,第7章至第12章由何大义编写。李一衍、范传猛、常丹凤、柯晗、周宇晨、张乐乐、杨振、胡淞仁等研究生做了大量的资料收集和校对工作。

在本书的编写过程中,参考了较多国内外流行的运筹学相关教材和专著,在此对这些作者表示衷心的感谢。

尽管我们做了大量认真细致的工作,但是,书中难免存在不足,期待读者不吝指正,以便我们进一步修改完善。

编 者
2018 年 3 月

目 录

第1章 绪论 ··· 1

1.1 概述 ··· 1
1.1.1 运筹学的产生 ··· 1
1.1.2 运筹学的定义和基本原则 ··· 3
1.1.3 运筹学的工作步骤 ··· 3
1.2 运筹学模型的建立 ·· 4
1.2.1 运筹学模型的主要类型 ·· 4
1.2.2 运筹学模型的主要构建方法 ······································· 4
1.3 运筹学在管理中的应用 ··· 5
本章主要知识点 ··· 6
思考题 ··· 6

第2章 线性规划与单纯形法 ··· 7

2.1 线性规划问题及其数学模型 ·· 8
2.1.1 问题提出与线性规划模型的建立 ································· 8
2.1.2 图解法 ·· 10
2.1.3 线性规划问题的标准型 ·· 11
2.1.4 线性规划问题解的概念 ·· 13
2.2 单纯形法 ·· 15
2.2.1 单纯形法的基本原理 ·· 15
2.2.2 单纯形法初始基可行解的确定 ··································· 16
2.2.3 最优性检验与解的判别 ·· 17
2.2.4 单纯形法的计算步骤 ·· 17
2.2.5 单纯形法举例 ·· 23
2.2.6 单纯形法小结 ·· 24
2.3 线性规划模型的建立 ·· 25
2.3.1 合理利用线材问题 ··· 25
2.3.2 合理配料问题 ·· 26
2.3.3 多项目投资问题 ·· 27
本章主要知识点 ··· 28

思考题 ·· 28
　　练习题 ·· 28
　　阅读与分析 ·· 30

第3章　对偶理论与灵敏度分析 ·· 32

　3.1　单纯形法的矩阵描述 ·· 32
　3.2　改进单纯形法 ·· 33
　　3.2.1　改进单纯形法的计算步骤 ·· 33
　　3.2.2　改进单纯形法举例 ·· 34
　3.3　对偶问题及其描述 ·· 38
　　3.3.1　问题的提出 ·· 38
　　3.3.2　对偶问题的数学描述 ·· 39
　3.4　线性规划的对偶理论 ·· 40
　　3.4.1　原问题与对偶问题的关系 ·· 40
　　3.4.2　对偶问题的基本性质 ·· 41
　3.5　对偶问题的经济解释——影子价格 ·· 43
　3.6　对偶单纯形法 ·· 44
　　3.6.1　对偶单纯形法的基本原理 ·· 44
　　3.6.2　对偶单纯形法的计算步骤 ·· 44
　3.7　灵敏度分析 ·· 45
　　3.7.1　资源数量 b 变化的分析 ··· 45
　　3.7.2　技术系数 a_{ij} 变化的分析 ··· 47
　　3.7.3　价值系数 c_j 变化的分析 ··· 49
　本章主要知识点 ·· 51
　思考题 ·· 51
　练习题 ·· 51
　阅读与分析 ·· 53

第4章　整数规划 ·· 55

　4.1　整数规划问题的数学模型及其解法 ·· 55
　　4.1.1　整数规划问题提出与模型建立 ·· 55
　　4.1.2　整数规划问题的解法 ·· 55
　4.2　0-1型整数规划 ·· 59
　　4.2.1　0-1型整数规划问题的提出与模型建立 ·· 59
　　4.2.2　0-1型整数规划问题的解法 ·· 60
　4.3　指派问题 ·· 61
　　4.3.1　指派问题的提出与模型建立 ·· 61
　　4.3.2　指派问题的求解原理与步骤 ·· 62

本章主要知识点	65
思考题	65
练习题	66
阅读与分析	66

第5章 运输问题 · 68

5.1 运输问题的数学模型及其解法 · 68
5.1.1 运输问题的提出与模型的建立 · 68
5.1.2 运输问题的解法——表上作业法 · 69

5.2 运输问题求解时可能遇到的问题 · 76
5.2.1 退化问题 · 76
5.2.2 产销不平衡的运输问题及其解法 · 77

本章主要知识点 · 82
思考题 · 82
练习题 · 82
阅读与分析 · 83

第6章 动态规划 · 84

6.1 动态规划问题的提出 · 84
6.1.1 多阶段决策问题举例 · 84
6.1.2 多阶段决策问题的特点 · 86

6.2 动态规划的基本概念和基本解法 · 87
6.2.1 动态规划的基本概念 · 87
6.2.2 动态规划问题的基本解法 · 88

6.3 动态规划应用举例 · 91
6.3.1 一维资源分配问题 · 91
6.3.2 二维资源分配问题 · 94
6.3.3 产品生产计划安排问题 · 94

6.4 动态规划与静态规划的关系 · 97
6.4.1 逆推解法 · 98
6.4.2 顺推解法 · 99

本章主要知识点 · 100
思考题 · 100
练习题 · 100
阅读与分析 · 101

第7章 图论 · 103

7.1 图的基本概念 · 104

  7.1.1 有向图 …… 104
  7.1.2 无向图 …… 105
  7.1.3 图的基本性质 …… 107
 7.2 树与最支撑小树 …… 107
  7.2.1 图的支撑树 …… 109
  7.2.2 最小支撑树 …… 111
 7.3 最短路问题 …… 115
  7.3.1 问题的提出 …… 115
  7.3.2 无负权图最短路求法 …… 116
  7.3.3 有负权图最短路求法 …… 124
 7.4 网络最大流问题 …… 127
  7.4.1 问题的提出 …… 127
  7.4.2 基本概念 …… 127
  7.4.3 网络最大流的求法 …… 130
 7.5 最小费用最大流问题 …… 133
  7.5.1 问题的提出 …… 133
  7.5.2 最小费用最大流问题的解法 …… 134
 7.6 中国邮递员问题 …… 137
  7.6.1 问题的提出 …… 137
  7.6.2 一笔画问题 …… 137
  7.6.3 奇偶点图上作业法 …… 138
 本章主要知识点 …… 139
 思考题 …… 139
 练习题 …… 140
 阅读与分析 …… 143

第8章 网络计划与优化 …… 144

 8.1 网络图绘制 …… 145
  8.1.1 工程网络图的绘制 …… 145
 8.2 关键路线的确定 …… 148
  8.2.1 网络图的关键路线 …… 148
  8.2.2 时间参数 …… 149
 8.3 网络计划的优化 …… 153
  8.3.1 总工期优化 …… 153
  8.3.2 总工期—成本优化 …… 153
  8.3.3 总工期—资源的优化 …… 156
 本章主要知识点 …… 158
 思考题 …… 158

| 练习题 | 158 |
| 阅读与分析 | 162 |

第9章 存储论 164

- 9.1 基本概念 165
  - 9.1.1 存储系统模型 165
  - 9.1.2 存储论的基本概念 165
- 9.2 确定性存储模型 167
  - 9.2.1 模型一：不允许缺货，备货时间很短 167
  - 9.2.2 模型二：不允许缺货，生产需一定时间 168
  - 9.2.3 模型三：允许缺货，备货时间很短 170
  - 9.2.4 模型四：允许缺货，生产需一定时间 172
  - 9.2.5 其他确定性存储模型 173
- 9.3 随机性存储模型 175
  - 9.3.1 模型五：需求是随机离散的 176
  - 9.3.2 模型六：需求是连续的随机变量 178
  - 9.3.3 模型七：(s, S)型存储策略 180

本章主要知识点 182
思考题 182
练习题 182
阅读与分析 184

第10章 决策论 185

- 10.1 基本概念 185
  - 10.1.1 决策模型要素 185
  - 10.1.2 决策过程 187
  - 10.1.3 决策分类 188
- 10.2 不确定型决策 189
  - 10.2.1 悲观主义准则 190
  - 10.2.2 乐观主义准则 190
  - 10.2.3 折中主义准则 191
  - 10.2.4 等可能性准则 191
  - 10.2.5 最小后悔值准则 192
- 10.3 风险型决策 192
  - 10.3.1 最大期望收益准则 192
  - 10.3.2 最小机会损失准则 193
  - 10.3.3 Bayes决策方法 194
  - 10.3.4 风险型决策的灵敏度分析 197

10.4 效用函数与风险度量 …… 199
 10.4.1 效用函数的定义 …… 199
 10.4.2 风险度量 …… 202

10.5 层次分析法 …… 205
 10.5.1 AHP法的原理 …… 205
 10.5.2 标度及其含义 …… 207
 10.5.3 层次模型 …… 208
 10.5.4 计算方法 …… 209

10.6 多属性决策方法 …… 212
 10.6.1 多属性决策问题的基本概念 …… 212
 10.6.2 属性数据的规范化处理 …… 214
 10.6.3 属性权重确定的常用方法 …… 215
 10.6.4 多属性决策的常用方法 …… 220

本章主要知识点 …… 223
练习题 …… 223
阅读与分析 …… 225

第11章 对策论 …… 226

11.1 基本概念 …… 227
 11.1.1 对策论发展简史 …… 227
 11.1.2 对策模型的基本要素 …… 228
 11.1.3 对策问题建模举例 …… 229
 11.1.4 对策的分类 …… 231

11.2 矩阵对策的数学模型 …… 231

11.3 矩阵对策问题的解法 …… 232
 11.3.1 矩阵对策的纯策略均衡 …… 232
 11.3.2 矩阵对策的混合策略 …… 234

11.4 其他类型的对策问题简介 …… 240
 11.4.1 完全信息静态博弈 …… 241
 11.4.2 完全信息动态博弈 …… 241
 11.4.3 不完全信息静态博弈 …… 242
 11.4.4 不完全信息动态博弈 …… 243

本章主要知识点 …… 244
思考题 …… 244
练习题 …… 244
阅读与分析 …… 246

第 12 章　运筹学问题的软件求解 ·· 247

12.1　Excel 求解运筹学问题 ·· 247
12.1.1　Excel 简介 ·· 247
12.1.2　求解线性规划问题 ·· 251
12.1.3　求解整数规划问题、运输问题、0-1 规划问题 ···················· 254
12.1.4　求解图论问题 ·· 256
12.1.5　求解决策问题 ·· 261
12.2　LINGO 求解运筹学问题 ·· 265
12.2.1　LINGO 基础知识 ·· 265
12.2.2　LINGO 中的常用函数 ··· 267
12.2.3　求解整数规划问题 ·· 268
12.2.4　求解 0-1 规划问题 ··· 269
12.2.5　求解运输问题 ·· 272
12.2.6　求解最大流问题 ·· 273
12.2.7　求解最短路问题 ·· 273

参考文献 ·· 275

第 1 章

绪 论

1.1 概 述

1.1.1 运筹学的产生

运筹学(operations research)作为一门科学产生于 20 世纪 30 年代末。当时以英、美为首的盟军为了对付德军,召集了包括数学家在内的科学家在广泛领域里研究作战或防御方法与策略问题。

补充材料:雷达的发明及早期应用

虽然第一部雷达[①]的发明人无从认定,但是一般会认为最早投入实用的军用雷达是由英国研制的。时任英国国家物理实验室无线电研究室主任的科学家罗伯特·沃特森·瓦特起了关键性的作用。

20 世纪 30 年代初,罗伯特·沃特森·瓦特曾领导利用无线电波探测电离层的研究,他使用阴极射线管接收和显示无线电回波,并计测电波从发射到反射回来的时间,从而确定电离层的高度。

1935 年 1 月,当他受英军委托研究利用电波探测空中飞机的装置时,充分利用已取得的研究成果,迅速研制出对空警戒雷达的试验装置。2 月 26 日,罗伯特·沃特森·瓦特为军事部门领导人进行雷达表演,雷达探测到了 16 千米外的飞机。后来经过改进,到 1936 年 1 月,雷达探测距离已达 120 千米。鉴于雷达所具有的受天候的影响小、观测距离较远等优点,为了对付夜间上浮的德国潜艇,英国人决定将雷达搬上飞机。

1937 年 7 月,世界上第一部机载雷达由英国科学家爱德华·鲍恩领导的研究小组研制成功。鲍恩等人从 1935 年开始研制机载雷达。在 1937 年年中研制出一部小型雷达,并把它安装在一架双发动机的安桑式飞机上——这架安桑式飞机便成为最早载有雷达的飞机。7 月至 9 月,对机载雷达进行了多次试验,证明它可探测到 16 千米以外的水面舰艇。

1939 年 9 月,第二次世界大战爆发。英国政府在罗伯特·沃特森·瓦特的建议下,拨出巨款在沿海一带迅速建造了许多雷达站,构成雷达网。当德国飞机从 80 千米外的海

---

① 雷达是一种利用电磁波探测目标的电子装备,它发射电磁波照射目标并接收其回波,由此来发现目标并测定其位置、运动方向和速度及其他特性。

面向英国本土飞来时,英国雷达站就把这些敌机的架数、航向、速度和抵达英国的时间十分准确地测出来了。这样,德国飞机一进入英国领空,就被英国空军战斗机击落了。

罗伯特·沃特森·瓦特发明的雷达,在第二次世界大战中,使英国避免了生命财产的巨大损失。今天,种类繁多的雷达已广泛应用于航空、航海、气象观测、宇航等方面,为人类社会的发展作出了积极的贡献。

第二次世界大战之前,英国人已经发明了雷达,技术上的问题已经基本解决,但是雷达应用的有效性问题却没有很好解决。德国飞机在利用夜间尤其是进行超低空偷袭时,英国军方并不能及时准确地发现敌机以迅速做好战斗准备。为此,一些数学家开始进行雷达有效布置问题的研究,并取得了显著效果。

除了空袭英国主要城市以外,德国也对英国进行了海上封锁。由于战争的需要,每天大约有几千万吨的军用物资要经由大西洋运到英国,而德军的潜艇和飞机是攻击这些几乎无护航的商船的天敌,大量军用物资无法安全运到。即使在有舰队护航的情况下,面对德军潜艇的"狼群战术",盟军仍然是一筹莫展。为了更有效地达到反潜目的,军方请一些科学家研究反潜深水炸弹的爆炸深度问题,使德国潜艇的损失增加了3倍。而为了对付德军的飞机轰炸,盟军在增加护航的同时,也增加了商船的防空和作战能力,并进行了如何躲避轰炸的研究,提出了"大船急转向、小船缓转向"的有效方法,使得军用物资的损失率大为降低。

第二次世界大战结束以后,在英美军队中正式成立了运筹学组织,专门进行战争战略和策略的研究,其研究成果也开始逐渐运用到经济领域。随着运筹学理论与方法在经济中的应用,非军方的研究组织和机构也相继成立并展开很多专门经济问题的研究,运筹学的研究对象更多地转向了经济领域,形成了许多分支学科。在目前运筹学体系中,主要包括规划论(线性规划、非线性规划、整数规划、参数规划、目标规划、动态规划、随机规划等)、图论与网络计划理论、排队论(随机服务系统理论)、搜索论、库存论、设备维修与更新理论、可靠性理论、质量管理理论、决策论、对策论等,并且研究领域仍然在不断地扩展,一些特定问题的求解方法也在不断地提出和改进,见图1-1。

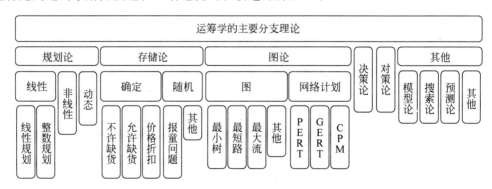

图1-1 运筹学的分支理论体系

运筹学引入我国是20世纪50年代中期,开始译为运用学,1957年正式定名为运筹学。以钱学森、徐国志、华罗庚等为首的一批科学家,进行了大量的引进、推广和研究工作。清华大学、哈尔滨工业大学、吉林工业大学等高等院校也都开设了运筹学课程,国内一批经济管理学、物理学和数学方面的科学家和学者也陆续开始从事运筹学的研究,并取得了丰硕的研究成果。中国运筹学学会[①]和地方的运筹学学会也于20世纪60年代以后陆续成立,形成了一大批从事运筹学研究和推广工作的人员。目前运筹学在我国的经济管理和工程类的专业中已经成为普遍开设的课程。

1.1.2 运筹学的定义和基本原则

运筹学是一门应用科学,也有人称之为应用数学。有许多学者对其进行了定义,也使得到目前为止并没有一个被统一使用和认可的定义。

定义1：为决策机构在对其控制下的业务活动进行决策时,提供以数量化为基础的科学方法。

定义2：是一门应用科学,它广泛用现有的科学技术知识和数学方法,解决实际中提出的专门问题。

定义3：运筹学是一门给出问题不坏的答案的艺术,否则的话问题的结果会更坏。

为了有效地应用运筹学,英国运筹学会前会长托姆林森提出了六项基本原则：

(1) 合伙原则。是指运筹学工作者要和各方面人,尤其是同实际部门工作者合作。
(2) 催化原则。在多学科共同解决问题时,要引导人们改变一些原有的常规看法。
(3) 互相渗透原则。彼此渗透地考虑问题,而不要局限于本部门。
(4) 独立原则。不受他人或部门特殊政策的影响。
(5) 宽容原则。解决问题的思路要宽,方法要多,不能局限于某些特定方法。
(6) 平衡原则。考虑各种矛盾的平衡,关系的平衡。

1.1.3 运筹学的工作步骤

运筹学在解决实际问题的过程中,形成了特有的工作步骤。

(1) 提出和形成问题。即要弄清问题的目标,可能的约束,问题的可控变量以及有关参数,搜集有关资料。
(2) 建立模型。即将问题中的可控变量,参数、目标和约束间的关系用一定的模型加以表示。
(3) 求解。用各种手段求模型的解,包括最优解、次优解、满意解等。
(4) 解的检验。检查解的求解过程和结果有无错误,能否反映现实问题。
(5) 解的控制。通过对解的控制来实现对问题目标的调整和控制。
(6) 解的实施。

---

① 中国运筹学会是中国运筹学工作者的学术性群众团体,是依法成立的社团法人,是中国科学技术协会的组成部分。中国运筹学会共有专业委员会16个、地方分会9个,团体会员30个,个人会员1800多人,集中了全国运筹学最优秀的科研人员。中国运筹学会还主办《运筹学学报》、《运筹与管理》、《中国运筹学会会刊》(*Journal of the Operations Research of China*)三份杂志。资料来源：http://www.orsc.org.cn

1.2 运筹学模型的建立

1.2.1 运筹学模型的主要类型

运筹学在解决实际问题时,总是要对问题的变量、约束、目标等进行一定的数学和物理意义上的描述,这种描述就是模型。模型主要有以下三种。

(1) 形象模型。形象模型包括实体模型和比例模型。实体模型就是将研究对象本身作为研究模型;比例模型即是将研究对象按照一定的比例加以放大或缩小建立的模型。

(2) 模拟模型。模拟模型即是根据相似性原理,通过对某一对象状态和运行机理的研究来达到对本研究对象进行研究的目的。

图 1-2(a)所示为一弹性系数为 K 的弹簧振子,其自然长度为 L_0,重物重量为 W,在外力作用下由平衡位置 A 移至 B,位移为 S,则其运动方程为

$$\frac{\mathrm{d}^2 S}{\mathrm{d}t^2} + \frac{K}{W}S = 0 \tag{1-1}$$

图 1-2(b)所示为 $L-C$ 串联振荡电路,L 为电感的自感系数,C 为电容。当电路开关在 1 处时,电源对电容充电;当电路开关在 2 处时,电容对电感线圈放电,由此产生简谐振荡。假设电容量为 q,在不考虑电阻的情况下,振荡方程为

$$\frac{\mathrm{d}^2 q}{\mathrm{d}t^2} + \frac{1}{LC}q = 0 \tag{1-2}$$

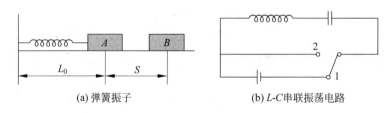

(a) 弹簧振子 (b) L-C 串联振荡电路

图 1-2 运筹学模型

从式(1-1)和式(1-2)可见,弹簧振子和振荡电路具有类似的运动机理,则可以相互进行模拟。

(3) 数学模型。数学模型是用数学符号和数学方法描述变量之间相互作用和因果关系的模型,它是运筹学中最为常见的模型形式。

根据变量的性质不同模型也可以分为离散模型、连续模型;根据数学模型方程特点可以分为代数方程模型、微分方程模型、概率统计模型、逻辑模型等。如果用求解的方法来命名时,有直接最优化模型、数字模拟模型、启发式模型;其他的模型类型不再作更多介绍。

1.2.2 运筹学模型的主要构建方法

运筹学中的建模方法根据对研究对象的认识程度不同也有所不同。对于结构及运动机理十分清楚的研究对象(白箱,white box)、结构及运动机理十分不清楚的研究对象(黑

箱,black box),以及介于两者之间的灰箱(grey box),运筹学建模方法有所不同。

(1) 直接分析法。这种方法适用于白箱。运筹学中的线性规划模型、存储模型等,研究问题不存在任何不确定的因素,可以通过对问题的直接分析建立模型。

(2) 类比法。运用不同研究对象关系或运行机理类似性的特点,加以互相类比建立模拟模型,一般适用于白箱系统。

(3) 数据分析法。对于结构的运行机理并不完全清楚的研究对象,如果可以搜集到其运动状况的大量数据或是通过实验的方法可以获取所需要的数据,则可以通过统计分析建立统计模型,显然它适用于灰箱或黑箱系统。

(4) 实验分析法。对有些机理不清,且无数据可寻的情况,只能通过局部或小范围试验和实验的方法来获取数据以建立模型,这种方法适用于灰箱或黑箱系统。

(5) 构想法。对于黑箱系统,只能依靠想象和逻辑分析建立模型,这种方法称为想定法或构想法。当然,依靠想象和逻辑分析建立的模型可能与实际情况不符,需要对模型不断地修改与完善,直至满意为止。

一般情况下,建立的数学模型可表述为

目标函数:
$$U = f(x_i, a_j, \xi_k) \tag{1-3}$$

约束条件:
$$g(x_i, a_j, \xi_k) \geqslant 0 \tag{1-4}$$

式(1-3)和式(1-4)中,x_i, a_j, ξ_k 分别是决策变量,已知参数,随机变量。

一般而言,需要求出目标函数的最大值或最小值,有时只要求适中或满意即可。评价其最优或满意与否的标准可能只有一个,也可能会有多个。约束条件可能没有,也可能有多个,如果式(1-4)为等式形式,说明问题不受随机因素的影响,为确定性模型,否则为随机性模型。

1.3 运筹学在管理中的应用

运筹学在现实中的应用已经非常普遍,如政法、经济、科技、社会、军事等领域。由于篇幅的限制,仅就运筹在管理中的应用做出重点介绍。

(1) 市场销售。企业生产的产品会有不同的种类,也会面对不同的市场区域或不同的细分市场。因为产品在不同市场上的价格、促销费用、运输费用以及其他营销费用可能有所不同,所以在一定的总产量情况下,在不同地区销售不同量的产品会产生不同的效益。假定企业追求的是总利润的最大化,此时企业可以建立线性规划模型来决定不同产品在不同区域或不同细分市场上的最佳销售量。

(2) 生产计划。无论企业生产什么样的产品或有什么样的产品组合,总是要有各种资源的投入,而企业无论实力如何,其掌控的资源总是有限的。在一定资源总量的前提下,将其分配到不同的产品上去,会产生不同的效益,企业也可以利用线性规划方法进行最佳的生产计划安排。

(3) 库存管理。无论是工业企业,还是商业企业,在生产和经营过程中总要涉及库存问题。比如工业企业要库存一定数量的原材料、燃料、标准件等以保证生产的连续进行；商业企业也要保证一定的商品库存量，以保证不会造成太大的机会损失；除了企业需要有一定的库存以外，国家也要储备一定数量的战略物资和重要的资源，家庭也要备有一定数量的生活必需品。因此，库存问题是日常经济生活中，大到国家小到家庭和个人都不可避免会遇到的问题。运筹学中的库存论就是解决库存问题的专门理论。

(4) 运输管理。运输问题是在当今物流业飞速发展年代面临的一个重要问题，运输可以产生商品的地点效用。不同的运输方式、采用不同的运输工具、不同的运输路线和运输量等因素都会产生不同的经济效果。运筹学中的运输问题模型及其解法，为产销间的物流提供了一种优化的方法。

(5) 财务管理。企业的财务管理涉及融资、投资、利润分配等领域，不同的融资渠道会有不同的融资成本；将一定数量的资金投到不同的投资项目上，投资比例不同也会产生不同的效益；企业利润是留存使用还是分配以及如何分配留存和分配的比例，也会影响到企业的生存和发展。运筹学中的动态规划、目标规划、决策论等为之提供了多种决策方法。

(6) 人力资源管理。人力资源管理主要涉及供需分析、工作安排、招聘、培训、激励、评价、考核与晋升等方面的内容。这些活动总是要占用时间、消耗资源并产生一定的结果，所以不同的计划方案会有不同的经济和社会效果。运筹学中的规划论、图论与网络分析等分支理论为之提供了优化的方法。

(7) 行政管理。运筹学在各级政府的行政管理中也可发挥其特有的作用。比如图论中的方法可以用于选址和布局问题；排队论可以用于一些公共设施、服务机构的规模确定问题；搜索论可以用于提高办公和办事效率问题；决策论可以解决政府决策的科学化问题。

除了上面讨论的应用领域以外，运筹学所能解决的问题几乎可以涉足政治、经济、社会的方方面面，而且随着运筹学的发展，还会出现更多的分支理论和专门的解法。运筹学的应用和运筹科学是未来本学科的一个发展趋势，而且运筹学不仅是解决特定问题的专门理论，还会逐渐向解决复杂大系统的优化问题和综合性问题的方向发展。

本章主要知识点

运筹学的产生及其发展、运筹学的主要分支、运筹学模型的类型及建模方法、运筹学工作流程、运筹学的应用

思 考 题

1. 运筹学主要有哪些定义？其产生的背景是什么？
2. 运筹学中主要包括了哪些内容？
3. 运筹学建模的主要方法有哪些？
4. 运筹学的工作流程是什么？
5. 运筹学在管理中的主要应用领域有哪些？

第 2 章

线性规划与单纯形法

线性规划是运筹学中研究较早、发展较快、应用广泛、方法较成熟的一个重要分支,它是进行辅助科学管理的一种数学方法。在经济管理活动中,提高经济效果是必然要求,而提高经济效果一般通过两种途径:一是技术途径;二是管理途径,即合理安排人、财、物等资源,以达到资源消耗和成本的节约。线性规划是在一组线性约束条件下,寻求用线性函数表示的目标函数取得最优解的问题。即求线性目标函数在线性约束条件下的最大值或最小值的问题。

补充材料:线性规划的产生及其发展

法国数学家傅里叶和瓦莱-普森分别于1832和1911年独立地提出线性规划的想法,但未引起注意。

1939年苏联数学家康托罗维奇在《生产组织与计划中的数学方法》一书中提出线性规划问题,也未引起重视。

1947年美国数学家丹齐克提出求解线性规划的单纯形法,为该学科奠定了基础。

1947年美国数学家冯·诺依曼提出对偶理论,开创了线性规划的许多新的研究领域,扩大了它的应用范围和解题能力。

1951年美国经济学家库普曼斯把线性规划应用到经济领域,为此与康托罗维奇一起获1975年诺贝尔经济学奖。

自20世纪50年代后,对线性规划进行大量的理论研究,并涌现出一大批新的算法。例如,1954年莱姆基提出对偶单纯形法,1954年加斯和萨迪等人解决了线性规划的灵敏度分析和参数规划问题,1956年塔克提出互补松弛定理,1960年丹齐克和沃尔夫提出分解算法等。

线性规划的研究成果还直接推动了其他数学规划问题,包括整数规划、随机规划和非线性规划的算法研究。由于数字电子计算机的发展,出现了许多线性规划软件,如MPSX,OPHEIE,UMPIRE等,可以很方便地求解几千个变量的线性规划问题。

1979年苏联数学家卡倩提出解线性规划问题的椭球算法,并证明它是多项式时间算法。

1984年美国贝尔电话实验室的印度数学家卡马卡提出解线性规划问题的新的多项式时间算法。用这种方法求解线性规划问题在变量个数为5000时只要单纯形法所用时间的1/50。现已形成线性规划多项式算法理论。

2.1 线性规划问题及其数学模型

2.1.1 问题提出与线性规划模型的建立

线性规划是运筹学中的一个重要分支。最早研究线性规划问题的是苏联数学家康托罗维奇,他在 20 世纪 30 年代发表的《生产组织与计划中的数学方法》一书中,就介绍了线性规划问题。1940 年数学家劳莱发展并建立了线性规划模型。1947 年丹齐克提出了一般线性规划问题的求解方法——单纯形法,使得线性规划理论日臻成熟。特别是计算机技术的发展使变量众多的复杂线性规划问题的求解成为可能,也使得线性规划方法有了更为广阔的应用空间。线性规划可以解决很多实际问题,下面仅以几个例子说明线性规划问题的应用领域和线性规划模型的建立。

例 2-1 某企业准备生产甲乙两种产品,需要消耗 A、B、C 三种资源,生产每单位产品对各种资源的消耗量,三种资源的总拥有量,产品的单位利润如表 2-1 所示,假设企业追求利润最大化,试建立该问题的线性规划模型。

表 2-1 两种产品的基本情况

资源＼产品	甲	乙	资源总量（公斤）
A	1	2	18
B	5	2	50
C	0	1	8
单位利润(元)	5	4	

解：设甲乙两种产品的产量分别为 x_1, x_2,则可建立如下的线性规划模型

$$\max Z = 5x_1 + 4x_2$$

$$\begin{cases} x_1 + 2x_2 \leqslant 18 \\ 5x_1 + 2x_2 \leqslant 50 \\ x_2 \leqslant 8 \\ x_1, x_2 \geqslant 0 \end{cases} \tag{2-1}$$

例 2-2 某企业生产甲、乙、丙三种型号手机,其产量主要受原料 A 和工时的限制,基本情况如表 2-2 所示,试建立该问题的线性规划模型。

表 2-2 两种产品的基本情况

资源＼产品		甲	乙	丙	资源总量
原料 A	（公斤）	2	2	4	2000
工时	（小时）	2	3	3	1500
最低生产量	（千部）	100	200	200	—
单位利润	（元）	40	50	100	—

解：设甲、乙、丙三种手机的生产量分别为 x_1,x_2,x_3，根据题意可建立如下线性规划模型

$$\max Z = 40x_1 + 50x_2 + 100x_3$$

$$\begin{cases} 2x_1 + 2x_2 + 4x_3 \leqslant 2000 \\ 2x_1 + 3x_2 + 3x_3 \leqslant 1500 \\ x_1 \geqslant 100 \\ x_2 \geqslant 200 \\ x_3 \geqslant 200 \\ x_1,x_2,x_3 \geqslant 0 \end{cases} \tag{2-2}$$

例 2-3 某企业接到一笔生产 1000 公斤铸铁的订货，其成分要求是含锰量不低于 0.5%，含硅量在 3.5%～5%，铸铁的单价为 0.5 元/公斤。目前企业可用的生铁有三种，性质如表 2-3 所示。纯锰可以直接加入熔化后的铁水中，每熔化 1 公斤适于生铁的费用为 0.05 元。试问企业在生产时应如何选择炉料能使总利润为最大？

表 2-3 三种生铁及纯锰的性质及价格

元素 \ 炉料	生铁 Fe 种类			纯锰 Mn
	甲	乙	丙	
含硅 Si 量 （%）	4	1	2	—
含锰 Mn 量 （%）	0.3	0.2	0.5	100
原料单价 （元/吨）	210	250	150	8000

解：设炉料中甲、乙、丙三种生铁和纯锰的使用量分别为 x_1,x_2,x_3,x_4 公斤

利润函数：$Z = 1000 \times (0.5 - 0.05) - 0.21x_1 - 0.25x_2 - 0.15x_3 - 8x_4$

含硅量限制：$0.04x_1 + 0.01x_2 + 0.02x_3 \geqslant 0.035 \times 1000$

$\qquad\qquad\quad 0.04x_1 + 0.01x_2 + 0.02x_3 \leqslant 0.05 \times 1000$

含锰量限制：$0.003x_1 + 0.002x_2 + 0.005x_3 + x_4 \geqslant 0.005 \times 1000$

订货量限制：$x_1 + x_2 + x_3 + x_4 = 1000$

整理后可得到如下的线性规划模型

$$\min Z = 0.21x_1 + 0.25x_2 + 0.15x_3 + 8x_4$$

$$\begin{cases} 4x_1 + x_2 + 2x_3 \geqslant 3500 \\ 4x_1 + x_2 + 2x_3 \leqslant 5000 \\ 3x_1 + 2x_2 + 5x_3 + 1000x_4 \geqslant 5000 \\ x_1 + x_2 + x_3 + x_4 = 1000 \\ x_1,x_2,x_3,x_4 \geqslant 0 \end{cases} \tag{2-3}$$

从上面的三个例子可以看出，线性规划问题具有下述共性特征：

(1) 每一问题都用一组决策变量 $(x_1,x_2,\cdots,x_n)$ 表示某一方案；这组决策变量的值就代表一个具体方案，一般这些变量值是非负的；

(2) 存在一定的约束条件，它们可用线性等式或不等式表示；

(3) 都有一个要求达到的目标，它们可用决策变量的线性函数表示，称目标函数。根

据问题不同,要求目标函数实现最大化或最小化。

满足上述三个条件的数学模型为线性规划模型,其一般形式为:

目标函数
$$\max(\min)Z = c_1x_1 + c_2x_2 + \cdots + c_nx_n \tag{2-4}$$

资源约束
$$\begin{cases} a_{11}x_1 + a_{12}x_2 + \cdots + a_{1n}x_n(\leqslant, =, \geqslant)b_1 \\ a_{21}x_1 + a_{22}x_2 + \cdots + a_{2n}x_n(\leqslant, =, \geqslant)b_2 \\ \cdots \\ a_{m1}x_1 + a_{m2}x_2 + \cdots + a_{mn}x_n(\leqslant, =, \geqslant)b_m \end{cases} \tag{2-5}$$

非负约束
$$x_1, x_2, \cdots, x_n \geqslant 0 \tag{2-6}$$

2.1.2 图解法

线性规划解法的基本原理源于图解法。下面用例 2-1 说明图解法的基本思想,模型为

$$\max Z = 5x_1 + 4x_2$$

$$\begin{cases} x_1 + 2x_2 \leqslant 18 & (1) \\ 5x_1 + 2x_2 \leqslant 50 & (2) \\ x_2 \leqslant 8 & (3) \\ x_1, x_2 \geqslant 0 & (4) \end{cases}$$

将模型中的资源约束条件变为等式,则在 $x_1 - x_2$ 坐标平面内表现为直线,见图 2-1。再考虑不等式条件,第一个约束为 $x_1 + 2x_2 \leqslant 18$,满足此条件的点集在直线 $x_1 + 2x_2 = 18$ 的左下方。同理,满足约束条件(2)和约束条件(3)的点集分别位于直线 $5x_1 + 2x_2 = 50$ 的左下方和直线 $x_2 = 8$ 的下方。再考虑非负约束条件 $x_1, x_2 \geqslant 0$,即是点集落在 x_1 轴的上方,x_2 轴的右方。同时满足上述所有约束条件的点落在 ODABC 所围成的区域内,该区域称为可行域。

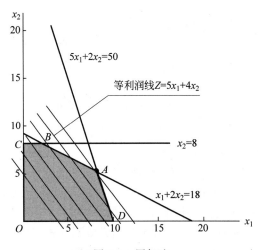

图 2-1 图解法

模型 2-1 中的目标函数为 $Z=5x_1+4x_2$。当给定值 Z 值，则在 x_1-x_2 坐标平面内得到一条直线，变换 Z 值，则得到与原 Z 值对应直线的平行线。各条平行线上的点都有相同的目标函数值，称可称其为等利润线。由于此时在利润函数中，x_1，x_2 的系数均为正值，显然当等利润线向右上方移动时，目标函数值 Z 就会增大；当移动至与 A 点相交时，如果继续向右上方移动，则等利润线上的点已经都不在可行域内了，即是线上的点都不满足约束条件。因此目标函数的最大值只能在 A 点实现。

因为 A 点是直线 $x_1+2x_2=18$ 和直线 $5x_1+2x_2=50$ 的交点，方程联立即可求出 A 点的坐标为 $A(8,5)$，将其代入目标函数即可求出目标函数的最大值为 $Z=60$ 元。

由上面的分析可以得出以下六个主要结论：

(1) 可行域一定是凸集，即该区域内任意两点间连线上的点仍在该区域内；
(2) 线性规划最优解不可能在凸集内的点上实现；
(3) 线性规划问题有可能存在无穷多最优解；
(4) 如果可行域无界，则最优解可能是无界解；
(5) 如果不存在可行域，则没有可行解，也一定不存在最优解；
(6) 图解法只适用于两个决策变量的情况。

2.1.3 线性规划问题的标准型

1. 线性规划问题的标准型

由式(2-4)、(2-5)、(2-6)可见，线性规划问题的目标函数可能是求最大，也可能求最小；约束条件可能是等式，也可能是不等式；变量可能有约束，也可能无约束。规定具有下述条件的线性规划问题为标准型的线性规划问题。

(1) 目标函数为求最大；
(2) 约束条件为等式约束；
(3) 决策变量为非负。

用数学关系式表示上述三个条件为

目标函数

$$\max Z = c_1 x_1 + c_2 x_2 + \cdots + c_n x_n \tag{2-7}$$

约束条件

$$\begin{cases} a_{11}x_1 + a_{12}x_2 + \cdots + a_{1n}x_n = b_1 \\ a_{21}x_1 + a_{22}x_2 + \cdots + a_{2n}x_n = b_2 \\ \cdots \\ a_{m1}x_1 + a_{m2}x_2 + \cdots + a_{mn}x_n = b_m \\ x_1, x_2, \cdots, x_n \geqslant 0 \end{cases} \tag{2-8}$$

式(2-7)可简写为

$$\max Z = \sum_{j=1}^{n} c_j x_j \tag{2-9}$$

式(2-8)可简写为

$$\begin{cases} \sum_{j=1}^{n} a_{ij}x_j = b_i & i=1,2,\cdots,m \\ x_j \geqslant 0 & j=1,2,\cdots,n \end{cases} \quad (2\text{-}10)$$

在标准型的线性规划模型中，规定 $b_i \geqslant 0$，否则等式两端乘 -1 即可。

如果令：$\boldsymbol{C}=(c_1,c_2,\cdots,c_n)$，$\boldsymbol{X}=(x_1,x_2,\cdots,x_n)^{\mathrm{T}}$，$\boldsymbol{P}=(a_{1j},a_{2j},\cdots,a_{mj})^{\mathrm{T}}$，$\boldsymbol{b}=(b_1,b_2,\cdots,b_m)^{\mathrm{T}}$，$\boldsymbol{O}=(0,0,\cdots,0)^{\mathrm{T}}$，则线性规划模型可写成矩阵和向量形式。

目标函数可写为

$$\max Z = \boldsymbol{CX} \quad (2\text{-}11)$$

约束条件可写为

$$\begin{cases} \sum_{j=1}^{n} \boldsymbol{P}_j x_j = \boldsymbol{b} \\ x_j \geqslant 0 \quad j=1,2,\cdots,n \end{cases} \quad (2\text{-}12)$$

标准型线性规划模型若用矩阵描述，表示如下：

$$\begin{aligned} \max Z &= \boldsymbol{CX} \\ \boldsymbol{AX} &= \boldsymbol{b} \\ \boldsymbol{X} &\geqslant 0 \end{aligned} \quad (2\text{-}13)$$

式(2-13)中，$\boldsymbol{A}=(\boldsymbol{P}_1,\boldsymbol{P}_2,\cdots,\boldsymbol{P}_n)=\begin{bmatrix} a_{11} & a_{12} & \cdots & a_{1n} \\ a_{21} & a_{22} & \cdots & a_{2n} \\ \vdots & \vdots & \ddots & \vdots \\ a_{m1} & a_{m2} & \cdots & a_{mn} \end{bmatrix}$ 称为约束条件系数矩阵，$\boldsymbol{C}$ 称为价值系数向量，$\boldsymbol{X}$ 称为决策变量向量，$\boldsymbol{b}$ 称为资源向量。

2. 非标准型线性规划模型向标准型的变换

非标准型线性规划模型向标准型的变换姑且称之为线性规划模型的标准化。

（1）目标函数的标准化。如果原目标函数为 $\min Z = \sum_{j=1}^{n} c_j x_j$，则应将其转化为求最大的形式，可写为 $\max(-Z) = -\sum_{j=1}^{n} c_j x_j$。

（2）约束条件的标准化。如果约束条件为 $\sum_{j=1}^{n} a_{ij}x_j \leqslant b_i$，则不等式左边增加一个非负的变量 x_s，有 $\sum_{j=1}^{n} a_{ij}x_j + x_s = b_i$，$x_s$ 称为松弛变量。如果约束条件为 $\sum_{j=1}^{n} a_{ij}x_j \geqslant b_i$，则不等式左边减去一个非负的变量 x_s，有 $\sum_{j=1}^{n} a_{ij}x_j - x_s = b_i$，此时 x_s 称为剩余变量。

（3）变量的标准化。如果变量可以取正值、负值和 0，称为变量无约束，此时可令：$x_k = x_k' - x_k''$，且 $x_k' \geqslant 0, x_k'' \geqslant 0$。

（4）如果 $x_k \leqslant 0$，则令：$x_k' = -x_k$ 即可。

3．线性规划模型的标准化举例

例 2-4 将式(2-1)标准化

解：引入松弛变量 x_3, x_4, x_5，则目标函数为

$$\max Z = 5x_1 + 4x_2 + 0x_3 + 0x_4 + 0x_5$$

约束条件为

$$\begin{cases} x_1 + 2x_2 + x_3 = 18 \\ 5x_1 + 2x_2 + x_4 = 50 \\ x_2 + x_5 = 8 \\ x_j \geqslant 0 \quad j=1,2,3,4,5 \end{cases}$$

例 2-5 将式(2-3)标准化

解：引入剩余变量 x_5, x_7，松弛变量 x_6，式(2-3)可变为如下的标准型

$$\max(-Z) = -0.21x_1 - 0.25x_2 - 0.15x_3 - 8x_4 + 0x_5 + 0x_6 + 0x_7$$

$$\begin{cases} 4x_1 + x_2 + 2x_3 - x_5 = 3500 \\ 4x_1 + x_2 + 2x_3 + x_6 = 5000 \\ 3x_1 + 2x_2 + 5x_3 + 1000x_4 - x_7 = 5000 \\ x_1 + x_2 + x_3 + x_4 = 1000 \\ x_j \geqslant 0 \quad j=1,2,\cdots,7 \end{cases}$$

例 2-6 将下面的线性规划模型标准化

$$\min Z = -x_1 + 2x_2 - 4x_3$$

$$\begin{cases} -x_1 + 2x_2 + x_3 \leqslant 4 \\ 2x_1 - x_2 + 3x_3 \leqslant -5 \\ x_1, x_2 \geqslant 0, x_3 \text{ 无限制} \end{cases}$$

解：将第二个约束方程乘以 -1，令 $x_3 = x_3' - x_3''$，且 $x_3', x_3'' \geqslant 0$，则标准型为

$$\max(-Z) = x_1 - 2x_2 + 4x_3' - 4x_3'' + 0x_4 + 0x_5$$

$$\begin{cases} -x_1 + 2x_2 + x_3' - x_3'' + x_4 = 4 \\ -2x_1 + x_2 - 3x_3' + 3x_3'' - x_5 = 5 \\ x_1, x_2, x_3', x_3'', x_4, x_5 \geqslant 0 \end{cases}$$

2.1.4 线性规划问题解的概念

(1) 可行解。满足资源约束和非负约束条件的解为可知解。

(2) 最优解。使目标函数达到极值的解为最优解。

(3) 基。设 A 是约束方程组的 $m \times n$ 维系数矩阵，其秩为 m。B 是矩阵 A 中 $m \times m$ 阶非奇异子矩阵($|B| \neq 0$)，则称 B 是线性规划问题的一个基。即矩阵 B 是由 m 个线性独立的列向量组成，不失一般性，此处设

$$B = \begin{bmatrix} a_{11} & a_{12} & \cdots & a_{1m} \\ a_{21} & a_{22} & \cdots & a_{2m} \\ \vdots & \vdots & \ddots & \vdots \\ a_{m1} & a_{m2} & \cdots & a_{mm} \end{bmatrix} = (\boldsymbol{P}_1, \boldsymbol{P}_2, \cdots, \boldsymbol{P}_m)$$

称 $\boldsymbol{P}_j(j=1,2,\cdots,m)$ 为基向量,与基向量对应的变量 $x_j(j=1,2,\cdots,m)$ 称基变量,其余变量为非基变量。因为变量个数为 n,约束方程数 m,且 $m<n$,故式(2-8)有无穷多个解。假设前 m 个变量的系数列向量是线性独立的,这时式(2-8)可以写成

$$\begin{bmatrix} a_{11} \\ a_{21} \\ \vdots \\ a_{m1} \end{bmatrix} x_1 + \begin{bmatrix} a_{12} \\ a_{22} \\ \vdots \\ a_{m2} \end{bmatrix} x_2 + \cdots + \begin{bmatrix} a_{1m} \\ a_{2m} \\ \vdots \\ a_{mm} \end{bmatrix} x_m = \begin{bmatrix} b_1 \\ b_2 \\ \vdots \\ b_m \end{bmatrix} - \begin{bmatrix} a_{1,m+1} \\ a_{2,m+1} \\ \vdots \\ a_{m,m+1} \end{bmatrix} x_{m+1} - \cdots - \begin{bmatrix} a_{1n} \\ a_{2n} \\ \vdots \\ a_{mn} \end{bmatrix} x_n$$

(2-14)

式(2-14)可以写成

$$\sum_{j=1}^{m} \boldsymbol{P}_j x_j = \boldsymbol{b} - \sum_{j=m+1}^{n} \boldsymbol{P}_j x_j \tag{2-15}$$

式(2-14)的一个基是

$$B = \begin{bmatrix} a_{11} & a_{12} & \cdots & a_{1m} \\ a_{21} & a_{22} & \cdots & a_{2m} \\ \vdots & \vdots & \ddots & \vdots \\ a_{m1} & a_{m2} & \cdots & a_{mm} \end{bmatrix} = (\boldsymbol{P}_1, \boldsymbol{P}_2, \cdots, \boldsymbol{P}_m)$$

基变量为 $\boldsymbol{X}_B = (x_1, x_2, \cdots, x_m)^T$,令所有的非基变量为 0,即

$$\boldsymbol{X}_N = (x_{m+1}, x_{m+2}, \cdots, x_n)^T = (0, 0, \cdots, 0)^T$$

则可以求得方程组的一个解: $\boldsymbol{X} = (x_1, x_2, \cdots, x_m, 0, 0, \cdots, 0)^T$。这个解的非 0 分量数目不大于方程组数 m,称 $\boldsymbol{X}$ 为线性规划模型的基解。可见有一个基,就有一个基解。图 2-1 中凸集的各顶点,以及各直线(含两轴)的交点都代表基解。

(4) 基可行解。满足非负约束条件的基解称为基可行解。

(5) 可行基。对应于基可行解的基称为可行基。基的数目最多为 C_n^m 个。

可行解、非可行解、基解、基可行解的关系,如图 2-2 所示。

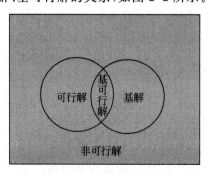

图 2-2 各种解之间的关系

2.2 单纯形法

2.2.1 单纯形法的基本原理

单纯形法是一种求解多变量线性规划模型的有效方法。它的基本思路是首先确定一个初始基可行解,然后判断该基可行解是否为最优解。如果是最优解,则求解过程结束;如果不是最优解,则在此基础上变换找出另一个基可行解,该基可行解的目标函数值应该优于原基可行解。再判断新的基可行解是否为最优解,如果是最优解,则求解过程结束;如果不是最优解,则在此基础上变换再找出另一个新基可行解,如此进行下去,直到找到最优解为止。下面用例 2-1 说明单纯形法的基本原理。

式(2-1)的标准型为

$$\max Z = 5x_1 + 4x_2 + 0x_3 + 0x_4 + 0x_5$$

$$\begin{cases} x_1 + 2x_2 + x_3 = 18 \\ 5x_1 + 2x_2 + x_4 = 50 \\ x_2 + x_5 = 8 \\ x_j \geqslant 0 \quad j = 1,2,3,4,5 \end{cases}$$

因为 x_3, x_4, x_5 的技术系数向量对应一个 3×3 的单位阵,是线性独立的,即可以直接观察得到一个基 $\boldsymbol{B}^{(0)} = (\boldsymbol{P}_3, \boldsymbol{P}_4, \boldsymbol{P}_5)$,对应的基变量为 $\boldsymbol{X}_B^{(0)} = (x_3, x_4, x_5)^\mathrm{T}$,非基变量为 $\boldsymbol{X}_N^{(0)} = (x_1, x_2)^\mathrm{T}$,将非基变量移到等式的右端,有

$$\begin{cases} x_3 = 18 - x_1 - 2x_2 \\ x_4 = 50 - 5x_1 - 2x_2 \\ x_5 = 8 - x_2 \end{cases}$$

令 $x_1 = x_2 = 0$,得到 $\boldsymbol{X}^{(0)} = (0,0,18,50,8)^\mathrm{T}$ $Z^{(0)} = 5x_1 + 4x_2 = 0$

这个解对应企业不生产的情况,两个产品的产量为 0,三种资源全部剩余,因为不生产,所以没有利润。

注意到,现在的目标函数表达式为:$Z^{(0)} = 5x_1 + 4x_2$,只要赋予 x_1, x_2 一定的值,由于其价值系数为正,所以目标函数值 Z 就一定可以加大,即是无论生产产品甲或乙,利润总会提高。因为产品甲的价值系数 5 大于产品乙的价值系数 4,故生产产品甲可能会比生产产品乙利润增长得更快,所以要优先考虑产品甲的生产。生产甲能生产多少呢?显然其产量会受到三种资源的限制,投入产品甲的生产后,必须要保证 x_3, x_4, x_5 不能为负,因为产品乙的产量 x_2 仍然为 0,则有

$$\begin{cases} x_3 = 18 - x_1 - 2x_2 \geqslant 0 \\ x_4 = 50 - 5x_1 - 2x_2 \geqslant 0 \\ x_5 = 8 - x_2 \geqslant 0 \end{cases} \Rightarrow \begin{cases} x_1 \leqslant 18 \\ x_1 \leqslant 10 \\ x_1 \text{ 无约束} \end{cases}$$

即是主要受到第二种资源的限制,使得产品甲最多生产 10 个单位。当生产产品甲 10 个单位时,第二种资源全部用完,即有 $x_4 = 0$。因为 x_3, x_5 均不为 0,即是资源 A 和 C 仍有剩余,所以它们仍然为基变量。

即得到一个新基 $\boldsymbol{B}^{(1)}=(P_3,P_1,P_5)$，对应的基变量为 $\boldsymbol{X}_B^{(1)}=(x_3,x_1,x_5)^{\mathrm{T}}$，非基变量为 $\boldsymbol{X}_N^{(1)}=(x_4,x_2)^{\mathrm{T}}$

$$\begin{cases} x_3 = 18 - \left(10 - \dfrac{2}{5}x_2 - \dfrac{1}{5}x_4\right) - 2x_2 = 8 - \dfrac{8}{5}x_2 + \dfrac{1}{5}x_4 \\ x_1 = 10 - \dfrac{2}{5}x_2 - \dfrac{1}{5}x_4 \\ x_5 = 8 - x_2 \end{cases}$$

令 $x_2=x_4=0$，得到 $\boldsymbol{X}^{(1)}=(10,0,8,0,8)^{\mathrm{T}}$

$$Z^{(1)} = 5(10 - 0.4x_2 - 0.2x_4) + 4x_2 = 50 + 2x_2 - x_4 = 50$$

从目标函数表达式可以看出，x_2 的系数为正值，即增加产品乙的产量还会使目标函数增大，所以解 $\boldsymbol{X}^{(1)}=(10,0,8,0,8)^{\mathrm{T}}$ 不是最优解。在现有资源剩余量的情况下，产品乙的最大产量是多少呢？

$$\begin{cases} x_3 = 8 - \dfrac{8}{5}x_2 + \dfrac{1}{5}x_4 \geqslant 0 \\ x_1 = 10 - \dfrac{2}{5}x_2 - \dfrac{1}{5}x_4 \geqslant 0 \\ x_5 = 8 - x_2 \geqslant 0 \end{cases} \Rightarrow \begin{cases} x_2 \leqslant 5 \\ x_2 \leqslant 25 \\ x_2 \leqslant 8 \end{cases}$$

即还可以生产产品乙 5 个单位，此时有 $x_3=0$。又得到一个新基 $\boldsymbol{B}^{(2)}=(P_2,P_1,P_5)$，对应的基变量为 $\boldsymbol{X}_B^{(2)}=(x_2,x_1,x_5)^{\mathrm{T}}$，非基变量为 $\boldsymbol{X}_N^{(2)}=(x_4,x_3)^{\mathrm{T}}$

$$\begin{cases} x_2 = 5 - \dfrac{5}{8}x_3 + \dfrac{1}{8}x_4 \\ x_1 = 10 - \dfrac{2}{5}\left(5 - \dfrac{5}{8}x_3 + \dfrac{1}{8}x_4\right) - \dfrac{1}{5}x_4 = 8 + \dfrac{1}{4}x_3 - \dfrac{1}{4}x_4 \\ x_5 = 8 - x_2 = 8 - \left(5 - \dfrac{5}{8}x_3 + \dfrac{1}{8}x_4\right) = 3 + \dfrac{5}{8}x_3 - \dfrac{1}{8}x_4 \end{cases}$$

令 $x_3=x_4=0$，得到 $\boldsymbol{X}^{(2)}=(8,5,0,0,3)^{\mathrm{T}}$

$$Z^{(2)} = 5\left(8 + \dfrac{1}{4}x_3 - \dfrac{1}{4}x_4\right) + 4\left(5 - \dfrac{5}{8}x_3 + \dfrac{1}{8}x_4\right) = 60 - \dfrac{5}{4}x_3 - \dfrac{3}{4}x_4 = 60$$

因为此时目标函数表达式中两个非基变量 x_3,x_4 的系数均为负值，则增加它们只会使目标函数减小，故得到的解 $\boldsymbol{X}^{(2)}=(8,5,0,0,3)^{\mathrm{T}}$ 为最优解，目标函数的最大值为 $Z=60$。

2.2.2 单纯形法初始基可行解的确定

单纯形法首先要找到一个初始的可行基，因为一个可行基总是对应一个基可行解。对于目标函数求最大，约束条件为"$\leqslant$"的线性规划问题，总是可以在每一个约束方程上加入一个非负的松弛变量 x_s，由于有 m 个约束方程，故得到一个 $m\times m$ 的单位阵。单位阵是线性独立的，即各松弛变量就可以构成一个初始基。将决策变量与松弛变量编号重新排队，将松弛变量定为前 m 个，可写成如下的形式

$$\begin{cases} x_1 = b_1 - a_{1\,m+1}x_{m+1} - a_{1\,m+2}x_{m+2} - \cdots - a_{1n}x_n \\ x_2 = b_2 - a_{2\,m+1}x_{m+1} - a_{2\,m+2}x_{m+2} - \cdots - a_{2n}x_n \\ \cdots \\ x_m = b_m - a_{m\,m+1}x_{m+1} - a_{m\,m+2}x_{m+2} - \cdots - a_{mn}x_n \end{cases} \quad (2\text{-}16)$$

令：$x_{m+1}=x_{m+2}=\cdots=x_n=0$，则有 $x_i=b_i \quad i=1,2,\cdots,m$

即得到一个初始基可行解：$\boldsymbol{X}^{(0)}=(b_1,b_2,\cdots b_m,\underbrace{0,0,\cdots,0}_{n-m\text{个}})^{\text{T}}$

2.2.3 最优性检验与解的判别

通过单纯形法的基本原理部分的介绍可以发现，经过每一次迭代式(2-16)总可表示为

$$x_i = b'_i - \sum_{j=m+1}^n a'_{ij} x_j \quad i=1,2,\cdots,m \quad (2\text{-}17)$$

将式(2-17)代入目标函数表达式 $Z=\sum_{j=1}^n c_j x_j$ 中

$$Z = \sum_{j=1}^n c_j x_j = \sum_{j=1}^m c_j x_j + \sum_{j=m+1}^n c_j x_j = \sum_{i=1}^m c_i x_i + \sum_{j=m+1}^n c_j x_j$$

$$= \sum_{i=1}^m c_i \Big(b'_i - \sum_{j=m+1}^n a'_{ij} x_j\Big) + \sum_{j=m+1}^n c_j x_j = \sum_{i=1}^m c_i b'_i - \sum_{i=1}^m c_i \cdot \sum_{j=m+1}^n a'_{ij} x_j + \sum_{j=m+1}^n c_j x_j$$

$$= \sum_{i=1}^m c_i b'_i + \sum_{j=m+1}^n \Big(c_j - \sum_{i=1}^m c_i a'_{ij}\Big) x_j$$

令：$Z_0 = \sum_{i=1}^m c_i b'_i \quad z_j = \sum_{i=1}^m c_i a'_{ij} \quad \sigma_j = c_j - z_j, j=m+1,m+2,\cdots,n$，则：

$$Z = Z_0 + \sum_{j=m+1}^n \sigma_j x_j \quad (2\text{-}18)$$

(1) 最优解判别定理。若 $\boldsymbol{X}=(b'_1,b'_2,\cdots,b'_m,0,0,\cdots,0)^{\text{T}}$ 为一个基可行解，且对于 $j=m+1,m+2,\cdots,n$，有 $\sigma_j \leqslant 0$，则 $\boldsymbol{X}$ 为最优解，σ_j 为检验数。

(2) 无穷多解判别定理。若 $\boldsymbol{X}=(b'_1,b'_2,\cdots,b'_m,0,0,\cdots,0)^{\text{T}}$ 为一个基可行解，且对于 $j=m+1,m+2,\cdots,n$，有 $\sigma_j \leqslant 0$，又至少存在一个非基变量的检验数 $\sigma_{m+k}=0$，则线性规划问题有无穷多个最优解。

(3) 无界解判别定理。若 $\boldsymbol{X}=(b'_1,b'_2,\cdots,b'_m,0,0,\cdots,0)^{\text{T}}$ 为一个基可行解，有一个 $\sigma_{m+k}>0$，并且对 $i=1,2,\cdots,m$，有 $a'_{i\,m+k} \leqslant 0$，则线性规划问题为无界解。

2.2.4 单纯形法的计算步骤

1. 目标函数求最大、约束条件为"$\leqslant$"型时的计算步骤

以下讨论单纯形法求解时，模型中参数 a_{ij},b_i,c_j 的含义类同于例 2-1。假设线性规划问题的模型为

目标函数
$$\max Z = c_1x_1 + c_2x_2 + \cdots + c_nx_n \quad (2\text{-}19)$$

约束条件
$$\begin{cases} a_{11}x_1 + a_{12}x_2 + \cdots + a_{1n}x_n \leqslant b_1 \\ a_{21}x_1 + a_{22}x_2 + \cdots + a_{2n}x_n \leqslant b_2 \\ \cdots \\ a_{m1}x_1 + a_{m2}x_2 + \cdots + a_{mn}x_n \leqslant b_m \\ x_1, x_2, \cdots, x_n \geqslant 0 \end{cases} \quad (2\text{-}20)$$

(1) 引入 m 个松弛变量 $x_{n+1}, x_{n+2}, \cdots, x_{n+m}$,变约束条件式(2-20)为等式约束,得到
$$\begin{cases} a_{11}x_1 + a_{12}x_2 + \cdots + a_{1n}x_n + x_{n+1} = b_1 \\ a_{21}x_1 + a_{22}x_2 + \cdots + a_{2n}x_n + x_{n+2} = b_2 \\ \cdots \\ a_{m1}x_1 + a_{m2}x_2 + \cdots + a_{mn}x_n + x_{n+m} = b_m \\ x_j \geqslant 0 \quad j = 1, 2, \cdots, n+m \end{cases} \quad (2\text{-}21)$$

由于松弛变量表示未被利用的资源,所以它们的价值系数为 0,即增加松弛变量后式(2-19)可写为
$$\max Z = c_1x_1 + c_2x_2 + \cdots + c_nx_n + 0x_{n+1} + 0x_{n+2} + \cdots + 0x_{n+m} \quad (2\text{-}22)$$

(2) 列出初始单纯形表。将式(2-21)和式(2-22)的内容填写在规范性的表格中,即得到初始单纯形表,见表 2-4。

表 2-4 初始单纯形表

	$c_j \rightarrow$		c_1	c_2	$\cdots$	c_n	0	0	0	0	$\theta_i = \dfrac{b_i}{a_{ij}{}^*}$
C_B	X_B	b	x_1	x_2	$\cdots$	x_n	x_{n+1}	x_{n+2}	$\cdots$	x_{n+m}	$a_{ij}{}^* > 0$
0	x_{n+1}	b_1	a_{11}	a_{12}	$\cdots$	a_{1n}	1	0	$\cdots$	0	$b_1/a_{1j}{}^*$
0	x_{n+2}	b_2	a_{21}	a_{22}	$\cdots$	a_{2n}	0	1	$\cdots$	0	$b_2/a_{2j}{}^*$
$\cdots$	$\cdots$	$\cdots$	$\cdots$	$\cdots$	$\cdots$	$\cdots$	$\cdots$	$\cdots$	$\cdots$	$\cdots$	
0	x_{n+m}	b_m	a_{m1}	a_{m2}	$\cdots$	a_{mn}	0	0	$\cdots$	1	$b_m/a_{mj}{}^*$
$Z=0$	z_j		0	0	0	0	0	0	0	0	
	$c_j - z_j$				$\cdots$		0	0	0	0	

表 2-4 中不同部分的含义为

c_j——第 j 个变量的价值系数,$j=1,2,\cdots,n+m$;

x_j——第 j 个变量,$j=1,2,\cdots,n$ 为实变量,$j=n+1,n+2,\cdots,n+m$ 为松弛变量;

X_B——基变量,初始表中基变量为 $x_{n+1}, x_{n+2}, \cdots, x_{n+m}$,即松弛变量对应的变量;

C_B——基变量的价值系数,初始表中由于基变量为松弛变量,则均为 0;

b——资源常数向量,$b = b_1, b_2, \cdots, b_m$;

z_j——机会费用,由于生产第 j 个产品一个单位产量而放弃或减少其他产品所造成的利润损失。由于第 j 个产品与目前基变量对应第 i 个产品的技术系数之比为 $a_{ij}:1$,即

每生产一个 j 产品就要减少 a_{ij} 个现有第 i 个产品的生产,其价值系数为 C_{Bi},那么机会费用可以描述为 $C_{Bi}a_{ij}$,显然总机会费用 $z_j = \sum_{i=1}^{m} C_{Bi}a_{ij}, j = 1, 2, \cdots, n+m$;

$c_j - z_j$——称为检验数,由于 c_j 表示每增加一个 j 产品产量所带来的利润,z_j 表示每增加一个 j 产品产量所带来的总机会费用,所以有如下的结论:

当 $c_j - z_j > 0$,投入第 j 个产品会使企业利润增加;

当 $c_j - z_j < 0$,投入第 j 个产品会使企业利润减少;

当 $c_j - z_j = 0$,增大或减小产量,利润不会发生变化。

$\theta_i = \dfrac{b_i}{a_{ij^*}}$——称为判别系数,表示第 i 种资源全部用于生产第 j^* 种产品的最大生产量,或者说是生产第 j^* 种产品对第 i 种资源的消耗量,显然有 $a_{ij^*} > 0$。

(3) 计算 z_j 和 $c_j - z_j$ 的值,确定换入变量。由于只有当 $c_j - z_j > 0$ 时,投入第 j 个产品会使企业利润增加,所以在所有的 $c_j - z_j \leqslant 0$ 时,说明企业利润不可能再增大,问题得到最优解。否则应该选择 $c_j - z_j$ 中最大正值所对应的第 j^* 种产品优先生产,即 $\max_j \{c_j - z_j\} = c_{j^*} - z_{j^*}$。$j^*$ 列所对应的变量 x_{j^*} 称为换入变量,或入基变量。

(4) 计算 θ_i 的值,确定换出变量。因为生产第 j^* 种产品会使企业的利润增加,所以生产得越多,利润也就增加得越多,即生产就要达到最大生产量。因为每种资源都会限制第 j^* 种产品的生产量,所以它至多能生产 $\theta_{i^*} = \min_i \left\{ \dfrac{b_i}{a_{ij^*}} \mid a_{ij^*} > 0 \right\} = \dfrac{b_{i^*}}{a_{i^*j^*}}$。当 $x_{j^*} = \theta_{i^*}$ 时,原 i^* 行所对应的资源全部用完,或第 i^* 种产品不再生产,即 $X_{Bi^*} = 0$ 成为非基变量,称 X_{Bi^*} 为换出变量,或出基变量。$a_{i^*j^*}$ 称为主元素。

(5) 迭代计算。迭代计算就是一个换基过程,即在原基中去掉了 X_{Bi^*},而增加了 X_{j^*},两者在基变量和非基变量中的位置进行了对调,也可以说是产品组合发生的改变。因为企业的产品组合发生了改变,其剩余的资源量、产品的产量、技术系数都会产生相应的变化,迭代就是要求得变化后的情况,这样就产生了一个经过迭代运算的新单纯形表,该表中的元素的计算程序为:

第 1 步:第 i^* 行对应的基变量 X_{Bi^*} 换成 x_{j^*},价值系数 C_{Bi^*} 换成 c_{j^*}。对于表中第 i^* 行所对应约束方程部分有

$$b'_{i^*} = \frac{b_{i^*}}{a_{i^*j^*}} \tag{2-23}$$

$$a'_{i^*j} = \frac{a_{i^*j}}{a_{i^*j^*}} \quad j = 1, 2, \cdots, n+m \tag{2-24}$$

第 2 步:非 i^* 行对应的约束方程部分有

$$b'_i = b_i - b'_{i^*} a_{ij^*} = b_i - b_{i^*} \frac{a_{ij^*}}{a_{i^*j^*}} \tag{2-25}$$

$$a'_{ij} = a_{ij} - a'_{i^*j} a_{ij^*} = a_{ij} - \frac{a_{i^*j} a_{ij^*}}{a_{i^*j^*}} \tag{2-26}$$

(6) 重复(3)至(5)过程,直到所有的 $c_j - z_j \leqslant 0$ 时为止。

例 2-7 用单纯形法求解例 2-1 的线性规划问题。

解：(1) 例 2-1 的标准模型为

$$\max Z = 5x_1 + 4x_2 + 0x_3 + 0x_4 + 0x_5$$

$$\begin{cases} x_1 + 2x_2 + x_3 = 18 \\ 5x_1 + 2x_2 + x_4 = 50 \\ x_2 + x_5 = 8 \\ x_j \geqslant 0 \quad j = 1,2,3,4,5 \end{cases}$$

(2) 根据模型列出单纯形表，并进行迭代运算，见表 2-5。

表 2-5 初始单纯形表及迭代过程

	$c_j \rightarrow$		5	4	0	0	0	
C_B	X_B	b	x_1	x_2	x_3	x_4	x_5	$\theta_i = b_i/a_{ij}^* (>0)$
0	x_3	18	1	2	1	0	0	18
0	x_4	50	(5)	2	0	1	0	10*
0	x_5	8	0	1	0	0	1	—
$Z=0$	z_j		0	0	0	0	0	
	$c_j - z_j$		5*	4	0	0	0	
0	x_3	8	0	(8/5)	1	−1/5	0	5*
5	x_1	10	1	2/5	0	1/5	0	25
0	x_5	8	0	1	0	0	1	8
$Z=50$	z_j		5	2	0	1	0	
	$c_j - z_j$		0	2*	0	−1	0	
4	x_2	5	0	1	5/8	−1/8	0	
5	x_1	8	1	0	−1/4	1/4	0	
0	x_5	3	0	0	−5/8	1/8	1	
$Z=60$	z_j		5	4	5/4	3/4	0	
	$c_j - z_j$		0	0	−5/4	−3/4	0	

(3) 由最终表可给出最优解为：$X = (8,5,0,0,3)^T$，目标函数值为：$\max Z = 60$。

2. 目标函数求最小、约束条件为"$\geqslant$"型时的计算步骤

假设线性规划问题的模型为

目标函数：
$$\min Z = c_1 x_1 + c_2 x_2 + \cdots + c_n x_n \tag{2-27}$$

约束条件：
$$\begin{cases} a_{11} x_1 + a_{12} x_2 + \cdots + a_{1n} x_n \geqslant b_1 \\ a_{21} x_1 + a_{22} x_2 + \cdots + a_{2n} x_n \geqslant b_2 \\ \cdots \\ a_{m1} x_1 + a_{m2} x_2 + \cdots + a_{mn} x_n \geqslant b_m \\ x_1, x_2, \cdots, x_n \geqslant 0 \end{cases} \tag{2-28}$$

(1) 引入 m 个剩余变量 $x_{n+1}, x_{n+2}, \cdots, x_{n+m}$，$m$ 个人工变量 $x_{n+m+1}, x_{n+m+2}, \cdots, x_{n+m+m}$，变约束条件(2-28)为如下形式

$$\begin{cases} a_{11}x_1 + a_{12}x_2 + \cdots + a_{1n}x_n - x_{n+1} + x_{n+m+1} = b_1 \\ a_{21}x_1 + a_{22}x_2 + \cdots + a_{2n}x_n - x_{n+2} + x_{n+m+2} = b_2 \\ \cdots \\ a_{m1}x_1 + a_{m2}x_2 + \cdots + a_{mn}x_n - x_{n+m} + x_{n+m+m} = b_m \\ x_j \geqslant 0 \quad j = 1, 2, \cdots, n+m \end{cases} \quad (2\text{-}29)$$

剩余变量价值系数为 0。由于在引入剩余变量后原不等式约束已经成为等式约束，加入的人工变量 $x_{n+m+1}, x_{n+m+2}, \cdots, x_{n+m+m}$ 是解法所要求的，即要有一个初始解，所以它们在最优解时，一定要等于 0，即线性规划问题如果存在最优解，那么最优解中就不能有人工变量，为此只要在目标函数表达式中加以限制就可以了。当目标函数为 min 时，令

$$C_a = M \quad (2\text{-}30)$$

式(2-30)中，C_a 为人工变量的价值系数，M 为很大的正数，则目标函数表达式为

$$\min Z = c_1 x_1 + \cdots + c_n x_n + 0 x_{n+1} + \cdots + 0 x_{n+m} + M x_{n+m+1} + \cdots + M x_{n+m+m} \quad (2\text{-}31)$$

(2) 列出初始单纯形表。

(3) 计算 z_j 值，并计算 $z_j - c_j$ 值。当所有的 $z_j - c_j \leqslant 0$ 问题得到最优解，否则进入下一步；

(4) 取 $\max_j \{z_j - c_j\} = z_{j^*} - c_{j^*}$ 对应的 x_{j^*} 为换入变量，即 j^* 列为主列，然后根据 $\theta_{i^*} = \min_i \left\{ \dfrac{b_i}{a_{ij^*}} \mid a_{ij^*} > 0 \right\} = \dfrac{b_{i^*}}{a_{i^* j^*}}$ 确定换出变量 X_{Bi^*}，即 i^* 行对应的基变量为换出变量，主元素为 $a_{i^* j^*}$。

(5) 进行迭代计算。

(6) 重复上述过程(3)至(5)，直到所有的 $z_j - c_j \leqslant 0$ 时为止。

注意：如果目标函数为求最大，此时引入人工变量的价值系数为 $-M$。基本含义是：因为人工变量 x_a 是解法要求所人为引进的，故它们在最优解时必须为 0。如果不为 0，则在目标函数中就要减去一个很大的正值，那么目标函数就无法实现最大值，问题无解。

例 2-8 用单纯形法求解下面的线性规划问题。

$$\min Z = 2x_1 + 3x_2 + x_3$$

$$\begin{cases} x_1 + 4x_2 + 2x_3 \geqslant 8 \\ 3x_1 + 2x_2 \geqslant 6 \\ x_1, x_2, x_3 \geqslant 0 \end{cases}$$

解法一：大 M 法

(1) 将第一个约束方程不等式两边同时除以 2，并减去剩余变量 x_4，第二个约束方程减去剩余变量 x_5，加上人工变量 x_6

$$\min Z = 2x_1 + 3x_2 + x_3 + 0x_4 + 0x_5 + Mx_6$$

$$\begin{cases} 0.5x_1 + 2x_2 + x_3 - x_4 = 4 \\ 3x_1 + 2x_2 - x_5 + x_6 = 6 \\ x_1, x_2, \cdots, x_6 \geqslant 0 \end{cases}$$

(2) 列出初始单纯形表,并进行迭代计算,见表 2-6。

表 2-6 初始单纯形表及迭代过程

C_B	X_B	$c_j \rightarrow$ b	2 x_1	3 x_2	1 x_3	0 x_4	0 x_5	M x_6	$\theta_i = b_i/a_{ij}*$ (>0)
1	x_3	4	0.5	2	1	-1	0	0	8
M	x_6	6	(3)	2	0	0	-1	1	2*
$Z=6M+4$		z_j-c_j	$3M-1.5*$	$2M-1$	0	-1	$-M$	0	
1	x_3	3	0	5/3	1	-1	1/6	$-1/6$	
2	x_1	2	1	2/3	0	0	$-1/3$	1/3	
$Z=7$		z_j-c_j	0	0	0	-1	$-1/2$	$1/2-M$	

因为所有的 $z_j-c_j \leqslant 0$ 均为非正,故得到最优解 $\boldsymbol{X}=(2,0,3,0,0,0)^{\mathrm{T}}$, min $Z=7$。

需注意,非基变量 x_2 的检验数 $z_2-c_2=0$,故问题为无穷多最优解。另需注意的是,因为在求解时,第一个约束方程除以 2,会导致其具体问题的经济含义发生改变,所以对实际问题求解时,最好不要进行这样的处理。

解法二:两阶段法

解法一的方法称为"大 M 法"。由于在计算时,表格中存在很大的正值 M,则计算显得不是很方便。此处介绍线性规划模型中存在"$\geqslant$"和"$=$"约束时的另一解法——两阶段法。

第一阶段:目的是检查人工变量能否从基变量中迭代出去,如果不能全部迭代出去,问题显然无解。为此可以设,除人工变量以外的所有变量的价值系数为 0,人工变量 x_a 的价值系数 c_a 做如下的处理:

$c_a=1$,当目标函数为 min 时

$c_a=-1$,当目标函数为 max 时

于是,例 2-6 有如下的初始单纯形表和迭代过程,见表 2-7。

表 2-7 两阶段法的初始单纯形表及迭代过程

C_B	X_B	$c_j \rightarrow$ b	0 x_1	0 x_2	0 x_3	0 x_4	0 x_5	1 x_6	$\theta_i=b_i/a_{ij}*$ (>0)
0	x_3	4	0.5	2	1	-1	0	0	8
1	x_6	6	(3)	2	0	0	-1	1	2*
$Z=6$		z_j-c_j	3*	2	0	0	-1	0	
0	x_3	3	0	5/3	1	-1	1/6	$-1/6$	
0	x_1	2	1	2/3	0	0	$-1/3$	1/3	
$Z=0$		z_j-c_j	0	0	0	0	-1		

因为人工变量已经从基变量中迭代出去,则进入第二阶段。

第二阶段:将表 2-7 中最终表的价值系数还原,并去掉人工变量列,重新计算检验数

以判断解的性质,见表 2-8。

表 2-8 第二阶段单纯形表

C_B	X_B	b	x_1	x_2	x_3	x_4	x_5	$\theta_i = b_i/a_{ij} \cdot (>0)$
$c_j \to$			2	3	1	0	0	
1	x_3	3	0	5/3	1	-1	1/6	
2	x_1	2	1	2/3	0	0	$-1/3$	
$Z=7$	$z_j - c_j$		0	0	0	-1	$-1/2$	

因为所有的 $z_j - c_j \leqslant 0$ 均为非正,故得到最优解 $\boldsymbol{X} = (2,0,3,0,0,0)^\mathrm{T}$,$\min Z = 7$。

2.2.5 单纯形法举例

例 2-9 求解下面的线性规划问题。
$$\max Z = 4x_1 + 2x_2 + x_3$$
$$\begin{cases} x_1 + x_2 + x_3 \leqslant 8 \\ 2x_1 + 2x_2 + x_3 \geqslant 10 \\ x_1, x_2, x_3 \geqslant 0 \end{cases}$$

解:(1) 引入松弛变量 x_4,剩余变量 x_5,人工变量 x_6
$$\max Z = 4x_1 + 2x_2 + x_3 + 0x_4 + 0x_5 - Mx_6$$
$$\begin{cases} x_1 + x_2 + x_3 + x_4 = 8 \\ 2x_1 + 2x_2 + x_3 - x_5 + x_6 = 10 \\ x_1, x_2, \cdots, x_6 \geqslant 0 \end{cases}$$

(2) 利用大 M 法求解,见表 2-9。

表 2-9 初始单纯形表及迭代过程

C_B	X_B	b	x_1	x_2	x_3	x_4	x_5	x_6	$\theta_i = b_i/a_{ij} \cdot (>0)$
$c_j \to$			4	2	1	0	0	$-M$	
0	x_4	8	1	1	1	1	0	0	$8/1=8$
$-M$	x_6	10	(2)	2	1	0	-1	1	$10/2=5^*$
	$c_j - z_j$		$2M+4^*$	$2M+2$	$M+1$	0	$-M$	0	
0	x_4	3	0	0	1/2	1	(1/2)	$-1/2$	6^*
4	x_1	5	1	1	1/2	0	$-1/2$	1/2	—
	$c_j - z_j$		0	-2	-1	0	2^*	$-M-2$	
0	x_5	6	0	0	1	2	1	-1	
4	x_1	8	1	1	1	1	0	0	
	$c_j - z_j$		0	-2	-3	-4	0	$-M$	

因为所有的 $c_j - z_j$ 均为非正,故得到最优解 $\boldsymbol{X} = (8,0,0,0,6,0)^\mathrm{T}$,$\max Z = 32$。

例 2-10 求解下面的线性规划问题。

$$\min Z = 3x_1 + 2x_2 + x_3$$

$$\begin{cases} x_1 + 2x_2 = 5 \\ x_1 + x_2 + x_3 \geqslant 4 \\ 2x_1 + x_2 \leqslant 5 \\ x_1, x_2, x_3 \geqslant 0 \end{cases}$$

解：(1) 引入人工变量 x_4，剩余变量 x_5，松弛变量 x_6

$$\min Z = 3x_1 + 2x_2 + x_3 + Mx_4 + 0x_5 + 0x_6$$

$$\begin{cases} x_1 + 2x_2 + x_4 = 5 \\ x_1 + x_2 + x_3 - x_5 = 4 \\ 2x_1 + x_2 + x_6 = 5 \\ x_j \geqslant 0 \quad j = 1, 2, \cdots, 6 \end{cases}$$

(2) 求解过程见表 2-10。

表 2-10 初始单纯形表及迭代过程

	$c_j \rightarrow$		3	2	1	M	0	0	$\theta_i = b_i/a_{ij}* (>0)$
C_B	X_B	b	x_1	x_2	x_3	x_4	x_5	x_6	
M	x_4	5	1	(2)	0	1	0	0	5/2*
1	x_3	4	1	1	1	0	-1	0	4
0	x_6	5	2	1	0	0	0	1	5
	$z_j - c_j$		$M-2$	$2M-1$*	0	0	-1	0	
2	x_2	2.5	0.5	1	0	0.5	0	0	
1	x_3	1.5	0.5	0	1	-0.5	-1	0	
0	x_6	2.5	1.5	0	0	-0.5	0	1	
	$z_j - c_j$		-1.5	0	0	$0.5-M$	-1	0	

因为所有的 $z_j - c_j \leqslant 0$，故得到最优解 $\boldsymbol{X} = (0, 2.5, 1.5, 0, 0, 2.5)^\mathrm{T}$，$\min Z = 6.5$。

2.2.6 单纯形法小结

上面讨论了单纯形法可能遇到的各种问题及处理方法，表 2-11 对此进行了系统归纳。

表 2-11 单纯形法小结

项 目	类 型	处理方法	备 注
目标函数	$\max Z$	不用处理	
	$\min Z$	不用处理	可处理为 $\min Z = \max(-Z)$
约束条件	$\leqslant$	$+x_s$	$x_s \geqslant 0$，且为基变量
	$\geqslant$	$-x_s + x_a$	$x_s, x_a \geqslant 0$，且 x_a 为基变量
	$=$	$+x_a$	$x_a \geqslant 0$，且为基变量

续表

项　目	类　型	处理方法	备　注
变量	$x_j \geq 0$	不用处理	
	$x_j \leq 0$	令 $x_j' = -x_j$	$x_j' \geq 0$
	x_j 无约束	令 $x_j = x_j' - x_j''$	$x_j', x_j'' \geq 0$
资源常数	$b \geq 0$	不用处理	
	$b \leq 0$	不等式两边同乘 -1	$-\sum a_{ij} x_j (\leq, =, \geq) - b_i$
价值系数	c_j	不用处理	c_j 为实变量的价值系数
	c_s	$c_s = 0$	c_s 为松弛或剩余变量的价值系数
	c_a	$\begin{cases} c_a = +M & \text{当 min } Z \\ c_a = -M & \text{当 max } Z \end{cases}$	两阶段法时 $\begin{cases} c_a = +1 & \text{当 min } Z \\ c_a = -1 & \text{当 max } Z \end{cases}$

2.3 线性规划模型的建立

如果一个经济管理问题具有下述条件,就可以建立线性规划模型。

（1）目标函数单一,且可以表示为线性关系式。

（2）存在多个甚至无穷多个可行方案。

（3）目标受多项资源限制,决策变量与资源间表现为线性等式或不等式关系。

经济管理中这类问题会遇到很多,本节仅介绍几种典型境遇下的模型建立方法。

2.3.1 合理利用线材问题

例 2-11 某企业要做 100 套钢架,每套含 2.9 米、2.1 米、1.5 米的圆钢各一根。已知原料长为 7.4 米,问如何下料使得所用的圆钢剩余料最少?

解：（1）根据题意,所有非劣的圆钢截切方式,有如图 2-3 所示的八种。

（2）设：采用第 j 种方案截切的圆钢根数为 x_j 根,$(j=1,2,\cdots,8)$

则目标函数为

$$\min Z = 0.1x_1 + 0.3x_2 + 0.9x_3 + 0x_4 + 1.1x_5 + 0.2x_6 + 0.8x_7 + 1.4x_8$$

约束条件可表示为

$$\begin{cases} 2x_1 + x_2 + x_3 + x_4 & = 100 \\ 2x_2 + x_3 + 3x_5 + 2x_6 + x_7 & = 100 \\ x_1 + x_3 + 3x_4 + 2x_6 + 3x_7 + 4x_8 & = 100 \\ x_j \geq 0 \quad j = 1, 2, \cdots, 8 \end{cases}$$

如果原问题变为,如何截切,使所用的圆钢根数最少,此时目标函数可以写为：

$$\min Z = x_1 + x_2 + x_3 + x_4 + x_5 + x_6 + x_7 + x_8$$

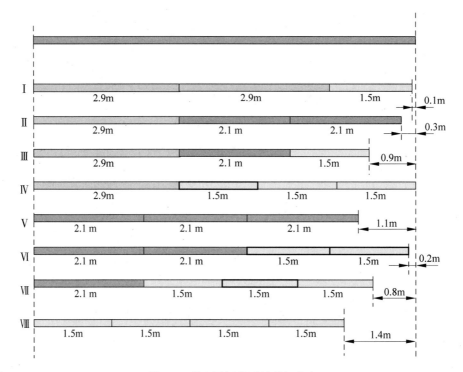

图 2-3 所有圆钢的可行截切方案

2.3.2 合理配料问题

例 2-12 某厂要用三种不同的原料 A,B,C 调配三种不同的产品甲、乙、丙,产品的规格要求及单价,每天能供应的原材料数量及单价分别见表 2-12 和表 2-13。问该厂应该如何安排生产利润为最大?

表 2-12 产品规格要求及单价

产　品	规 格 要 求	单　价
甲	A 不少于 50% B 不超过 20%	30
乙	A 不少于 40% C 不超过 20%	25
丙	C 不少于 10%	20

表 2-13 原材料日供应量及单价

原材料	日供应量(公斤)	单价(元/公斤)
A	200	20
B	180	18
C	300	10

解：设 x_{ij} 表示第 j 种产品中含第 i 种原料的重量($i=1,2,3$ $j=1,2,3$)

则：甲产品中含 A 的量不少于 50% 可表示为：$x_{11} \geqslant 0.5(x_{11}+x_{21}+x_{31})$

　　甲产品中含 B 的量不超过 20% 可表示为：$x_{21} \leqslant 0.2(x_{11}+x_{21}+x_{31})$

　　乙产品中含 A 的量不少于 40% 可表示为：$x_{12} \geqslant 0.4(x_{12}+x_{22}+x_{32})$

　　乙产品中含 C 的量不超过 20% 可表示为：$x_{32} \leqslant 0.2(x_{12}+x_{22}+x_{32})$

　　丙产品中含 C 的量不少于 10% 可表示为：$x_{33} \geqslant 0.1(x_{13}+x_{23}+x_{33})$

供应量约束可表示为

$$x_{11}+x_{12}+x_{13} \leqslant 200$$
$$x_{21}+x_{22}+x_{23} \leqslant 180$$
$$x_{31}+x_{32}+x_{33} \leqslant 300$$

非负约束为 $x_{ij} \geqslant 0$　($i=1,2,3$　$j=1,2,3$)

目标函数为 $\max Z = 30(x_{11}+x_{21}+x_{31})+25(x_{12}+x_{22}+x_{32})+20(x_{13}+x_{23}+x_{33})-$
　　　　　　　$20(x_{11}+x_{12}+x_{13})-18(x_{21}+x_{22}+x_{23})-10(x_{31}+x_{32}+x_{33})$
　　　　　$=10x_{11}+5x_{12}+0x_{13}+12x_{21}+7x_{22}+2x_{23}+20x_{31}+15x_{32}+10x_{33}$

则可建立如下的线性规划模型

$$\min Z = 10x_{11}+5x_{12}+0x_{13}+12x_{21}+7x_{22}+2x_{23}+20x_{31}+15x_{32}+10x_{33}$$

$$\begin{cases} -0.5x_{11}+0.5x_{21}+0.5x_{31} \leqslant 0 \\ 0.2x_{11}-0.8x_{21}+0.2x_{31} \leqslant 0 \\ -0.6x_{12}+0.4x_{22}+0.4x_{32} \leqslant 0 \\ 0.2x_{12}+0.2x_{22}-0.8x_{32} \leqslant 0 \\ 0.1x_{13}+0.1x_{23}-0.9x_{33} \leqslant 0 \\ x_{11}+x_{12}+x_{13} \leqslant 200 \\ x_{21}+x_{22}+x_{23} \leqslant 180 \\ x_{31}+x_{32}+x_{33} \leqslant 300 \\ x_{ij} \geqslant 0 \quad i=1,2,3 \quad j=1,2,3 \end{cases}$$

2.3.3　多项目投资问题

例 2-13　某企业今后五年面临如下的投资项目：项目 A：每年初投资于公债，当年末归还，年息 6%；项目 B：第二年初投资，第五年末收回本利和 140%；项目 C：第三年初投资，第五年末收回本利和 130%。企业现有资金 50 万元，问应该如何选择投资使第五年末拥有的资金额最大？

解：设 x_{ij} 表示第 j 年初投资于第 i 个投资项目的资金数($i=1,2,3$；$j=1,2,3,4,5$)

目标函数为：$\max Z = 1.06x_{15}+1.4x_{22}+1.3x_{33}$

约束条件：$\begin{cases} x_{11}=50 \\ x_{12}+x_{22}=50\times 1.06 \\ x_{13}+x_{33}=1.06x_{12} \\ x_{14}=1.06x_{13} \\ x_{15}=1.06x_{14} \\ x_{ij} \geqslant 0 \quad (i=1,2,3 \quad j=1,2,3,4,5) \end{cases}$

本章主要知识点

线性规划模型的标准形式及几何意义、图解法、有关解的基本概念、单纯形法的基本原理、单纯形表的构成及迭代过程、线性规划问题模型构建。

思 考 题

1. 线性规划问题模型的主要特点是什么?
2. 线性规划模型中,常数 a_{ij},b_i,c_j 分别是什么含义? 模型对它们有什么要求?
3. 线性规划问题的解主要有哪几种? 举例说明它们分别对应于什么样的情况?
4. 线性规划问题模型的标准形式是什么? 用矩阵如何描述?
5. 可行解、非可行解、基解、基可行解的含义是什么?
6. 在单纯形表中,检验数 c_j-z_j 的经济含义是什么? 它是如何计算的?
7. 在单纯形表中,θ_i 的含义是什么? 为什么在计算 θ_i 时要求其分母为非负?
8. 大 M 法用于求解哪类线性规划模型? 二阶段法与之有什么不同?
9. 二阶段法求解的基本步骤是什么?
10. 什么是退化?

练 习 题

1. 用图解法求解下列的线性规划问题

(1) $\max Z = x_1 + 3x_2$
$$\begin{cases} 5x_1 + 10x_2 \leqslant 50 \\ x_1 + x_2 \geqslant 1 \\ x_2 \leqslant 4 \\ x_1, x_2 \geqslant 0 \end{cases}$$

(2) $\min Z = x_1 + 1.5x_2$
$$\begin{cases} x_1 + 3x_2 \geqslant 3 \\ x_1 + x_2 \geqslant 2 \\ x_1, x_2 \geqslant 0 \end{cases}$$

(3) $\max Z = 2x_1 + 2x_2$
$$\begin{cases} x_1 - x_2 \geqslant -1 \\ -0.5x_1 + x_2 \leqslant 2 \\ x_1, x_2 \geqslant 0 \end{cases}$$

(4) $\max Z = x_1 + x_2$
$$\begin{cases} x_1 - x_2 \geqslant 0 \\ 3x_1 - x_2 \leqslant -3 \\ x_1, x_2 \geqslant 0 \end{cases}$$

(5) $\max Z = -x_1 + 2x_2$
$$\begin{cases} x_1 + 2x_2 \leqslant 4 \\ 4x_1 - x_2 \leqslant 8 \\ x_1 - x_2 \geqslant 1 \\ x_2 \geqslant 0.5 \\ x_1, x_2 \geqslant 0 \end{cases}$$

(6) $\min Z = 2x_1 - 3x_2$
$$\begin{cases} 3x_1 + 2x_2 \geqslant 6 \\ 4x_1 - 2x_2 \leqslant 8 \\ x_1 \leqslant 3 \\ x_2 \leqslant 5 \\ x_1, x_2 \geqslant 0 \end{cases}$$

2. 将下面的线性规划问题变成标准型

$$\min Z = -x_1 + x_2 - x_3 + x_4$$
$$\begin{cases} x_1 + 3x_2 + 2x_3 + x_4 \leqslant 8 \\ -x_1 + x_2 - 4x_3 + x_4 \leqslant -2 \\ 3x_1 - x_2 - 2x_3 + 2x_4 = 8 \\ x_1, x_2 \geqslant 0, x_3 \leqslant 0, x_4 \text{ 无约束} \end{cases}$$

3. 用单纯形法求解下面的线性规划问题

$$\max Z = 2x_1 + x_2 + 3x_3 + x_4$$

(1) $\begin{cases} 2x_1 + x_2 + 2x_3 + 2x_4 \leqslant 8 \\ -x_1 + x_2 + 4x_3 \leqslant 4 \\ 4x_1 - x_2 + 2x_3 + 2x_4 = 8 \\ x_1, x_2, x_3, x_4 \geqslant 0 \end{cases}$

$$\min Z = 1x_1 + 2x_2 + 3x_3$$

(2) $\begin{cases} 2x_1 + x_2 + 2x_3 = 5 \\ 4x_1 + 2x_2 + x_3 \geqslant 10 \\ x_1 - x_2 + 2x_3 = 3 \\ x_1, x_2, x_3 \geqslant 0 \end{cases}$

4. 分别用大 M 法和二阶段法求解下面的线性规划问题

$$\min Z = 4x_1 + 2x_2 + 3x_3$$

(1) $\begin{cases} x_1 + x_2 + 2x_3 = 5 \\ 5x_1 + x_2 + x_3 \geqslant 8 \\ x_1 + 2x_2 + x_3 \geqslant 3 \\ x_1, x_2, x_3 \geqslant 0 \end{cases}$

$$\min Z = 3x_1 + x_2 + 2x_3$$

(2) $\begin{cases} x_1 + 4x_2 + 2x_3 \geqslant 8 \\ 2x_1 + x_2 + x_3 \geqslant 2 \\ x_1 + 2x_2 + x_3 \geqslant 4 \\ x_1, x_2, x_3 \geqslant 0 \end{cases}$

5. 表 2-14 是利用单纯形法求解某线性规划问题时得到的计算表,x_4, x_5 是松弛变量,

(1) 什么情况下,表 2-14 对应的解为最优解?

(2) 什么情况下,下一步迭代换入变量为 x_1,换出变量为 x_4?

(3) 什么情况下,表 2-14 有无穷多最优解?

(4) 什么情况下,表 2-14 所示问题的解为无界解?

表 2-14 某线性规划问题求解时的单纯形表

	$c_j \rightarrow$		3	2	4	0	0	$\theta_i = b_i / a_{ij}{}^* (>0)$
C_B	X_B	b	x_1	x_2	x_3	x_4	x_5	
0	x_4	C	1	-2	0	1	0	
4	x_3	4	E	D	1	0	$-1/2$	
	$c_j - z_j$		A	B	0	0	-1	

6. 某建筑施工企业要用某种标号的水泥、沙子、特殊填加剂调和成甲、乙两种混凝土各 10 立方米,两种混凝土的成分含量要求、材料成本和调和费用如表 2-15 所示。

表 2-15 产品规格要求及单价

材 料	规格要求	现 有 量	单 价	调和费 元/立方米
水泥	甲不少于 30%	充分多	600	20
	乙不少于 40%			
沙子	甲不超过 60%	8	50	100
	乙不超过 40%			
填加剂	甲不少于 5%	充分多	2000	10
	乙不少于 8%			

试建立线性规划模型,使总费用最小。

阅读与分析

A 纺织厂的生产计划安排

1. 基础资料

A 纺织厂生产 5 种不同的织物,每种织物可由纺织厂里 38 台纺织机中一台或多台织成。销售部门对下个月的需求作出预测。需求数据如表 2-16 所示,表中同时包括每码织物的销售价格、可变成本及购买价格。工厂全天运营,下个月运营 30 天。

表 2-16　某纺织厂的每月需求、销售价格、可变成本和购买价格

织　物	需求(码)	出售价格($/码)	可变成本($/码)	购买价格($/码)
1	16500	0.99	0.66	0.80
2	22000	0.86	0.55	0.70
3	62000	1.10	0.49	0.60
4	7500	1.24	0.51	0.70
5	62000	0.70	0.50	0.70

A 纺织厂有两种纺织机:甲型纺织机和乙型纺织机。甲型纺织机更加多样化,可以用于生产 5 种织物,乙型纺织机只能生产 3 种织物。工厂共有 38 台纺织机,包括 8 台甲型纺织机和 30 台乙型纺织机。各种纺织机生产各种织物的生产率如表 2-17 所示。从生产一种织物转换生产另一种织物的时间可以忽略。

表 2-17　某纺织厂的纺织机生产率

织　物	纺织机生产率(码/小时)	
	甲型纺织机	乙型纺织机
1	4.63	—
2	4.63	—
3	5.23	5.23
4	5.23	5.23
5	4.17	4.17

该纺织厂用本厂或向另外一家纺织厂购买的织物满足所有的需求。也就是说,由于纺织机性能有限制,无法在该纺织厂生产的织物将从另外一家纺织厂购买。每种织物的采购价如表 2-16 所示。

2. 管理报告要求

构建一个模型,为该纺织厂制订一份生产计划,并确定需要向另一纺织厂购买各种织物的数量。在你的报告中加入对以下问题的讨论和分析:

(1) 每种织物最终的生产计划和对纺织机的安排。

(2) 预计总利润。

(3) 讨论再增加 1 台纺织机的价值。(工厂考虑购进第 9 台甲型纺织机。你估计新添加的这台纺织机每月能创造多少利润?)

(4) 讨论目标函数系数的取值范围。

(5) 讨论使总费用最小化和总利润最大化的两种目标对应的模型的不同。(目标函数系数的取值范围在这两种模型中的含义有什么不同?)

第 3 章

对偶理论与灵敏度分析

3.1 单纯形法的矩阵描述

设线性规划问题为

$$\max Z = \boldsymbol{CX}$$
$$\boldsymbol{AX} \leqslant \boldsymbol{b}$$
$$\boldsymbol{X} \geqslant 0$$

其中：$\boldsymbol{C}=(c_1,c_2,\cdots,c_n)$，$\boldsymbol{X}=(x_1,x_2,\cdots,x_n)^\mathrm{T}$，$\boldsymbol{b}=(b_1,b_2,\cdots,b_m)^\mathrm{T}$，$\boldsymbol{O}=(0,0,\cdots,0)^\mathrm{T}$

$$\boldsymbol{A} = (\boldsymbol{P}_1,\boldsymbol{P}_2,\cdots,\boldsymbol{P}_n) = \begin{bmatrix} a_{11} & a_{12} & \cdots & a_{1n} \\ a_{21} & a_{22} & \cdots & a_{2n} \\ \vdots & \vdots & \ddots & \vdots \\ a_{m1} & a_{m2} & \cdots & a_{mn} \end{bmatrix}$$

引入 m 个松弛变量 $\boldsymbol{X}_s=(x_{n+1},x_{n+2},\cdots,x_{n+m})^\mathrm{T}$ 后，得到线性规划的标准模型为

$$\max Z = \boldsymbol{CX} + 0\boldsymbol{X}_s \tag{3-1}$$
$$\boldsymbol{AX} + \boldsymbol{IX}_s = \boldsymbol{b} \tag{3-2}$$
$$\boldsymbol{X} \geqslant 0, \quad \boldsymbol{X}_s \geqslant 0$$

式(3-2)中，$\boldsymbol{I}$ 是 $m \times m$ 阶的单位阵。如果将式(3-2)中的 $(\boldsymbol{A},\boldsymbol{I})$ 表示为 $(\boldsymbol{B},\boldsymbol{N})$ 两部分，$\boldsymbol{B}$ 为可行基，$\boldsymbol{N}$ 为非基变量的系数矩阵，$\boldsymbol{B}$ 对应的变量为基变量 $\boldsymbol{X}_B$，$\boldsymbol{N}$ 对应的变量为 $\boldsymbol{X}_N$，则不妨设 $\boldsymbol{X}_B=(x_1,x_2,\cdots,x_m)^\mathrm{T}$，$\boldsymbol{X}_N=(x_{m+1},x_{m+2},\cdots,x_n)^\mathrm{T}$。

价值系数矩阵 $\boldsymbol{C}$ 也被分成 $(\boldsymbol{C}_B,\boldsymbol{C}_N)$ 两块，则式(3-1)和式(3-2)可表示为

$$\max Z = \boldsymbol{C}_B\boldsymbol{X}_B + \boldsymbol{C}_N\boldsymbol{X}_N \tag{3-3}$$
$$\boldsymbol{BX}_B + \boldsymbol{NX}_N = \boldsymbol{b} \tag{3-4}$$
$$\boldsymbol{X}_B \geqslant 0, \quad \boldsymbol{X}_N \geqslant 0$$

由式(3-4)可得出

$$\boldsymbol{X}_B = \boldsymbol{B}^{-1}\boldsymbol{b} - \boldsymbol{B}^{-1}\boldsymbol{NX}_N \tag{3-5}$$

将式(3-5)代入目标函数表达式，有

$$Z = \boldsymbol{C}_B(\boldsymbol{B}^{-1}\boldsymbol{b} - \boldsymbol{B}^{-1}\boldsymbol{NX}_N) + \boldsymbol{C}_N\boldsymbol{X}_N = \boldsymbol{C}_B\boldsymbol{B}^{-1}\boldsymbol{b} + (\boldsymbol{C}_N - \boldsymbol{C}_B\boldsymbol{B}^{-1}\boldsymbol{N})\boldsymbol{X}_N \tag{3-6}$$

令 $\boldsymbol{X}_N=0$ 则 $\boldsymbol{X}_B=\boldsymbol{B}^{-1}\boldsymbol{b}$。即 $\boldsymbol{X}=(\boldsymbol{B}^{-1}\boldsymbol{b},0)^\mathrm{T}$，$z=\boldsymbol{C}_B\boldsymbol{B}^{-1}\boldsymbol{b}$

式(3-6)中的 $\boldsymbol{C}_N - \boldsymbol{C}_B\boldsymbol{B}^{-1}\boldsymbol{N}$ 就是单纯形表中的非基变量检验数 $\sigma_j = c_j - z_j$，而 θ 可以

表示为

$$\theta = \min_i \left\{ \frac{(\boldsymbol{B}^{-1}\boldsymbol{b})_i}{(\boldsymbol{B}\boldsymbol{P}_{j^*})_i} \mid (\boldsymbol{B}\boldsymbol{P}_{j^*})_i > 0 \right\} = \frac{(\boldsymbol{B}^{-1}\boldsymbol{b})_{i^*}}{(\boldsymbol{B}^{-1}\boldsymbol{P}_{j^*})_{i^*}} \tag{3-7}$$

如果将非基变量分为松弛变量 $\boldsymbol{X}_{Ns}$ 和其他变量 $\boldsymbol{X}_{Nl}$ 两类，那么式(3-5)可写为

$$\boldsymbol{X}_B + \boldsymbol{B}^{-1}\boldsymbol{N}_l \boldsymbol{X}_{Nl} + \boldsymbol{B}^{-1}\boldsymbol{X}_{Ns} = \boldsymbol{B}^{-1}\boldsymbol{b} \tag{3-8}$$

式(3-6)可写为

$$-\boldsymbol{C}_B \boldsymbol{B}^{-1}\boldsymbol{b} = -Z + (\boldsymbol{C}_{Nl} - \boldsymbol{C}_B \boldsymbol{B}^{-1}\boldsymbol{N}_l)\boldsymbol{X}_{Nl} - \boldsymbol{C}_B \boldsymbol{B}^{-1}\boldsymbol{X}_{Ns} \tag{3-9}$$

式(3-8)和式(3-9)可用矩阵表示为

$$\begin{bmatrix} 0 & \boldsymbol{I} & \boldsymbol{B}^{-1}\boldsymbol{N}_l & \boldsymbol{B}^{-1} \\ 1 & 0 & \boldsymbol{C}_{Nl} - \boldsymbol{C}_B \boldsymbol{B}^{-1}\boldsymbol{N}_l & -\boldsymbol{C}_B \boldsymbol{B}^{-1} \end{bmatrix} \begin{bmatrix} -Z \\ \boldsymbol{X}_B \\ \boldsymbol{X}_{Nl} \\ \boldsymbol{X}_{Ns} \end{bmatrix} = \begin{bmatrix} \boldsymbol{B}^{-1}\boldsymbol{b} \\ -\boldsymbol{C}_B \boldsymbol{B}^{-1}\boldsymbol{b} \end{bmatrix} \tag{3-10}$$

式(3-10)与单纯形表的对应关系见表 3-1。

表 3-1 单纯形表中各部分的数学描述

基变量 $\boldsymbol{X}_B$	非基变量 $\boldsymbol{X}_N$		资源常数 $\boldsymbol{b}$ 目标函数值 Z
	$\boldsymbol{X}_{Nl}$	$\boldsymbol{X}_{Ns}$	
$\boldsymbol{I}$	$\boldsymbol{B}^{-1}\boldsymbol{N}_l$	$\boldsymbol{B}^{-1}$	$\boldsymbol{B}^{-1}\boldsymbol{b}$
0	$\boldsymbol{C}_N - \boldsymbol{C}_B \boldsymbol{B}^{-1}\boldsymbol{N}$	$-\boldsymbol{C}_B \boldsymbol{B}^{-1}$	$-\boldsymbol{C}_B \boldsymbol{B}^{-1}\boldsymbol{b}$

3.2 改进单纯形法

3.2.1 改进单纯形法的计算步骤

在利用单纯形法进行迭代运算时，单纯形表中有一部分数据是不用计算的，也就是在利用单纯形表求解时会有很多不必要的计算。如果利用计算机求解，会占用大量的存储单元，从而影响计算效率，改进单纯形法会克服上述的不足。

改进单纯形法的计算步骤为：

(1) 根据线性规划模型，观察到初始基 $\boldsymbol{B}$、初始基变量 $\boldsymbol{X}_B$，计算出 $\boldsymbol{B}^{-1}$，$\boldsymbol{X}_B = \boldsymbol{B}^{-1}\boldsymbol{b}$ 和单纯形乘子 $\boldsymbol{Y} = \boldsymbol{C}_B \boldsymbol{B}^{-1}$；

(2) 计算非基变量检验数 $\sigma_N = \boldsymbol{C}_N - \boldsymbol{C}_B \boldsymbol{B}^{-1}\boldsymbol{N}$，若所有的 $\boldsymbol{C}_N - \boldsymbol{C}_B \boldsymbol{B}^{-1}\boldsymbol{N} \leq 0$，问题得到最优解，否则进入下一步；

(3) 选择 $\max_j \{\sigma_j \mid \sigma_j > 0\} = \sigma_{j^*}$ 对应的非基变量 x_{j^*} 为入基变量，计算 $\boldsymbol{B}^{-1}\boldsymbol{b}$ 和 $\boldsymbol{B}^{-1}\boldsymbol{P}_{j^*}$，若所有的 $\boldsymbol{B}^{-1}\boldsymbol{P}_{j^*} \leq 0$，问题为无界解，否则进入下一步；

(4) 计算 θ 值，可根据 $\theta = \min_i \left\{ \frac{(\boldsymbol{B}^{-1}\boldsymbol{b})_i}{(\boldsymbol{B}\boldsymbol{P}_{j^*})_i} \mid (\boldsymbol{B}\boldsymbol{P}_{j^*})_i > 0 \right\} = \frac{(\boldsymbol{B}^{-1}\boldsymbol{b})_{i^*}}{(\boldsymbol{B}^{-1}\boldsymbol{P}_{j^*})_{i^*}}$ 计算 θ，并确定出换出变量为 x_{Bi^*}；

(5) 确定新基 $\boldsymbol{B}_1$，基变量 $\boldsymbol{X}_{B_1}$，计算出 $\boldsymbol{B}_1^{-1}$，$\boldsymbol{X}_{B_1} = \boldsymbol{B}_1^{-1}\boldsymbol{b}$ 和单纯形乘子 $\boldsymbol{Y}_1 = \boldsymbol{C}_{B_1}\boldsymbol{B}_1^{-1}$，回

到第(2)步。

新基逆矩阵 B_1^{-1} 的求法：

设 m 阶的单位阵表示为 $I_m = (e_1, e_2, \cdots, e_m)$，$x_{j^*}$ 为入基变量，x_{Bi^*} 为出基变量，则有

$$B_1^{-1} = E \cdot B^{-1} \tag{3-11}$$

式(3-11)中，$E = (e_1, e_2, \cdots, e_{l-1}, \xi, e_{l+1}, \cdots, e_m)$

$$\xi = \begin{bmatrix} -\dfrac{a_{1j^*}}{a_{i^*j^*}} \\ -\dfrac{a_{2j^*}}{a_{i^*j^*}} \\ \vdots \\ \dfrac{1}{a_{i^*j^*}} \\ \vdots \\ -\dfrac{a_{mj^*}}{a_{i^*j^*}} \end{bmatrix}$$

3.2.2 改进单纯形法举例

例 3-1 用改进单纯形法求解例 2-1。

解：目标函数为：$\max Z = 5x_1 + 4x_2 + 0x_3 + 0x_4 + 0x_5$

约束条件为：
$$\begin{cases} x_1 + 2x_2 + x_3 = 18 \\ 5x_1 + 2x_2 + x_4 = 50 \\ x_2 + x_5 = 8 \\ x_j \geq 0 \quad j = 1, 2, 3, 4, 5 \end{cases}$$

(1) $B_0 = (P_3, P_4, P_5)$，$X_{B0} = (x_3, x_4, x_5)^T$，$X_{N0} = (x_1, x_2)^T$，$C_{B0} = (0, 0, 0)$，$C_{N0} = (5, 4)$

$\sigma_{N0} = C_{N0} - C_{B0} B_0^{-1} N_0 = (5, 4)$ 由此判断 x_1 为换入变量，即 $j^* = 1$

$$B_0^{-1} = \begin{bmatrix} 1 & 0 & 0 \\ 0 & 1 & 0 \\ 0 & 0 & 1 \end{bmatrix} \quad B_0^{-1} b = b = \begin{bmatrix} 18 \\ 50 \\ 8 \end{bmatrix} \quad B_0^{-1} P_1 = P_1 = \begin{bmatrix} 1 \\ 5 \\ 0 \end{bmatrix}$$

$\theta = \min\limits_i \left\{ \dfrac{B_0^{-1} b}{B_0^{-1} P_1} \right\} = \min \left\{ \dfrac{18}{1}, \dfrac{50}{5}, - \right\} = 10$ 即 $i^* = 2$ $x_{Bi^*} = x_4$ 为换出变量

于是得到一个新基 $B_1 = (P_3, P_1, P_5)$，$X_{B1} = (x_3, x_1, x_5)^T$，$X_{N1} = (x_4, x_2)^T$，

$C_{B1} = (0, 5, 0)$，$C_{N1} = (0, 4)$

$$\xi_1 = \begin{bmatrix} -\dfrac{1}{5} \\ \dfrac{1}{5} \\ 0 \end{bmatrix} \quad E_1 = \begin{bmatrix} 1 & -\dfrac{1}{5} & 0 \\ 0 & \dfrac{1}{5} & 0 \\ 0 & 0 & 1 \end{bmatrix} \quad B_1^{-1} = E_1 B_0^{-1} = \begin{bmatrix} 1 & -\dfrac{1}{5} & 0 \\ 0 & \dfrac{1}{5} & 0 \\ 0 & 0 & 1 \end{bmatrix}$$

非基变量检验数 $\sigma_{N1} = \boldsymbol{C}_{N1} - \boldsymbol{C}_{B1}\boldsymbol{B}_1^{-1}\boldsymbol{N}_1 = (0,4) - (0,5,0)\begin{bmatrix} 1 & -\frac{1}{5} & 0 \\ 0 & \frac{1}{5} & 0 \\ 0 & 0 & 1 \end{bmatrix}\begin{bmatrix} 0 & 2 \\ 1 & 2 \\ 0 & 1 \end{bmatrix}$

$$= (0,4) - (0,1,0)\begin{bmatrix} 0 & 2 \\ 1 & 2 \\ 0 & 1 \end{bmatrix} = (0,4) - (1,2) = (-1,2)$$

因为非基变量 x_2 的检验数 σ_2 为正,则 x_2 为换入变量, $j^* = 2$。

$$\boldsymbol{B}_1^{-1}\boldsymbol{b} = \begin{bmatrix} 1 & -\frac{1}{5} & 0 \\ 0 & \frac{1}{5} & 0 \\ 0 & 0 & 1 \end{bmatrix}\begin{bmatrix} 18 \\ 50 \\ 8 \end{bmatrix} = \begin{bmatrix} 8 \\ 10 \\ 8 \end{bmatrix} \quad \boldsymbol{B}_1^{-1}\boldsymbol{P}_2 = \begin{bmatrix} 1 & -\frac{1}{5} & 0 \\ 0 & \frac{1}{5} & 0 \\ 0 & 0 & 1 \end{bmatrix}\begin{bmatrix} 2 \\ 2 \\ 1 \end{bmatrix} = \begin{bmatrix} \frac{8}{5} \\ \frac{2}{5} \\ 1 \end{bmatrix}$$

$$\theta = \min_i \left\{ \frac{\boldsymbol{B}_1^{-1}\boldsymbol{b}}{\boldsymbol{B}_1^{-1}\boldsymbol{P}_2} \right\} = \min_i \left\{ \frac{8}{\frac{8}{5}}, \frac{10}{\frac{2}{5}}, \frac{8}{1} \right\} = 5 \text{ 即 } i^* = 1 \quad x_{Bi^*} = x_3 \text{ 为换出变量}$$

于是又得到一个新基 $\boldsymbol{B}_2 = (\boldsymbol{P}_2, \boldsymbol{P}_1, \boldsymbol{P}_5)$, $\boldsymbol{X}_{B2} = (x_2, x_1, x_5)^{\mathrm{T}}$, $\boldsymbol{X}_{N2} = (x_4, x_3)^{\mathrm{T}}$, $\boldsymbol{C}_{B2} = (4,5,0)$, $\boldsymbol{C}_{N2} = (0,0)$

$$\boldsymbol{\xi}_2 = \begin{bmatrix} \frac{5}{8} \\ -\frac{1}{4} \\ -\frac{5}{8} \end{bmatrix} \quad \boldsymbol{E}_2 = \begin{bmatrix} \frac{5}{8} & 0 & 0 \\ -\frac{1}{4} & 1 & 0 \\ -\frac{5}{8} & 0 & 1 \end{bmatrix}$$

$$\boldsymbol{B}_2^{-1} = \boldsymbol{E}_2 \boldsymbol{B}_1^{-1} = \begin{bmatrix} \frac{5}{8} & 0 & 0 \\ -\frac{1}{4} & 1 & 0 \\ -\frac{5}{8} & 0 & 1 \end{bmatrix}\begin{bmatrix} 1 & -\frac{1}{5} & 0 \\ 0 & \frac{1}{5} & 0 \\ 0 & 0 & 1 \end{bmatrix} = \begin{bmatrix} \frac{5}{8} & -\frac{1}{8} & 0 \\ -\frac{1}{4} & \frac{1}{4} & 0 \\ -\frac{5}{8} & \frac{1}{8} & 1 \end{bmatrix}$$

$$\sigma_{N2} = \boldsymbol{C}_{N2} - \boldsymbol{C}_{B2}\boldsymbol{B}_2^{-1}\boldsymbol{N}_2 = (0,0) - (4,5,0)\begin{bmatrix} \frac{5}{8} & -\frac{1}{8} & 0 \\ -\frac{1}{4} & \frac{1}{4} & 0 \\ -\frac{5}{8} & \frac{1}{8} & 1 \end{bmatrix}\begin{bmatrix} 0 & 1 \\ 1 & 0 \\ 0 & 0 \end{bmatrix}$$

$$= (0,0) - (4,5,0)\begin{bmatrix} -\frac{1}{8} & \frac{5}{8} \\ \frac{1}{4} & -\frac{1}{4} \\ \frac{1}{8} & -\frac{5}{8} \end{bmatrix} = (0,0) - \left(\frac{3}{4}, \frac{5}{4}\right) = \left(-\frac{3}{4}, -\frac{5}{4}\right)$$

因为所有的非基变量检验数 $\sigma_{N2} \leqslant 0$，所以此时得到最优解。

$$X_{B2} = B_2^{-1}b = \begin{bmatrix} \frac{5}{8} & -\frac{1}{8} & 0 \\ -\frac{1}{4} & \frac{1}{4} & 0 \\ -\frac{5}{8} & \frac{1}{8} & 1 \end{bmatrix} \begin{bmatrix} 18 \\ 50 \\ 8 \end{bmatrix} = \begin{bmatrix} 5 \\ 8 \\ 3 \end{bmatrix}$$

$$Z = C_{B2}X_{B2} = (4,5,0)\begin{bmatrix} 5 \\ 8 \\ 3 \end{bmatrix} = 60$$

即最优解为 $X^* = (8,5,0,0,3)^T$ $\max Z = 60$

例 3-2 用改进单纯形法求解下面的线性规划问题

$$\max Z = 6x_1 - 2x_2 + 3x_3$$

$$\begin{cases} 2x_1 - x_2 + 2x_3 \leqslant 2 \\ x_1 + + 4x_3 \leqslant 4 \\ x_1, x_2, x_3 \geqslant 0 \end{cases}$$

解：引入松弛变量 x_4, x_5，变线性规划问题为标准型

$$\max Z = 6x_1 - 2x_2 + 3x_3 + 0x_4 + 0x_5$$

$$\begin{cases} 2x_1 - x_2 + 2x_3 + x_4 = 2 \\ x_1 + + 4x_3 + x_5 = 4 \\ x_1, x_2, \cdots, x_5 \geqslant 0 \end{cases}$$

则得到初始可行解 $X_{B0} = \begin{bmatrix} x_4 \\ x_5 \end{bmatrix} = \begin{bmatrix} 2 \\ 4 \end{bmatrix}$ $C_{B0} = (0,0)$ $X_{N0} = (x_1, x_2, x_3)^T$

$$C_{N0} = (6, -2, 3)$$

非基变量检验数：

$$\sigma_{N0} = C_{N0} - C_{B0}B_0^{-1}N_0 = (6,-2,3) - (0,0)\begin{bmatrix} 1 & 0 \\ 0 & 1 \end{bmatrix}\begin{bmatrix} 2 & -1 & 2 \\ 1 & 0 & 4 \end{bmatrix} = (6,-2,3)$$

故 x_1 为换入基变量。

$$\theta = \min\left\{\frac{(B_0^{-1}b)_i}{(B_0^{-1}P_1)_i} \mid (B_0^{-1}P_1)_i > 0\right\} = \min\left\{\frac{2}{2}, \frac{4}{1}\right\} = 1,\text{故换出变量为 } x_4。$$

此时：$X_{B1} = \begin{bmatrix} x_1 \\ x_5 \end{bmatrix}$ $C_{B1} = (6,0)$ $X_{N1} = (x_4, x_2, x_3)^T$ $C_{N1} = (0,-2,3)$

第一次迭代：$\xi_1 = \begin{bmatrix} \frac{1}{2} \\ -\frac{1}{2} \end{bmatrix}$ $B_1^{-1} = E_1 B_0^{-1} = E_1 = \begin{bmatrix} \frac{1}{2} & 0 \\ -\frac{1}{2} & 1 \end{bmatrix}$

非基变量检验数

$$\sigma_{N1} = C_{N1} - C_{B1}B_1^{-1}N_1 = (0,-2,3) - (6,0)\begin{bmatrix} \frac{1}{2} & 0 \\ -\frac{1}{2} & 1 \end{bmatrix}\begin{bmatrix} 1 & -1 & 2 \\ 0 & 0 & 4 \end{bmatrix}$$

$$= (0,-2,3) - (3,0)\begin{bmatrix} 1 & -1 & 2 \\ 0 & 0 & 4 \end{bmatrix} = (0,-2,3) - (3,-3,6) = (-3,1,-3)$$

故换入变量为 x_2。

$$B_1^{-1}b = \begin{bmatrix} \frac{1}{2} & 0 \\ -\frac{1}{2} & 1 \end{bmatrix}\begin{bmatrix} 2 \\ 4 \end{bmatrix} = \begin{bmatrix} 1 \\ 3 \end{bmatrix} \quad B_1^{-1}P_2 = \begin{bmatrix} \frac{1}{2} & 0 \\ -\frac{1}{2} & 1 \end{bmatrix}\begin{bmatrix} -1 \\ 0 \end{bmatrix} = \begin{bmatrix} -\frac{1}{2} \\ \frac{1}{2} \end{bmatrix}$$

$$\theta = \min\left\{\frac{(B_1^{-1}b)_i}{(B_1^{-1}P_2)_i} \mid (B_1^{-1}P_2)_i > 0\right\} = \min\left\{-, \frac{3}{\frac{1}{2}}\right\} = 6$$

故换出变量为 x_5。

此时：$X_{B2} = \begin{bmatrix} x_1 \\ x_2 \end{bmatrix}$ $C_{B2} = (6,-2)$ $X_{N2} = (x_4, x_5, x_3)^T$ $C_{N2} = (0,0,3)$

第二次迭代：$\xi_2 = \begin{bmatrix} 1 \\ 2 \end{bmatrix}$ $B_2^{-1} = E_2 B_1^{-1} = \begin{bmatrix} 1 & 1 \\ 0 & 2 \end{bmatrix}\begin{bmatrix} \frac{1}{2} & 0 \\ -\frac{1}{2} & 1 \end{bmatrix} = \begin{bmatrix} 0 & 1 \\ -1 & 2 \end{bmatrix}$

非基变量检验数

$$\sigma_{N2} = C_{N2} - C_{B2}B_2^{-1}N_2 = (0,0,3) - (6,-2)\begin{bmatrix} 0 & 1 \\ -1 & 2 \end{bmatrix}\begin{bmatrix} 1 & 0 & 2 \\ 0 & 1 & 4 \end{bmatrix}$$

$$= (0,0,3) - (2\ 2)\begin{bmatrix} 1 & 0 & 2 \\ 0 & 1 & 4 \end{bmatrix} = (0,0,3) - (2,2,12) = (-2,-2,-9)$$

因为非基变量的检验数均为非正，故得到最优解。

$$X^* = B_2^{-1}b = \begin{bmatrix} 0 & 1 \\ -1 & 2 \end{bmatrix}\begin{bmatrix} 2 \\ 4 \end{bmatrix} = \begin{bmatrix} 4 \\ 6 \end{bmatrix}$$

$$\max Z = C_{B_2}X^* = (6,-2)\begin{bmatrix} 4 \\ 6 \end{bmatrix} = 12$$

例 3-3 用改进单纯形法求解下面的线性规划问题。

$$\min Z = 2x_1 + 3x_2 + x_3$$

$$\begin{cases} x_1 + 4x_2 + 2x_3 \geq 8 \\ 3x_1 + 2x_2 \geq 6 \\ x_1, x_2, x_3 \geq 0 \end{cases}$$

解：将第一个约束方程不等式两边同时除以 2，并减去剩余变量 x_4，第二个约束方程减去剩余变量 x_5，加上人工变量 x_6

$$\min Z = 2x_1 + 3x_2 + x_3 + 0x_4 + 0x_5 + Mx_6$$

$$\begin{cases} 0.5x_1 + 2x_2 + x_3 - x_4 = 4 \\ 3x_1 + 2x_2 - x_5 + x_6 = 6 \\ x_1, x_2, \cdots, x_6 \geqslant 0 \end{cases}$$

则得到初始可行解

$$X_{B0} = \begin{bmatrix} x_3 \\ x_6 \end{bmatrix} = \begin{bmatrix} 4 \\ 6 \end{bmatrix} \quad C_{B0} = (1, M) \quad X_{N0} = (x_1, x_2, x_4, x_5)^T \quad C_{N0} = (2, 3, 0, 0)$$

$$\sigma_{N0} = C_{B0} B_0^{-1} N_0 - C_{N0} = (1, M) \begin{bmatrix} 1 & 0 \\ 0 & 1 \end{bmatrix} \begin{bmatrix} 0.5 & 2 & -1 & 0 \\ 3 & 2 & 0 & -1 \end{bmatrix} - (2, 3, 0, 0)$$

$$= (3M - 1.5, 2M - 1, -1, -M)$$

则换入变量为 x_1

$$\theta = \min\left\{ \frac{(B_0^{-1}b)_i}{(B_0^{-1}P_1)_i} \mid (B_0^{-1}P_1)_i > 0 \right\} = \min\left\{ \frac{4}{0.5}, \frac{6}{2} \right\} = 3, \text{故换出变量为 } x_6\text{。}$$

得到新基 $X_{B1} = \begin{bmatrix} x_3 \\ x_1 \end{bmatrix}, C_{B1} = (1 \ 2), X_{N1} = (x_6, x_2, x_4, x_5)^T, C_{N1} = (M, 3, 0, 0)$

第一次迭代：$\xi_1 = \begin{bmatrix} -\frac{1}{6} \\ \frac{1}{3} \end{bmatrix} \quad B_1^{-1} = E_1 B_0^{-1} = E_1 = \begin{bmatrix} 1 & -\frac{1}{6} \\ 0 & \frac{1}{3} \end{bmatrix}$

$$\sigma_{N1} = C_{B1} B_1^{-1} N_1 - C_{N1} = (1, 2) \begin{bmatrix} 1 & -\frac{1}{6} \\ 0 & \frac{1}{3} \end{bmatrix} \begin{bmatrix} 0 & 2 & -1 & 0 \\ 1 & 2 & 0 & -1 \end{bmatrix} - (M, 3, 0, 0)$$

$$= \left(1, \frac{1}{2}\right) \begin{bmatrix} 0 & 2 & -1 & 0 \\ 1 & 2 & 0 & -1 \end{bmatrix} - (M, 3, 0, 0) = \left(\frac{1}{2} - M, 0, -1, -\frac{1}{2}\right)$$

因为所有的 $z_j - c_j \leqslant 0$，所以问题得到最优解。

$$X_{B1} = B_1^{-1} b = \begin{bmatrix} 1 & -\frac{1}{6} \\ 0 & \frac{1}{3} \end{bmatrix} \begin{bmatrix} 4 \\ 6 \end{bmatrix} = \begin{bmatrix} 3 \\ 2 \end{bmatrix} \quad Z = C_{B1} X_{B1} = (1, 2) \begin{bmatrix} 3 \\ 2 \end{bmatrix} = 7$$

即：$X^* = (2, 0, 3, 0, 0, 0)^T \quad \min Z = 7$

3.3 对偶问题及其描述

3.3.1 问题的提出

在例 2-1 中，某企业准备生产甲乙两种产品，需要消耗 A、B、C 三种资源，生产每单位产品对各种资源的消耗量、三种资源的总拥有量、产品的单位利润均为已知，在假设企业追求利润最大化的前提下，建立了该问题的线性规划模型为

$$\max Z = 5x_1 + 4x_2$$

$$\begin{cases} x_1 + 2x_2 \leqslant 18 \\ 5x_1 + 2x_2 \leqslant 50 \\ x_2 \leqslant 8 \\ x_1, x_2 \geqslant 0 \end{cases} \tag{3-12}$$

现在企业决定不再生产甲乙两个产品,而是将其所拥有的资源出租或出售,此时就要决定每种资源的定价,在这种价格水平下出租或出售现有资源不会比自己生产所获利润更少。

设:三种资源的价格分别为 y_1, y_2, y_3,则可建立如下的线性规划模型

目标函数为

$$\min \omega = 18y_1 + 50y_2 + 8y_3 \tag{3-13}$$

约束条件为

$$y_1 + 5y_2 \geqslant 5 \tag{3-14}$$

$$2y_1 + 2y_2 + y_3 \geqslant 4 \tag{3-15}$$

非负约束为

$$y_1, y_2, y_3 \geqslant 0 \tag{3-16}$$

式(3-13)中,ω 为三种资源出租或出售时所获得的总利润,因为要确定的是三种资源的价格下限,在此价格下出租或出售资源不比自己生产所获得的利润少,所以目标函数为求最小值。

式(3-14)表示,生产单位甲产品时消耗了 1 个单位的 A 资源和 5 个单位的 B 资源,这些资源出租或出售时所获得的利润不能少于 5 元;

式(3-15)表示,生产单位乙产品时消耗了 2 个单位的 A 资源、2 个单位的 B 资源和 1 个单位的 C 资源,这些资源出租或出售时所获得的利润不能少于 4 元;

式(3-16)表示,由于 y 是资源的定价,显然不能为负。

3.3.2 对偶问题的数学描述

由第 2 章的讨论知道,当所有非基变量的检验数为非正时线性规划问题得到最优解,即有 $C_N - C_B B^{-1} N \leqslant 0$,其中非基变量中的松弛变量的检验数为

$$-C_B B^{-1} \leqslant 0 \tag{3-17}$$

设:$Y = C_B B^{-1}$,称单纯形乘子,显然由式(3-17)有 $Y \geqslant 0$

基变量的检验数一定为 $0(C_B - C_B B^{-1} B = 0)$,则最优解时所有的检验数小于或等于 0,即包括基变量在内的一切检验数都可以用 $C - C_B B^{-1} A \leqslant 0$ 表示,故有 $YA \geqslant C$

又因为 $Y = C_B B^{-1}$,则 $Yb = C_B B^{-1} b = C_B X_B = Z$

由上面的分析可以建立另一个线性规划问题的模型

$$\min \omega = Yb$$
$$\begin{cases} YA \geqslant C \\ Y \geqslant 0 \end{cases} \tag{3-18}$$

模型(3-18)称模型(3-12)的对偶问题。

例 2-1 模型的对偶问题可以写为

$$\min Z = (y_1, y_2, y_3) \begin{bmatrix} 18 \\ 50 \\ 8 \end{bmatrix} = 18y_1 + 50y_2 + 8y_3$$

$$(y_1, y_2, y_3) \begin{bmatrix} 1 & 2 \\ 5 & 2 \\ 0 & 1 \end{bmatrix} \geqslant (5,4) \Rightarrow \begin{cases} y_1 + 5y_2 \geqslant 5 \\ 2y_1 + 2y_2 + y_3 \geqslant 4 \end{cases}$$

$$Y \geqslant 0$$

3.4 线性规划的对偶理论

3.4.1 原问题与对偶问题的关系

原问题与对偶问题之间的关系可用表 3-2 来表示。

表 3-2 原问题与对偶问题之间的关系

原问题(或对偶问题)		对偶问题(或原问题)	
目标函数	max	目标函数	min
变量	n 个	约束条件	n 个
	$\geqslant 0$		$\geqslant$ 型
	$\leqslant 0$		$\leqslant$ 型
	无约束		= 型
约束条件	m 个	变量	m 个
	$\leqslant$ 型		$\geqslant 0$
	$\geqslant$ 型		$\leqslant 0$
	= 型		无约束
约束条件的右端项		目标函数中的价值系数	
目标函数中的价值系数		约束条件的右端项	

证明表 3-2 中的关系：如果原问题约束条件为等式型，则对偶问题的变量为无约束。

证：设等式约束的线性规划问题

$$\max Z = \sum_{j=1}^{n} c_j x_j$$

$$\sum_{j=1}^{n} a_{ij} x_j = b_i \quad i = 1, 2, \cdots, m$$

$$x_{ij} \geqslant 0 \quad j = 1, 2, \cdots, n$$

约束条件 $\sum_{j=1}^{n} a_{ij} x_j = b_i$ 可以写成如下两个不等式约束

$$\sum_{j=1}^{n} a_{ij} x_j \leqslant b_i \quad i = 1, 2, \cdots, m \tag{3-19}$$

$$-\sum_{j=1}^{n} a_{ij} x_j \leqslant -b_i \quad i = 1, 2, \cdots, m \tag{3-20}$$

设 y_i' 是式(3-19)的对偶变量，y_i'' 是式(3-20)的对偶变量，$y_i', y_i'' \geq 0$
则原问题的对偶问题为

$$\min Z = \sum_{i=1}^{m} y_i' b_i - \sum_{i=1}^{m} y_i'' b_i = \sum_{i=1}^{m} (y_i' - y_i'') b_i \tag{3-21}$$

$$\sum_{i=1}^{m} a_{ij} y_i' - \sum_{i=1}^{m} a_{ij} y_i'' \geq c_j \quad j=1,2,\cdots,n$$

即

$$\sum_{i=1}^{m} a_{ij} (y_i' - y_i'') \geq c_j \quad j=1,2,\cdots,n \tag{3-22}$$

再令：$y_i = y_i' - y_i''$，式(3-21)和式(3-22)可以写成

$$\min Z = \sum_{i=1}^{m} y_i b_i$$

$$\sum_{i=1}^{m} a_{ij} y_i \geq c_j \quad j=1,2,\cdots,n$$

显然 y_i 无约束。

如果要将某一类型的线性规划问题转化成其对偶问题形式，只要按照表 3-2 中所给出的关系加以确定就可以了。需注意当原问题目标函数为求最小时，要根据表中右半边部分的内容来写。

3.4.2 对偶问题的基本性质

（1）对称性。对偶问题的对偶问题是原问题。

（2）弱对偶性。若 $\hat{X}$、$\hat{Y}$ 分别是原问题和对偶问题的可行解，则 $C\hat{X} \leq \hat{Y}b$。

（3）无界性。若原问题（对偶问题）为无界解，则其对偶问题（原问题）无可行解。

（4）最优解性质。设 $\hat{X}$、$\hat{Y}$ 分别是原问题和对偶问题的可行解，当 $C\hat{X} = \hat{Y}b$ 时，$\hat{X}$、$\hat{Y}$ 为最优解。

（5）对偶定理。若原问题有最优解，则对偶问题也有最优解，且目标函数相等。

（6）互补松弛性。若 $\hat{X}$、$\hat{Y}$ 分别是原问题和对偶问题的可行解，则当且仅当 $\hat{X}$、$\hat{Y}$ 为最优解时存在 $\hat{Y}X_s = 0, Y_s\hat{X} = 0$。

（7）原问题与对偶问题解和检验数间的对应关系，见表 3-3。

表 3-3　原问题与对偶问题间的关系

X_B	X_N	X_s
0	$C_N - C_B B^{-1} N$	$-C_B B^{-1}$
Y_{s1}	$-Y_{s2}$	$-Y$

表中 Y_{s1}，Y_{s2} 分别是对应原问题中基变量和非基变量的剩余变量

例 3-4　用单纯形法求例 2-1 对偶问题的解。

解：由第三节的讨论已经知道例 2-1 的对偶问题为

$$\min Z = 18y_1 + 50y_2 + 8y_3$$

$$\begin{cases} y_1 + 5y_2 \geqslant 5 \\ 2y_1 + 2y_2 + y_3 \geqslant 4 \\ y_1, y_2, y_3 \geqslant 0 \end{cases}$$

引入剩余变量 y_4, y_5 人工变量 y_6,将原问题变成标准型

$$\min Z = 18y_1 + 50y_2 + 8y_3 + 0y_4 + 0y_5 + My_6$$

$$\begin{cases} y_1 + 5y_2 \quad -y_4 \quad +y_6 = 5 \\ 2y_1 + 2y_2 + y_3 \quad -y_5 \quad = 4 \\ y_j \geqslant 0 \quad j = 1, 2, \cdots, 6 \end{cases}$$

列出初始单纯形表,并进行迭代运算,见表 3-4。得到最优解为

$$Y = \left(\frac{5}{4}, \frac{3}{4}, 0, 0, 0, 0\right) \quad \min \omega = 60$$

原问题与对偶问题间的关系可对比表 2-5 和表 3-4。原单纯形表中的松弛变量检验数的负值对应于对偶问题的最优解。同样,对偶问题剩余变量的检验数的负值也对应于原单纯形表中的最优解;原问题最终表中的基变量 x_1, x_2 检验数为 0,对偶问题的剩余变量 $y_4 = y_5 = 0$;原问题最终表中松弛变量 $x_5 = 3$,对偶问题最终表中 y_3 的检验数为 -3。

表 3-4 初始单纯形表及迭代过程

	$c_j \to$		18	50	8	0	0	M	
C_B	Y_B	b	y_1	y_2	y_3	y_4	y_5	y_6	$\theta_i = b_i/a_{ij}*(>0)$
M	y_6	5	1	[5]	0	-1	0	1	1
8	y_3	4	2	2	1	0	-1	0	2
$\omega=$ 5M+32		z_j	$M+16$	$5M+16$	8	$-M$	-8	M	
		$z_j - c_j$	$M-2$	$5M-34$	0	$-M$	-8	0	
50	y_2	1	1/5	1	0	$-1/5$	0	1/5	5
8	y_3	2	[8/5]	0	1	2/5	-1	$-2/5$	5/4
$\omega=66$		z_j	22.8	50	8	-6.8	-8	6.8	
		$z_j - c_j$	4.8	0	0	-6.8	-8	$6.8-M$	
50	y_2	3/4	0	1	$-1/8$	$-1/4$	1/8	1/4	
18	y_1	5/4	1	0	5/8	1/4	$-5/8$	$-1/4$	
$\omega=60$		z_j	18	50	5	-8	-5	8	
		$z_j - c_j$	0	0	-3	-8	-5	$8-M$	

由于所有的检验数 $z_j - c_j \leqslant 0$,所以得到最优解。

例 3-5 已知线性规划问题

$$\max Z = 2x_1 + x_2 + 5x_3 + 6x_4$$

$$\begin{cases} 2x_1 \quad + x_3 + x_4 \leqslant 8 \\ 2x_1 + 2x_2 + x_3 + 2x_4 \leqslant 12 \\ x_j \geqslant 0, \quad j = 1, 2, 3, 4 \end{cases}$$

的对偶问题的最优解为 $y_1^* = 4, y_2^* = 1$,试应用对偶问题的性质求原问题的最优解。

解：原问题的对偶问题为

$$\min \omega = 8y_1 + 12y_2$$

$$\begin{cases} 2y_1 + 2y_2 \geq 2 \\ 2y_2 \geq 1 \\ y_1 + y_2 \geq 5 \\ y_1 + 2y_2 \geq 6 \\ y_1, y_2 \geq 0 \end{cases}$$

由于在最优解 $y_1^* = 4, y_2^* = 1$ 时前两个约束为严格的不等式，根据互补松弛性

$$\boldsymbol{Y}_s \begin{bmatrix} x_1^* \\ x_2^* \end{bmatrix} = 0 \quad 因为 \boldsymbol{Y}_s > 0, 则：x_1^* = x_2^* = 0$$

又根据互补松弛性：$(y_1^*, y_2^*)\boldsymbol{X}_s = 0$

因为：$y_1^* = 4, y_2^* = 1$ 均大于 0，则有：$\boldsymbol{X}_s = 0$，故得到

$$\begin{cases} x_3 + x_4 = 8 \\ x_3 + 2x_4 = 12 \end{cases} \Rightarrow \begin{cases} x_3 = 4 \\ x_4 = 4 \end{cases}$$

原问题的最优解为：$\boldsymbol{X} = (0, 0, 4, 4)^T$，目标函数值为 $\max Z = \min \omega = 44$。

3.5 对偶问题的经济解释——影子价格

设 $\boldsymbol{B}$ 是 $\{\max Z = \boldsymbol{CX} | \boldsymbol{AX} \leq \boldsymbol{b}, \boldsymbol{X} \geq 0\}$ 的最优基，最优解时有：$Z^* = \boldsymbol{C}_B \boldsymbol{B}^{-1} \boldsymbol{b} = \boldsymbol{Y}^* \boldsymbol{b}$

对 $\boldsymbol{b}$ 求导可以得出

$$\frac{\partial Z^*}{\partial \boldsymbol{b}} = \boldsymbol{C}_B \boldsymbol{B}^{-1} = \boldsymbol{Y}^* \qquad (3-23)$$

式 3-23 的经济意义是在其他条件不变的情况下，单位资源变化所引起的目标函数最优值的变化。由例 3-4 知道，最优解为 $\boldsymbol{Y} = \left(\dfrac{5}{4}, \dfrac{3}{4}, 0\right)$，即甲乙两种资源的定价分别为 1.25 元/公斤，0.75 元/公斤，在此定价下第三种资源可以不定价，此时出租或出售所有资源的总利润为 60 元。

三种资源的定价是基于目前企业生产的产品利润而制定的，由于其特殊性称其为"影子价格"，影子价格的确定可以由图 3-1 得到解释。

当第一种资源拥有量增加 1 公斤至 19 公斤时，最优点的坐标为 (7.75, 5.625)，最优值为 $\max Z = 5 \times 7.75 + 4 \times 5.625 = 61.25$，增加了 1.25 元，即为第一种资源的定价。

当第二种资源拥有量增加 1 公斤至 51 公斤时，最优点的坐标为 (8.25, 4.875)，最优值为 $\max Z = 5 \times 8.25 + 4 \times 4.875 = 60.75$，增加了 0.75 元，即为第二种资源的定价。

当第三种资源拥有量增加 1 公斤至 9 公斤时，最

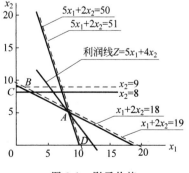

图 3-1 影子价格

优点的坐标仍为(8,5),最优值为 max $Z=5×8+4×5=60$,目标函数值不变,即第三种资源可以不定价。

影子价格具有一定的实际意义。在市场经济条件下,企业为了追求利润最大化,当企业拥有资源的影子价格高于市场价格时,企业应该购进该种资源以扩大生产;当企业拥有资源的影子价格低于市场价格时,企业应该将其现有的资源出租或出售。可见,影子价格具有市场调节作用。

3.6 对偶单纯形法

3.6.1 对偶单纯形法的基本原理

由原问题与对偶问题之间的关系知道,在单纯形表中进行迭代时,在 b 列得到的是原问题的基可行解,而在检验数行得到的是对偶问题的基解。经过迭代计算,当检验数行得到的对偶问题的解也是基可行解时,则得到最优解。

根据对偶问题的对称性,如果对偶问题的解是基可行解,即 $c_j-z_j \leqslant 0$,而原问题在非可行解的基础上通过迭代达到基可行解,问题也可以得到最优解。则有如下的求解思路:

设原问题为:$\{\max Z=\boldsymbol{CX} | \boldsymbol{AX} \leqslant \boldsymbol{b}, \boldsymbol{X} \geqslant 0\}$。又设 $\boldsymbol{B}$ 是一个基,不失一般性设 $\boldsymbol{B}=(P_1, P_2, \cdots, P_m)$,$\boldsymbol{X}_B=(x_1, x_2, \cdots, x_m)^T$。当非基变量均为 0 时,可以得到 $\boldsymbol{X}_B=\boldsymbol{B}^{-1}\boldsymbol{b}$。若 $\boldsymbol{B}^{-1}\boldsymbol{b}$ 中至少存在一个负分量,单纯形表中检验数行 $c_j-z_j \leqslant 0$,其中:

$\sigma_i=c_i-z_i=0 \quad i=1,2,\cdots,m$ 即基变量的检验数为 0

$\sigma_j=c_j-z_j \leqslant 0 \quad j=m+1, m+2, \cdots, n$ 即非基变量检验数为非正

每次迭代是将基变量中的负分量 x_{i^*} 取出,与非基变量中的 x_{j^*} 互换,即进行基变换,此时非基变量的检验数仍保持为非正。原问题逐步向可行解接近,而一旦得到可行解时即为最优解。

3.6.2 对偶单纯形法的计算步骤

(1) 列出初始单纯形表。

(2) 若 $\boldsymbol{B}^{-1}\boldsymbol{b} \geqslant 0$,$c_j-z_j \leqslant 0$,则问题得到最优解,否则进入下一步。

(3) 取 $\min_i\{\boldsymbol{B}^{-1}\boldsymbol{b} | \boldsymbol{B}^{-1}\boldsymbol{b}<0\}=(\boldsymbol{B}^{-1}\boldsymbol{b})_{i^*}$ 对应的基变量 x_{i^*} 为换出变量。

(4) 由 $\theta=\min_j\left\{\dfrac{c_j-z_j}{a_{i^*j}} | a_{i^*j}<0\right\}=\dfrac{c_{j^*}-z_{j^*}}{a_{i^*j^*}}$,确定换入变量 x_{j^*},当所有的 $a_{i^*j} \geqslant 0$ 时问题无可行解。

(5) 以 $a_{i^*j^*}$ 为主元素,按原单纯形法进行迭代,得到新的计算表。

(6) 重复(2)—(5)步。

例 3-6 用对偶单纯形法求例 3-4 的解。

解:(1) 引入松弛变量 y_4, y_5 将模型变为

$$\max(-Z)=-18y_1-50y_2-8y_3+0y_4+0y_5$$

$$\begin{cases} -y_1 - 5y_2 \quad\quad + y_4 \quad\quad = -5 \\ -2y_1 - 2y_2 - y_3 \quad\quad + y_5 = -4 \\ y_1, y_2, y_3, y_4, y_5 \geqslant 0 \end{cases}$$

（2）列出初始单纯形表，并进行迭代计算，见表 3-5。

表 3-5 初始单纯形表及迭代过程

C_B	Y_B	b	$c_j \to$				
			-18	-50	-8	0	0
			y_1	y_2	y_3	y_4	y_5
0	y_4	-5	-1	$[-5]$	0	1	0
0	y_5	-4	-2	-2	-1	0	1
$-Z=0$		$c_j - z_j$	-18	-50	-8	0	0
-50	y_2	1	$1/5$	1	0	$-1/5$	0
0	y_5	-2	$[-8/5]$	0	-1	$-2/5$	1
$-Z=-50$		$c_j - z_j$	-8	0	-8	-10	0
-50	y_2	$3/4$	0	1	$-1/8$	$-1/4$	$1/8$
-18	y_1	$5/4$	1	0	$5/8$	$1/4$	$-5/8$
$-Z=-60$		$c_j - z_j$	0	0	-3	-8	-5

因为 b 列为非负，检验数行 $c_j - z_j$ 为非正，则得到最优解

$$\boldsymbol{Y} = \left(\frac{5}{4}, \frac{3}{4}, 0, 0, 0\right)^\mathrm{T} \quad \max(-Z) = \min Z = 60$$

3.7 灵敏度分析

在前面所讨论的线性规划问题都是在资源系数 b、技术系数 A、价值系数 C 不变的情况下展开的，但在实际中，企业拥有的资源总量有可能变化，生产工艺或生产技术有可能变化，产品的市场价格也有可能发生变化，甚至三个系数最初的取值也可能是估计值或预测值。这些值一旦变化，都会对最优方案产生一定的影响，影响的方向如何、程度如何、结果如何都应该是决策时要考虑的因素。

灵敏度分析就是要分析上述因素变化对最优解的影响。当然，如果知道变化后的数值，重新对变化后的模型求解就可以得到最优解，但是这样做会很麻烦。实际上，我们只要利用原条件下的最优基，进行进一步的讨论就可以较为方便地得到变化的最优解。

3.7.1 资源数量 b 变化的分析

假设资源向量的第 r 个分量有一个增量 Δb_r，其他系数均不变，此时最终表中的解应为

$$\boldsymbol{X}'_B = \boldsymbol{B}^{-1}(\boldsymbol{b} + \Delta \boldsymbol{b}) = \boldsymbol{B}^{-1}\boldsymbol{b} + \boldsymbol{B}^{-1}\begin{bmatrix} 0 \\ \vdots \\ \Delta b_r \\ \vdots \\ 0 \end{bmatrix} = \boldsymbol{B}^{-1}\boldsymbol{b} + \Delta b_r \begin{bmatrix} \bar{a}_{1r} \\ \bar{a}_{2r} \\ \vdots \\ \bar{a}_{m-1\,r} \\ \bar{a}_{mr} \end{bmatrix}$$

因为在利用原单纯形法求解时,要求 $X \geqslant 0$,即有 $B^{-1}b+\Delta b_r \bar{a}_{ir} \geqslant 0$,则在最优解不变时必须有

$$\Delta b_r \geqslant -\frac{B^{-1}b}{\bar{a}_{ir}} \quad \text{当} \bar{a}_{ir} > 0 \text{ 时} \quad i = 1, 2, \cdots, m$$

$$\Delta b_r \leqslant -\frac{B^{-1}b}{\bar{a}_{ir}} \quad \text{当} \bar{a}_{ir} < 0 \text{ 时} \quad i = 1, 2, \cdots, m$$

因为满足 $\bar{a}_{ir} > 0$ 或 $\bar{a}_{ir} < 0$ 的分量都有可能多于 1 个,则

$$\max_i \left\{ -\frac{B^{-1}b}{\bar{a}_{ir}} \mid \bar{a}_{ir} > 0 \right\} \leqslant \Delta b_r \leqslant \min_i \left\{ -\frac{B^{-1}b}{\bar{a}_{ir}} \mid \bar{a}_{ir} < 0 \right\}$$

例 3-7 保持例 3-2 中最优基不变,求 b_2 的变化范围。

解:由例 3-2 的计算结果知,$B_2^{-1} = \begin{bmatrix} 0 & 1 \\ -1 & 2 \end{bmatrix}$

$$\begin{bmatrix} 4 \\ 6 \end{bmatrix} + \begin{bmatrix} 0 & 1 \\ -1 & 2 \end{bmatrix} \begin{bmatrix} 0 \\ \Delta b_2 \end{bmatrix} \geqslant 0, \quad \text{即} \begin{bmatrix} 4 \\ 6 \end{bmatrix} + \begin{bmatrix} 1 \cdot \Delta b_2 \\ 2 \cdot \Delta b_2 \end{bmatrix} \geqslant \begin{bmatrix} 0 \\ 0 \end{bmatrix}$$

解得:$\Delta b_2 \geqslant -4$,$\Delta b_2 \geqslant -3$

即 $\Delta b_2 \geqslant \max\{-4, -3\} = -3$ 时,最优基不变。

例 3-8 保持例 2-1 中最优基不变,求 b_1 的变化范围。

解:由例 2-1 的求解例 2-5 知道,最优基为 (P_2, P_1, P_5),其逆阵为

$$B^{-1} = \begin{bmatrix} \frac{5}{8} & -\frac{1}{8} & 0 \\ -\frac{1}{4} & \frac{1}{4} & 0 \\ -\frac{5}{8} & \frac{1}{8} & 1 \end{bmatrix}$$

根据 $\begin{bmatrix} 5 \\ 8 \\ 3 \end{bmatrix} + \begin{bmatrix} \frac{5}{8} & -\frac{1}{8} & 0 \\ -\frac{1}{4} & \frac{1}{4} & 0 \\ -\frac{5}{8} & \frac{1}{8} & 1 \end{bmatrix} \begin{bmatrix} \Delta b_1 \\ 0 \\ 0 \end{bmatrix} \geqslant 0$

即 $\begin{cases} 5 + \frac{5}{8}\Delta b_1 \geqslant 0 \Rightarrow \Delta b_1 \geqslant -8 \\ 8 - \frac{1}{4}\Delta b_1 \geqslant 0 \Rightarrow \Delta b_1 \leqslant 32 \\ 3 - \frac{5}{8}\Delta b_1 \geqslant 0 \Rightarrow \Delta b_1 \leqslant 4.8 \end{cases}$

$$-8 \leqslant \Delta b_r \leqslant 4.8$$

也可由 $\max_i \left\{ -\frac{B^{-1}b}{\bar{a}_{i1}} \mid \bar{a}_{i1} > 0 \right\} \leqslant \Delta b_r \leqslant \min_i \left\{ -\frac{B^{-1}b}{\bar{a}_{i1}} \mid \bar{a}_{i1} < 0 \right\}$ 直接得出

$$\max_i \left\{ -\frac{5}{\frac{5}{8}} \right\} \leqslant \Delta b_r \leqslant \min_i \left\{ -\frac{8}{-\frac{1}{4}} - \frac{3}{-\frac{5}{8}} \right\}$$

解得 $-8 \leqslant \Delta b_r \leqslant 4.8$，即 b_1 在 $10 \sim 22.8$ 范围内变化时不影响最优基。

例 3-9 如果例 2-1 中的 $b_1 = 20$ 和 $b_1 = 24$ 时，最优解有什么变化？

解：(1) 当 $b_1 = 20$ 时

$$\boldsymbol{B}^{-1}b = \begin{bmatrix} \frac{5}{8} & -\frac{1}{8} & 0 \\ -\frac{1}{4} & \frac{1}{4} & 0 \\ -\frac{5}{8} & \frac{1}{8} & 1 \end{bmatrix} \begin{bmatrix} 20 \\ 50 \\ 8 \end{bmatrix} = \begin{bmatrix} 6.25 \\ 7.50 \\ 1.75 \end{bmatrix} = \begin{bmatrix} x_2 \\ x_1 \\ x_5 \end{bmatrix}$$

$$\max Z = \boldsymbol{C}_B \boldsymbol{X}_B = (4,5,0)(6.25, 7.50, 1.75)^\mathrm{T} = 62.5$$

(1) 当 $b_1 = 24$ 时

$$\boldsymbol{B}^{-1}b = \begin{bmatrix} \frac{5}{8} & -\frac{1}{8} & 0 \\ -\frac{1}{4} & \frac{1}{4} & 0 \\ -\frac{5}{8} & \frac{1}{8} & 1 \end{bmatrix} \begin{bmatrix} 24 \\ 50 \\ 8 \end{bmatrix} = \begin{bmatrix} 8.75 \\ 6.50 \\ -0.75 \end{bmatrix} = \begin{bmatrix} x_2 \\ x_1 \\ x_5 \end{bmatrix}$$

由于其中出现负分量，则其不是最优解。继续求最优解的过程见表 3-6。

表 3-6 用对偶单纯形法继续求解

	$c_j \rightarrow$		5	4	0	0	0
C_B	X_B	b	x_1	x_2	x_3	x_4	x_5
4	x_2	8.75	0	1	5/8	−1/8	0
5	x_1	6.50	1	0	−1/4	1/4	0
0	x_5	−0.75	0	0	(−5/8)	1/8	1
$Z = 67.5$		z_j	5	4	5/4	3/4	0
		$c_j - z_j$	0	0	−5/4	−3/4	0
4	x_2	8.0	0	1	0	0	1
5	x_1	6.8	1	0	0	1/5	−2/5
0	x_3	1.2	0	0	1	−1/5	−8/5
$Z = 66$		z_j	5	4	0	0	2
		$c_j - z_j$	0	0	0	−1	−2

得到最优解为 $\boldsymbol{X} = (6.8, 8.0, 1.2, 0, 0)^\mathrm{T}$ $\max Z = 66$

可见最优基发生了变化，也验证了例 3-8 的结论。另外要注意，初始表的目标函数值为 67.5 大于最终表的目标函数值 66，这并不说明求解过程出现了问题，而是因为初始表所对应的解为非可行解的原因。

3.7.2 技术系数 a_{ij} 变化的分析

例 3-10 仍以例 2-1 为例，现在假设有第三种产品，其技术系数向量为 $\boldsymbol{P} = (4, 2, 1)$，单位利润为 8，问该厂应否生产该种产品？如果生产，生产多少？

解：(1) 由例 2-1 的求解结果知，最优基为 (P_2, P_1, P_5)，其逆阵为

$$\boldsymbol{B}^{-1} = \begin{bmatrix} \frac{5}{8} & -\frac{1}{8} & 0 \\ -\frac{1}{4} & \frac{1}{4} & 0 \\ -\frac{5}{8} & \frac{1}{8} & 1 \end{bmatrix}$$

设生产第三种产品的产量为 x_3'，其在最终表中的检验数

$$\sigma_3' = c_3' - \boldsymbol{C}_B \boldsymbol{B}^{-1} \boldsymbol{P}_3 = 8 - (4,5,0) \begin{bmatrix} \frac{5}{8} & -\frac{1}{8} & 0 \\ -\frac{1}{4} & \frac{1}{4} & 0 \\ -\frac{5}{8} & \frac{1}{8} & 1 \end{bmatrix} \begin{bmatrix} 4 \\ 2 \\ 1 \end{bmatrix} = 8 - \left(\frac{5}{4}, \frac{3}{4}, 0\right) \begin{bmatrix} 4 \\ 2 \\ 1 \end{bmatrix} = 1.5 > 0$$

即生产第三种产品有利。

（2）计算第三种产品在最终表中的技术系数向量，并加入最终表中进行迭代计算，见表 3-7。

$$\boldsymbol{B}^{-1}\boldsymbol{P}_3 = \begin{bmatrix} \frac{5}{8} & -\frac{1}{8} & 0 \\ -\frac{1}{4} & \frac{1}{4} & 0 \\ -\frac{5}{8} & \frac{1}{8} & 1 \end{bmatrix} \begin{bmatrix} 4 \\ 2 \\ 1 \end{bmatrix} = \begin{bmatrix} \frac{9}{4} \\ -\frac{1}{2} \\ -\frac{5}{4} \end{bmatrix}$$

表 3-7 单纯形法计算表

	$c_j \rightarrow$		5	4	8	0	0	0	
C_B	X_B	b	x_1	x_2	x_3'	x_3	x_4	x_5	$\theta_i = b_i/a_{ij}* (>0)$
4	x_2	5	0	1	(9/4)	5/8	−1/8	0	20/9
5	x_1	8	1	0	−1/2	−1/4	1/4	0	—
0	x_5	3	0	0	−5/4	−5/8	1/8	1	—
$Z=60$		z_j	5	4	13/2	5/4	3/4	0	
		$c_j - z_j$	0	0	1.5*	−5/4	−3/4	0	
8	x_3'	20/9	0	4/9	1	5/18	−1/18	0	
5	x_1	82/9	1	2/9	0	−1/9	2/9	0	
0	x_5	52/9	0	5/9	0	−5/18	1/18	1	
$Z=\frac{590}{9}$		z_j	5	14/3	8	5/3	2/3	0	
		$c_j - z_j$	0	−2/3	0	−5/3	−2/3	0	

表 3-7 中的所有检验数 $c_j - z_j \leqslant 0$，则 $\boldsymbol{X} = \left(\frac{82}{9}, 0, \frac{20}{9}, 0, 0, 0\right)^{\mathrm{T}}$，$\max Z = \frac{590}{9}$

例 3-11 仍以例 2-1 为例，现在假设第二种产品的其技术系数向量变为 $\boldsymbol{P} = (1,2,1)$，单位利润变为 3，问该厂应如何决策？

解：(1) $\boldsymbol{B}^{-1}\boldsymbol{P}_2 = \begin{bmatrix} \frac{5}{8} & -\frac{1}{8} & 0 \\ -\frac{1}{4} & \frac{1}{4} & 0 \\ -\frac{5}{8} & \frac{1}{8} & 1 \end{bmatrix} \begin{bmatrix} 1 \\ 2 \\ 1 \end{bmatrix} = \begin{bmatrix} \frac{3}{8} \\ \frac{1}{4} \\ \frac{5}{8} \end{bmatrix}$

将其放入最终表中，并计算该列的检验数为 1/4＞0，见表 3-8。

表 3-8 x_2' 在最终表中的技术系数及检验数

C_B	X_B	$c_j \to$ b	5 x_1	4 x_2	3 x_2'	0 x_3	0 x_4	0 x_5	$\theta_i = b_i/a_{ij}*(>0)$
4	x_2	5	0	1	3/8	5/8	−1/8	0	
5	x_1	8	1	0	1/4	−1/4	1/4	0	
0	x_5	3	0	0	5/8	−5/8	1/8	1	
$Z=60$		z_j	5	4	11/4	5/4	3/4	0	
		c_j-z_j	0	0	1/4*	−5/4	−3/4	0	

(2) 最终表中，如果 x_2' 为基变量，则用 x_2' 替换 x_2，得到表 3-9，并继续迭代。

表 3-9 用 x_2' 替换 x_2 的新基及用对偶单纯形法的继续迭代

C_B	X_B	$c_j \to$ b	5 x_1	3 x_2'	0 x_3	0 x_4	0 x_5
3	x_2'	40/3	0	1	5/3	−1/3	0
5	x_1	14/3	1	0	−2/3	1/3	0
0	x_5	−16/3	0	0	(−5/3)	1/3	1
$Z=190/3$		z_j	5	3	5/3	2/3	0
		c_j-z_j	0	0	−5/3	−2/3	0
3	x_2'	8	0	1	0	0	1
5	x_1	34/5	1	0	0	1/5	−2/5
0	x_3	16/5	0	0	1	−1/5	−3/5
$Z=58$		z_j	5	3	0	1	1
		c_j-z_j	0	0	0	−1	−1

由于表 3-9 最终表的检验数全部为非正，故得到最优解 $\boldsymbol{X} = \left(\frac{34}{5}, 8, \frac{16}{5}, 0, 0\right)^{\mathrm{T}}$

$$\max Z = 58$$

需注意，例 3-11 问题的处理方法并不一定是最好的，用原单纯形法对问题直接求解的过程比本例的解法更为简便。但本例的解法对于一些复杂问题的求解会显得有优势，因为它可以省略大量不必要的计算；另外，该解法也提供了一种新的求解思路。

3.7.3 价值系数 c_j 变化的分析

价值系数的变化会直接影响到检验数，由第 2 章的介绍已经知道，所有的检验数均可

表示为 $\sigma = C - C_B B^{-1} A$ 或 $\sigma_j = c_j - C_B B^{-1} P_j$。如果第 r 个变量的价值系数发生了变化，当其为非基变量时，它并不会影响到 $C_B B^{-1}$，因此只需简单地计算其检验数并令 $\sigma_j \leqslant 0$ 即可求出不影响最优解时 c_j 的变化范围，此处不作具体介绍。当第 r 个变量为基变量时，它会影响到 $C_B B^{-1}$，从而影响到所有检验数的值，设其有一个增量 Δc_r，则所有的检验数可表示为：$\sigma' = C - (C_B + \Delta C_B) B^{-1} A = C - C_B B^{-1} A - \Delta C_B B^{-1} A = \sigma - \Delta C_B B^{-1} A$，只要 $\sigma' \leqslant 0$，则最优基就不会发生变化。因为

$$\sigma'_j = \sigma_j - \Delta C_B B^{-1} P_j = \sigma_j - (0, \cdots, 0, \Delta c_r, 0, \cdots, 0) \begin{bmatrix} b_{11} & b_{12} & \cdots & b_{1m} \\ \vdots & \vdots & \cdots & \vdots \\ b_{r1} & b_{r2} & \cdots & b_{rm} \\ \vdots & \vdots & \ddots & \vdots \\ b_{m1} & b_{m2} & \cdots & b_{mm} \end{bmatrix} \begin{bmatrix} a_{1j} \\ \vdots \\ a_{ij} \\ \vdots \\ a_{mj} \end{bmatrix}$$

$$\sigma'_j = \sigma_j - (\Delta c_r b_{r1}, \Delta c_r b_{r2}, \cdots, \Delta c_r b_{rm})(a_{1j} \cdots a_{ij} \cdots a_{mj})^T$$

$$= \sigma_j - (\Delta c_r b_{r1} a_{1j} + \Delta c_r b_{r2} a_{2j} + \cdots + \Delta c_r b_{rm} a_{mj}) = \sigma_j - \Delta c_r \sum_{i=1}^{m} b_{ri} a_{ij}$$

式中 $\sum_{i=1}^{m} b_{ri} a_{ij}$ 即最终表中第 r 行第 j 列的技术系数 $\bar{a}_{rj}$。若保持最优基不变，对所有的新检验数必须有 $\sigma' \leqslant 0$，即 $\sigma_j - \Delta c_r \bar{a}_{rj} \leqslant 0$。

当 $\bar{a}_{rj} > 0$ 时，$\Delta c_r \geqslant \dfrac{\sigma_j}{\bar{a}_{rj}}$

当 $\bar{a}_{rj} < 0$ 时，$\Delta c_r \leqslant \dfrac{\sigma_j}{\bar{a}_{rj}}$

则有 $\max_j \left\{ \dfrac{\sigma_j}{\bar{a}_{rj}} \mid \bar{a}_{rj} > 0 \right\} \leqslant \Delta c_r \leqslant \min_j \left\{ \dfrac{\sigma_j}{\bar{a}_{rj}} \mid \bar{a}_{rj} < 0 \right\} \quad j = 1, 2, \cdots, n$

例 3-12 根据例 2-1，求在不影响最优基时，第二个产品价值系数的变化范围。

解：第二个产品的价值系数有增量 Δc_2 时，例 2-1 的最终单纯形表变成表 3-10 的形式。

表 3-10 第二个产品的价值系数有增量 Δc_2 时的最终单纯形表

	$c_j \rightarrow$		5	$4 + \Delta c_2$	0	0	0
C_B	X_B	b	x_1	x_2	x_3	x_4	x_5
$4 + \Delta c_2$	x_2	5	0	1	$5/8$	$-1/8$	0
5	x_1	8	1	0	$-1/4$	$1/4$	0
0	x_5	3	0	0	$-5/8$	$1/8$	1
	z_j		5	$4 + \Delta c_r$	$\dfrac{5}{4} + \dfrac{5}{8}\Delta c_2$	$\dfrac{3}{4} - \dfrac{1}{8}\Delta c_2$	0
	$c_j - z_j$		0	0	$-\dfrac{5}{4} - \dfrac{5}{8}\Delta c_2$	$-\dfrac{3}{4} + \dfrac{1}{8}\Delta c_2$	0

因为基变量的检验数总是为 0，则只需要计算非基变量的检验数。

变量 x_3 的检验数：$-5/4 - \dfrac{5}{8}\Delta c_2 \leqslant 0$，有 $\Delta c_2 \geqslant -2$

变量 x_4 的检验数：$-3/4 + \frac{1}{8}\Delta c_2 \leqslant 0$，有 $\Delta c_2 \leqslant 6$

即 $-2 \leqslant \Delta c_2 \leqslant 6$ 时，原最优基不变。

也可以利用 $\max\limits_{j}\left\{\dfrac{\sigma_j}{\bar{a}_{rj}} | \bar{a}_{rj} > 0\right\} \leqslant \Delta c_r \leqslant \min\limits_{j}\left\{\dfrac{\sigma_j}{\bar{a}_{rj}} | \bar{a}_{rj} < 0\right\}$ 直接求出 Δc_2 的范围。

根据 $\max\limits_{j}\left\{\dfrac{\sigma_3}{\bar{a}_{23}} | \bar{a}_{23} > 0\right\} \leqslant \Delta c_2 \leqslant \min\limits_{j}\left\{\dfrac{\sigma_4}{\bar{a}_{24}} | \bar{a}_{24} < 0\right\}$ 也可得出：

$$\max\limits_{j}\left\{\dfrac{-\dfrac{5}{4}}{\dfrac{5}{8}} | \bar{a}_{23} > 0\right\} \leqslant \Delta c_2 \leqslant \min\limits_{j}\left\{\dfrac{-\dfrac{3}{4}}{-\dfrac{1}{8}} | \bar{a}_{24} < 0\right\}$$

$$-2 \leqslant \Delta c_2 \leqslant 6$$

本章主要知识点

线性规划模型的矩阵描述、改进单纯形法的计算步骤、对偶问题、影子价格、对偶单纯形法、灵敏度分析

思 考 题

1. 线性规划问题模型的矩阵形式是什么？如果用 B, N, S 分别表示基变量、非基变量、松弛变量的系数矩阵，线性规划问题模型又如何表示？非基变量检验数如何表示？θ 表达式是什么？
2. 单纯形表中各部分用矩阵形式如何描述？
3. 改进单纯形法的基本思想和基本步骤是什么？
4. 对偶问题是如何提出来的？原问题和对偶问题的对应关系是什么？
5. 对偶问题具有什么性质？
6. 什么是影子价格？其经济含义是什么？
7. 对偶单纯形法的适用条件是什么？其基本求解步骤是什么？
8. 什么是灵敏度分析？其主要内容是什么？

练 习 题

1. 用改进单纯形法求解下面的线性规划问题

(1) $\max Z = 2x_1 + x_2 + 3x_3$
$\begin{cases} 4x_1 + x_2 + 2x_3 \leqslant 8 \\ x_1 + 2x_2 + x_3 \leqslant 5 \\ x_1, x_2, x_3 \geqslant 0 \end{cases}$

(2) $\min Z = 2x_1 + 3x_2$
$\begin{cases} 4x_1 + x_2 = 8 \\ x_1 + 2x_2 \leqslant 5 \\ x_1 + x_2 \geqslant 4 \\ x_1, x_2, x_3 \geqslant 0 \end{cases}$

2. 某线性规划问题，用单纯形表计算得到的最终表见表 3-11（其中 x_4 为松弛变量，x_5 为剩余变量），根据表 3-11 写出原问题模型。

表 3-11 某线性规划问题的最终表

$c_j \to$			4	2	1	0	0	$-M$
C_B	X_B	b	x_1	x_2	x_3	x_4	x_5	x_6
0	x_5	6	0	0	1	2	1	-1
4	x_1	8	1	1	1	1	0	0
$c_j - z_j$			0	-2	-3	-4	0	$-M$

3. 写出下面问题的对偶问题

(1) $\max Z = 2x_1 + x_2 + 3x_3$
$$\begin{cases} 2x_1 + x_2 + 3x_3 \leqslant 10 \\ x_1 + x_2 + x_3 = 5 \\ 3x_1 + 2x_2 + x_3 \geqslant 12 \\ x_1, x_2 \geqslant 0, x_3 \text{ 无约束} \end{cases}$$

(2) $\min Z = x_1 + 2x_2 + 3x_3$
$$\begin{cases} x_1 + x_2 + x_3 \geqslant 4 \\ 2x_1 + x_2 + 2x_3 = 5 \\ 3x_1 - 2x_2 + x_3 \geqslant 12 \\ x_1, x_2 \geqslant 0, x_3 \leqslant 0 \end{cases}$$

4. 已知线性规划问题

$$\min Z = 3x_1 + x_2 + 2x_3$$
$$\begin{cases} x_1 + x_2 + x_3 \geqslant 8 \\ 2x_1 - 2x_2 + x_3 \geqslant 6 \\ x_1, x_2, x_3 \geqslant 0 \end{cases}$$

的对偶问题的最优解是 $y_1^* = \frac{5}{3}, y_2^* = \frac{1}{3}$，试根据对偶问题的性质求原问题的最优解。

5. 利用对偶单纯形法求解下列的线性规划问题

(1) $\min Z = 2x_1 + 4x_2 + 3x_3$
$$\begin{cases} x_1 + 2x_2 + 3x_3 \geqslant 10 \\ x_1 + x_2 + x_3 \geqslant 6 \\ 4x_1 + x_2 + 4x_3 \geqslant 20 \\ x_1, x_2, x_3 \geqslant 0 \end{cases}$$

(2) $\min Z = 2x_1 + x_2$
$$\begin{cases} x_1 + 2x_2 \geqslant 4 \\ x_1 + x_2 \geqslant 2 \\ 3x_1 + 4x_2 \geqslant 8 \\ x_1, x_2 \geqslant 0 \end{cases}$$

6. 现有线性规划问题

$$\max Z = 2x_1 + x_2 + 3x_3$$
$$\begin{cases} -x_1 + x_2 + 2x_3 \leqslant 40 \\ x_1 + 3x_2 - x_3 \leqslant 50 \\ x_1, x_2, x_3 \geqslant 0 \end{cases}$$

(1) 利用原单纯形法求解。
(2) 第一个约束条件的常数项变成 60，解有什么变化？
(3) 第二个约束条件的常数项变成 30，解有什么变化？
(4) 目标函数变成 $\max Z = 2x_1 + x_2 + 4x_3$，解有什么变化？

(5) 系数向量 P_2 变成 $P_2 = \begin{bmatrix} 2 \\ 2 \end{bmatrix}$，解有什么变化？

(6) 增加一个约束条件 $x_1 + x_2 + x_3 \leqslant 20$，解有什么变化？

7. 兹有线性规划问题

$$\max Z = -5x_1 + 5x_2 + 13x_3$$

$$\begin{cases} -x_1 + x_2 + 3x_3 \leqslant 20 & ① \\ 12x_1 + 4x_2 + 10x_3 \leqslant 90 & ② \\ x_1, x_2, x_3 \geqslant 0 \end{cases}$$

先用单纯形法求出最优解，然后分析在下列各种条件下，最优解分别有什么变化？

(1) 约束条件①的右端常数由 20 变为 30。

(2) 约束条件②的右端常数由 90 变为 70。

(3) 目标函数中 x_3 的系数由 13 变为 8。

(4) x_1 的系数列向量由 $\begin{bmatrix} -1 \\ 12 \end{bmatrix}$ 变为 $\begin{bmatrix} 0 \\ 5 \end{bmatrix}$。

(5) 增加一个约束条件③$2x_1 + 3x_2 + 5x_3 \leqslant 50$。

(6) 将原约束条件②改变为 $10x_1 + 5x_2 + 10x_3 \leqslant 100$。

阅读与分析

B 饭店广告预算的媒体分配

1. 基础资料

B 饭店是一家位于北京的面向高消费阶层的饭店。为了下一季度的广告宣传计划，该饭店雇用了 C 广告公司。饭店的管理层要求 C 推荐如何将广告预算分配在电视、广播和报纸上。总的广告预算费用为 300000 元。

在与 B 饭店管理层的一次会议上，C 公司顾问提供了以下信息：关于每种广告媒体在行业内的宣传率、每则广告能达到的新受众数以及各自的广告成本，如表 3-12 所示。

表 3-12 不同广告媒体的相关资料

	每则广告宣传率(%)	每则广告能送达的新受众人数(人)	成本(元)
电视	80	4000	10000
广播	30	2000	3000
报纸	16	1000	1000

宣传率被视作衡量广告对现有客户和潜在新客户的价值。它是图像、消息反馈、可视程度、可闻形象等的函数。正如预料的那样，最贵的电视广告有最大的宣传率，同时可达到最多的潜在新客户。在这一点上，C 公司顾问指出，关于每种媒体的宣传率和达到率的数据只在最初的几次广告应用中有效。例如电视，它的 80% 的宣传率和达到 4000 个潜

在客户的数据只在头10次广告中有效,10次以后,电视广告的效用值会下降。

C公司顾问又指出:第10次以后播出的广告,宣传率降到50%,同时到达的潜在客户也降到了2000人。对于广播媒体,表2-16中的数据在头15次广告中是有效的,到第15次后,宣传率降为20%,能到达的潜在客户降为1500人。类似地,对于报纸,表3-12中的数据在头20次广告中是有效的,到第20次后,宣传率降为8%,能到达的潜在客户为800人。

B饭店管理层接受了最大化各种媒体总宣传率作为这次广告运动的目标。由于管理层很在意吸引新的客户,因此希望这次广告活动至少能达到100000个新客户。为了平衡广告宣传活动以及充分利用广告媒体,B饭店管理团队还提出了如下几个限制条件。

(1) 广播广告运用的次数至少是电视广告的2倍。

(2) 电视广告不能运用超过20次。

(3) 电视广告的预算至少为150000元。

(4) 广播广告的预算最多不能超过100000元。

(5) 报纸广告的预算至少为30000元。

C公司统一在这些条件下开展广告活动,并提出了怎样将300000元的预算分配在电视、广播和报纸广告中。

2. 管理报告要求

构建一个模型,确定B饭店的广告预算分配方案,确保你的报告中有以下讨论。

(1) 推荐一份关于电视、广播和报纸广告应各用多少次以及各种媒体的预算分配。列出广告的总宣传率,并指出总的可以到达的潜在新客户数。

(2) 如果广告预算增加100000元,那么总的宣传率会怎么变化?

(3) 讨论目标函数系数的变化范围。该变化范围揭示了推荐的解决方案对C公司的宣传率系数有多敏感?

(4) 在审阅了C公司的推荐方案后,B饭店的管理层想要知道若广告活动的目标变化最大化达到的潜在客户,则推荐方案会有什么变化?在这个目标下构建媒体使用计划模型。

(5) 比较问题(1)和(4)中的推荐方案,你对于B饭店的广告活动有何建议?

第 4 章

整 数 规 划

4.1 整数规划问题的数学模型及其解法

4.1.1 整数规划问题提出与模型建立

整数规划是日常经济生活中经常会遇到的现实问题,在一般的线性规划模型中,变量为非负,而在整数规划模型中,全部或部分变量不仅为非负,而且还要求为整数。如果所有的变量都为正整数或零,称为全整数规划,如果仅其中一部分变量要求为正整数或零,则称其为混合整数规划。

整数规划问题具有很强的实际意义,因为很多实际问题的解都要求为整数,比如产品的产量、人数等;还有些问题虽然非整数也有现实意义,但计划要求规定其解必须为整数形式,这类问题就是整数规划要解决的问题。

例 4-1 当 $b_1 = 20$ 时,求例 2-1 的最优整数解。

解:在整数条件下,例 2-1 模型变为

$$\max Z = 5x_1 + 4x_2$$

$$\begin{cases} x_1 + 2x_2 \leqslant 20 \\ 5x_1 + 2x_2 \leqslant 50 \\ x_2 \leqslant 8 \\ x_1, x_2 \geqslant 0 \text{ 且为整数} \end{cases} \quad (4-1)$$

此模型在第 3 章例 3-9 中已经做过讨论,得到了最优解为 $\boldsymbol{X} = (7.5, 6.75, 0, 0, 1.75)^{\mathrm{T}}$,显然并不符合整数约束条件。

4.1.2 整数规划问题的解法

整数规划问题的解法主要有两种:其一是分支定界法,其二是割平面法。

1. 分支定界法

分支定界法的基本解题思路是:先根据约束条件不考虑整数约束,直接求出其最优解;如果解为整数,那么所求的解就是整数条件下的最优解;如果 x_j 不是整数解,那么根据解的值分别增加约束条件纳入原模型中求解,直到得到整数最优解为止。

例如某线性规划问题如下:

$$\max Z = c_1x_1 + c_2x_2 + \cdots + c_nx_n$$
$$\begin{cases} a_{11}x_1 + a_{12}x_2 + \cdots + a_{1n}x_n = b_1 \\ a_{21}x_1 + a_{22}x_2 + \cdots + a_{2n}x_n = b_2 \\ \cdots \\ a_{m1}x_1 + a_{m2}x_2 + \cdots + a_{mn}x_n = b_m \\ x_1, x_2, \cdots, x_n \geqslant 0 \text{ 且为整数} \end{cases}$$

首先不考虑整数约束条件,利用原单纯形法求解可以得到其最优解。此时的最优解假设为 $\boldsymbol{X}=(d_1,d_2,\cdots,d_n)^{\mathrm{T}}$ 是非整数解,设 $d_j=u_j+v_j$,其中 u_j,v_j 分别是 d_j 的整数部分和小数部分,则原问题可分为两支。

第一支模型为
$$\max Z = c_1x_1 + c_2x_2 + \cdots + c_nx_n$$
$$\begin{cases} a_{11}x_1 + a_{12}x_2 + \cdots + a_{1n}x_n = b_1 \\ a_{21}x_1 + a_{22}x_2 + \cdots + a_{2n}x_n = b_2 \\ \cdots \\ a_{m1}x_1 + a_{m2}x_2 + \cdots + a_{mn}x_n = b_m \\ x_j \leqslant d_j \\ x_1, x_2, \cdots, x_n \geqslant 0 \end{cases}$$

第二支模型为
$$\max Z = c_1x_1 + c_2x_2 + \cdots + c_nx_n$$
$$\begin{cases} a_{11}x_1 + a_{12}x_2 + \cdots + a_{1n}x_n = b_1 \\ a_{21}x_1 + a_{22}x_2 + \cdots + a_{2n}x_n = b_2 \\ \cdots \\ a_{m1}x_1 + a_{m2}x_2 + \cdots + a_{mn}x_n = b_m \\ x_j \geqslant d_j + 1 \\ x_1, x_2, \cdots, x_n \geqslant 0 \end{cases}$$

按照上述方式对每个非整数解的变量增加约束,总是可以求得每个分支的整数最优解。最后只要比较不同支的整数最优目标函数值的大小,就可以求得问题的最优整数解。需要注意的是,整数条件下的最优解一定不优于非整数条件下的最优解,所以当某分支的非整数最优解劣于已经求得的整数最优解时,该支则不必再求其整数最优解了。

分支定界法的求解过程较为麻烦,此处不再做详细的介绍。

2. 割平面法

割平面法的基本思路是在原可行域中割去一部分,该部分中一定不包含整数解,这样新可行域得到的整数解和原问题的整数解一定相同。该方法是由 R. E. Gomory 首先提出来的,故此方法也称为 Gomory 割平面法。

Gomory 割平面法的关键是构建一个切割方程,由于该方程也是一个线性表达式,在空间里是一个平面,故称其为割平面。其基本的求解思路是,利用总路线形法求出无整数约束情况下的最优解；如果该解是整数解，则得到最优解，如果不是整数解则构建一个切割方程加入原来的约束条件中，继续求解，直到得到整数解为止。

下面利用 Gomory 割平面法求解例 4-1 的整数规划问题。

（1）不考虑整数条件，利用单纯形法求解模型 4-1。引入松弛变量 x_3, x_4, x_5，得到

$$\max Z = 5x_1 + 4x_2 + 0x_3 + 0x_4 + 0x_5$$

$$\begin{cases} x_1 + 2x_2 + x_3 = 20 \\ 5x_1 + 2x_2 + x_4 = 50 \\ x_2 + x_5 = 8 \\ x_j \geqslant 0 \quad j = 1, 2, \cdots, 5 \end{cases} \quad (4\text{-}2)$$

（2）根据式(4-2)列出初始单纯形表，并进行迭代计算，见表 4-1。

表 4-1 初始单纯形表及迭代运算

$c_j \rightarrow$			5	4	0	0	0	
C_B	X_B	b	x_1	x_2	x_3	x_4	x_5	$\theta_i = b_i/a_{ij} \cdot (>0)$
0	x_3	20	1	2	1	0	0	20
0	x_4	50	(5)	2	0	1	0	10*
0	x_5	8	0	1	0	0	1	—
$Z=0$	z_j		0	0	0	0	0	
	$c_j - z_j$		5*	4	0	0	0	
0	x_3	10	0	(8/5)	1	$-1/5$	0	50/8
5	x_1	10	1	2/5	0	1/5	0	25
0	x_5	8	0	1	0	0	1	—
$Z=50$	z_j		5	2	0	1	0	
	$c_j - z_j$		0	2*	0	-1	0	
4	x_2	25/4	0	1	5/8	$-1/8$	0	
5	x_1	15/2	1	0	$-1/4$	1/4	0	
0	x_5	7/4	0	0	$-5/8$	1/8	1	
$Z=62.5$	z_j		5	4	5/4	3/4	0	
	$c_j - z_j$		0	0	$-5/4$	$-3/4$	0	

表 4-1 的最优解为 $\boldsymbol{X} = \left(\dfrac{15}{2}, \dfrac{25}{4}, 0, 0, \dfrac{7}{4}\right)^{\mathrm{T}}$，显然为非整数解。

由最终表可以得出如下的方程

$$\frac{25}{4} = x_2 + \frac{5}{8}x_3 - \frac{1}{8}x_4 \quad (4\text{-}3)$$

$$\frac{15}{2} = x_1 - \frac{1}{4}x_3 + \frac{1}{4}x_4 \quad (4\text{-}4)$$

$$\frac{7}{4} = x_5 - \frac{5}{8}x_3 + \frac{1}{8}x_4 \quad (4\text{-}5)$$

式(4-3)可以写成

$$x_2 - 5 - x_4 = \frac{5}{4} - \frac{1}{8}(5x_3 + 7x_4) \quad (4\text{-}6)$$

下面考虑整数条件，因为 x_1, x_2 为整数，则 x_3, x_4, x_5 也一定为整数。式(4-6)的等式左边一定为整数，则等式右边也一定为整数。注意到 x_3, x_4 不可能同时为 0，因为当它们同时为 0 时，等式不能成立。注意到当 $x_3 = 1, x_4 = 0$ 时，等式右边得到其最大正值为 5/8，显然等式也不成立，即从等式右边可以判断式(4-6)等式两边只能是负整数，故有

$$\frac{5}{4} - \frac{1}{8}(5x_3 + 7x_4) \leqslant 0 \quad 或写成$$

$$-5x_3 - 7x_4 \leqslant -10 \tag{4-7}$$

同理，式(4-4)可以改写为 $x_1 - 7 - x_3 = \frac{1}{2} - \frac{1}{4}(3x_3 + x_4)$

显然有 $\frac{1}{2} - \frac{1}{4}(3x_3 + x_4) \leqslant 0$

$$-3x_3 - x_4 \leqslant -2 \tag{4-8}$$

式(4-5)可以改写为 $x_5 - 1 - x_3 = \frac{3}{4} - \frac{1}{8}(3x_3 + x_4) \leqslant 0$

$$-3x_3 - x_4 \leqslant -6 \tag{4-9}$$

上述的变换过程是将等式右侧变成一个真分数与非基变量线性表达式之差的形式，并由其判断等式右侧为非正，即不包含正的整数解。如果某约束的系数并不是整数，需要将其变为整数形式后，再利用线性规划方法求解。

比如约束方程 $\frac{1}{3}x_1 + \frac{3}{4}x_2 + \frac{3}{2}x_3 \leqslant \frac{11}{3}$，需要将其通分后变成 $4x_1 + 9x_2 + 18x_3 \leqslant 44$ 后再引入松弛变量 x_4，变为等式约束 $4x_1 + 9x_2 + 18x_3 + x_4 = 44$。这时因为 x_1, x_2, x_3 均为整数，才可以得出 x_4 也为整数的结论。

事实上，将式(4-7)、式(4-8)和式(4-9)上的任意一个增加松弛变量 x_6 后，都可以继续求解。而将不同的切割方程纳入原模型后，也并不一定得到整数最优解，此处选择式(4-9)可能会优于式(4-8)，将 $-3x_3 - x_4 + x_6 = -6$ 加入最终表中，继续求解，见表 4-2。

表 4-2 增加 $-3x_3 - x_4 + x_6 = -6$ 后的单纯形法计算表

	$c_j \rightarrow$		5	4	0	0	0	0
C_B	X_B	b	x_1	x_2	x_3	x_4	x_5	x_6
4	x_2	25/4	0	1	5/8	$-1/8$	0	0
5	x_1	15/2	1	0	$-1/4$	1/4	0	0
0	x_5	7/4	0	0	$-5/8$	1/8	1	0
0	x_6	-6	0	0	(-3)	-1	0	1
$Z = 62.5$	z_j		5	4	5/4	3/4	0	0
	$c_j - z_j$		0	0	$-5/4$	$-3/4$	0	0
4	x_2	5	0	1	0	$-1/3$	0	5/24
5	x_1	8	1	0	0	1/3	0	$-1/12$
0	x_5	3	0	0	0	13/24	1	$-5/24$
0	x_3	2	0	0	1	1/3	0	$-1/3$
$Z = 60$	z_j		5	4	0	1/3	0	5/12
	$c_j - z_j$		0	0	$-5/4$	$-1/3$	0	$-5/12$

由表 4-2 中的最终表可知,整数最优解为 $\boldsymbol{X}=(8,5,2,0,3,0)^{\mathrm{T}}$
$$\max Z = 60$$

从本例用 Gomory 割平面法的求解过程来看似乎不是很复杂,但如果割平面选择的不合理,求最优整数解的过程可能会很漫长,实际求解时往往与分支定界法结合起来使用。

4.2 0-1 型整数规划

整数规划模型中变量的取值为非负的整数,而有些整数规划问题变量的取值只有 0 和 1 两种,即当变量具有某种性质时规定为 1,而不具有该种性质时规定为 0。此时的约束为:$x_j \leqslant 1$ 且 $x_j \geqslant 0$,整数。

4.2.1 0-1 型整数规划问题的提出与模型建立

1. 独立方案的选择——多仓库选址问题

例 4-2 某公司决定在秦皇岛市建立 3 个仓库,拟案中有 7 个位置 $A_j(j=1,2,\cdots,7)$ 可供选择,规定:

海港区——由 A_1,A_2,A_3 三个点中至多选择两个;
山海关区——由 A_4,A_5 两个点中至少选择一个;
北戴河区——由 A_6,A_7 两个点中至少选择一个。

如果选择 A_j 点,建设投资为 b_j,每年的增量收益为 c_j,但总投资额不超过 B 元,问如何选址可使年总增量收益最大?

解:设
$$x_j = \begin{cases} 1 & A_j \text{ 选中} \\ 0 & A_j \text{ 未中} \end{cases} \quad (j=1,2,\cdots,7)$$

则模型为:
$$\max Z = \sum_{j=1}^{7} c_j x_j$$

$$\begin{cases} \sum_{j=1}^{7} b_j x_j \leqslant B \\ x_1 + x_2 + x_3 \leqslant 2 \\ x_4 + x_5 \geqslant 1 \\ x_5 + x_7 \geqslant 1 \\ x_j = 0 \text{ 或 } 1 \end{cases}$$

2. 互斥方案的选择

所谓互斥方案是指从若干个可行方案中,只能选择其中之一而放弃其余。

例 4-3 某公司决定在甲销售区域销售 A,B 两种产品,其外包装体积分别为 $1\mathrm{m}^3$ 和 $2\mathrm{m}^3$,采用成品整车直运的方式送至设在甲区的仓库。运输工具有火车、货车、飞机三种,其最大运输体积限制分别为 $200\mathrm{m}^3$，$50\mathrm{m}^3$，$40\mathrm{m}^3$，假设只能选择其中某一种运输工具，试写出约束条件。

解：设 x_1, x_2 分别表示某种运输工具对 A, B 两种产品的一次运输量，则

$$x_1 + 2x_2 \leqslant 200$$
$$x_1 + 2x_2 \leqslant 50$$
$$x_1 + 2x_2 \leqslant 40$$

因为上述三种运输工具只能选择其中一种，则可设 $y_i = \begin{cases} 0 & \text{选中} \\ 1 & \text{未中} \end{cases}$

$$x_1 + 2x_2 \leqslant 200 + y_1 M$$
$$x_1 + 2x_2 \leqslant 50 + y_2 M \tag{4-10}$$
$$x_1 + 2x_2 \leqslant 40 + y_3 M$$
$$y_1 + y_2 + y_3 = 2 \tag{4-11}$$

式(4-10)中，M 为很大的正值。因为有式(4-11)的限制，所以 y_1, y_2, y_3 中只能有一个为 0，其余都为 1。这样只有 $y_i = 0$ 的约束方程才真正起到约束作用，由于 M 为很大的正值，所以 $y_i = 1$ 的约束实际上根本起不到约束作用。

4.2.2 0-1 型整数规划问题的解法

解整数规划最容易想到的方法就是枚举法，因为对于一个简单问题而言，其可行域中整数解的集合为有限个，只要能从中将所有的整数点全部找到，再代入目标函数表达式中，通过比较大小就可以找出最优解。0-1 型整数规划问题当然也可以运用枚举法求解，但是当变量数较多时，枚举几乎是不可能的。如果能从中检查部分解就可以得到最优解，就可以节省大量的计算和对比工作量，从而使枚举法成为可能。由于此时的枚举是部分枚举，故称其为"隐枚举法"。

例 4-4 利用隐枚举法求解下面的 0-1 规划问题。

$$\max Z = 3x_1 - 2x_2 + 5x_3$$
$$\begin{cases} x_1 + 2x_2 - x_3 \leqslant 2 \\ x_1 + 4x_2 + x_3 \leqslant 4 \\ x_1 + x_2 \leqslant 3 \\ 4x_2 + x_3 \leqslant 6 \\ x_1, x_2, x_3 = 0 \text{ 或 } 1 \end{cases} \tag{4-12}$$

解：(1) 观察式(4-12)得到一个初始的可行解，$(x_1, x_2, x_3) = (1, 0, 0)$，$Z = 3$。

因为目标函数为求最大值，显然可以增加 $3x_1 - 2x_2 + 5x_3 \geqslant 3$ 到约束条件中，并称其为过滤条件，这样问题的求解过程会变得简单。另外注意到，如果变量按其在目标函数中系数大小进行递增排列，并按 $(0,0,0),(0,0,1),(0,1,1),(1,1,1),(1,0,1),(1,1,0),(0,1,0),(1,0,0)$ 进行优先计算，会更快找到最优解。此例中变量按其在目标函数中系数大小进行递增排列为 $(-2, 3, 5) = (x_2, x_1, x_3)$，$\max Z = -2x_2 + 3x_1 + 5x_3$

(2) 列表计算,见表 4-3。

表 4-3 用隐枚举法求解 0-1 整数规划问题

(x_2,x_1,x_3)	过滤条件	约束 1	约束 2	约束 3	约束 4	是否过滤掉	max Z
		2	4	3	6		
(0,0,0)	0					是	
(0,0,1)	5	−1	1	0	1	否	5
(0,1,1)	8	0	2	1	1	否	8
(1,1,1)	6					是	
(1,0,1)	3					是	
(1,1,0)	1					是	
(0,1,0)	3					是	
(1,0,0)	−2					是	

表 4-3 求解过程的基本思路是:因为变量是按其在目标函数中系数的由小到大顺序排列的,所以对比时优先选择后面变量会使目标函数值增长的速度更快。因为首先选择的初始可行解的目标函数为 3,则在优选时只要目标函数值小于 3 的可行解都应该过滤掉。如果新可行解的目标函数值大于 3,则增加新的过滤条件。表中(0,0,1)解的目标函数值为 5,大于 3,则此后计算时只要目标函数小于 5 的解都应该过滤掉。(0,1,1)解的目标函数值为 8,大于 5,则新的过滤条件为 $Z \geqslant 8$,以后只要是目标函数小于 8 的解,无论是可行解,还是非可行解都应该过滤掉。在不作上述处理时,因为有 3 个变量,则解共有 $2 \times 2 \times 2 = 8$ 个,再考虑 4 个约束条件,就要计算 32 次,而按表 4-3 的思路可以大大节约计算步骤。

4.3 指 派 问 题

指派问题是一种特殊的 0-1 规划问题,它最初研究有 n 个工作而恰好有 n 个人去完成的情况,要求每人完成其中一项工作,而每项工作也只能由一个人来完成。因为不同人从事不同工作任务的效率不同,所以不同的任务分派会产生不同的效果。指派问题或分派问题就是求解最佳的分派以使总的效率最大,或者所用的总时间最短。

4.3.1 指派问题的提出与模型建立

假设有五名技术工人要安排某零件加工的车、钳、铣、刨、磨五道工序上,由于每个工人在不同工种的熟练程度不同,所以完成各道工序所需要的时间也不同。如果规定每名工人必须完成其中的某道工序,而每道工序也只能由某一名工人来完成,每名工人完成各工序所需时间如表 4-4 所示,问应派哪名工人去从事哪道工序加工,使所需要的总时间最短。

表 4-4　五名工人完成不同工序所需的时间　　　　　　单位：分钟

工人＼工序	车	钳	铣	刨	磨
甲	6	8	10	12	9
乙	7	12	6	10	8
丙	11	7	5	6	10
丁	9	10	9	6	5
戊	8	9	5	7	7

表 4-4 中的数字表示每名工人完成不同工序所需的时间，它实际上反映的是工作效率，故称其为效率矩阵或系数矩阵，显然矩阵中的每一个元素 $c_{ij} > 0$。

设：$x_{ij} = \begin{cases} 1, & \text{当安排工人 } i \text{ 完成第 } j \text{ 项工作} \\ 0, & \text{当不安排工人 } i \text{ 完成第 } j \text{ 项工作时} \end{cases}$

则可建立如下的数学模型

$$\min Z = \sum_{i=1}^{n} \sum_{j=1}^{n} c_{ij} x_{ij}$$

$$\sum_{i=1}^{n} x_{ij} = 1 \quad j = 1, 2, \cdots, n$$

$$\sum_{j=1}^{n} x_{ij} = 1 \quad i = 1, 2, \cdots, n$$

$$x_{ij} = 0 \text{ 或 } 1$$

4.3.2　指派问题的求解原理与步骤

1. 指派问题的求解原理

指派问题实际上是要选择相对有特长的人去完成特长所对应的工作。这里的相对性是说：就某工人而言，其特长表现在从事不同工序加工所需时间；而对于某道工序而言，不同工人完成该道工序时间不同，即是某人对此有特长。容易理解，某人特长可以用完成不同工序所用时间来衡量，或不同人完成同种工序所需要的时间来衡量。显然对某个工人而言，如果他完成不同工序的时间都加上或减去一个相同的数值，并不会影响对其特长的判断；而就某道工序而言，如果各工人都增加或减少相同的时间也不会影响谁在此有特长的判断。即从原效率矩阵 $(c_{ij})_{n \times n}$ 的某行(或列)减去一个常数后得到的新矩阵 $(b_{ij})_{n \times n}$ 与原矩阵求得的最优解不变，这就是指派问题最优解的性质。

根据最优解的性质，求解时只要找到每个人的相对特长所在，或每道工序的相对特长者是谁，进行有针对性的安排，就可以得出最佳的指派。为此，将原矩阵各行或列分别减去该行或列的最小值，在该行或列就会至少得到一个 0 元素，0 元素实际上就是某人的特长或某工序的特长者所在。如果在已有的 0 元素中能够找到 n 个独立的 0 元素(即位于不同行和不同列的 0 元素),即可得出最佳的指派,因为此时有 $Z=0$。如果现有的 0 元素中不能找到 n 个独立的 0 元素,那么只需进行增加 0 元素的矩阵变换,最终总可以得到最佳指派。

1955 年,库恩(W. W. Kuhn)提出了指派问题的解法,他引用了匈牙利数学家康尼格(D. König)的关于矩阵中 0 元素的定理:效率矩阵中独立 0 元素的最多个数等于能覆盖所有 0 元素的最少直线数。所以指派问题的解法也称为匈牙利解法。

2. 指派问题的求解步骤

(1) 从效率矩阵中逐行逐列减去该行和列的最小值,则新矩阵中每行或列至少有一个 0 元素。

(2) 确定独立 0 元素的个数 m,为此

首先,从只有一个 0 元素的行或列开始,给该 0 加○,记为◎。它表示某人只对该工序有特长,或某工序仅有该人表现出特长,显然工人所特长的工序或工序所特长的工人越少,越应该优先得到安排,也就是 0 元素越少的行或列越应该优先安排。一旦某行有了◎,那么◎所在列上的 0 就要划去,记为⊗,表示该工序已经有安排了,其他人即使在此也有特长,也不能安排他完成该工序了。同样,一旦某列有了◎,那么◎所在行上的 0 也要划去,记为⊗,表示该工人已经有工作安排了,即使他在其他工序也有特长,也不能再安排了。

然后,按照 0 元素越少的行或列越应该优先安排的原则,如果行或列上的 0 元素最少为两个,则选择其中的任意一个划去同行或列上的 0 元素,按照上述原则重复进行,直到所有的 0 元素都被划上◎或⊗时为止。

最后,如果 $m=n$,则对应于最优解;如果 $m<n$,则转入(3)。

(3) 作能覆盖所有 0 元素的最少直线,为此

第 1 步:对没有◎的行打√;

第 2 步:对已打√的行中所有含 0 元素的列打√;

第 3 步:对有√的列中含◎的行打√;

第 4 步:重复第二和第三步骤,直到过程无法进行下去为止;

第 5 步:对没有√的行划横线,对已经有√的列划纵线,就可以得到能覆盖所有 0 元素的最少直线数。

(4) 增加 0 元素,为此

第 1 步:在没有被直线覆盖的部分找出最小元素 $c_{\min}$;

第 2 步:在有√行中减去 $c_{\min}$,在打√列上的各元素都加上 $c_{\min}$,根据指派问题最优解的性质,显然最优解不变;

(5) 回到第 2 步。

例 4-5 根据表 4-4 给定的效率矩阵,确定最佳的指派。

解:(1) 分别在行或列上减去该行或列的最小值,得到新矩阵,见表 4-5。

表 4-5 减行列最小元素后的效率矩阵

	车	钳	铣	刨	磨
甲	0	0	4	5	3
乙	1	4	0	3	2
丙	6	0	0	0	5
丁	4	3	4	0	0
戊	3	2	0	1	2

(2) 求表 4-5 所示的独立 0 元素,见表 4-6。

表 4-6 独立 0 元素的确定

	车	钳	铣	刨	磨
甲	◎	⊗	4	5	3
乙	1	4	◎	3	2
丙	6	◎	⊗	⊗	5
丁	4	3	4	◎	⊗
戊	3	2	⊗	1	2

由表 4-6 可见,独立 0 元素为 4 个,即有 $m<n$。

(3) 确定能覆盖所有 0 元素的最少直线,见表 4-7。

表 4-7 确定覆盖所有 0 元素的最少直线

	车	钳	铣	刨	磨	
甲	◎	⊗	4	5	3	
乙	1	4	◎	3	2	√
丙	6	◎	⊗	⊗	5	
丁	4	3	4	◎	⊗	
戊	3	2	⊗	1	2	√
			√			

(4) 由表 4-7 可见,未被直线覆盖部分的最小元素为 1,则在有 √ 的行减去 1,而在有 √ 的列加上 1,得到新矩阵,见表 4-8。

表 4-8 增加 0 元素个数

	车	钳	铣	刨	磨
甲	0	0	5	5	3
乙	0	3	0	2	1
丙	6	0	1	0	5
丁	4	3	5	0	0
戊	2	1	0	0	1

(5)确定独立的 0 元素,见表 4-9。

表 4-9　独立 0 元素的确定(最优解 1)

	车	钳	铣	刨	磨
甲	◎	⊗	5	5	3
乙	⊗	3	◎	2	1
丙	6	◎	1	⊗	5
丁	4	3	5	⊗	◎
戊	2	1	⊗	◎	1

最佳指派为:甲—车,乙—铣,丙—钳,丁—磨,戊—刨

另一最优解见表 4-10。

表 4-10　独立 0 元素的确定(最优解 2)

	车	钳	铣	刨	磨
甲	⊗	◎	5	5	3
乙	◎	3	⊗	2	1
丙	6	⊗	1	◎	5
丁	4	3	5	⊗	◎
戊	2	1	◎	⊗	1

最佳指派为:甲—钳,乙—车,丙—刨,丁—磨,戊—铣

表 4-9,表 4-10 均得到 5 个独立的 0 元素,即都得到最佳的指派。结合表 4-4 可求出最少总时间为:6+7+6+7+5=7+8+5+6+5=31(分钟)。

上面讨论的是目标函数求最小的指派问题,现实生活中也会经常遇到求最大值的问题,比如求利润最大,效果最好,产量最高,等等。这时只要令 $b_{ij}=M-c_{ij}$,其中 M 为足够大的正值,用 M 减去原效率矩阵中的每个元素后得到一个新的效率矩阵 $(b_{ij})_{n\times n}$,其中 $b_{ij}>0$。这样求矩阵 $(b_{ij})_{n\times n}$ 的最小值指派等价于求原矩阵 $(c_{ij})_{n\times n}$ 的最大值指派。

本章主要知识点

整数规划的数学模型、分支定界法、割平面法、0-1 型整数规划的数学模型、隐枚举法、指派问题模型、匈牙利解法

思　考　题

1. 整数规划问题的数学模型是什么?
2. 分支定界法的基本原理是什么?
3. 割平面法的基本原理是什么?

4．0-1 型整数规划的变量有什么特点？

5．求解指派问题的基本步骤是什么？

练 习 题

1．用 Gomory 法求解下面的整数规划问题

(1) $\max Z = 2x_1 + 3x_2$
$\begin{cases} 2x_1 + 2x_2 \leqslant 11 \\ 0.5x_1 + x_2 \leqslant 6 \\ x_1, x_2 \geqslant 0, 整数 \end{cases}$

(2) $\max Z = 3x_1 - x_2$
$\begin{cases} 3x_1 - 2x_2 \leqslant 7 \\ 2x_1 + 3x_2 \leqslant 11 \\ x_1, x_2 \geqslant 0 \ 整数 \end{cases}$

2．用隐枚举法求解下面的 0-1 型整数规划问题

(1) $\min Z = 2x_1 + 3x_2 + x_3$
$\begin{cases} 2x_1 + 2x_2 - x_3 \leqslant 3 \\ 4x_1 + x_2 + 2x_3 \geqslant 6 \\ x_1 + 3x_2 + 4x_3 \geqslant 4 \\ x_1, x_2, x_3 = 0 \ 或 \ 1 \end{cases}$

(2) $\min Z = 4x_1 + 3x_2 + x_3$
$\begin{cases} x_1 + 2x_2 + x_3 \leqslant 3 \\ 2x_1 + 3x_2 + 2x_3 \leqslant 5 \\ x_1 + x_2 + 3x_3 \geqslant 4 \\ x_1, x_2, x_3 = 0 \ 或 \ 1 \end{cases}$

3．某企业有 5 名工人要完成 5 项工作，规定每人只能完成其中的一项工作且每项工作只能由一人完成，不同人完成不同工作所需费用如表 4-11 所示，试确定最佳指派。

表 4-11　5 名工人完成不同工作所需的时间　　　　　　单位：千元

工人＼工作	A	B	C	D	E
甲	5	3	5	4	2
乙	6	2	3	4	3
丙	6	2	5	2	5
丁	3	5	3	2	4
戊	6	4	4	3	5

4．如果表 4-11 中给定的数据为 5 名工人完成不同工作所获得的收益，问如何指派会使总收益为最大？

阅读与分析

D 航空公司的飞机调度

D 航空公司经营北京、广州、兰州三个城市之间的航线。北京飞广州需要 3 小时，北京飞兰州需要 2 小时，兰州飞广州需要 3 小时。这些航线每天的起飞和到达时间如表 4-12 所示。

表 4-12 三个城市之间航班的起飞和到达情况

航班号	起飞城市	起飞时间	到达城市	到达时间
1011	兰州	6:00	北京	8:00
1012	兰州	12:00	北京	14:00
1013	兰州	18:00	北京	20:00
2011	兰州	7:00	广州	10:00
2012	兰州	9:00	广州	12:00
1021	北京	7:00	兰州	9:00
1022	北京	10:00	兰州	12:00
1023	北京	17:00	兰州	19:00
2021	广州	14:00	兰州	17:00
2022	广州	17:00	兰州	20:00
3011	北京	5:00	广州	8:00
3012	北京	9:00	广州	12:00
3013	北京	13:00	广州	16:00
3014	北京	18:00	广州	21:00
3021	广州	6:00	北京	9:00
3022	广州	10:00	北京	13:00
3023	广州	14:00	北京	17:00
3024	广州	18:00	北京	21:00

假设飞机在机场的停留费用与其停留时间的平方成正比,飞机从降落到起飞至少需要 2 个小时的准备时间,要求按照三个城市分别制定调度计划,使得在各个机场总的停留费用为最小。

提示:(以兰州为例)到达的航班共有 5 个,起飞的航班也有 5 个,停留期间的费用见表 4-13。

表 4-13 到达兰州的航班飞三条航线的停留费用

到达\起飞	1011	1012	1013	2011	2012
1021	441	9	81	484	576
1022	324	576	36	361	441
1023	169	361	625	196	256
2021	121	289	625	144	196
2022	100	256	484	121	169

第 5 章

运 输 问 题

现实生活中经常会遇到一些物资的调运问题,这些物资有若干个供应地或产地,要调往不同的需求地或销地,假设根据目前的交通网络可以计算出由每个产地运往每个销地时,每单位物资运输量的费用,问题是如何调运能使总运输费用最小。运输问题是一种特殊的线性规划问题,由于其模型的特殊性,所以提出了较之单纯形法更为简便的解法——表上作业法,这就是本章要讨论的主要内容。

5.1 运输问题的数学模型及其解法

5.1.1 运输问题的提出与模型的建立

有 m 个产地,每个产地的产量为 a_i;有 n 个销地,每个销地的需求量(以下称销量)为 b_j;由第 i 个产地向第 j 个销地运输的单位运量费用为 c_{ij}($c_{ij} > 0$);a_i,b_j,c_{ij} 均为已知常数;假设总产量等于总销量,即 $\sum_{i=1}^{m} a_i = \sum_{j=1}^{n} b_j$,试确定由 i 产地向 j 销地的运输量 x_{ij},使总的运输费用 $\sum_{i=1}^{m} \sum_{j=1}^{n} c_{ij} x_{ij}$ 为最小。该问题可以用图 5-1 表示。

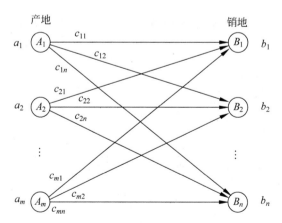

图 5-1 运输问题

根据图 5-1 所示,可以比较容易地建立其线性规划模型。

目标函数

$$\min Z = \sum_{i=1}^{m}\sum_{j=1}^{n} c_{ij}x_{ij} \tag{5-1}$$

约束条件

$$产量约束:\sum_{j=1}^{n} x_{ij} = a_i \quad i=1,2,\cdots,m \tag{5-2}$$

$$销量约束:\sum_{i=1}^{m} x_{ij} = b_j \quad j=1,2,\cdots,n \tag{5-3}$$

$$非负约束: x_{ij} \geqslant 0 \tag{5-4}$$

上述线性规划模型有其自身的特点:
(1) 约束方程中变量的技术系数或为0或为1。
(2) 产量约束条件共有 m 个,销量约束共有 n 个,即模型有 $m+n$ 个约束条件(不包含非负约束),由于产销平衡 $\sum_{i=1}^{m} a_i = \sum_{j=1}^{n} b_j$ 条件,$m+n$ 个约束条件中的任意一个条件均可以由另外的 $m+n-1$ 个约束条件推导出来,即是其系数矩阵的秩为 $m+n$,或说在 $m+n$ 个约束条件中只有 $m+n-1$ 个是线性独立的。

5.1.2 运输问题的解法——表上作业法

根据线性规划的有关理论,运输问题实际上是具有 $m+n-1$ 个线性约束方程的目标函数求最小的问题。因为约束方程有 $m+n-1$ 个,则在其基可行解中,基变量(即非0分量)的个数应为 $m+n-1$。而在判断是否为最优解时,只要当所有的检验数 $\sigma_{ij} = z_{ij} - c_{ij} \leqslant 0$,问题便得到最优解。

1. 初始基可行解的确定

运输问题一定存在最优解,从任意一个基可行解出发经过换基迭代过程,总是可以找到最优解。在运输问题中,满足约束条件且基变量个数恰好为 $m+n-1$ 个的解即为基可行解。初始基可行解的确定方法常有西北角法、最小元素法和伏格尔法。下面利用例 5-1 对最小元素法和伏格尔法进行介绍。

例 5-1 某运输问题如表 5-1 所示,试确定初始基可行解。

表 5-1 产地产量、销地销量及单位运费

销地 产地	B_1	B_2	B_3	产量
A_1	5	3	8	**5**
A_2	2	5	6	**10**
A_3	1	4	3	**15**
销量	**8**	**13**	**9**	**30**

1) 最小元素法

最小元素法也称最低运费法,其基本思路是优先满足运费最小的运输线路,直到得到

基可行解时为止。步骤如下：

第 1 步：找出单位运费最小的运输线路 $A_3 \to B_1$，其单位运费为 1，是所有单位运费中最小的，则优先考虑 A_3 向 B_1 调拨和运输物资；A_3 产地的产量为 15，B_1 销地的需求量为 8，产量大于销量，则从 A_3 产地的产量中拿出 8 个单位，就可以满足 B_1 销地的需求量了，为此在调运表 5-3 中 A_3 行 B_1 列对应的格内填上 8，即是 $x_{31}=8$。因为 B_1 销地的需求量已经全部满足，所以不能再考虑由其他产地向 B_1 运输，故在运费表中划去第 1 列，见表 5-2。

表 5-2 最小元素法确定初始调运方案的步骤

销地 产地	B_1	B_2	B_3	
A_1	~~5~~	~~3~~	~~8~~	②
A_2	~~2~~	~~5~~	~~6~~	⑤
A_3	~~1~~	~~4~~	~~3~~	③
	①	④	⑤	

第 2 步：在表 5-2 的剩余部分继续寻找其最小元素，得到单位运费最小的线路为 $A_1 \to B_2$ 或 $A_3 \to B_3$，其单位运费均为 3，都是剩余单位运费中的最小者，此时可从中任选其一。如果选择 $A_1 \to B_2$，即是优先考虑 A_1 向 B_2 调拨和运输物资；A_1 产地的产量为 5，B_2 销地的需求量为 13，产量小于销量，则 A_1 产地的产量只能部分满足 B_2 销地的需求量，为此在调运表 5-3 中 A_1 行 B_2 列对应的格内填上 5，即是 $x_{12}=5$。因为 A_1 产地的产量已经全部运走，所以不能再考虑由 A_1 向其他销地运输了，故在运费表中划去第 1 行，见表 5-2。

表 5-3 初始调运表 1

销地 产地	B_1	B_2	B_3	产量
A_1		5		5
A_2		8	2	10
A_3	8		7	15
销量	8	13	9	30

第 3 步：继续在表 5-2 的剩余部分继续寻找其最小元素，得到单位运费最小的线路为 $A_3 \to B_3$，其单位运费为 3，是剩余单位运费中的最小者，则再优先考虑 A_3 向 B_3 调拨和运输物资；A_3 产地的产量为 15，但其中已经有 8 个单位的物资调运给了 B_1 销地，还剩余 7 个单位。B_3 销地的需求量为 9，显然 A_3 产地的产量只能部分满足 B_3 销地的需求量，为此在调运表 5-3 中 A_3 行 B_3 列对应的格内填上 7，即是 $x_{33}=7$。因为 A_3 产地的产量已经全部运走，所以不能再考虑由 A_3 向其他销地运输了，故在运费表中划去第 3 行，见表 5-2。

第 4 步：继续在表 5-2 的剩余部分继续寻找其最小元素，得到单位运费最小的线路

为 $A_2 \to B_2$，其单位运费为 5，是剩余单位运费中的最小者，则再优先考虑 A_2 向 B_2 调拨和运输物资；A_2 产地的产量为 10，B_2 销地的需求量为 13，但其中已经有 5 个单位的物资已经由 A_1 产地运来，还需要 8 个单位。显然 A_2 产地的产量能满足 B_2 销地的不足需求量部分，为此在调运表 5-3 中 A_2 行 B_2 列对应的格内填上 8，即是 $x_{22}=8$。因为 B_2 销地的需求量已经全部满足，故在运费表中划去第 2 列，见表 5-2。

第 5 步：表 5-3 的剩余部分只有 c_{23} 了，即最后考虑由 A_2 向 B_3 运输，A_2 产地还有 2 个单位的物资未调运出，而 B_3 销地正好需要 2 个单位，则在调运表 5-3 中 A_2 行 B_3 列对应的格内填上 2，就得到了一个调运方案，见表 5-3。此时的运费为：$Z=96$

2) 伏格尔法

在确定初始基可行解时，考虑问题越全面，则得到的基可行解就越接近最优解。伏格尔法的基本思想是：用最小运费法确定的初始基可行解仅考虑了最小运费，但有时选择了最小运费的机会成本会很大，即选择了一种调运路径，必然放弃其他可能的选择，而放弃其他选择的结果可能因其他运输路径单位运费增长过大从而使总的运费加大。简单地说就是为了节省某运输路径的运费而可能使其他运输路径的运输费用增大很多，所以要进行最小运费路径与其他可能运输路径间的协调。

选择单位运费最小的路径优先满足是一种最为朴实的想法，显然在决定由某产地向各销地运输时，如果运费最小者不能满足，则一定仍会选择单位运费次最小的路径作为优先考虑。同样在决定由哪个产地向某销地调运时，如果运费最小者不能满足，则一定仍会选择单位运费次最小的路径作为优先考虑。据此，单位运费次最小者与最小者之间的差距越大，说明运费最小的调运路径越应该优先安排。

伏格尔法确定初始基可行解的步骤如下：

第 1 步：计算由某产地向各销地调运时，单位运费次最小值与最小值之差，再计算各产地向某销地调运时，单位运费次最小值与最小值之差。即在运费表中计算各行与各列次最小值与最小值之差 $d_{ij}(i=1,2,\cdots,m \quad j=1,2,\cdots,n)$。

第 2 步：进行优先安排。

(1) 当 $\max\limits_{i,j}\{d_{ij}\}=d_{i^*j}$ 时，则选择 $\min\limits_j\{c_{i^*j}\}=c_{i^*j^*}$ 所对应的 $x_{i^*j^*}$ 优先安排，并取

$$x_{i^*j^*} = \min\left\{a_{i^*} - \sum_{j=1}^{n} x_{i^*j}, b_{j^*} - \sum_{i=1}^{m} x_{ij^*}\right\}$$ 填入到调运表中。

若 $x_{i^*j^*} = \min\left\{a_{i^*} - \sum_{j=1}^{n} x_{i^*j}, b_{j^*} - \sum_{i=1}^{m} x_{ij^*}\right\} = a_{i^*} - \sum_{j=1}^{n} x_{i^*j}$，则在运费表中划去 i^* 行；

若 $x_{i^*j^*} = \min\left\{a_{i^*} - \sum_{j=1}^{n} x_{i^*j}, b_{j^*} - \sum_{i=1}^{m} x_{ij^*}\right\} = b_{j^*} - \sum_{i=1}^{m} x_{ij^*}$，则在运费表中划去 j^* 列；

(2) 当 $\max\limits_{i,j}\{d_{ij}\}=d_{ij^*}$ 时，则选择 $\min\limits_i\{c_{ij^*}\}=c_{i^*j^*}$ 所对应的 $x_{i^*j^*}$ 优先安排，也取

$$x_{i^*j^*} = \min\left\{a_{i^*} - \sum_{j=1}^{n} x_{i^*j}, b_{j^*} - \sum_{i=1}^{m} x_{ij^*}\right\}$$ 填入到调运表中。

若 $x_{i^*j^*} = \min\left\{a_{i^*} - \sum_{j=1}^{n} x_{i^*j}, b_{j^*} - \sum_{i=1}^{m} x_{ij^*}\right\} = a_{i^*} - \sum_{j=1}^{n} x_{i^*j}$，则在运费表中划去

i^* 行；

若 $x_{i^*j^*} = \min\left\{a_{i^*} - \sum_{j=1}^{n} x_{i^*j}, b_{j^*} - \sum_{i=1}^{m} x_{ij^*}\right\} = b_{j^*} - \sum_{i=1}^{m} x_{ij^*}$，则在运费表中划去 j^* 列；

第3步：在剩余运费表和调运表中重复上述步骤，直到得到基可行解为止。

下面仍以例 5-1 的资料说明伏格尔法确定初始基可行解的步骤，见表 5-4 和表 5-5。

表 5-4 用伏格尔法确定初始调运方案的步骤

产地＼销地	B_1	B_2	B_3
A_1	5	3	8
A_2	2	5	6
A_3	1	4	3

步骤 k				
1	2	3	4	5
2	5*	—	—	—
3*	1	1	5*	—
2	1	1	4	4

步骤 k				
	1	1	1	3
	2	—	1	3
	3	—	1	3*
	4	—	1	
	5	—	4	—

表 5-5 初始调运表 2

产地＼销地	B_1	B_2	B_3	产量
A_1		5		**5**
A_2	8	2		**10**
A_3		6	9	**15**
销量	**8**	**13**	**9**	**30**

此时的总运费为 $Z=92$，优于用最小元素法确定的初始方案。

注意，在利用伏格尔法确定初始调运方案时，如果在计算到某一步时有若干个 d_{ij} 相同，则任取其一并令其为最大值即可。

2. 最优解的判别

无论是用最小元素法还是用伏格尔法确定出来的初始调运方案都需要检验是否为最优解，检验的方法有两个，其一是闭回路法；其二是位势法。

1) 闭回路法

下面结合表 5-3 中给出的基可行解,说明闭回路的检验方法。表 5-3 中,空格表示运输量为 0,即它所对应的变量为非基变量。与单纯形法类似,只需对非基变量进行检验。为此,从任意一个空格出发进行上下方向的垂直移动或左右的水平移动,遇到基变量(即是有数字的格)可以跳过也可以进行 90°转向,同样在行进过程中遇到基变量时,或跳过直行或 90°转向,如此进行下去直到回到出发的空格为止,即找到了一条闭回路。

例如,从空格 (A_1, B_1) 出发的闭回路,见表 5-6。

表 5-6 闭回路的确定

产地\销地	B_1	B_2	B_3	产量
A_1	0(+)	5(−)		5
A_2		8(+)	2(−)	10
A_3	8(−)		7(+)	15
销量	8	13	9	30

该闭回路的意思是:如果考虑由 A_1 向 B_1 运输 x 单位的运量,则必须减少 A_1 向 B_2 的运输量 x 单位;减少 A_1 向 B_2 的运输量 x 单位,就必须增加 A_2 向 B_2 的运输量 x 单位;增加 A_2 向 B_2 的运输量 x 单位,就必须减少 A_2 向 B_3 的运输量 x 单位;减少 A_2 向 B_3 的运输量 x 单位,就要增加 A_3 向 B_3 的运输量 x 单位;增加 A_3 向 B_3 的运输量 x 单位,就要减少 A_3 向 B_1 的运输量 x 单位。这样做的目的是保持运输量调整后,得到的新解仍为基可行解,即保持产地与销地间的产销平衡关系。显然在保持得到的新解为基可行解的条件下,x 的最大取值 $x_{\max} = \min\{5, 2, 8\} = 2$。

在该闭回路上,增加的总运费为 $(5+5+3)x = 13x$,而减少的总运费为 $(3+6+1)x = 10x$,因为 $x \geq 0$,所以有 $13x \geq 10x$,即如果考虑由 A_1 向 B_1 运输,总运费不会减少而只会增大,经济上不合理,所以该方案不可行。

同理,再在空格 (A_1, B_3),(A_2, B_1) 和 (A_3, B_2) 上分别寻找闭回路,并计算增加的总运费与减少的总运费之差。当增加的总运费大于减少的总运费时,该空格不能增加运输量;当增加的总运费小于减少的总运费时,在该空格处增加运输量会使总运费减少。显然,如果存在某个空格增加的总运费小于减少的总运费,则该调运方案不是最优解;如果所有空格增加的总运费大于或等于减少的总运费,该调运方案对应问题的最优解。

2) 位势法

用闭回路法进行检验时,需要对每个空格进行检验,当产地和销地较多时,计算工作量很大,所以实际中较少采用。与之相比,位势法则表现出很强的优势。位势法的基本步骤是:

第 1 步:根据基变量的价值系数确定各行的位势 u_i 和各列的位势 v_j。可令任意的行或列的位势为 0(任意值均可,令其为 0 仅是出于计算简单的考虑),由基变量的特性,可利用 $c_{ij}^B = u_i + v_j$ 逐一确定出其他行或列的位势;

第 2 步：对于所有的非基变量，利用 $z_{ij}^N = u_i + v_j$ 计算 z_{ij}^N 值；

第 3 步：计算非基变量检验数 $\sigma_{ij}^N = z_{ij}^N - c_{ij}^N$，$(i=1,2,\cdots,m；j=1,2,\cdots,n)$

第 4 步：最优解判别。如果对于所有的 $\sigma_{ij}^N = z_{ij}^N - c_{ij}^N \leqslant 0$，则问题得到最优解；否则就不是最优解。

例 5-2 用位势法检验表 5-3 给出的最小元素法确定的初始解是否为最优解。

解：(1) 根据表 5-3 中的基变量，将其价值系数（即单位运费）填入检验表 1 中，见表 5-7。

(2) 令 $u_3 = 0$，则可相应求出其他的行位势和列位势，见表 5-7。

(3) 将表 5-7 中非基变量对应的空格用斜线一分为二，斜线上方填入单位运费 c_{ij}^N，对所有的非基变量计算 $z_{ij}^N = u_i + v_j$ 并填入斜线的下方，见表 5-7。

(4) 计算 $\sigma_{ij}^N = z_{ij}^N - c_{ij}^N (i=1,2,\cdots,m；j=1,2,\cdots,n)$，由表 5-7 可见，$\sigma_{21} = 4-2 > 0$，说明由 A_2 向 B_1 运输可使总运费减小，该方案不是最优解。

表 5-7 检验表 1

销地 产地	B_1	B_2	B_3	u_i
A_1	5 / 2	3	8 / 4	1
A_2	2 / 4	5	6	3
A_3	1	4 / 2	3	0
v_j	1	2	3	

3. 方案的调整

由检验过程知道，由 A_2 向 B_1 运输可使总运费减少，故由空格 (A_2,B_1) 确定闭回路，并标注增减的运输量 x。为保证新基解为可行解，要求运输量 $x_{ij} \geqslant 0$，故 x 的最大取值为 2。因此得到新的调运方案，见表 5-8 与表 5-9。

表 5-8 调运方案调整 1

销地 产地	B_1	B_2	B_3	产量
A_1		5		5
A_2	x	8	$2-x$	10
A_3	$8-x$		$7+x$	15
销量	8	13	9	30

表 5-9 调运方案 2

销地 产地	B_1	B_2	B_3	产量
A_1		5		5
A_2	2	8		10
A_3	6		9	15
销量	8	13	9	30

对表 5-9 进行检验,见表 5-10。

表 5-10 检验表 2

销地 产地	B_1	B_2	B_3	u_i
A_1	5 / 0	3	8 / 2	−1
A_2	2	5 / 4	6 / 4	1
A_3	1	4 / 4	3	0
v_j	1	4	3	

由表 5-10 可见,所有的非基变量检验数均小于或等于 0,故表 5-9 给出的调运方案为最优解。$\min Z = 92$

注意,表 5-10 中检验数 $\sigma_{32} = 0$,说明在原方案基础上增加由 A_3 向 B_2 的运输量总运费不会变化。由表 5-11 可见,x 的最大取值为 6,调整后也可得到新的调运方案,见表 5-12。

表 5-11 调运方案调整 2

销地 产地	B_1	B_2	B_3	产量
A_1		5		5
A_2	$2+x$	$8-x$		10
A_3	$6-x$	$+x$	9	15
销量	8	13	9	30

表 5-12 调运方案 3

销地 产地	B_1	B_2	B_3	产量
A_1		5		5
A_2	8	2		10
A_3		6	9	15
销量	8	13	9	30

表 5-12 给出的解与用伏格尔法确定的解完全相同,目标函数值也是 92,显然也是最优解,这也说明了用伏格尔法确定的初始基可行解优于用最小元素法确定的初始基可行解。需注意,由于当 $0<x\leqslant 6$ 时所确定的解均是可行解,也都是最优解,所以该运输问题有无穷多最优解。当然其中只有两个最优基可行解,其余都不是基解。

5.2 运输问题求解时可能遇到的问题

5.2.1 退化问题

1. 初始基可行解中出现退化及处理方法

无论是利用最小元素法,还是用伏格尔法确定初始基可行解时,都可能会遇到退化问题。运输问题中的退化与线性规划问题的退化一样,都是在基可行解中非 0 分量的个数少于约束方程数,即在基变量中出现了 0 分量。如果在初始基可行解的确定过程中,由于增加了基变量 x_{ij} 使得 i 产地的产量恰好满足 j 销地的需求量,这时就要在运费表中既要划去第 i 行,也要划去第 j 列,这样最终得到的基可行解中非 0 分量的个数就少于 $m+n-1$ 个,为此就要在 i 行或 j 列的任意一个空格(即非基变量)处添加一个 0 并视之为基变量,以保证基变量的个数为 $m+n-1$ 个。

2. 迭代过程中出现退化及处理方法

在利用表上作业法进行迭代时,如果在调整运输量时,几个格内因减去 x 而同时变为 0,这时只能去掉一个 0,而保留剩余的 0 作为基变量,即要保留 $m+n-1$ 个为基变量。

例如,某 4 个产地,4 个销地的运输问题在迭代过程中得到如表 5-13 所示的基可行解。假设经检验知道增加从 A_3 产地到 B_4 销地的运输量可以使得总运费减小最多,因此在闭回路上的调整量 $x=6$,调整后的运输量 x_{24} 和 x_{32} 同时为 0,此时要保留 x_{24} 或 x_{32} 为 0,见表 5-14 和 5-15,以使基变量数为 $4+4-1=7$ 个。

表 5-13 某运输问题迭代过程

销地 产地	B_1	B_2	B_3	B_4	产量
A_1		10			**10**
A_2		5+x		6−x	**11**
A_3	2	6−x		+x	**8**
A_4		1	6		7
销量	**2**	**22**	**6**	**6**	36

表 5-14 调整后的基可行解 1

销地 产地	B_1	B_2	B_3	B_4	产量
A_1		10			**10**
A_2		11		0	**11**
A_3	2			6	**8**
A_4		1	6		7
销量	**2**	**22**	**6**	**6**	36

表 5-15 调整后的基可行解 2

销地 产地	B_1	B_2	B_3	B_4	产量
A_1		10			**10**
A_2		11			**11**
A_3	2	0		6	**8**
A_4		1	6		7
销量	**2**	**22**	**6**	**6**	36

5.2.2 产销不平衡的运输问题及其解法

前面讨论的运输问题都是产销平衡的运输问题，而实际中经常会遇到产销不平衡的运输问题，这时可按下述方法将其转化为产销平衡的运输问题后，再利用最小元素法或伏格尔法确定初始的调运方案。

(1) 如果 $\sum_{i=1}^{m} a_i > \sum_{j=1}^{n} b_j$，即供过于求，则增加一个销地或称仓库，其需求量为 $\sum_{i=1}^{m} a_i - \sum_{j=1}^{n} b_j$。而无论由哪个产地向其运输，因实际并不发生，故单位运费为 0；

(2) 如果 $\sum_{i=1}^{m} a_i < \sum_{j=1}^{n} b_j$，即供不应求，此时增加一个产地，其需求量为总需求量与总产量之差 $\sum_{j=1}^{n} b_j - \sum_{i=1}^{m} a_i$，单位运费同样令其为 0。

增加产地与销地以后，同样可以利用最小元素法或伏格尔法确定其初始的调运方案。在确定时，0 运费可以将其视为最小，也可以不将其视为最小，但一般不将其视为最小元素，下面举例说明。

例 5-3 用伏格尔法确定表 5-16 所示运输问题的初始调运方案，并求出最优解。

解：(1) 该运输问题的产量之和为 50，需求量之和为 55，则是一个供不应求的运输问题，需要假想一个产地，其产量为 55－50＝5，如此便将其转化为了产销平衡的运输问题，见表 5-17。

表 5-16 产地产量、销地销量及单位运费

产地＼销地	B_1	B_2	B_3	B_4	产量
A_1	4	1	5	6	15
A_2	3	6	4	2	20
A_3	1	8	2	4	15
销量	10	15	10	20	

表 5-17 产地产量、销地销量及单位运费

产地＼销地	B_1	B_2	B_3	B_4	产量
A_1	4	1	5	6	15
A_2	3	6	4	2	20
A_3	1	8	2	4	15
A_4	0	0	0	0	5
销量	10	15	10	20	55

(2) 利用伏格尔法确定初始调运方案,见表 5-18 和表 5-19。

表 5-18 用伏格尔法确定初始调运方案

产地＼销地	B_1	B_2	B_3	B_4
A_1	4	1	5	6
A_2	3	6	4	2
A_3	1	8	2	4
A_4	0	0	0	0

步骤 k					
1	2	3	4	5	6
3	—	—	—	—	—
1	1	2	2	2	—
1	1	2	—	—	—
					0

步骤 k					
	1	2	5*	2	2
	2	2*	—	2	2
	3	—	—	2*	2
	4	—	—	4*	2
	5	—	—	—	2
	6				0

表中 * 数字为第 k 步时计算的最大差值

表 5-19　初始调运表 1

销地\产地	B_1	B_2	B_3	B_4	产量
A_1		15	0		**15**
A_2			5	15	**20**
A_3	10	5			**15**
A_4				5	**5**
销量	**10**	**15**	**10**	**20**	**55**

注意在第一步时,确定了优先由 A_1 向 B_2 运输,这时出现了退化,处理方法是在 A_1 行或 B_2 列的任意空格处加上 0,以保证最终基变量个数为 $4+4-1=7$ 个,并且基变量自身不构成闭回路。

(3) 利用位势法对表 5-19 所示的调运方案进行检验,见表 5-20。

表 5-20　检验表 1

销地\产地	B_1	B_2	B_3	B_4	u_i
A_1	4 / 4	1	5	6 / 3	**0**
A_2	3 / 3	6 / 0	4	2	**−1**
A_3	1	8 / −2	2	4 / 0	**−3**
A_4	0 / 1	0 / −2	0 / 2	0	**−3**
v_j	**4**	**1**	**5**	**3**	

(4) 因为表 5-20 中,检验数 σ_{41} 和 σ_{43} 大于 0,故表 5-16 所示的解不是最优解。因 $\sigma_{43}=5-1=4$ 是其中最大者,故选择 x_{43} 为入基变量,对表 5-19 进行调整,见表 5-21。

表 5-21　方案的调整表

销地\产地	B_1	B_2	B_3	B_4	产量
A_1		15	0		**15**
A_2			$5-x$	$15+x$	**20**
A_3	10	5			**15**
A_4			x	$5-x$	**5**
销量	**10**	**15**	**10**	**20**	**55**

显然 $x=5$，得到新的调运表，见表 5-22。

表 5-22 调运方案 2

销地 产地	B_1	B_2	B_3	B_4	产量
A_1		15	0		15
A_2				20	20
A_3	10		5		15
A_4			5	0	5
销量	10	15	10	20	55

对表 5-22 所示的调运方案进行检验，见表 5-23。

表 5-23 检验表 2

销地 产地	B_1	B_2	B_3	B_4	u_i
A_1	4 / 4	1 / 1	5 / 5	6 / 5	0
A_2	3 / 1	6 / −2	4 / 2	2 / 2	−3
A_3	1 / 1	8 / −2	2 / 2	4 / 2	−3
A_4	0 / −1	0 / −4	0	0	−5
v_j	4	1	5	5	

因为在检验表 5-23 中所有的检验数均小于或等于 0，即表 5-19 所得到的解为最优解。

$$\min Z = 15 \times 1 + 20 \times 2 + 10 \times 1 + 5 \times 2 + 5 \times 0 = 75$$

例 5-4 甲、乙、丙三个城市每年分别需要煤炭 320 万吨、250 万吨、350 万吨，由 A、B 两处煤矿负责供应，已知煤炭年供应量为 A—400 万吨，B—450 万吨，由煤矿至各城市的单位运价(万元/万吨)见表 5-24，由于供小于需，经研究平衡决定，甲城市供应量可减少 0～30 万吨，乙城市需要量应全部满足，丙城市供应量不少于 270 万吨。试求将供应量分配完又使总运费为最低的调运方案。

表 5-24 单位运费表

	甲	乙	丙
A	15	18	22
B	21	25	16

解：由题意，可将原问题转化成产销平衡的运输问题。见表 5-25。

表 5-25　将原问题转化成产销平衡的运输问题

产地＼销地	甲$_1$	甲$_2$	乙	丙$_1$	丙$_2$	产量
A	15	15	18	22	22	400
B	21	21	25	16	16	450
C	M	0	M	M	0	30
需求量	290	30	250	270	40	880

甲$_1$、乙、丙$_1$ 的需求量为必须保证供应的，总需求量为 $290+250+270=810$ 万吨，由于 A、B 两个产地的生产总量为 $400+450=850$ 万吨，则对丙$_2$ 的最大供应量为 40 万吨。所有销地最大需求量为 880 万吨，需求量大于供应量，故假定一个产地 C，其产量为 30 万吨，将原问题转化为产销平衡的运输问题。由于甲$_1$、乙、丙$_1$ 的需求量必须满足供应，则不可由假想的产地供应，故其运费为很大，设为 M。而甲$_2$ 和丙$_2$ 的需求量可满足也可以不满足，故可由 C 供应，其运费为 0。用伏格尔法确定的初始调运方案见表 5-26。

表 5-26　用伏格尔法确定的初始调运方案

产地＼销地	甲$_1$	甲$_2$	乙	丙$_1$	丙$_2$	产量
A	150		250			400
B	140	0		270	40	450
C		30				30
需求量	290	30	250	270	40	880

对初始调运方案进行检验，见表 5-27。

表 5-27　对初始调运方案进行的检验表

产地＼销地	甲$_1$	甲$_2$	乙	丙$_1$	丙$_2$	u_i
A	15	15 / 15	18	22 / 10	22 / 10	−6
B	21	21	25 / 24	16	16	0
C	M / 0	0	M / 3	M / −5	0 / −5	−21
v_j	21	21	24	16	16	

表 3-27 中的所有检验数 $z_{ij}-c_{ij}$ 均为非正，故问题得到最优解。

$$\min Z = 14650 \text{ 万元。}$$

本章主要知识点

运输问题的数学模型、表上作业法、最小元素法、伏格尔法、位势法、闭回路法、退化问题

思 考 题

1. 运输问题的数学模型是什么?
2. 运输问题初始基可行解的确定方法有哪些?
3. 最小元素法的基本步骤是什么?
4. 伏格尔法的基本步骤是什么?
5. 闭回路法的基本思路是什么?
6. 位势法的基本步骤是什么?
7. 产销不平衡时如何处理?
8. 初始基可行解和迭代过程中出现退化时如何处理?

练 习 题

1. 运输问题的产销量及单位运费表,见表 5-28,试确定最佳调运方案。

表 5-28 产销量及单位运费表

产地＼销地	1	2	3	产量
1	5	1	8	12
2	2	4	1	14
3	3	6	7	4
销量	9	10	11	30

2. 运输问题的产销量及单位运费表,见表 5-29,试确定最佳调运方案。

表 5-29 产销量及单位运费表

产地＼销地	1	2	3	4	5	产量
1	10	2	3	15	9	25
2	5	10	15	2	4	30
3	15	5	14	7	15	20
4	20	15	13	M	8	30
销量	20	20	30	10	25	105

3. 运输问题的产销量及单位运费表,见表 5-30,试确定最佳调运方案。

表 5-30 产销量及单位运费表

产地＼销地	甲	乙	丙	丁	戊	产量
1	10	20	5	9	10	5
2	2	10	8	30	6	6
3	1	20	7	10	4	2
4	8	6	3	7	5	9
销量	4	4	6	2	4	

4. 根据表 5-31 所给条件建立运输问题模型并求解。

表 5-31 产销量及单位运费表

发地＼销地	1	2	3	最低发送量	最高发送量
1	4	6	9	60	100
2	5	—	6	30	30
3	8	2	3	50	不限
4	2	8	4	0	50
销量	50	40	80		

阅读与分析

E 公司的订单生产计划

E 公司所属的发动机工厂主要生产甲型发动机给国内外用户,今年四个季度的订单情况、每个季度的生产能力及单位成本情况如表 5-32 所示。

表 5-32 甲公司各季度订单、生产能力及单位成本情况

	订单量(台)	生产能力(台)	单位成本(万元/台)
第一季度	20	40	8.2
第二季度	25	30	9.0
第三季度	30	40	8.5
第四季度	35	40	9.5

E 公司的订单全部要求在季末供货,如果本季度生产的发动机在以后的季度供货,则每台每季度需要增加 0.5 万元的保管和维护费用。问应该如何安排生产计划使得全年的总成本为最小。要求:

(1) 用运输问题解法求解。
(2) 用动态规划方法求解。
(3) 试对两种方法的求解过程和方法进行评述。

第 6 章

动 态 规 划

动态规划是求解多阶段决策问题的一种有效的方法,它是 1951 年由美国数学家贝尔曼(R. Bellman)等人根据多阶段问题的特点,将其转化为一系列单阶段的决策问题加以求解的方法。1957 年,贝尔曼出版的《动态规划》被公认为是第一部关于动态规划的专著。

6.1 动态规划问题的提出

补充材料:数字三角形

找出图 6-1 中,从三角形顶部数字到底部数字的一条路径,使得数字之和为最大。要求:从上层数字到下层数字只能选择离它最近的左下方或右下方的数字。

6.1.1 多阶段决策问题举例

例 6-1 最短路问题

要在 A, E 两个城市之间铺设天然气输气管道,图 6-2 给出了可能的路线和各段距离,问如何铺设使总距离最短?

```
        7
       4 9
      5 4 3
     6 2 1 1
    4 3 5 5 3
```

图 6-1 数字三角形

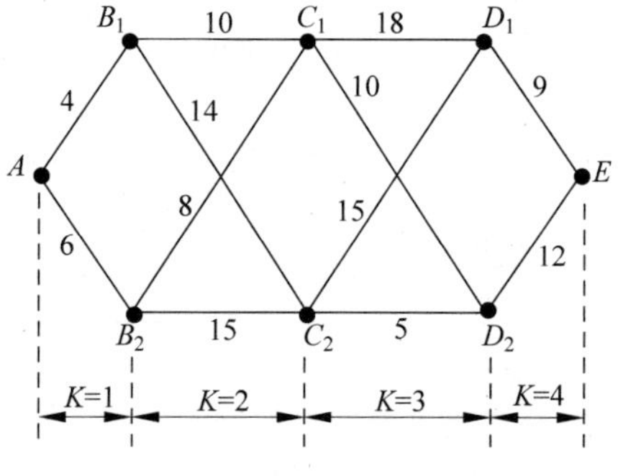

图 6-2 A、E 两城市铺设管道的可能路线及距离

假设铺设管道的方向是由 A 向 E,则在 A 城市出发时就要决定是经过 B 城市的 B_1 点还是 B_2 点;而一旦到了 B_1 点或 B_2 点,还要决定是经过 C 城市的 C_1 点还是 C_2 点;而一旦到了 C_1 点或 C_2 点,还要决定是经过 D 城市的 D_1 点还是 D_2 点到达 E 城市。这样在 A, B, C, D 开始时都要作出一个决策,称之为四个决策阶段,而这个决策影响到下一个

阶段时的开始地点，从而也影响到整个路线的总长度。

设：K 表示决策阶段，此例中 $K=1,2,3,4$ 分别表示在 A,B,C,D 城市的决策阶段；S_K 表示 K 阶段开始时的位置，称为起始状态。本例中第 1 阶段的起始位置为 A；第 2 阶段的起始位置有两个，分别是 B_1 点和 B_2 点；第 3 阶段的起始状态有 C_1,C_2，第 4 阶段的起始状态有 D_1,D_2。

U_K 表示 K 阶段所有可能的决策集合，比如 $K=2$ 时，如果起始点在 B_1 点，则可能的决策有 $\{B_1C_1, B_1C_2\}$，如果起始点在 B_2 点，可能的决策集合有 $\{B_2C_1, B_2C_2\}$。

x_K 表示 K 阶段的决策，显然 $x_K \in U_K$。

$d_K(S_K, x_K)$ 表示 K 阶段、起始状态为 S_K、采取了 x_K 决策时所形成的直接效果。本例中表示某阶段在某城市的某一点，选择了到下一个城市的某一点的决策时，所要铺设管道的路长；比如，在 $K=2$，选择了 B_1C_2 方向时，需要铺设的管道长度为 14。

$f_K^*(S_K)$ 表示 K 阶段、起始状态为 S_K 采取一系列决策直到全决策过程结束所形成的最佳总效果。本例中表示 K 阶段，从某城市的某一点出发，铺到 E 城市的最短路长。

显然本例目标可以表示为求 $f_1^*(A)$。

因为 $K=1$ 时，有 $A \to B_1$ 和 $A \to B_2$ 两条路线可选，则 $f_1^*(A)$ 可表示为

$$f_1^*(A) = \min \begin{cases} d_1(A, A \to B_1) + f_2^*(B_1) \\ d_1(A, A \to B_2) + f_2^*(B_2) \end{cases} \tag{6-1}$$

因为 $d_K(S_K, x_K)$ 为已知，所以要利用式（6-1）求 A 到 E 的最短路长 $f_1^*(A)$，就必须先求出 $f_2^*(B_1)$ 和 $f_2^*(B_2)$，而 $f_2^*(B_1)$ 和 $f_2^*(B_2)$ 又可表示为

$$f_2^*(B_1) = \min \begin{cases} d_2(B_1, B_1 \to C_1) + f_3^*(C_1) \\ d_1(B_1, B_1 \to C_2) + f_3^*(C_2) \end{cases} \tag{6-2}$$

$$f_2^*(B_2) = \min \begin{cases} d_2(B_2, B_2 \to C_1) + f_3^*(C_1) \\ d_1(B_2, B_2 \to C_2) + f_3^*(C_2) \end{cases} \tag{6-3}$$

同理，要求得 $f_2^*(B_1)$ 和 $f_2^*(B_2)$ 的值，就必须要求出 $f_3^*(C_1)$ 和 $f_3^*(C_2)$。要求 $f_3^*(C_1)$ 和 $f_3^*(C_2)$，就要先求出 $f_4^*(D_1)$ 和 $f_4^*(D_2)$ 的值。

综上，对于同类问题的一般描述为

$$f_K^*(S_K) = \underset{x_K \in U_K}{\text{opt}} \{d_K(S_K, x_K) + f_{K+1}^*(S_{K+1})\} \tag{6-4}$$

式（6-4）中 opt 表示最优化，即或者 max，或者 min。

显然，如果求多阶段决策问题的最优解，只要根据式（6-4）从最后阶段开始逐次向前阶段求解，直至得到 $f_1^*(S_1)$ 即可得到问题的最优解。

例 6-2 机器负荷分配问题

某机器可以在高低两种不同的负荷下进行生产，在高负荷下生产时的产量 g_1 与其投入的机器数 u_1 之间的关系为 $g_1 = g(u_1) = 10u_1$，且机器在高负荷下生产的年完好率为 $a=50\%$。机器也可以在低负荷下生产，产量 g_2 与其投入的机器数 u_2 之间的关系为 $g_2 = g(u_2) = 6u_2$，且机器在低负荷下生产的年完好率为 $b=80\%$。假定开始时拥有的机器数为 1000 台，要求制定一个 5 年计划，在每年初制定投入于高低两种负荷下生产的机

器数量,使 5 年内生产的总产量最大。

假设 K 表示每年初的决策阶段,$K=1,2,3,4,5$。

x_K 表示第 K 年投入于高负荷生产的机器数,则用于低负荷生产的机器数为 $S_K - x_K$。

U_K 表示 K 阶段所有可能的决策集合,本例中有 $U_K = (x_K | 0 \leq x_K \leq S_K)$。

S_K 表示各年初时拥有的完好机器数,显然有 $S_{K+1} = 50\% x_K + 80\%(S_K - x_K)$。

$d_K(S_K, x_K)$ 表示 K 阶段、起始状态为 S_K、采取了 x_K 决策时所形成的直接效果。本例中表示各阶段的生产量,$d_K(S_K, x_K) = 10x_K + 6(S_K - x_K)$。

$f_K^*(S_K)$ 表示 K 阶段、起始状态为 S_K 采取一系列决策直到全决策过程结束所形成的最佳总效果。本例中表示 K 阶段开始一直到第 5 年末的最大生产总量,有

$$f_K^*(S_K) = \max_{x_K \in U_K} \{d_K(S_K, x_K) + f_{K+1}^*(S_{K+1})\}$$
$$= \max_{x_K \in U_K} \{10x_K + 6(S_K - x_K) + f_{K+1}^*[0.5x_K + 0.8(S_K - x_K)]\} \quad (6-5)$$

显然,根据式 6-5 从 $f_5^*(S_5)$ 开始,便可依次求出 $f_4^*(S_4), f_3^*(S_3), f_2^*(S_2), f_1^*(S_1)$,而一旦求出 $f_1^*(S_1)$,即求出了最优解。另外要注意,在计算 $f_5^*(S_5)$ 时,式 6-5 中要涉及 $f_6^*(S_6)$,因为第 6 年以后不在计划期内,所以有 $f_6^*(S_6) = 0$。或 $f_5^*(S_5)$ 可写成

$$f_5^*(S_5) = \max_{0 \leq x_5 \leq S_5} \{10x_5 + 6(S_5 - x_5)\} \quad (6-6)$$

6.1.2 多阶段决策问题的特点

由上述两个例子可见,多阶段决策问题具有以下的特点:

(1) 具有若干个决策阶段,每个阶段的决策都与上阶段有关。

(2) 动态规划的目标函数是求一个全过程的最优解,而要保证全过程最优,必须保证从任一阶段开始一直到全过程结束实现最优,即最优过程的子过程总是最优的,这就是所谓的"最优化原理"。显然如果子过程不是最优,那么全过程就一定不会最优。

(3) 动态规划解决的是与时间因素有关的决策问题,求解时通常采用从后往前的求解方法,称为"逆序解法"。而有些问题实际上并不一定与时间有严格的逻辑顺序关系,比如例 6-1 所提出的最短路问题,求从 A 到 E 的最短路与求从 E 到 A 的最短路实际上并没有区别,即可以采用由前向后的"顺序解法"。

(4) 动态规划的求解方法利用的是"最优化原理",它是一种解法而不像线性规划那样是一种算法。最优化原理在不同问题的处理上其表现方式可能会有所不同,这就要求在求解时要灵活运用最优化原理,发挥想象力和创造性。

(5) 动态规划与静态规划存在一定的关系。

补充材料:动态规划的四种典型模型

(1) 背包模型。可用动态规划解决的背包问题,主要有 01 背包和完全背包。背包问题的简单描述为:n 个物品要放到一个背包里,背包有个总容量 m,每个物品都有一个体积 $w(i)$ 和价值 $v(i)$,问如何装这些物品,使得背包里放的物品价值最大。

(2) 资源分配模型。资源分配模型的动态规划,这类型的题目一般是:给定 m 个资源,分配给 n 个部门,第 i 个部门获得 j 个资源有个盈利值,问如何分配这 m 个资源能使

获得的盈利最大,求最大盈利。

(3) 区间类模型。区间类模型的动态规划,一般是要求整段区间的最优值,子问题一般是把区间分成两个子区间。一般用二维数组表示状态,例如 $f(i,j)$ 表示从 i 到 j 的最优值。则状态转移方程就是跟子区间之间的关系。

(4) 树型动态规划模型。上面三种动态规划都是建立在线性结构上的,有顺推和逆推两种方法。树型动态规划是建立在树结构上的动态规划,所以阶段很明显,一般是通过孩子节点的最优值推出父亲节点的最优值。一般以节点及相关信息为状态,动态转移方程式也是根据父亲节点跟孩子节点之间关系来建立的。通过根的子节点传递有用的信息给根,完后根得出最优解的过程。

6.2 动态规划的基本概念和基本解法

6.2.1 动态规划的基本概念

由第一节的介绍,已经初步了解到了动态规划可以解决的典型问题、基本解题思想和基础性的一些概念,下面对相关概念进行系统阐述。

(1) 阶段 K。将待解决的问题分成若干相互联系的环节或过程称为阶段,其目的是通过阶段的划分建立可行的求解次序,$K=1,2,\cdots,n$。

(2) 状态 S_K。状态是决策的制约因素或客观条件,是不可控的。描述状态的变量称为状态变量,它可用一个数、一组数或一个向量(多维情形)来表示。状态具有"无后效性",即本阶段的状态会影响本阶段的决策和下一阶段状态的形成,但本阶段前的状态已经成为历史,虽然影响本阶段和之后各阶段的状态的形成,但不影响之后各阶段的最优决策。

(3) 决策 x_K。决策是指在状态 S_K 的约束下可以做出的决定,描述决策的变量称为决策变量,因为决策变量有一定的取值范围,所以将所有的可能决策构成的集合称为允许决策集合,用 U_K 来表示,即 $x_K \in U_K$。

(4) 策略 P_K。策略是按一定顺序排列的决策集合,则 P_K 表示的是由第 K 阶段开始一直到全过程结束所构成的所有决策集合,即 $P_K=\{x_K,x_{K+1},x_{K+2},\cdots,x_n\}$,每个阶段可采用的决策有多个或无穷多个,其中使目标函数达到最优的策略为最优策略。

(5) 状态转移方程。状态转移方程是描述状态变化过程的一个函数,显然下一个阶段的起始状态 S_{K+1} 与本阶段的起始状态 S_K 和本阶段的决策 x_K 有关,则下一个阶段的状态可表示为 $S_{K+1}=\varphi(S_K,x_K)$,φ 函数可由具体问题加以分析确定。

(6) 指标函数 $f_K(S_K)$ 和最优值函数 $f_K^*(S_K)$。指标函数是用于衡量过程优劣的一个函数,由于过程是前后衔接的,所以指标函数总可以分解为本阶段的指标与后一阶段开始一直到全过程结束所形成的总指标值之和或之积,即有

$$f_K(S_K) = d_K(S_K, x_K) + f_{K+1}(S_{K+1}) \tag{6-7}$$

或

$$f_K(S_K) = d_K(S_K, x_K) \cdot f_{K+1}(S_{K+1}) \tag{6-8}$$

最优值函数是使式(6-7)或(6-8)达到最优的函数,即

$$f_K^*(S_K) = \underset{x_K \in U_K}{\mathrm{opt}} \{d_K(S_K, x_K) + f_{K+1}^*(S_{K+1})\} \tag{6-9}$$

或

$$f_K^*(S_K) = \underset{x_K \in U_K}{\mathrm{opt}} \{d_K(S_K, x_K) \cdot f_{K+1}^*(S_{K+1})\} \tag{6-10}$$

式(6-9)或(6-10)所示的最优值函数表达式实际上也显示了动态规划求解时所利用的关系,也称为逆推关系式或逆推方程。只要按照逆推方程逆推到 $K=1$,就可以求得问题的最优解。

6.2.2 动态规划问题的基本解法

下面讨论例 6-1 和例 6-2 的求解方法。

1. 例 6-1 的解法

(1) 最短路问题的基本解法。例 6-1 提出的管道铺设问题,可以根据逆推方程利用逐步推导或利用表格的形式得到最优解。

设:$K=1,2,3,4$ 分别表示在 A,B,C,D 城市的决策阶段;

S_K 表示 K 阶段开始时的位置;

U_K 表示 K 阶段所有可能的决策集合;

x_K 表示 K 阶段的决策,显然 $x_K \in U_K$;

$d_K(S_K, x_K)$ 表示 K 阶段在某城市的某一点,选择了到下一个城市的某一点的决策时,所要铺设管道的路长;

$f_K^*(S_K)$ 表示 K 阶段,从某城市的某一点出发,铺到 E 城市的最短路长,有

$f_K^*(S_K) = \underset{x_K \in U_K}{\min} \{d_K(S_K, x_K) + f_{K+1}^*(S_{K+1})\}$,利用此式的求解过程见表 6-1。

表 6-1 最短路问题的求解过程计算表

K	S_K	S_{K+1}	$d_K(S_K, x_K)$	$f_{K+1}^*(S_{K+1})$	x_j^*	$f_K^*(S_K)$
4	D_1	E	9	0	$D_1 E$	9
	D_2	E	12	0	$D_2 E$	12
3	C_1	D_1	18	9	$C_1 D_2$	22
		D_2	10	12		
	C_2	D_1	15	9	$C_2 D_2$	17
		D_2	5	12		
2	B_1	D_1	10	22	$B_1 C_2$	31
		C_2	14	17		
	B_2	C_1	8	22	$B_2 C_2$	30
		C_2	15	17		
1	A	B_1	4	31	AB_1	35
		B_2	6	30		

(2) 最短路问题的改进解法。表 6-1 中的内容也可以在图上直接表示出来,见图 6-2。这种在图上直接标号的方法称为"标号法"。基本标号过程是:

第 1 步:给点 E 标号为 0;

第 2 步:给 D_1 和 D_2 点标号。因为从 D_1 可以直接到 E,路长为 9,所以 D_1 点标号为 9;同样道理 D_2 点标号为 12,分别表示由 D_1 和 D_2 点到 E 点的最短路长。

第 3 步:给 C_1 和 C_2 点标号。因为从 C_1 出发到 E 有两种选择,经由 D_1 点或经由 D_2 点。$\min\limits_{\substack{C_1 \to D_1 \\ C_1 \to D_2}} f_3(C_1) = \min\{18+9, 10+12\} = 22$,即 C_1 出发到 E 的最短路长为 22。同样从 C_2 出发到 E 也有两条路线,经由 D_1 点或经由 D_2 点,$\min\limits_{\substack{C_2 \to D_1 \\ C_2 \to D_2}} f_3(C_2) = \min\{15+9, 5+12\} = 17$,即由 C_2 出发到 E 的最短路长为 17。这样 C_1 和 C_2 点便有了标号 22 和 17。

第 4 步:给 B_1 和 B_2 点标号。因为从 B_1 出发到 E 有两种选择,经由 C_1 点或经由 C_2 点。$\min\limits_{\substack{B_1 \to C_1 \\ B_1 \to C_2}} f_2(B_1) = \min\{10+22, 14+17\} = 31$,即 B_1 出发到 E 的最短路长为 31。同样从 B_2 出发到 E 也有两条路线,经由 C_1 点或经由 C_2 点,$\min\limits_{\substack{B_2 \to C_1 \\ B_2 \to C_2}} f_2(B_2) = \min\{8+22, 15+17\} = 30$,即由 B_2 出发到 E 的最短路长为 30。这样 B_1 和 B_2 点便有了标号 31 和 30。

第 5 步:给 A 点标号。从 A 出发到 E 有两种选择,经由 B_1 点和经由 B_2 点。相同的方法可以计算出 $\min\limits_{\substack{A \to B_1 \\ A \to B_2}} f_1(A) = \min\{4+31, 6+30\} = 35$。

图 6-3 中各点标号表示由该点出发到点和最短路线的长度。再由标号框中数字的计算来源可推导出最短的路线,见图 6-3 中的粗黑线。

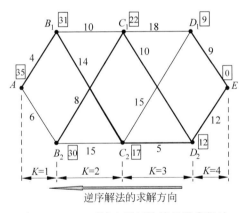

图 6-3 A、E 两城市最短路线的逆序解法

用顺序解法也可以求得由 A 市到 E 市铺设管道的最短路线,此处不再详细介绍标号过程。其基本的标号原理与逆序解法相同,只不过先给 A 市标号为 0,然后由左向右给其他点标号,结果见图 6-4。

需要注意的是,两种标号方法虽然原理基本相同,但是标号的含义却有着本质的不同。顺序解法中的标号表示由 A 市出发至标号点的最短路线的长度。

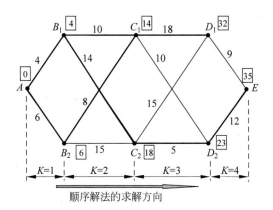

图 6-4 A、E 两城市最短路线的顺序解法

2. 例 6-2 的解法

根据第一节的分析，已经建立起了例 6-2 所给定机器负荷分配问题的逆推关系式，见式(6-5)，对其进行进一步的简化，有

$$f_K^*(S_K) = \max_{x_K \in U_K}\{4x_K + 6S_K + f_{K+1}^*(0.8S_K - 0.3x_K)\}$$

(1) $K=5$ 时，因为 $f_6^*(S_6)=0$，所以

$$f_5^*(S_5) = \max_{0 \leqslant x_5 \leqslant S_5}\{4x_5 + 6S_5\} = 10S_5 \quad x_5^* = S_5$$

(2) $K=4$ 时，因为 $f_5^*(S_5)=10S_5=10(0.8S_4-0.3x_4)$，所以

$$f_4^*(S_4) = \max_{0 \leqslant x_4 \leqslant S_4}\{4x_4 + 6S_4 + 8S_4 - 3x_4\} = \max_{0 \leqslant x_4 \leqslant S_4}\{14S_4 + x_4\} = 15S_4 \quad x_4^* = S_4$$

(3) $K=3$ 时，因为 $f_4^*(S_4)=15S_4=15(0.8S_3-0.3x_3)$，所以

$$f_3^*(S_3) = \max_{0 \leqslant x_3 \leqslant S_3}\{4x_3 + 6S_3 + 12S_3 - 4.5x_3\}$$

$$= \max_{0 \leqslant x_3 \leqslant S_3}\{18S_3 - 0.5x_3\} = 18S_3 \quad x_3^* = 0$$

(4) $K=2$ 时，因为 $f_3^*(S_3)=18S_3=18(0.8S_2-0.3x_2)$，所以

$$f_2^*(S_2) = \max_{0 \leqslant x_2 \leqslant S_2}\{4x_2 + 6S_2 + 14.4S_2 - 5.4x_2\}$$

$$= \max_{0 \leqslant x_2 \leqslant S_2}\{20.4S_2 - 1.4x_2\} = 20.4S_2 \quad x_2^* = 0$$

(5) $K=1$ 时，因为 $f_2^*(S_2)=20.4S_2=20.4(0.8S_1-0.3x_1)$，所以

$$f_1^*(S_1) = \max_{0 \leqslant x_1 \leqslant S_1}\{4x_1 + 6S_1 + 16.32S_1 - 6.12x_1\}$$

$$= \max_{0 \leqslant x_1 \leqslant S_1}\{22.32S_1 - 2.12x_1\} = 22.32S_1 \quad x_1^* = 0$$

各年度的生产安排及产量情况见表 6-2。

表 6-2 最佳的生产安排

阶段 K	初始状态 S_k	高负荷生产的机器数 x_k	低负荷生产的机器数 S_k-x_k	K 阶段产量 $d_k(S_K,x_k)$	累计最大总产量 $f_1^*(S_{K+1})$	$f_K^*(S_K)$
1	1000	0	1000	6000	6000	22320
2	800	0	800	4800	10800	16320
3	640	0	640	3840	14640	11520
4	512	512	0	5120	19760	7680
5	256	256	0	2560	22320	2560

6.3 动态规划应用举例

6.3.1 一维资源分配问题

设有总量为 a 的某种原料,用于生产 n 种产品。假设用于生产第 K 种产品生产的数量为 x_K,并获得收益 $\varphi_K(x_K)$,问应该如何分配 n 种产品的原料使用量使得总收益最大。

设:K 表示生产第 K 种产品的决策阶段;

x_K 表示投入到第 K 种产品生产的原料数;

S_K 表示 K 阶段开始时所拥有的原料数量,则状态转移方程为 $S_{K+1}=S_K-x_K$;

$\varphi_K(x_K)$ 表示生产第 K 种产品所获得的收益;

$f_K^*(S_K)$ 表示从第 K 种产品开始一直到第 n 种产品生产完的最大总收益,则可建立如下的逆推关系式

$$\begin{cases} f_K^*(S_K) = \max_{0 \leqslant x_K \leqslant S_K} \{\varphi_K(x_K) + f_{K+1}^*(S_{K+1})\} \\ f_{n+1}^*(S_{n+1}) = 0 \end{cases} \tag{6-11}$$

根据式(6-11),由 n 开始讨论最优值函数,一旦讨论到 $f_1^*(S_1)$,便可得到问题的最优解。

例 6-3 某企业现有资金 5 千万元准备对 A,B,C 三个项目投资,假设对各项目的投资额只能取 1 千万元的整数倍,各种情况下的利润(万元)如表 6-3 所示,问投到三个项目上的投资额各为多少时,总利润为最大?

表 6-3 投资到三个项目上的资金与利润情况

投资额\项目	A	B	C
0	0	0	0
1	40	100	80
2	200	200	180
3	320	300	300
4	400	400	420
5	380	400	420

解法一：逆序解法

设：$K=1,2,3$ 分别表示对投资项目 A,B,C 的投资阶段；

S_K 表示投资到第 K 个项目时所拥有的资金总数；

x_K 为对第 K 个投资项目的投资额，$0 \leqslant x_K \leqslant S_K$；状态转移方程为 $S_{K+1}=S_K-x_K$；

$d_K(S_K,x_k)$ 表示第 K 阶段，开始状态为 S_K，采取投资额 x_K 时的直接利润；

$f_K^*(S_K)$ 表示第 K 阶段，开始状态为 S_K，一直到对所有投资项目投资完的最大总利润，则有：$f_K^*(S_K) = \max\limits_{0 \leqslant x_K \leqslant S_K} \{d_K(S_K,x_K)+f_{K+1}^*(S_{K+1})\}$

$$f_4^*(S_4) = 0$$

（1）当 $K=3$ 时，$S_3=\{0,1,2,3,4,5\}$，投资与利润情况见表 6-4。

表 6-4 对 C 项目投资时的投资额与利润情况

S_3 \ x_3	0	1	2	3	4	5	x_3^*	$f_3^*(S_3)$
0	0						0	0
1	0	80					1	80
2	0	80	180				2	180
3	0	80	180	300			3	300
4	0	80	180	300	420		4	420
5	0	80	180	300	420	420	4,5	420

（2）当 $K=2$ 时，$S_2=\{0,1,2,3,4,5\}$，投资与利润情况见表 6-5。

表 6-5 对 B,C 两个项目投资时的投资额与总利润情况

S_2 \ x_2	0	1	2	3	4	5	x_2^*	$f_2^*(S_2)$
0	0						0	0
1	80	100					1	100
2	180	180	200				2	200
3	300	280	280	300			0,3	300
4	420	400	380	380	400		0	420
5	420	520	500	480	480	400	1	520

（3）当 $K=1$ 时，$S_1=5$，投资与利润情况见表 6-6。

表 6-6 对 A,B,C 三个项目投资时的投资额与总利润情况

S_1 \ x_1	0	1	2	3	4	5	x_1^*	$f_1^*(S_1)$
5	520	460	500	520	500	380	0,3	520

则最优方案为：$A-0, B-1, C-4$ 或 $A-3, B-2, C-0$，最大利润为 520 万元。

解法二：顺序解法

设：$K=1,2,3$ 分别表示对投资项目 A,B,C 的投资阶段；

S_{K+1} 表示投资完第 K 个项目时，总共完成的资金总数；

x_K 为对第 K 个投资项目的投资额，$0 \leqslant x_K \leqslant S_{K+1}$；状态转移方程为 $S_{K+1}=S_K+x_K$；

$d_K(S_K,x_K)$ 表示第 K 阶段前完成的总投资为 S_K，K 阶段又采取投资额 x_K 的决策，期末时的直接利润；

$f_1^*(S_{K+1})$ 表示从第 1 阶段开始到第 K 阶段末的最大总利润，则有：

$$f_1^*(S_{K+1}) = \max_{0 \leqslant x_K \leqslant S_K} \{d_K(S_K,x_K) + f_1^*(S_K)\} \quad 当 K=2,3 时$$

$$f_1^*(S_1) = 0 \quad 当 K=1 时$$

(1) 当 $K=1$ 时，$S_1=\{0,1,2,3,4,5\}$，投资与利润情况见表6-7。

表6-7 完成对 A 项目投资时的投资额与总利润情况

S_2 \ x_1	0	1	2	3	4	5	x_1^*	$f_1^*(S_2)$
0	0						0	0
1		40					1	40
2			200				2	200
3				320			3	320
4					400		4	400
5						380	5	380

(2) 当 $K=2$ 时，$S_2=\{0,1,2,3,4,5\}$，投资与利润情况见表6-8。

表6-8 完成对 A、B 两个项目投资的投资额与总利润情况

S_3 \ x_2	0	1	2	3	4	5	x_2^*	$f_1^*(S_3)$
0	0						0	0
1	40	100					1	100
2	200	140	200				2	200
3	320	300	240	300			0	320
4	400	420	400	340	400		1	420
5	380	500	520	500	440	400	2	520

(3) 当 $K=3$ 时，$S_4=5$，投资与利润情况见表6-9。

表6-9 完成对 A、B、C 三个项目投资时的投资额与总利润情况

S_4 \ x_3	0	1	2	3	4	5	x_3^*	$f_1^*(S_4)$
5	520	500	500	500	520	420	0,4	520

最终的最佳投资方案与逆序解法得到的结果相同。

6.3.2 二维资源分配问题

例 6-4 设有两种原料 A 和 B,总量分别为 a 和 b,需要将它们分配给 n 种产品的生产,将 A 原料 x_i 单位和 B 原料 y_i 单位投入于第 i 种产品的生产,则利润为 $\varphi_i(x_i, y_i)$,问如何安排两种原料在各产品上的投入量,使总利润为最大?

解:本例各种数量间的对应关系可用图 6-5 加以表示。

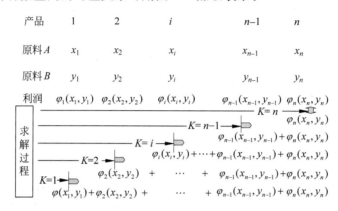

图 6-5 二维资源分配问题示意图

设:K 表示第 K 种产品的生产决策阶段,$K=1,2,\cdots,n$;

S_K 表示状态变量,本例因为有两种资源,故 $S_K=(X_K,Y_K)$,其中 X_K,Y_K 分别是生产第 K 种产品时 A,B 两种资源的总剩余量,即是投入于第 K 种至第 n 种产品的资源总量;

状态转移方程为:$S_{K+1}=(X_K-x_K, Y_K-y_K)$

$f_K^*(S_K)$ 为最优值函数,则

$$f_K^*(S_K) = \max_{\substack{0 \leq x_K \leq X_K \\ 0 \leq y_K \leq Y_K}} \{\varphi(x_K, y_K) + f_{K+1}^*(X_K-x_K, Y_K-y_K)\} \quad K=n-1, n-2, \cdots, 2, 1$$

$$f_n^*(S_n) = \max_{\substack{0 \leq x_n \leq X_n \\ 0 \leq y_n \leq Y_n}} \{\varphi(x_n, y_n)\} \quad K=n$$

则只要求得 $f_1^*(a,b)$,即得到最优解。

6.3.3 产品生产计划安排问题

例 6-4 产品生产计划安排问题

地质仪器厂生产某种化学试验鉴定仪用于化学探矿。预计该产品在今后 4 个月的产品成本及销售量如表 6-10 所示,每月每单位的存储费为 2 元。该工厂每月最大的生产能力为 100 台,并以 10 为单位的倍数生产和存储,月末供货。要求库存在整个计划期初和期末为 0,试安排月生产计划使产品总成本为最低。

表 6-10 鉴定仪每月的产品成本及销售量

月 份	阶 段	产品单位成本(元)	月销售量(个)
1	1	70	60
2	2	72	70
3	3	80	120
4	4	76	60

解：设：$K=1,2,3,4$ 表示该 4 个月的决策阶段；

c_K 表示第 K 月的单位生产成本；

x_K 表示第 K 月的生产量，则由题意 $0 \leqslant x_K \leqslant 100$，$y_K$ 表示第 K 月的销售量；

S_K 表示第 K 月开始时拥有的库存量，则状态转移方程为：$S_{K+1} = S_K + x_K - y_K$；

$d_K(S_K, x_K)$ 第 K 月的总成本，则 $d_K(S_K, x_K) = c_K x_K + 2S_K$；

$f_K^*(S_K)$ 由第 K 月开始一直到第 4 月末的最小总成本，则

$$\begin{cases} f_K^*(S_K) = \min_{0 \leqslant x_K \leqslant 100} \{c_K x_K + 2S_K + f_{K+1}^*(S_{K+1})\} & K=1,2,3,4 \\ f_5^*(S_5) = 0 & K=5 \end{cases}$$

(1) 当 $K=4$ 时，因为要求期末的库存量为 0，则有 $y_4 = S_4 + x_4 = 60$；

因为前 3 个月的最大生产量为 300 个，而销售量为 250 个，则最大库存量为 50 个，即 $S_4 = \{0, 10, 20, 30, 40, 50\}$，则可得到第 4 个月的总费用，见表 6-11。

表 6-11 第 4 个月的可能库存、生产及总费用情况

S_4	x_4^*	$f_4^*(S_4)$
0	60	$60 \times 76 + 10 \times 2 = 4560$
10	50	$50 \times 76 + 10 \times 2 = 3820$
20	40	$40 \times 76 + 20 \times 2 = 3080$
30	30	$30 \times 76 + 30 \times 2 = 2340$
40	100	$20 \times 76 + 40 \times 2 = 1600$
50	10	$10 \times 76 + 50 \times 2 = 860$

(2) 当 $K=3$ 时，前两个月最多生产 200 个，而前两个月的销售量为 130 个，即第 3 个月最多形成 70 个库存。又因为第 3 个月销售量为 120 个，大于生产能力，故第 3 个月初至少要有 20 个库存，即 $S_3 = \{20, 30, 40, 50, 60, 70\}$。

另外，为了满足当月 120 个产品的销售量，第 3 个月的生产量至少要达到 50 个。即在前两个月都满负荷生产时最多可以形成 70 个产品库存，此时至少生产 50 个才能满足当月的需求量，则有 $x_3 = (50, 60, 70, 80, 90, 100)$，第 3 个月的决策情况见表 6-12 所示。

(3) 当 $K=2$ 时，因第 1 月后至多形成 $100-60=40$ 个产品库存量，又因第 2 月的销售量为 70 个，第 3 月初至少还要有 20 个产品的库存量，则第 2 月的生产量至少为 50 个，而上限仍为 100 个，本阶段的决策见表 6-13。

表 6-12　第 3 个月及以后的总费用情况

S_3 \ x_3	50	60	70	80	90	100	x_3^*	$f_3^*(S_3)$
20						12600	100	12600
30					11820	11880	90	11820
40				11040	11100	11160	80	11040
50			10260	10320	10380	10440	70	10260
60		9480	9540	9600	9660	9720	60	9480
70	8700	8760	8820	8880	8940	9000	50	8700

表 6-13　第 2 个月及以后的总费用情况

S_2 \ x_2	50	60	70	80	90	100	x_2^*	$f_2^*(S_2)$
0					19080	19020	100	19020
10				18380	18320	18260	100	18260
20			17680	17620	17560	17500	100	17500
30		16980	16920	16860	16800	16740	100	16740
40	16280	16220	16160	16100	16040	15980	100	15980

（4）当 $K=1$ 时，因为期初的库存量为 0，则本月至少要生产 60 个。

表 6-14　第 1 个月及以后的总费用情况

S_1 \ x_1	60	70	80	90	100	x_1^*	$f_1^*(S_1)$
0	23220	23160	23100	23040	22980	100	22980

根据求解过程可得出最佳生产安排，见表 6-15 所示。

表 6-15　4 个月的库存、生产、销售及成本情况

月份	阶段 K	月初库存 S_K	当月产量 x_K	当月销量 y_K	当月生产成本 $c_K x_K$	库存费 $2S_K$	总费用 $f_K^*(S_K)$
1	1	0	100	60	7000	0	7000
2	2	40	100	70	7200	80	7280
3	3	70	50	120	4000	140	4140
4	4	0	60	60	4560	0	4560
合计	—	—		310	310	22760	220	22980

动态规划问题还可以应用于排序问题、背包问题、设备更新问题等，不论应用于哪种问题的求解，其基本思想和基本原理都是相同的，只不过不同的问题其模型的建立可能会有所不同，要求充分发挥个人或集体的智慧和想象力，不要拘泥于某种形式，进行创造性的工作。

补充材料：背包问题

背包问题的基本描述：有 N 件物品和一个容量为 V 的背包。第 i 件物品的重量是 $w(i)$，价值是 $v(i)$。求解将哪些物品装入背包可使这些物品的重量总和不超过背包容量，且价值总和最大。

背包问题有三种基本类型：

(1) 0-1 背包

描述：有 n 件物品（每件均不相同）和容量为 m 的背包。给出 i 件物品的重量以及价值，求解装入背包的物品（不能重复）重量不超过背包容量且价值最大的方案。

特点：每个物品只有一件供你选择放还是不放入背包。

(2) 完全背包

描述：有 n 种物品（每种为无数件）和容量为 m 的背包。给出 i 种物品的重量以及价值，求解让装入背包的物品重量不超过背包容量且价值最大的方案。

特点：每种物品可以无限选用放还是不放入背包。

(3) 多重背包

描述：有 n 种物品（每种为有数件）和容量为 m 的背包。给出 i 件物品的重量以及价值，还有数量。求解让装入背包的物品重量不超过背包容量且价值最大的方案。

特点：每种物品限制了一定的数量

6.4 动态规划与静态规划的关系

线性规划、非线性规划、动态规划都属于数学规划的范畴，都是在一定的条件下求给定问题的极值。线性规划和非线性规划所研究的问题多与时间无关，所以也称为静态规划，动态规划研究的问题多与时间因素有关，或者可以将其视为一个时间上可以划分为多阶段的决策问题。对于某些静态规划问题可以通过引入时间因素而将其视为动态规划问题，这样在求解时可能会显得简便。

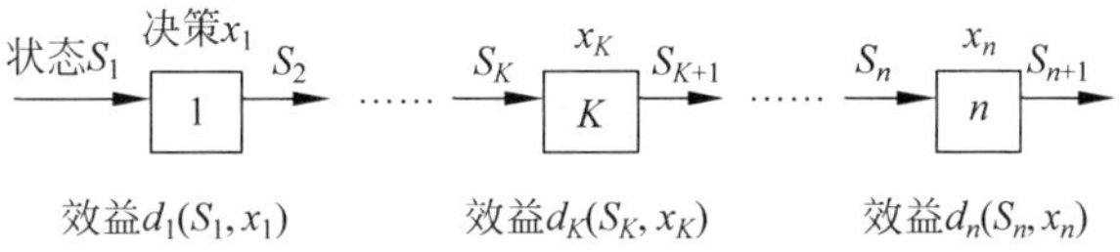

图 6-6 动态规划的决策过程

图 6-6 显示了动态规划问题的决策过程，各阶段的输出状态都与本阶段的初始状态和本阶段的决策有关，即有 $S_{K+1} = \varphi_K(S_K, x_K)$。而全过程的总效益 $f_1(S_1)$ 总是可以表示为各阶段效益 $d_K(S_K, x_K)$ 的和或积的形式，即

$$f_1(S_1) = \sum_{K=1}^{n} d_K(S_K, x_K) \tag{6-12}$$

或：

$$f_1(S_1) = \prod_{K=1}^{n} d_K(S_K, x_K) \qquad (6\text{-}13)$$

动态规划的目标是使式(6-12)或(6-13)达到优化,即或取最大值或取最小值。前面介绍过,动态规划有顺推解法和逆推解法,当已知初始状态时,用逆推法较为简便;当终止状态给定时,则用逆推解法较为方便。

6.4.1 逆推解法

设初始状态为 S_1, S_K, x_K, U_K, $d_K(S_K, x_k)$, $f_K^*(S_K)$ 分别表示 K 阶段的初始状态、K 阶段的决策、K 阶段所有可能决策之集合、K 阶段的直接效果、K 阶段开始一直到全过程结束的最佳总效果。

$K = n$ 时,$f_n^*(S_n) = \underset{x_n \in U_n}{\text{opt}} \{d_n(S_n, x_n)\}$

$K = n-1$ 时,$f_{n-1}^*(S_{n-1}) = \underset{x_{n-1} \in U_{n-1}}{\text{opt}} \{d_{n-1}(S_{n-1}, x_{n-1}) \otimes f_n^*(S_n)\} \qquad (6\text{-}14)$

式(6-14)中,$\otimes$ 表示相乘或相加,按此式依次求解就可以得到

$$f_1^*(S_1) = \underset{x_1 \in U_1}{\text{opt}} \{d_1(S_1, x_1) \otimes f_2^*(S_2)\}$$

其中 $S_2 = \varphi_1(S_1, x_1)$,最优解 x_1^*,最优值为 $f_1^*(S_1)$。

下面说明用动态规划逆推解法求解静态规划问题的具体步骤。

例 6-5 用逆推解法求解下面问题[注:本例取自《运筹学》清华大学出版社修订版 P_{207}]

$$\max Z = x_1 x_2^2 x_3$$
$$\begin{cases} x_1 + x_2 + x_3 = c & (c > 0) \\ x_i \geqslant 0 & i = 1, 2, 3 \end{cases}$$

解:将该问题视为一个三阶段的决策问题

(1) $K = 3$ 时,$f_3^*(S_3) = \underset{0 \leqslant x_3 \leqslant S_3}{\max} \{x_3\} = S_3$ 最优解 $x_3^* = S_3$

(2) $K = 2$ 时,$f_2^*(S_2) = \underset{0 \leqslant x_2 \leqslant S_2}{\max} \{x_2^2 f_3^*(S_2 - x_2)\} = \underset{0 \leqslant x_2 \leqslant S_2}{\max} \{x_2^2(S_2 - x_2)\}$

设:$\phi_2(S_2, x_2) = x_2^2(S_2 - x_2) = x_2^2 S_2 - x_2^3$

令:$\dfrac{\mathrm{d}\phi_2}{\mathrm{d}x_2} = 2S_2 x_2 - 3x_2^2 = 0$,解得:$x_{21} = 0$(舍去),$x_{22} = \dfrac{2}{3}S_2$

又因 $\dfrac{\mathrm{d}^2(\phi_2)}{\mathrm{d}(x_2)^2} = 2S_2 - 6x_2$,而 $\dfrac{\mathrm{d}^2(\phi_2)}{\mathrm{d}(x_2)^2}\bigg|_{x_2 = \frac{2}{3}S_2} = 2S_2 - 6x_2 \bigg|_{x_2 = \frac{2}{3}S_2} = -2S_2 < 0$

即 $x_2^* = \dfrac{2}{3}S_2$ 时得到最大值,最大值为 $f_2^*(S_2) = \dfrac{4}{27}S_2^3$

(3) $K = 1$ 时,$f_1^*(S_1) = \underset{0 \leqslant x_1 \leqslant S_1}{\max} \{x_1 f_2^*(S_1 - x_1)\} = \underset{0 \leqslant x_1 \leqslant S_1}{\max} \left\{x_1 \dfrac{4}{27}(S_1 - x_1)^3\right\}$

设:$\varphi_1(S_1, x_1) = \dfrac{4}{27} x_1 (S_1 - x_1)^3$

令:$\dfrac{\mathrm{d}\varphi_1}{\mathrm{d}x_1} = \dfrac{4}{27}[(S_1 - x_1)^3 - 3x_1(S_1 - x_1)^2] = 0$

解得：$x_{11} = S_1$（舍去），$x_{12} = \frac{1}{4}S_1$

$$\left.\frac{d^2(\varphi_1)}{d(x_1)^2}\right|_{\frac{1}{4}S_1} = \frac{4}{27}[-3(S_1-x_1)^2 - 3(S_1-x_1)^2 + 6x_1(S_1-x_1)]\bigg|_{\frac{1}{4}S_1} = -\frac{15}{4}S_1^2 < 0$$

即 $\varphi_1(S_1, x_1) = \frac{4}{27}x_1(S_1-x_1)^3$ 在 $x_1 = \frac{1}{4}S_1$ 点得到最大值 $f_1^*(S_1) = \frac{1}{64}S_1^4$

因为 $S_1 = c$，所以可得到最优解如下：

$$f_1^*(S_1) = \frac{1}{64}c^4 \quad x_1^* = \frac{1}{4}c$$

$$f_2^*(S_2) = \frac{4}{27}\left(c - \frac{c}{4}\right)^3 = \frac{1}{16}c^3 \quad x_2^* = \frac{2}{3}\left(c - \frac{1}{4}c\right) = \frac{1}{2}c$$

$$f_3^*(S_3) = S_3 = S_2 - x_2 = \frac{3}{4}c - \frac{1}{2}c = \frac{1}{4}c \quad x_3^* = \frac{1}{4}c$$

6.4.2 顺推解法

顺推解法与逆推解法实际上并没有本质区别，在已知最终状态时，只要将图 6-6 中的箭头倒转过来即可，只不过此时的状态转移方程为 $S_K = \psi_K(S_{K+1}, x_K)$。

设终止状态为 S_{n+1}，S_K，x_K，U_K，$d_K(S_K, x_k)$，$f_1^*(S_{K+1})$ 分别表示 K 阶段的初始状态、K 阶段的决策、K 阶段所有可能决策之集合、K 阶段的直接效果、第 1 阶段至第 K 阶段末的最佳总效果。

$K=1$ 时，$f_1^*(S_2) = \underset{x_1 \in U_1}{\text{opt}}\{d_1(S_1, x_1)\}$ 其中 $S_1 = \psi_1(S_2, x_1)$

$K=2$ 时，$f_1^*(S_3) = \underset{x_2 \in U_2}{\text{opt}}\{d_2(S_2, x_2) \otimes f_1^*(S_2)\}$

$K=n-1$ 时，$f_1^*(S_n) = \underset{x_{n-1} \in U_{n-1}}{\text{opt}}\{d_{n-1}(S_{n-1}, x_{n-1}) \otimes f_1^*(S_{n-1})\}$

$K=n$ 时，$f_1^*(S_{n+1}) = \underset{x_n \in U_n}{\text{opt}}\{d_n(S_n, x_n) \otimes f_1^*(S_n)\}$

上面各式中，$\otimes$ 表示相乘或相加，按顺序求到 $f_1^*(S_{n+1})$ 时，也可以得到最优解。

例 6-6 用顺推解法求解例 6-5 问题

解：由解题意知 $S_1 = 0$，$S_4 = c$，本例中 $S_K = S_{K+1} - x_K$

(1) $K=1$ 时，$f_1^*(S_2) = \underset{0 \leq x_1 \leq S_2}{\max}\{d_1(S_1, x_1)\} = \underset{0 \leq x_1 \leq S_2}{\max}\{x_1\} = S_2 \quad x_1^* = S_2$

(2) $K=2$ 时，

$f_1^*(S_3) = \underset{0 \leq x_2 \leq S_3}{\max}\{d_2(S_2, x_2) f_1^*(S_2)\} = \underset{0 \leq x_2 \leq S_3}{\max}\{x_2^2 S_2\} = \underset{0 \leq x_2 \leq S_3}{\max}\{x_2^2(S_3 - x_2)\}$

设：$\varphi_2(S_2, x_2) = x_2^2(S_3 - x_2) = S_3 x_2^2 - x_2^3$

令：$\frac{d\varphi_2}{dx_2} = 2S_3 x_2 - 3x_2^2 = 0$ 解得 $x_{21} = 0$（舍去）$x_{22} = \frac{2}{3}S_3$

因为 $\left.\frac{d^2\varphi_2}{dx_2^2}\right|_{x_{22}=\frac{2}{3}S_3} = 2S_3 - 6x_2\bigg|_{x_{22}=\frac{2}{3}S_3} = -2S_3 < 0$，所以 $\varphi_2(S_2, x_2)$ 有最大值

则有：$f_1^*(S_3) = \frac{4}{27}S_3^3 \quad x_2^* = \frac{2}{3}S_3$

(3) $K=3$ 时，

$$f_1^*(S_4) = \max_{0 \leq x_3 \leq S_4} \{d_3(S_3, x_3) f_1^*(S_3)\} = \max_{0 \leq x_3 \leq S_4} \left\{\frac{4}{27} x_3 (c-x_3)^3\right\}$$

设 $\phi_3(x_3) = x_3(c-x_3)^3$

令：$\dfrac{\mathrm{d}\phi_3}{\mathrm{d}x_3} = (c-x_3)^3 - 3x_3(c-x_3)^2 = 0$ 解得 $x_{31}=c$（舍去） $x_{32} = \dfrac{1}{4}c$

可求得：$f_1^*(S_4) = \dfrac{1}{64}c^4 \quad x_3^* = \dfrac{1}{4}c$

$f_1^*(S_3) = \dfrac{4}{27}S_3^3 = \dfrac{4}{27}\left(c-\dfrac{c}{4}\right)^3 = \dfrac{1}{16}c^3 \quad x_2^* = \dfrac{2}{3}\left(c-\dfrac{1}{4}c\right) = \dfrac{1}{2}c$

$f_1^*(S_2) = S_2 = S_3 - x_2^* = \dfrac{3}{4}c - \dfrac{1}{2}c = \dfrac{1}{4}c \quad x_1^* = \dfrac{1}{4}c$

本章主要知识点

最优化原理、阶段、决策、状态转移方程、直接效果、最佳总效果、递推方程、顺序解法、逆序解法、静态规划的动态规划解法

思 考 题

1. 什么是动态规划？它与静态规划的主要区别是什么？
2. 什么是无后效性？什么是最优化原理？
3. 什么是阶段？它是如何划分的？
4. 什么是允许决策集合？
5. 什么是 K 阶段的直接效果？一般如何表示？
6. 什么是状态转移方程？一般如何表示？
7. 什么是指标函数？什么是最优值函数？
8. 逆序解法的递推方程一般如何表示？
9. 顺序解法的递推方程一般如何表示？
10. 逆序和顺序解法，两者最优值函数的表示有何区别？

练 习 题

1. 有一部货车每天沿着公路给 4 个零售店卸下 6 箱货物，如果各零售店出售该货物所得利润如表 6-16 所示，试求在各零售店卸下几箱货物，能使获得的总利润最大？其值是多少？

2. 某公司打算向它的 3 个营业区增设 6 个商店，每个营业区至少增设 1 个，各区利润与增设的商店个数有关，其数据见表 6-17，试求利润最大时的分配方案和利润值。

表 6-16　卸货箱数与利润情况

箱数 \ 零售店	1	2	3	4
0	0	0	0	0
1	4	2	3	4
2	6	4	5	5
3	7	6	7	6
4	7	8	8	6
5	7	9	8	6
6	7	10	8	6

表 6-17　各区增设的商店数与利润间的关系

商店增加数 \ 营业区	A	B	C
0	100	200	150
1	200	210	160
2	280	220	170
3	330	225	180
4	340	230	200

3. 某工厂有 100 台机器，拟分 4 个周期使用，在每一个周期有两种生产任务。根据经验，把 x_1 台机器投入第一种生产任务，则在一个生产周期中将有 $1/3 x_1$ 台机器作废；余下的机器全部投入第二种生产任务，则有 $1/10$ 机器作废。如果干第一种生产任务每台机器可收益 10，干第二种生产任务每台机器可收益 7，问如何分配机器使总利润最大？

4. 某厂有 40 台设备准备分三个周期使用，每个生产周期均有两种生产任务。经测算，如果将 x_1 台投入到第一种生产任务，单台设备可盈利 100 万元，周期结束时会有一半的设备作废；余下的设备全部投入到第二种生产任务，单台设备可盈利 40 万元，周期结束时会有 $1/4$ 的设备作废；问应该如何分配设备在三个周期的使用才能使总利润为最大？

5. 用动态规划原理求解下列问题的最优解

(1) $\max Z = 10x_1 + 20x_2 + 5x_3$
$$\begin{cases} 2x_1 + 3x_2 + 4x_3 \leqslant 40 \\ x_1, x_2, x_3 \geqslant 0 \end{cases}$$

(2) $\max Z = x_1 x_2 x_3 x_4$
$$\begin{cases} 2x_1 + 3x_2 + x_3 + 2x_4 = 12 \\ x_1, x_2, x_3, x_4 \geqslant 0 \end{cases}$$

阅读与分析

F 农场 5 年计划的制定

位于英国的 F 农场是一个拥有 200 英亩土地的农场，现在要为未来 5 年制定生产计划：F 农场目前有 120 头母牛，其中 20 头为不到 2 岁的幼牛，100 头为产奶牛。每头幼牛需用 2/3 英亩土地供养,每头产奶牛需用 1 英亩。产奶牛平均每头每年生 1.1 头牛,其中一半为公牛,生出后不久即卖掉,平均每头卖 30 英镑。另一半为母牛,可以在生出后不久卖掉,平均每头卖 40 英镑,也可以留下饲养,养至 2 岁成为产奶牛。幼牛每年损失 5%,产奶牛每年损失 2%。产奶牛养至 12 岁就卖掉,平均每头卖 120 英镑。现有的幼牛 0 岁和 1 岁各 10 头,100 头产奶牛,从 2 岁到 11 岁,每一年龄的都有 10 头,应该卖掉的小母牛都已卖掉。现有的 20 头是要饲养成产奶牛的,一头牛所产的奶提供年收入 370 英镑。现在最多只能养 130 头牛,超过此数每多养一头,要投资 200 英镑。每头产奶牛每年消耗 0.6 吨粮食和 0.7 吨甜菜,粮食和甜菜可由农场种植出来。

每英亩产甜菜 1.5 吨,只有 80 英亩的土地适于种粮食,且产量不同,按产量可分为 4 组:第一组 20 英亩,亩产 1.1 吨;第二组 30 英亩,亩产 0.9 吨;第三组 20 英亩,亩产 0.8 吨;第四组 10 英亩,亩产 0.65 吨。从市场购粮食每吨 90 英镑,卖粮食每吨 75 英镑,买甜菜每吨 70 英镑,卖出 50 英镑。

养牛和种植所需劳动量为:每头幼牛每年 10 小时,每头产奶牛每年 42 小时,种 1 英亩粮食每年需 4 小时,种 1 英亩甜菜每年需 14 小时,其他费用:每头幼牛每年 50 英镑,每头产奶牛每年 100 英镑,种粮食每英亩每年 15 英镑,种甜菜每英亩每年 10 英镑。劳动费用现在每年为 4000 英镑,提供 5500 小时的劳动量,超过此数的劳动量每小时费用为 1.20 英镑。任何投资和支出都从 10 年期贷款得到,贷款年利率 15%,每年偿还本息总和的 1/10,10 年还清,每年的货币之差不能为负值。此外,农场主不希望产奶牛的数目在 5 年末较现在减少超过 50%,也不希望增加超过 75%。农场养牛问题是一个农场生产计划的最优化问题,投资最少收益为最大,要合理生产计划,减少不必要的成本。

问题是应如何安排未来 5 年的生产计划,使 F 农场总收益最大?

提示:对以上述叙述进行整理的结果,可参考表 6-18。

表 6-18 F 农场基本情况

	幼牛	产奶牛	备注		甜菜	粮食
年龄	0-1	2-11	各 10	适种面积	200	80
数量	20	100	不超 130	亩产量	1.5	1.1(20) 0.9(30) 0.8(20) 0.65(10)
供养土地	2/3	1		劳动量	14	4
出生量	—	1.1		其他费用	10	15
公牛价	30	—	当时卖	购买价	70	90
母牛价	40	120	酌情	卖出价	50	75
损失率%	5	2		其他情况:		
年收入		370		总劳动费用:4000 英镑		
年耗粮量		0.6		劳动量单价 1.2 英镑/h		
年耗菜量		0.7		贷款年利率 15%		
劳动量 h	10	42	总 5500	每年偿还本利和的 1/10		
其他费用	50	100		奶牛数量:−50%≤增长率≤75%		

第 7 章

图 论

图是最直接的数学语言,它将表示不同实体之间的关系通过节点、边或弧及其上的权表现出来,在自然科学和社会科学均有着十分广泛的应用。1736 年,欧拉发表了第一篇图论方面的论文,成功地解决了"哥尼斯堡七桥问题",这一成果引发了人们对图的研究,逐渐形成了图论这一学科。随着计算机技术的发展,图论有了更为长足的发展,许多典型问题在工程施工、行政管理、企业管理等方面得到了广泛地应用。

补充材料:哥尼斯堡七桥问题

18 世纪初普鲁士的哥尼斯堡,有一条名为 Pregel 河穿过,河上有两个小岛,有七座桥把两个岛与河岸联系起来(如图 7-1)。有个人提出一个问题:一个步行者怎样才能不重复、不遗漏地一次走完七座桥,最后回到出发点。

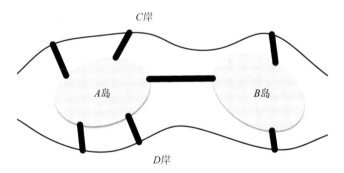

图 7-1 哥尼斯堡七桥问题

问题提出后,很多人对此很感兴趣,纷纷进行试验,但在相当长的时间里,始终未能解决。而利用普通数学知识,每座桥均走一次,那这七座桥所有的走法一共有 5040 种,而这么多情况,要一一试验,这将会是很大的工作量。但怎么才能找到成功走过每座桥而不重复的路线呢?因而形成了著名的"哥尼斯堡七桥问题"。

1735 年,有几名大学生写信给当时正在俄罗斯的彼得斯堡科学院任职的天才数学家欧拉,请他帮忙解决这一问题。欧拉在亲自观察了哥尼斯堡七桥后,认真思考走法,但始终没能成功,于是他怀疑七桥问题是不是原本就无解呢?1736 年,在经过一年的研究之后,29 岁的欧拉提交了《哥尼斯堡七桥》的论文,圆满解决了这一问题,同时开创了数学新一分支——图论。在论文中,欧拉将七桥问题抽象出来,把每一块陆地考虑成一个点,连接两块陆地的桥以线表示,并由此得到了如图 7-2 的几何图形。

这样著名的"七桥问题"便转化为是否能够用一笔不重复地画出过此七条线的问题

了。若可以画出来,则图形中必有终点和起点,并且起点和终点应该是同一点,根据对称性可知,由 B 或 C 为起点得到的效果是一样的,若假设以 A 为起点和终点,则必有一离开线和对应的进入线,若定义进入 A 的线的条数为入度,离开线的条数为出度,与 A 有关的线的条数为 A 的度,则 A 的出度和入度是相等的,即 A 的度应该为偶数。即要使得从 A 出发有解则 A 的

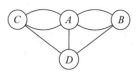

图 7-2 七桥问题对应的一笔画问题

度数应该为偶数,而实际上 A 的度数是 5 为奇数,于是可知从 A 出发是无解的。同时若从 B 或 D 出发,由于 B、D 的度数都是 3,均为奇数,即以之为起点都是无解的。

7.1 图的基本概念

7.1.1 有向图

在日常生产和生活中,人们经常用点和线来表示一些关系。比如在消费品的分销渠道中,三层渠道可表示为图 7-3 的形式。在图 7-3 中商品所有权的转移过程,不同中间商取得或转移所有权的路径即可用上半部分所示图形表示,也可用下半部分的图形表示。由于所有权的转移是单向的,通常可以用带箭头的线来表示转移的方向。图 7-3 中,商品的所有权依次由 v_1 转移到了 v_5,而没有逆向转移或跳级转移的现象。

类似于图 7-3 这样有方向的图就是有向图。**有向图**是由点集和弧集构成的。点通常可以有不同的含义,如图 7-3 中的中间商,或者交通网络中的站点、联赛中的球队等。弧通常表示不同点之间的有向联系,如图 7-3 中的商品所有权的转移,或者交通网络中不同站点货物流动方向、联赛中球队之间的输赢关系等。若用 v_i 表示图中的第 i 个点,则图中所有点的集合为 $V=\{v_1,v_2,\cdots,v_n\}$。图中带箭头的线称为弧,用 $a_{ij}=(v_i,v_j)$ 表示由点 v_i 指向点 v_j 的弧,所有弧的集合由 $A=\{a_{ij}\}$ 表示。这样一个有向图可定义为一个由点和弧构成的图,表示为 $D=(V,A)$。

很多问题可以用有向图来描述,比如输油网、供电网,油和电的流动是有方向性的,而有些问题虽然并不存在转移或流动,但可能存在限制、约束、胜负、强弱等关系,这时也可以用有向图来表示,比如有五支球队循环比赛,既表示是否已经比赛过,又表示胜负情况时,便可有类似图 7-4 的表示方法。若在图 7-4 中以箭尾节点为胜方,则图 7-4 和表 7-1 表示了同样的内容。

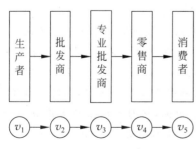

图 7-3 分销渠道及其有向图

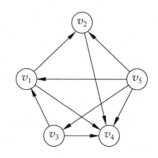

图 7-4 五支球队的比赛情况

表 7-1 五支球队的比赛情况

球队	比赛场次	胜场数	负场数	总积分
v_1	4	2	2	6
v_2	3	1	2	3
v_3	3	2	1	6
v_4	4	0	4	0
v_5	4	4	0	12

7.1.2 无向图

有向图的点之间具有先后或制约关系,但在现实生活中很多对象间关系具有"对称性",比如甲和乙是同学关系,那么乙和甲也一定是同学关系;A 地到 B 地可以有铁路,那么 B 地到 A 地也有铁路,等等。如果用有向图表示,各点之间就要用双向的弧表示。实际上,图论中并没有双向的弧,只要用一条没有箭头的线表示就可以了,没有箭头的线称为边,常用 e_{ij} 表示,边等价于双向的弧,所有边的集合用 E 表示。如果一个图由点和边构成,那么这个图就称为**无向图**,即相当于双向的有向图,表示为 $G=(V,E)$。其中 V,E 分别为点集和边集,即是图中任意一点 $v_i \in V$,任意边 $e_{ij} \in E$。连接点 v_i 和 v_j 的边 e_{ij} 也可表示为 $[v_i,v_j]$ 或 $[v_j,v_i]$。下面结合图 7-5 介绍与图有关的基本概念。

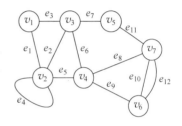

图 7-5 无向图

图 7-5 为一无向图,可以表示为 $G=(V,E)$,其中 $V=\{v_1,v_2,\cdots,v_7\}$,$E=\{e_1,e_2,\cdots,e_{12}\}$,其中

$e_1 = [v_1,v_2]$ 或 $[v_2,v_1]$, $e_2 = [v_2,v_3]$ 或 $[v_3,v_2]$
$e_3 = [v_1,v_3]$ 或 $[v_3,v_1]$, $e_4 = [v_2,v_2]$
$e_5 = [v_2,v_4]$ 或 $[v_4,v_2]$, $e_6 = [v_3,v_4]$ 或 $[v_4,v_3]$
$e_7 = [v_3,v_5]$ 或 $[v_5,v_3]$, $e_8 = [v_4,v_7]$ 或 $[v_7,v_4]$
$e_9 = [v_4,v_6]$ 或 $[v_6,v_4]$, $e_{10} = [v_6,v_7]$ 或 $[v_7,v_6]$
$e_{11} = [v_5,v_7]$ 或 $[v_7,v_5]$, $e_{12} = [v_6,v_7]$ 或 $[v_7,v_6]$

通常,在图 $D=(V,A)$ 或 $G=(V,E)$ 中,点的个数用 p 表示,弧或边的条数用 q 表示。若 $e=[u,v] \in E$,则称 u,v 是**相邻的**,称 u,v 为 e 的端点,e 称为 u,v 的**关联边**。若图 G 中的某条边 e 的端点相同,则称 e 为**环**,如图 7-5 中的 e_4。如 u,v 之间多于一条边,则称这些边为**多重边**,如图 7-5 中的 e_{10} 和 e_{12}。一个无环无多重边的图称为**简单图**,一个无环但允许多重边的图称为**多重图**。

以 v 为端点的边的条数称为点 v 的**次**,记为 $d(v)$,环在计算次时算作 2 次。次为偶(奇)数的点称为**偶(奇)点**。如图 7-5 中,v_2 和 v_6 为奇点,其余点为偶点。次为 1 的点称为悬挂点,悬挂点关联的边为悬挂边,次为 0 的点为孤立点。

在一个无向图 $G=(V,E)$ 中,如果存在一个点、边交错的序列

$$v_{i_1}, e_{i_1}, v_{i_2}, e_{i_2}, \cdots, v_{i_{k-1}}, e_{i_{k-1}}, v_{i_k}$$

满足 $v_{i_t} = [v_{i_t}, v_{i_{t+1}}] (t=1,2,\cdots,k-1)$，则称为一条连接 v_{i_1} 和 v_{i_k} 的**链**，记为 $(v_{i_1}, v_{i_2}, \cdots, v_{i_k})$，有时将 v_{i_1} 和 v_{i_k} 称为链的两个端点，其余点称为链的中间点。链实际上提供了点 v_{i_1} 和 v_{i_k} 之间的一条通路。链 $(v_{i_1}, v_{i_2}, \cdots, v_{i_k})$ 中如果存在 $v_{i_1} = v_{i_k}$，则称之为一个**圈**。若链 $(v_{i_1}, v_{i_2}, \cdots, v_{i_k})$ 中所有的点都不同，则它为一个**初等链**；若圈中除开始点和结束点之外所有的点都不同，则它为**初等圈**；若链(圈)中所有边都不同，则称之为**简单链**(**圈**)。

在一个无向图 $G=(V,E)$ 中，若任意两点之间都至少存在一条链，则称 G 是**连通图**，否则称为**不连通图**。若 G 是不连通图，它的每个连通的部分称为 G 的一个**连通分图**。如图 7-6 为一不连通图，它有两个连通分图。

给定一个图 $G=(V,E)$，若图 $G''=(V,E')$，且存在 $E' \in E$，则称 G'' 为 G 的一个**支撑子图**。即支撑子图相对于原图而言是点都在，但边不一定全。如图 7-7 中，(a)为原图，(b)、(c)和(d)都是它的支撑子图。显然，一个图的支撑子图是不唯一的。

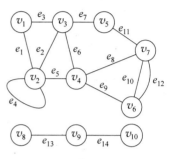

图 7-6 不连通图与连通分图

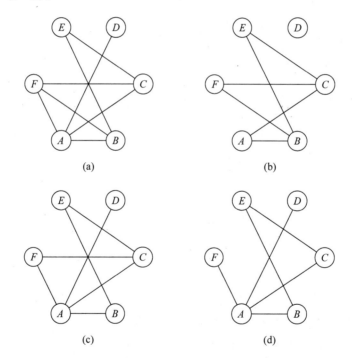

图 7-7 支撑子图

对于一个既定的有向图 $D=(V,A)$，如果去掉所有弧的方向相应地得到一个无向图，一般将这个无向图称为 D 的**基础图**，记为 $G(D)$。若 $a=(v_i,v_j) \in A$，称 v_i 为 a 的**始点**，称 v_j 为 a 的**终点**，称弧 a 是从 v_i 指向 v_j 的。设

$$(v_{i_1}, a_{i_1}, v_{i_2}, a_{i_2}, \cdots, v_{i_{k-1}}, a_{i_{k-1}}, v_{i_k})$$

是 D 中一个点弧交错的序列,且这个序列在其基础图 $G(D)$ 中所对应的点边序列是一条链,则称这个点弧交错序列是 D 的一条链,类似可以定义圈和初等链(圈)。如果

$$(v_{i_1}, a_{i_1}, v_{i_2}, a_{i_2}, \cdots, v_{i_{k-1}}, a_{i_{k-1}}, v_{i_k})$$

是 D 中的一条链,并且对 $t=1,2,\cdots,k-1$ 均有 $a_{i_t}=(v_{i_t}, v_{i_{t+1}})$,则称之为从 v_{i_1} 到 v_{i_k} 的一条**路**,若路的第一个点和最后一个点相同,则称之为**回路**。类似可以定义初等路、简单有向图、多重有向图等。

7.1.3 图的基本性质

下面两个定理是关于图的两条基本性质。

定理 7-1 图 $G=(V,E)$ 中,所有点的次之和是边数的两倍,即

$$\sum_{i=1}^{p} d(v_i) = 2q$$

其中,p 为图所包含的点数,q 为图所包含的边数,$d(v_i)$ 为点 v_i 的次。

证明:因为每条边有两个端点,在每个端点计次时,这条边都要被计入,所以每条边均被计算了两次,或说各个点在计次时每条边被它的端点各用了一次,所以必有所有点的次之和是边数的两倍。

定理 7-2 任意一个图中,奇点的个数为偶数。

证明:设 V_1 和 V_2 分别是图 $G=(V,E)$ 中偶点与奇点的集合,由定理 7-1 可知,

$$\sum_{v \in V} d(v) = 2q \tag{7-1}$$

因为图中点要么是奇点要么是偶点(孤点的次为 0 不考虑),所以式(7-1)也可以写成

$$\sum_{v \in V_1} d(v) + \sum_{v \in V_2} d(v) = 2q \tag{7-2}$$

式(7-2)中,右边为偶数,则等式左边也一定为偶数。一个图中无论偶点的个数为多少个,其总次必为偶数,即 $\sum_{v \in V_1} d(v)$ 一定为偶数,那么 $\sum_{v \in V_2} d(v)$ 也必然为偶数。又因为 V_2 为奇点的集合,只有偶数个奇数的和才能是偶数,所以必有奇点的个数为偶数的结论。

7.2 树与最支撑小树

无圈的连通图称为树。树形图在现实中较为常见,比如图 7-8 所示的直线制组织机构图就可以用图 7-9 所示的树来表示。

树在现实生活中还是一个非常有用的概念。比如某企业要实现总公司和 5 个分公司以及 5 个分公司之间的物资调运,要求总公司与各分公司之间以及各分公司之间都实现物资调运,则构建如图 7-10 所示的运输网络。

然而实际上,建立这样的运输网络几乎是没有必要的。如果仅要求总公司与分公司以及各分公司之间能够联络,那么最简单和最节约的方式就是从图 7-10 上找出树形图,见图 7-11 至图 7-14。

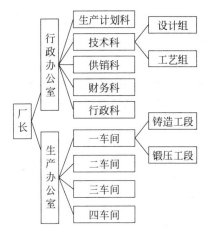
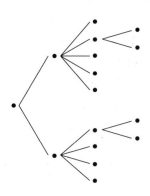

图 7-8 某企业的组织机构　　　　图 7-9 树

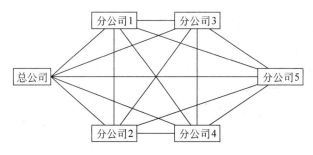

图 7-10 总公司与分公司间的运输网络

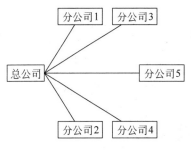
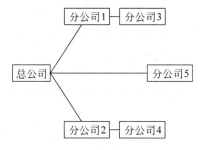

图 7-11 可能的运输网络 1　　　　图 7-12 可能的运输网络 2

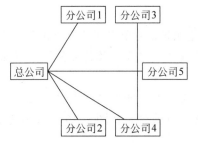
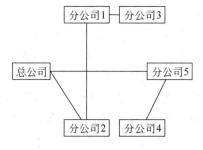

图 7-13 可能的运输网络 3　　　　图 7-14 可能的运输网络 4

显然除了图 7-11 至图 7-14 所示的运输方式以外,还有很多种运输方式,而无论哪种运输方式只要设定 5 条线就可以了,而增加任何其他的线路都是毫无意义的。即一个树图满足如下的一些基本性质。

定理 7-3 设图 $G=(V,E)$ 是一个树,$p(G)\geqslant 2$,则 G 中至少有两个悬挂点。

定理 7-4 图 $G=(V,E)$ 是一个树的充分必要条件是 G 中没有圈,且恰有 $p-1$ 条边。

定理 7-5 图 $G=(V,E)$ 是一个树的充分必要条件是 G 是连通图,且 $q=p-1$。

定理 7-6 图 $G=(V,E)$ 是一个树的充分必要条件是 G 中任意两点之间恰有一条链。

由上述定理很容易推出下面的结论:

(1) 从一个树上去掉任意一条边,则剩下的图是不连通图;

(2) 在树中不相邻的两点间增加一条边,则恰好得到一个圈;而从这个圈上任意去掉一条边则又得到一个树。

7.2.1 图的支撑树

设图 $T=(V,E')$ 是图 $G=(V,E)$ 的支撑子图,如果图 $T=(V,E')$ 是一个树,则称 T 是 G 的**支撑树**。由此定义不难得出,图 7-11 至图 7-14 都是图 7-10 的支撑树。若 T 是 G 的支撑树,则树中边的个数为 $q(T)=p-1$,G 中不属于树的边数为 $q(G)-p+1$。

定理 7-7 图 $G=(V,E)$ 有支撑树的必要条件是 G 是连通的。

根据树的概念和性质,容易想到寻找支撑树的方法,常用的方法有破圈法和避圈法。

1. 破圈法

破圈法的基本原理和步骤是:在图中任取一个圈,从中去掉一条边;再在剩余的图形中任取一个圈,从中去掉一条边;重复上述步骤,直到图中不再包含圈为止,即得到原图一个支撑树。

例 7-1 用破圈法示图 7-15 的支撑树。

解:求解过程如图 7-16 所示。

2. 避圈法

避圈法的基本原理和步骤是:在图中任意取一条边,再取另外一条边与已经选出的边不构成圈;再取一条边与已经选出的两条边不构成圈;再取一条边与已经选出的三条边不构成圈;……,直到过程不能进行下去为止。

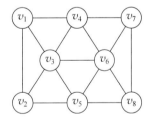

图 7-15 某无向图

例 7-2 用避圈法求图 7-15 的支撑树。

解:求解过程如图 7-17 所示。

由求解过程可见,一个图的支撑树通常不唯一。

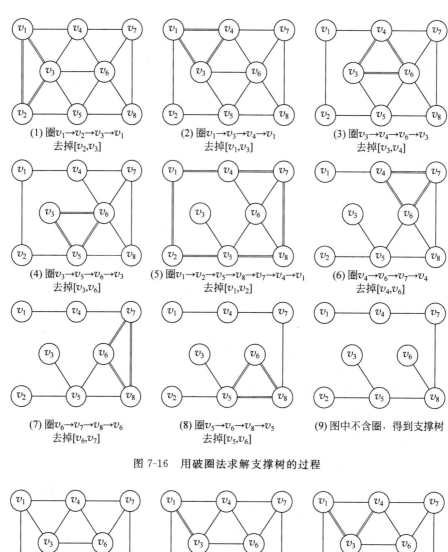

图 7-16 用破圈法求解支撑树的过程

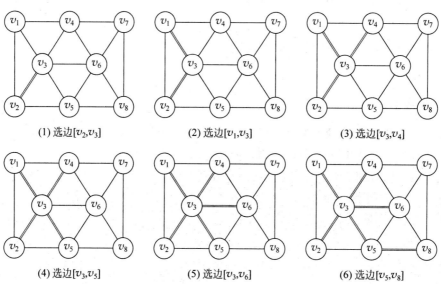

图 7-17 用避圈法求解支撑树的过程

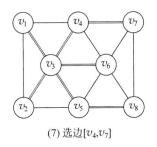
(7) 选边$[v_4,v_7]$

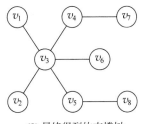
(8) 最终得到的支撑树

图 7-17 （续）

7.2.2 最小支撑树

设图 $G=(V,E)$ 的每一条边 $[v_i,v_j]$ 上有一个权 w_{ij}，则称这样的图为 $G=(V,E)$ 的**赋权图**，w_{ij} 为边 $[v_i,v_j]$ 上的权。权对于不同的问题可能会有不同的含义，它可以用于表示任何有实际意义的量。赋权图相对于无向图而言其表达的含义更多，它不仅表示点之间的邻接关系，而且也表示点之间的数量关系。

赋权图可以利用图形方式直接体现，只须在每条边上注上其权即可。但对于一些复杂的图形，或者为了计算与分析的便利，有时也使用**边权矩阵**的方式来描述。如图 7-18 所示的赋权图，也可以用式 (7-3) 的边权矩阵进行描述。

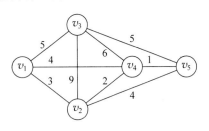

图 7-18 边权矩阵对应图

$$\begin{array}{c} \quad\; v_1 \; v_2 \; v_3 \; v_4 \; v_5 \\ \begin{array}{c} v_1 \\ v_2 \\ v_3 \\ v_4 \\ v_5 \end{array} \left[\begin{array}{ccccc} 0 & 3 & 5 & 4 & \infty \\ 3 & 0 & 9 & 2 & 4 \\ 5 & 9 & 0 & 6 & 5 \\ 4 & 2 & 6 & 0 & 1 \\ \infty & 4 & 5 & 1 & 0 \end{array} \right] \end{array} \tag{7-3}$$

注意，无向赋权图的边权矩阵是对称的，而有向赋权图的边权矩阵一般是不对称的。

设连通图 $G=(V,E)$ 中每一条边上有一个非负的权 w_{ij}，如果 $T=(V,E')$ 是 $G=(V,E)$ 的一个支撑树，则树 $T=(V,E')$ 的权 $w(T)$ 定义为

$$w(T) = \sum_{[v_i,v_j] \in T} w_{ij} \tag{7-4}$$

即树 $T=(V,E')$ 的权为该树上所有边的权之和。求

$$w(T^*) = \min_{T \in G} \sum_{[v_i,v_j] \in T} w_{ij} = \min_T \sum w(T) \tag{7-5}$$

的问题称为**最小支撑树问题**。

求解图的最小支撑树问题可以借鉴前述支撑树的求解方法，只是在每个步骤中考虑进去最小支撑树的约束即可。由于假设所有权都是非负的，而支撑树的权是边的权之和，所以在避圈法中选边时只需每次都保证选出权最小的边，而在破圈法中每次只需去掉圈

最大权边即可。

例 7-3 （最小支撑树）用避圈法和破圈法求图 7-18 的最小支撑树。

解：首先用避圈法求解。在原图中，边 $[v_4,v_5]$ 的权 $w_{45}=1$ 为最小，所以首先取出边 $[v_4,v_5]$。在余下的图中，最小权边为 $[v_2,v_4]$，且与现取出的边不构成圈，所以取出边 $[v_2,v_4]$。接下来，余下的图中，最小权边为 $[v_1,v_2]$，且与现取出的边不构成圈，所以取出边 $[v_1,v_2]$。在余下的图中，最小权边为 $[v_1,v_4]$ 和 $[v_2,v_5]$，但它们都与现取出的边构成圈，所以删除这两条边。在余下的图中，最小权边为 $[v_1,v_3]$ 和 $[v_3,v_5]$，且它们与现取出的边均不构成圈，所以任取一条边，如 $[v_1,v_3]$。由于现已取出 $5-1=4$ 条边，所以得到了原图的最小支撑树，如图 7-19 所示，$w(T)=11$。

接下来使用避圈法求解。首先在原图中寻找最大权的边为 $[v_2,v_3]$，它在某个圈中，所以去掉该边。在余下图中，最大权边为 $[v_3,v_4]$，也在某个圈中，所以去掉该边。在余下图中，最大权边为 $[v_1,v_3]$ 和 $[v_3,v_5]$，任选一条如 $[v_1,v_3]$，在某个圈中，所以去掉该边。在余下的图中，最大权边为 $[v_3,v_5]$，不在任何一个圈中，所以保留该边。余下的图中，最大权边为 $[v_1,v_4]$ 和 $[v_2,v_5]$，任选一条如 $[v_1,v_4]$，它在某个圈中所以去掉该边。在余下的图中，最大权边为 $[v_2,v_5]$，所以去掉这条边。至此，已经去掉了 $9-5+1=5$ 条边，所以得到了原图的最小支撑树，如图 7-20 所示，$w(T)=11$。

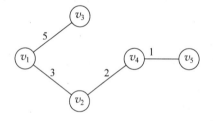

图 7-19 图的最小支撑树（避圈法）

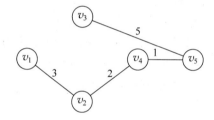

图 7-20 图的最小支撑树（破圈法）

另外一种求解最小支撑树的方法是直接利用边权矩阵进行，称为 Prim 算法。其基本思路是从某一点（如 v_1）开始，逐步生成最小支撑树。该方法的基本步骤为：

(1) 写出边权矩阵，两点间若没有边，则用 ∞ 表示；

(2) 从 v_1 开始标记，在第 1 行打 √（从 v_1 出发），划去第 1 列（保证不再回到 v_1，避免形成圈）；

(3) 从所有打 √ 的行中找出尚未划掉的最小元素，对该元素画圈，划掉该元素所在列，与该列数对应的行打 √；

(4) 若所有列都划掉，则已找到最小支撑树（所有画圈元素所对应的边）；否则，返回第(3)步。

例 7-4 （Prim 法）利用 Prim 法求解图 7-18 的最小支撑树。

解：

第 1 步：写出边权矩阵。

	v_1	v_2	v_3	v_4	v_5
v_1	—	3	5	4	∞
v_2	3	—	9	2	4
v_3	5	9	—	6	5
v_4	4	2	6	—	1
v_5	∞	4	5	1	—

第 2 步：对第 1 行打√，划去第 1 列。

	v_1	v_2	v_3	v_4	v_5	
v_1	—	3	5	4	∞	√
v_2	3	—	9	2	4	
v_3	5	9	—	6	5	
v_4	4	2	6	—	1	
v_5	∞	4	5	1	—	

第 3 步：第 1 行中未被划掉的最小元素为 3，对其画圈，同时划去第 2 列，对第 2 行打√。

	v_1	v_2	v_3	v_4	v_5	
v_1	—	③	5	4	∞	√
v_2	3	—	9	2	4	√
v_3	5	9	—	6	5	
v_4	4	2	6	—	1	
v_5	∞	4	5	1	—	

第 4 步：第 1、2 行中未被划掉的最小元素为 2，对其画圈，同时划去第 4 列，对第 4 行打√。

	v_1	v_2	v_3	v_4	v_5	
v_1	—	③	5	4	∞	√
v_2	3	—	9	②	4	√
v_3	5	9	—	6	5	
v_4	4	2	6	—	1	√
v_5	∞	4	5	1	—	

第 5 步：打√行中未被划掉的最小元素 1，对其画圈，同时划去第 5 列，对第 5 行打√。

	v_1	v_2	v_3	v_4	v_5	
v_1	—	③	5	4	∞	√
v_2	3	—	9	②	4	√
v_3	5	9	—	6	5	
v_4	4	2	6	—	①	√
v_5	∞	4	5	1	—	√

第6步：打√行中未被划掉的最小元素为5，对其画圈，同时划去第3列，对第3行打√。

	v_1	v_2	v_3	v_4	v_5	
v_1	—	③	⑤	4	∞	√
v_2	3	—	9	②	4	√
v_3	5	9	—	6	5	√
v_4	4	2	6	—	①	√
v_5	∞	4	5	1	—	√

至此，找到问题的最小支撑树，所有带圈数字对应的边即为最小支撑树，即包括边：$[v_1,v_2]$、$[v_1,v_3]$、$[v_2,v_4]$、$[v_4,v_5]$四条边，最小支撑树的权为$w(T)=11$。

补充材料：农田灌溉问题

某农业生态园项目利用垦荒土地建设的果园、农田等生产经济作物，获取收益。由于地理条件的约束和限制，生态园区的果园、农田及水源分布如图7-21所示。

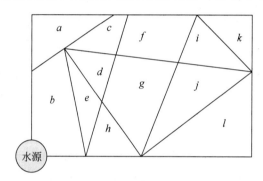

图7-21 某农庄的农田及水源

现在需要对生态园的作物进行灌溉，将挖开不同区域之间的堤埂。那么，生态园管理方应至少挖开多少条堤埂？挖开哪些堤埂？再则，如果挖开每条堤埂的成本（或时间）花费不同，如何使得实现灌溉的总成本（或总时间）最少呢？

为了合理地分析上述问题，我们可将这一现实问题转化为图论问题。我们知道，要实现灌溉的目的必须要使得水从水源地流到每一块地，即水源与各块地之间要连通。此外，还要求挖开堤埂的数量最少。一个连通图且要求边数最少，那么这个图必须是树。所以，上述问题可以转化为求图的支撑树问题。为了实现这一目的，首先将生态园中的每块地及水源地均看作图中的点。然后，如果两块地相邻，则用一条边将它们相连。这样可以得到如图7-22所示的一个无向图。

利用图的支撑树求法，容易得到上图的一个支撑树，如图7-23所示。图中的这些边即为需要挖开的堤埂。

进一步如果知道挖开每堤埂的成本，即可将图7-22转化为一个赋权图，进而使用最小支撑树的求法得到成本最低的灌溉方案。

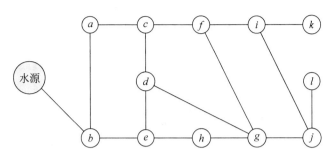

图 7-22　某农庄的农田灌溉问题

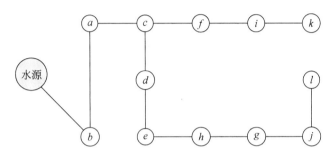

图 7-23　某农庄的农田灌溉方案

7.3　最短路问题

7.3.1　问题的提出

最短路问题最早是用于探讨在一个交通网中,从某点出发到达指定的点,如何选择行走路线以使总的路长为最短。类似的有时间最短、费用最低、所耗资源最少等在网络中求最小值的优化问题,都可视为最短路问题。

例 7-5　某单行线交通网的分布及各段路程长度如图 7-24 所示,试求从 v_s 点到 v_t 点的最短路。

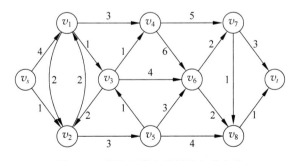

图 7-24　某单行线交通网及各段路长

由图 7-24 可以看出,从 v_s 点到 v_t 点有若干种走法,不同的行走路线其总路长不相同,现在的问题是应该如何行走才能使所走的总路程为最短。

此例可以引出一般的最短路问题。设一个有向图 $D=(V,A)$，其各段弧上都有一个权 $w_{ij}(\geqslant 0)$。又给定图中的两个顶点 v_s 和 v_t，设 P 是由 v_s 点到 v_t 点的一条路，其权为路上各段弧的权之和，记为 $w(P)$。最短路问题就是要从所有由 v_s 点到 v_t 点的路中选择出权最小的路，即至少得到一条路 P_0，使 $w(P_0)=\min\limits_{P[v_s\to v_t]} w(P)$。

将从 v_s 点到 v_t 点的所有路中最短的路长称为 v_s 点到 v_t 点的距离，记为 $d(v_s,v_t)$，由于讨论的是有向图情况，显然 $d(v_s,v_t)$ 与 $d(v_t,v_s)$ 不一定相等。

最短路问题在实际管理中可以得到广泛的应用，比如在管道铺设、线路安排、经费使用、资源配置、工作安排等很多方面都可能有其应用价值。

7.3.2　无负权图最短路求法

补充材料：Dijkstra 算法诞生

20 世纪 30 年代，旅行商问题(travelling salesman problem，TSP)正式载入史册。

"有一个旅行商人要拜访 n 个城市，每个城市只能拜访一次，而且最后要回到原来出发的城市。这位商人如何设计拜访顺序，使走过的路径最短？"

事实上，TSP 问题历史悠久，最早的描述来自 18 世纪的"骑士环游问题"(knights moves)。虽然已经诞生了非常多的启发式算法和精确解法，但一直没有出现能够解决旅行商问题的有效算法。旅行商问题的难度非常大，但是科学家们对它热情不减，希望能找到更加高效的算法。从诞生至今，它一直是优化领域最经常研究的问题之一。

直到 1956 年，Dijkstra 算法的诞生改变了这个局面，这一算法以其发明者 Edsger Wybe Dijkstra 而命名的。Dijkstra 是荷兰最早的程序员，他提出了 Goto 有害论(Goto Statement Considered Harmful)，认为只用三种基本控制结构可以写各种程序(即顺序结构、条件结构、循环结构)。这是结构化设计运动的开始，为全世界的程序员指明了方向。

1952 年，Dijkstra 刚完成学士学位，参加了剑桥大学开设的一个课程。在他的课程导师，也是著名的英国计算机科学家威尔克斯(Maurice Vincent Wilkes)推荐下，Dijkstra 来到了荷兰国家数学研究中心(Mathmetical Centre)。在荷兰数学家阿德里安·范韦恩哈登(Aad van Wijngaarden)领导下开始了编程生涯，参与了新计算机的程序研发，包括 ARRAI、ARRAII 和 ARMAC，开始研发荷兰第一批计算机。1956 年，新计算机 ARMAC 已经研制完成，为了方便向媒体和公众展示 ARMAC 的计算能力，Dijkstra 需要想出一个可以让不懂数学的媒体和公众理解的问题，来验证这台计算机的实力。Dijkstra 思考许久，始终没有一个合适的答案。

在一个阳光明媚的下午，Dijkstra 和未婚妻在一家咖啡馆的阳台上喝咖啡，他习惯性地思考这个问题。而此时 Dijkstra 的未婚妻并没有察觉呆呆的 Dijkstra，一个劲地跟 Dijkstra 聊起准备出门去另一座城市拜访贵族的事情。Dijkstra 突然间灵光一闪，如果让计算机演示如何计算荷兰两个城市间的最短路径，这样问题和答案都容易被人理解。Dijkstra 也不管未婚妻的询问，沐浴在暖和的阳光下，埋头想着自己的问题，终于在 20 分钟内想出了一个简洁且高效计算最短路径的方法，也就是我们所熟知的 Dijkstra 算法。

但当时没有任何一个期刊关注这一领域,于是 Dijkstra 没有马上发表。直到 3 年后的 1959 年,这个算法才正式发表在 Numerische Mathematik 创刊号上。1972 年他获得了图灵奖(图灵奖素有计算机界的诺贝尔奖之称),获奖原因之一就是因为他提出了 Dijkstra 算法。

事实上,Dijkstra 算法思想非常简洁。Dijkstra 算法对图中的顶点分成两类,一类是已经求出最短路径的顶点集合,用 P 表示,初始时在 P 中只有出发点;另一类是其余为未确定最短路径的顶点集合,用 T 表示。Dijkstra 算法不断在 T 中挑出与出发点距离最短的顶点,加入 P 中。同时每挑出一个顶点,则利用这个顶点的信息更新 T 中所有顶点与源点的距离数值。

这种算法有种贪婪算法的意味:总是做出在当前看来最好的选择,看似不从整体的角度上考虑,不可能得到最优解。实际上,Dijkstra 算法能够得到最优解,其正确性已被确认,兼具快速和最优的特性。Dijkstra 算法之所以能做到简洁,还有一个重要原因是 Dijkstra 当时在咖啡馆里没有纸和笔,这强迫他在思考时避免复杂度,尽可能追求简单。

尽管后来有很多新的算法诞生,比如 Floyd 和 SFPA 算法,但是 Dijkstra 算法因其性能的稳定性,依然在现代得到广泛应用,如网络路由、GPS 导航等。

求最短路问题的基本思想是:如果 P 是有向图 D 中由 v_s 到 v_t 的最短路,那么从 P 上的任意一点 v_i 到 v_t 的路就一定是最短的。根据这种思想 Dijkstra 于 1959 年提出了求解最短路问题的算法,该算法的前提条件是 $w_{ij} \geqslant 0$。

为了便于理解,此处利用 Dijkstra 方法的基本原理。Dijkstra 方法是采用标号的方法,给每一个点都标上号,这些标号或者表示由 v_s 到该点的最短路,或者表示由 v_s 到该点最短路的上界。如果能够判断由 v_s 到 v_i 点是最短路,则给 v_i 点标上永久性编号,也称为 P 标号;如果不能判断由 v_s 到 v_i 点是最短路,则给 v_i 点标上一个临时性标号,也称 T 标号。标号的标注方法很简单,在各点没有 T 标号之前,可以认为由 v_s 到 v_i 点的最短路的上界很大,即是 $+\infty$,而当找到任意一条由 v_s 到 v_i 点的路时,那么最短路的权就不会超过该路的权,这样就可以给 v_i 点标上一个临时性标号 $T(v_i)$。以后的过程是继续寻找其他的由 v_s 到 v_i 的路,如果新找到的路长 $T'(v_i)$ 大于 $T(v_i)$,则 v_i 点的标号仍为 $T(v_i)$;否则,则将 v_i 点的标号修改为 $T'(vi)$,即由 v_s 到 v_i 的最短路不会大于 $T'(v_i)$。如果能够判断由 v_s 到 v_i 的最短距离是 $T'(v_i)$,就将 $T'(v_i)$ 改成永久性标号 $P(v_i)$。显然,如果每个点都有了 P 标号,那么就找到了由 v_s 到各点的最短路。

可将 Dijkstra 标号法求网络的最短路的过程总结如下:

(1) 给 v_s 以 P 标号 0,其他点给 T 标号 M;

(2) 从刚得到 P 标号的点(v_k)出发,按下式修改与其相邻的所有具有 T 标号的点的标号:

$$\min\{T(v_j), P(v_k) + w_{kj}\}$$

(3) 从所有具有 T 标号点中选取一个最小值,将其改为 P 标号,然后重复步骤(2),直至所有点都得到 P 标号。

下面利用例 7-5 说明最短路的求法。

第 1 步：给 v_s 标 P 标号 0，其余点标 T 标号 M（图中方框数字为永久标号，无圈数字为临时标号），如图 7-25 所示。

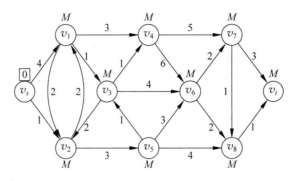

图 7-25 第 1 步

第 2 步：从 v_s 出发修改与其相邻的具有 T 标号的点 v_1 和 v_2，如图 7-26 所示。

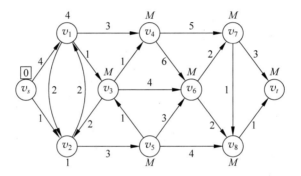

图 7-26 第 2 步

v_1 的标号为
$$T(v_1) = \min\{T(v_1), P(v_s) + w_{s1}\} = \min\{M, 0+4\} = 4$$
v_2 的标号为
$$T(v_2) = \min\{T(v_2), P(v_s) + w_{s2}\} = \min\{M, 0+1\} = 1$$

第 3 步：在所有 T 标号的点，将具有最小标号的点（v_2）变为永久标号，如图 7-27 所示。

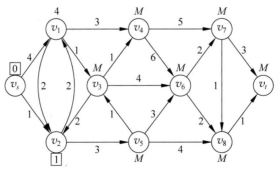

图 7-27 第 3 步

第 4 步：从刚得到 P 标号的点 v_2 出发修改与其相邻的具有 T 标号的点 v_1 和 v_5，如图 7-28 所示。

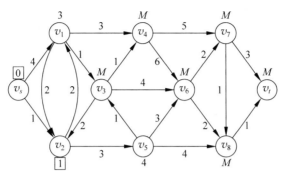

图 7-28　第 4 步

v_1 的标号为
$$T(v_1) = \min\{T(v_1), P(v_2) + w_{21}\} = \min\{4, 1+2\} = 3$$
v_5 的标号为
$$T(v_5) = \min\{T(v_5), P(v_2) + w_{25}\} = \min\{M, 1+3\} = 4$$

第 5 步：在所有 T 标号中选取最小的标号点 (v_1)，将其变为 P 标号点，如图 7-29 所示。

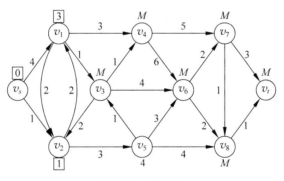

图 7-29　第 5 步

第 6 步：从新得到 P 标号的点 v_1 出发修改与其相邻的 T 标号点 v_3 和 v_4，如图 7-30 所示。

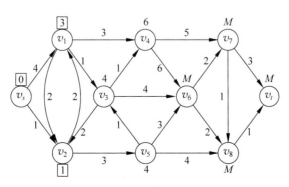

图 7-30　第 6 步

v_3 的标号为

$$T(v_3) = \min\{T(v_3), P(v_1) + w_{13}\} = \min\{M, 3+1\} = 4$$

v_4 的标号为

$$T(v_4) = \min\{T(v_4), P(v_1) + w_{14}\} = \min\{M, 3+3\} = 6$$

第 7 步：在所有 T 标号点中，将标号最小的点 v_3 变为 P 标号点，如图 7-31 所示。

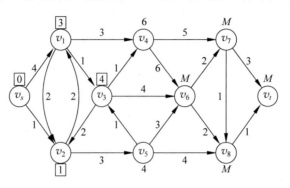

图 7-31　第 7 步

第 8 步：从新得到 P 标号的点 v_3 出发修改与其相邻的 T 标号点 v_4 和 v_6，如图 7-32 所示。

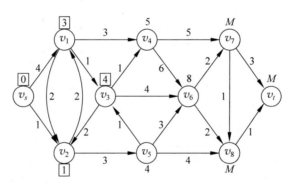

图 7-32　第 8 步

v_4 的标号为

$$T(v_4) = \min\{T(v_4), P(v_3) + w_{34}\} = \min\{6, 4+1\} = 5$$

v_6 的标号为

$$T(v_6) = \min\{T(v_6), P(v_3) + w_{36}\} = \min\{M, 4+4\} = 8$$

第 9 步：在所有 T 标号点中，将具有最小标号的点 v_5 变为 P 标号点，如图 7-33 所示。

第 10 步：从新得到 P 标号的点 v_5 出发修改与其相邻的 T 标号点 v_6 和 v_8，如图 7-34 所示。

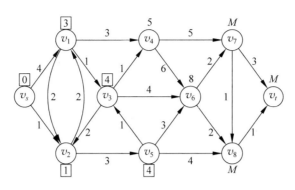

图 7-33　第 9 步

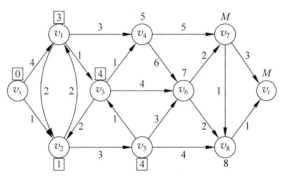

图 7-34　第 10 步

v_6 的标号为

$$T(v_6) = \min\{T(v_6), P(v_5) + w_{56}\} = \min\{8, 4+3\} = 7$$

v_8 的标号为

$$T(v_8) = \min\{T(v_8), P(v_5) + w_{58}\} = \min\{M, 4+4\} = 8$$

第 11 步：在所有 T 标号点中将标号最小的点 v_4 变为 P 标号点，如图 7-35 所示。

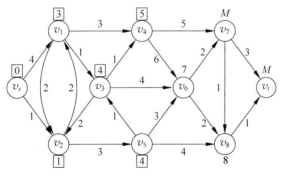

图 7-35　第 11 步

第 12 步：从新得到 P 标号的点 v_4 出发修改与其相邻的 T 标号点 v_6 和 v_7，如图 7-36 所示。

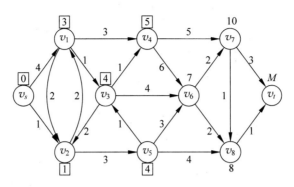

图 7-36　第 12 步

v_6 的标号为
$$T(v_6) = \min\{T(v_6), P(v_4) + w_{46}\} = \min\{7, 5+6\} = 7$$
v_7 的标号为
$$T(v_7) = \min\{T(v_7), P(v_4) + w_{47}\} = \min\{M, 5+5\} = 10$$

第 13 步：在所有 T 标号点中将最小标号点 v_6 变为 P 标号点，如图 7-37 所示。

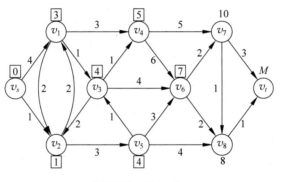

图 7-37　第 13 步

第 14 步：从新得到 P 标号的点 v_6 出发修改与其相邻的 T 标号点 v_7 和 v_8，如图 7-38 所示。

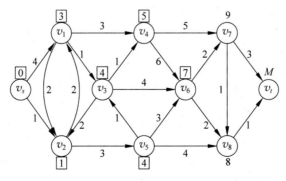

图 7-38　第 14 步

v_7 的标号为
$$T(v_7) = \min\{T(v_7), P(v_6) + w_{67}\} = \min\{10, 7+2\} = 9$$
v_8 的标号为
$$T(v_8) = \min\{T(v_8), P(v_6) + w_{68}\} = \min\{8, 7+2\} = 8$$
第 15 步：在所有 T 标号点中将最小标号点 v_8 变为 P 标号点，如图 7-39 所示。

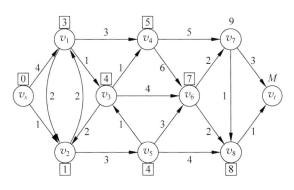

图 7-39　第 15 步

第 16 步：从新得到 P 标号的点 v_8 出发修改与其相邻的 T 标号点 v_t，图 7-40 所示。

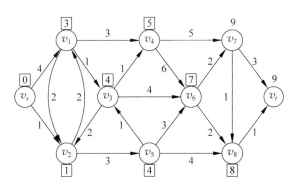

图 7-40　第 16 步

v_t 的标号为
$$T(v_t) = \min\{T(v_t), P(v_8) + w_{8t}\} = \min\{M, 8+1\} = 9$$
第 17 步：在所有 T 标号点中将最小标号点 v_7 变为 P 标号点。

第 18 步：从新得到 P 标号点的 v_7 出发修改与其相邻的 T 标号点。由于无这样的点，跳转下一步。

第 19 步：在所有 T 标号点中将最小标号点 v_t 变为 P 标号点。

至此所有的点均得到了 P 标号，表明找到了从 v_s 出发到各点的最短路线与距离。最短距离即为各点标号，最短路线如图 7-41 中黑线所示。此外对于无向图，同样按照上述方法也可求出其最短路。

图 7-41 最短路问题

7.3.3 有负权图最短路求法

在有负权的有向图中，Dijkstra 方法不再适用。如图 7-42 所示的具有负权的有向图中，按 Dijkstra 方法得到从 v_1 到 v_2 的最短路为 $v_1 \rightarrow v_2$，距离为 2。但是，实际上路线 $v_1 \rightarrow v_3 \rightarrow v_2$ 的距离为 1。这说明在有负权时，Dijkstra 方法不再有效。

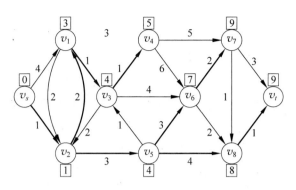

图 7-42 具有负权的有向图

在有向图 $D=(V,A)$ 中，如果要寻找从 v_s 到 v_t 的最短路，假设最短路经过 i 点，则必有从 v_s 沿最短路线到 i 点一定是所有能到达 i 点的路中的最短者。如果最短路的下一个点是 j 点，则一定有

$$d(v_s, v_j) = \min_i \{d(v_s, v_i) + w_{ij}\} \tag{7-6}$$

为方便起见，设任意两点之间都存在一条弧，如果这条弧不存在，则增加一条弧并令其权为 $+\infty$。这样求从点 v_s 到另一点 v_j 的最短路，只要比较不经过中间点到 v_j 的路长，经过一个中间点到 v_j 的路长，经过两个中间点到 v_j 的路长，……，经过 p 个中间点到 v_j 的路长，从中选择最小者即可。

不经过任何中间点到 v_j 的距离显然就是弧的权 w_{ij}，记作

$$d^{(0)}(v_s, v_j) = w_{ij}, \quad j = 1, 2, \cdots, p \tag{7-7}$$

v_s 经过一个中间点 $v_i (i=1,2,\cdots,p)$ 到 v_j 的距离显然应该是 v_s 到 v_i 的权 w_{si} 与 v_i 到 v_j 的权 w_{ij} 之和中的最小者，即

$$\min_i (w_{si} + w_{ij}), \quad i = 1, 2, \cdots, p \tag{7-8}$$

$\min_i(w_{si}+w_{ij})$ 也可以写作 $\min_i d^{(0)}(w_{si})+w_{ij}$，这样

$$d^{(1)}(v_s, v_j) = \min_i \{d^{(0)}(v_s, v_i) + w_{ij}\} \tag{7-9}$$

v_s 经过两个中间点到 v_j 的距离显然应该是 v_s 经过一个中间点到 v_i 的距离与 v_i 到 v_j 的弧的权之和中的最小者，即有

$$d^{(2)}(v_s, v_j) = \min_i \{d^{(1)}(v_s, v_i) + w_{ij}\} \tag{7-10}$$

v_s 经过三个中间点到 v_j 的距离显然应该是 v_s 经过两个中间点到 v_i 的距离与 v_i 到 v_j 的弧的权之和中的最小者，即有

$$d^{(3)}(v_s,v_j) = \min_i \{d^{(2)}(v_s,v_i) + w_{ij}\} \tag{7-11}$$

综合上述过程,可以得到如下通式,

$$d^{(t)}(v_s,v_j) = \min_i \{d^{(t-1)}(v_s,v_i) + w_{ij}\} \tag{7-12}$$

当计算到第 k 步时,若有 $d^{(k)}(v_s,v_j) = d^{(k-1)}(v_s,v_j)$ 成立,则说明经过更多的中间点都不能使距离变得更短,则 $\{d^{(k)}(v_s,v_j)\}_{j=1,2,\cdots,p}$ 即为从 v_s 到其他点 v_j 的最短路。

例 7-6 求图 7-43 所示的有负权的有向图中,由 v_1 到各点的最短路。

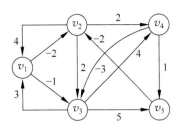

图 7-43 具有负权的有向图

解:计算过程如表 7-2 所示。

表 7-2 有负权的有向图最短图计算表

点		w_{ij}					$d^{(t)}(v_1,v_j)$			
		v_1	v_2	v_3	v_4	v_5	$t=0$	$t=1$	$t=2$	$t=3$
		①	②	③	④	⑤	⑥	⑦	⑧	⑨
(1)	v_1	0	-2	-1	$+\infty$	$+\infty$	0	0	0	0
(2)	v_2	4	0	2	2	$+\infty$	-2	-2	-2	-2
(3)	v_3	3	$+\infty$	0	4	5	-1	-1	-3	-3
(4)	v_4	$+\infty$	$+\infty$	-3	0	1	$+\infty$	0	0	0
(5)	v_5	$+\infty$	-2	$+\infty$	$+\infty$	0	$+\infty$	4	1	1

表 7-2 中,前 5 栏分别表示各点到 v_1、v_2、v_3、v_4、v_5 弧的权 w_{ij},图中点间若无弧则其权为 $+\infty$,表示不可到达。第⑥栏表示 v_1 点不经过中间点到各点的距离;第⑦栏表示 v_1 点经过一个中间点到各点的距离;第⑧栏表示 v_1 点经过两个中间点到各点的距离;第⑨栏表示 v_1 点经过三个中间点到各点的距离。第(1)行的前 5 栏表示 v_1 点到各点的权;第(2)行的前 5 栏表示 v_2 点到各点的权;第(3)行的前 5 栏表示 v_3 点到各点的权;第(4)行的前 5 栏表示 v_4 点到各点的权;第(5)行的前 5 栏表示 v_5 点到各点的权。

第(1)行、第⑦栏数字 0 的计算过程为

$$d^{(1)}(v_1,v_1) = \min_{v_i \in D} \{0+0, 4-2, 3-1, \infty+\infty, \infty+\infty\} = 0$$

即是第①栏与第⑥栏同行相加取最小。

第(2)行、第⑦栏数字 -2 的计算过程为

$$d^{(1)}(v_1,v_2) = \min_{v_i \in D} \{0-2, -2+0, -1+\infty, \infty+\infty, \infty-2\} = -2$$

即是第②栏与第⑥栏同行相加取最小。其余依此类推。

同理,第(1)行、第⑧栏数字 0 的计算过程为

$$d^{(2)}(v_1,v_1) = \min_{v_i \in D} \{0+0, 4-2, 3-1, \infty+0, \infty+4\} = 0$$

即是第①栏与第⑦栏同行相加取最小。

第(2)行、第⑧栏数字 -2 的计算过程为

$$d^{(1)}(v_1,v_2) = \min_{v_i \in D} \{0+0, 4-2, 3-1, \infty+0, \infty+4\} = -2$$

即第②栏与第⑦栏同行相加取最小。其余以此类推。

同样,第⑨栏数字是依据前 5 栏数字与第⑧栏数字所得,并注意到当计算到 $t=3$ 时,有 $d^{(3)}(v_1,v_j)=d^{(2)}(v_1,v_j)$ 成立,则 $d^{(3)}(v_1,v_j)$ 即表 7-2 中的第⑨栏就是由 v_1 到所有各点的最短路。

补充材料:设备更新问题

一种设备(例如汽车、机床等)在使用过程中总会变旧,以至于损坏。通常,或者对旧设备进行维修,或者卖掉旧设备再买新的(更新)。在给定的年限 n 年内,使用该设备进行生产,设备应使用多少年后再进行更新,以使得 n 年内总的纯收入最大(使用成本最小),这就是设备更新问题。一般来说,一种设备使用时间过长,维修费用增大,所以从经济上看并不合算。但是,使用时间过短,频繁更换设备也是不合算的,这类问题存在一个最佳的更新周期。这类设备更新问题因为在计划期每年都要作出决策,以决定是否更新设备,所以是多阶段决策问题,可以用动态规划方法求解,这里我们使用最短路的方法来进行求解。

例如,某工厂使用一台设备,每年年初都要作出决策:继续使用旧设备还是购买一台新设备。如果继续使用旧的,要支付维修费用;若购买一台新设备,需要支付购买费用。在一个五年期的计划内,设备的购买价格、维修费用及残值如表 7-3 所示。

表 7-3 设备价格、维修费和残值

项目	第 1 年	第 2 年	第 3 年	第 4 年	第 5 年
购买费	11	12	13	14	14
设备役龄	0~1	1~2	2~3	3~4	4~5
维修费	5	6	8	11	18
残值	4	3	2	1	0

现在需要制订一个 5 年的设备更新计划,使得总支出最小。

为了解决这一问题,用 v_i 表示第 i 年年初购进新设备,假设 v_6 表示第 5 年年底。边 (v_i,v_j) 表示第 i 年年初购进设备一直使用到第 j 年年初(即第 $j-1$ 年年底)。边上的权 w_{ij} 表示第 i 年年初购进设备,一直使用到第 j 年年初所需支付的购买费用加维修费用减去残值后的全部费用,如 $w_{12}=11+5-4=12$,其他类似。这样,设备更新问题可用图 7-44 来描述。

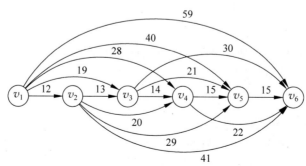

图 7-44 设备更新问题的图示

根据上图计算从 v_1 到 v_6 的最短路,即可得到设备更新问题的最优解。此问题中最短路为 $v_1 \rightarrow v_3 \rightarrow v_6$,即只在第 1 年和第 3 年购买新设备,总费用为 49。

7.4 网络最大流问题

7.4.1 问题的提出

网络最大流问题是现实生活中经常遇到的问题,比如交通网络中的车流、电网中的电流、金融系统中的资金流、排洪与灌溉系统中的水流等。由于受到网络系统中的软硬件制约,某种物流或信息流不可能无限增大,即存在最大通过能力或最大流问题。

例 7-7 某物流公司的职能之一是负责 B 公司分销渠道中的实物流程部分。该物流公司受其业务范围、总公司及不同地区子公司运输能力以及现有公共交通网络的限制,不同地区之间的转运量及最大运输量如图 7-45 所示,问 B 公司仅利用现有该物流公司的前提下,将货物由 v_s 运送到 v_t,其最大运输量是多少?

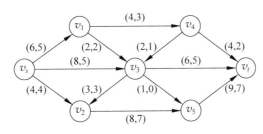

图 7-45 某运输网络

图 7-45 中,点为七个城市。弧旁括号内第一数字表示两城市之间的最大运输量;第二个数字表示目前的实际运输量。

7.4.2 基本概念

1. 网络与流

1) 网络

给一个有向图 $D=(V,A)$,在 V 中指定了一个点为发点 v_s,又指定了一个点为收点 v_t,其余的点都称为中间点。对于每一个弧 $(v_i,v_j) \in A$,对应有一个 $c(v_i,v_j) \geq 0$(或写为 $c_{ij} \geq 0$),并称之为弧的容量(即某条弧所允许的最大通过量),这样的图就称之为网络,记为 $D=(V,A,C)$。

2) 流

所谓网络上的流就是定义在弧集合 A 上的一个函数 $f=\{f(v_i,v_j)\}$,称 $f(v_i,v_j)$ 为弧 (v_i,v_j) 上的流量,简写为 f_{ij}。

2. 可行流与最大流

1）可行流

满足下述容量限制条件和平衡条件的流称为可行流。

(1) 容量限制。$0 \leqslant f_{ij} \leqslant c_{ij}, \forall (v_i, v_j) \in A$

(2) 平衡条件。

- 对于中间点，流出量等于流入量，即：$\sum\limits_{(v_i, v_j) \in A} - \sum\limits_{(v_i, v_j) \in A} f_{ji} = 0$

- 对于发点 v_s，有：$\sum\limits_{(v_i, v_j) \in A} f_{sj} - \sum\limits_{(v_i, v_j) \in A} f_{js} = D(f)$

- 对于收点 v_t，有：$\sum\limits_{(v_i, v_j) \in A} f_{tj} - \sum\limits_{(v_i, v_j) \in A} f_{jt} = -D(f)$

其中 $D(f)$ 称为网络可行流的流量，即发点的净流出量，也是收点的净流入量。可行流是一定存在的，因为任何一个网络至少可以存在 $D(f) = 0$。

2）最大流

在一个网络中，可行流通常会有无穷多个。由于每条弧的容量都是有限的，所以整个网络的流量 $D(f)$ 也一定是有限的，这样在所有的可行流中，就一定会存在一个流量最大的可行流，称之为最大流。

最大流问题的目标是求一个流 $\{f_{ij}\}$，使 $D(f)$ 达到最大，约束条件为

$$0 \leqslant f_{ij} \leqslant c_{ij}, \quad (v_i, v_j) \in A$$

$$\sum f_{ij} - \sum f_{ji} = \begin{cases} D(f), & i = 0 \\ 0, & i \neq s, t \\ -D(f), & i = t \end{cases}$$

3. 增广链

给出一个可行流 $\{f_{ij}\}$，其中，满足 $f_{ij} = c_{ij}$ 的弧称为饱和弧，$f_{ij} < c_{ij}$ 的弧称为非饱和弧，$f_{ij} = 0$ 的弧称为零流弧，$f_{ij} > 0$ 的弧称为非零流弧。

给出一个连接发点 v_s 和收点 v_t 的链 μ，定义链的方向由 v_s 指向 v_t。这样在 μ 中就有两类弧，一类弧的方向与链的方向一致，称为前向弧，前向弧的集合记为 μ^+；另一类弧的方向与链的方向相反，称为后向弧，后向弧的集合记为 μ^-。例如在图 7-45 中，$v_s \to v_2 \to v_3 \to v_4 \to v_t$ 是一条连接发点 v_s 和收点 v_t 的链 μ，其中 $\mu^+ = \{(v_s, v_2), (v_4, v_t)\}$，$\mu^- = \{(v_2, v_3), (v_3, v_4)\}$。

设 $\{f_{ij}\}$ 是一个可行流，μ 是连接发点 v_s 和收点 v_t 的一条链，如果：

(1) 在弧 $(v_i, v_j) \in \mu^+$ 上，有 $0 \leqslant f_{ij} < c_{ij}$，即所有的前向弧都是非饱和弧；

(2) 在弧 $(v_i, v_j) \in \mu^-$ 上，有 $0 < f_{ij} \leqslant c_{ij}$，即所有的后向弧都是非零流弧，则称 μ 是关于可行流 $\{f_{ij}\}$ 的一条增广链。

例如在图 7-45 中，$v_s \to v_2 \to v_3 \to v_4 \to v_t$ 是一条连接发点 v_s 和收点 v_t 的链，但不是增广链。因为其中前向弧 (v_s, v_2) 是饱和弧，不符合定义。而 $v_s \to v_1 \to v_4 \to v_t$ 是一个增广链，因为该链中所有的弧都是前向弧，又都是非饱和弧。此外，链 $v_s \to v_3 \to v_4 \to v_t$ 也是增

广链。所以,增广链并不一定是唯一存在的。

4．截集与截量

设 $S,T \subset V$,且 $S \cup T = V$,$S \cap T = \varnothing$,将所有始点在 S,终点在 T 的弧构成的集合记为 (S,T)。

(1) 截集。给定网络 $D=(V,A,C)$,若点集被分为两个非空集合 V_1 和 $\overline{V}_1$,满足 $V_1 \cup \overline{V}_1 = V$,$V_1 \cap \overline{V}_1 = \varnothing$,且 $v_s \in V_1$,$v_t \in \overline{V}_1$,则称 $(V_1, \overline{V}_1)$ 为分离 v_s 和 v_t 的截集。

(2) 截量。给定一截集 $(V_1, \overline{V}_1)$,把该截集中所有始点在 V_1、终点在 $\overline{V}_1$ 的弧的容量之和称为这个截集的容量,简称为截量,记作 $c(V_1, \overline{V}_1)$,有

$$c(V_1, \overline{V}_1) = \sum_{a_{ij} \in (V_1, \overline{V}_1)} c_{ij}$$

在图 7-45 中,比如 $V_1 = \{v_s, v_1, v_2\}$,$\overline{V}_1 = \{v_3, v_4, v_5, v_t\}$ 为一个剖分 v_s 和 v_t 的截集,如图 7-46 所示。其截量为

$$c(V_1, \overline{V}_1) = \sum c_{ij} = 4 + 2 + 8 + 8 = 22$$

因为在该截集中,弧 (v_3, v_2) 不符合定义,则在计算截量时其容量不计算在内。

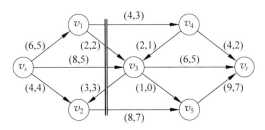

图 7-46　截量为 22 的一个截集

再如图 7-47 所示的截集,$V_1 = \{v_s, v_1, v_2, v_3, v_4\}$,$\overline{V}_1 = \{v_5, v_t\}$ 也为划分 v_s 和 v_t 的一个截集,其截量为

$$c(V_1, \overline{V}_1) = \sum c_{ij} = 4 + 6 + 1 + 8 = 19$$

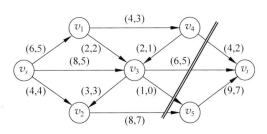

图 7-47　截量为 19 的一个截集

就网络 $D=(V,A,C)$ 而言,显然可以存在若干个截量不同的截集。对应于一个可行流 $f^* = \{f_{ij}\}$,若存在一个截集 $(V_1^*, \overline{V}_1^*)$ 使得 $f^* = c(V_1^*, \overline{V}_1^*)$,则 f^* 必定是最大流,而 $(V_1^*, \overline{V}_1^*)$ 必定是 $D=(V,A,C)$ 中所有截集中的最小者。

定理 7-8 可行流 $f^* = \{f_{ij}\}$ 是最大流,当且仅当不存在关于 f^* 的增广链。

定理 7-8 为求解网络最大流提供了依据。

定理 7-9 任一网络 $D=(V,A,C)$ 中,从 v_s 到 v_t 的最大流的流量等于分离 v_s 和 v_t 的最小截集的截量。

定理 7-9 被称为最大流量最小截量定理。

7.4.3 网络最大流的求法

因为网络 $D=(V,A,C)$ 一定存在可行流,至少零流是可行的,所以也一定存在最大流。寻找网络最大流的依据是定理 7-8,具体方法是先从一个可行流开始,寻找增广链,逐渐增大其流量。如果网络流量可以加大(存在增广链),则该可行流就不是最大流;当网络流量无法进一步加大时(不存在增广链),便得到了网络的最大流。寻找网络最大流的方法通常采用"标号法",该方法分为标号过程和调整过程两个阶段。

1. 标号过程

标号法将网络中的点分成已标号点和未标号点。已标号点又被分成标号已检查点和标号未检查点。

标号包含两部分,并用括号括起来。括号中的第一个标号表示链上的前一个点,该点的作用是确定增广链;第二个标号表示检查到该点为止,某条链上之前的弧可以增大的最大流量 θ,其作用是为第二阶段调整时打下基础。

1)标号法原理

在网络中某一条链上或在若干条链上同时标号。如果是只在一个链上标号,那么按照标号规则和步骤,一旦 v_t 被标上号,说明网络存在增广链,即目前的流量不是最大流,转入调整过程;如果标号过程在链上的某一点 v_i 无法进行下去,说明该链不是增广链,可以继续寻找其他链并进行新的标号过程,如果所有链都无法给 v_t 点标上号,说明目前的流即为最大流,否则转入调整过程;如果是在若干链上同时标号,则只要找到任意一个增广链,则说明网络未达到最大流,转入调整过程。

2)标号法步骤

标号法按如下的步骤进行:

(1)先给发点 v_s 标上号 $(0,+\infty)$,这时 v_s 称为标号未检查的点,而其余点均为未标号的点;

(2)取一个标号未检查的点 v_i,对一切未标号的点 v_j:

如果在弧 (v_i, v_j) 上,$f_{ij} < c_{ij}$,即弧 (v_i, v_j) 是非饱和弧,则给 v_j 点标号为 (v_i, θ_j),其中

$$\theta_j = \min\{\theta_i, c_{in} - f_{ij}\}$$

v_j 点成为标号未检查的点;

如果在弧 (v_j, v_i) 上,$f_{ji} > 0$,即弧 (v_j, v_i) 是非零流弧,则给 v_j 点标号为 $(-v_i, \theta_j)$,其中

$$\theta_j = \min\{\theta_i, f_{ji}\}$$

v_j 点成为标号未检查的点;

(3) 如果所有以 v_i 为始点或终点的另一端点都已经被标上了号,那么 v_i 点就称为标号已检查的点,如果所有的标号都已经检查过,但标号过程无法进行下去,则算法结束,得到网络最大流和最小截集。否则重复步骤(2)。一旦 v_t 点被标上号,则得到了一条增广链,转入调整过程。

2. 调整过程

调整过程的主要步骤是:
(1) 根据 v_t 点的第一个标号,利用"反向追踪法"找出增广链;
(2) 根据 v_t 点的第二个标号,确定该增广链上的调整量 θ;
(3) 对网络流量进行如下调整,得到新的可行流 f'_{ij}。

$$f'_{ij} = \begin{cases} f_{ij} + \theta, & (v_i, v_j) \in \mu^+ \\ f_{ij} - \theta, & (v_i, v_j) \in \mu^- \\ f_{ij}, & (v_i, v_j) \notin \mu \end{cases}$$

例 7-8 求解例 7-7 的网络最大流问题。

解:首先给 v_s 点标号 $(0, +\infty)$,因为弧 (v_s, v_1) 和 (v_s, v_3) 为前向非饱和弧,所以给 v_1 和 v_3 点分别标号 $(v_s, 1)$ 和 $(v_s, 3)$,这样 v_1 和 v_3 点成为标号未检查的点。

取标号未检查的点 v_1 或 v_3,假设取 v_1 点,(v_1, v_4) 为前向非饱和弧,故给 v_4 点标号 $(v_1, 1)$。取标号未检查的点 v_4,因为弧 (v_4, v_t) 为前向非饱和弧,故给 v_t 点标号 $(v_4, 1)$。因为 v_t 点有了标号,即得到了一条增广链,转入调整过程。

因为 v_t 点的第二个标号为 1,即调整量为 1,增广链 $v_s \to v_1 \to v_4 \to v_t$ 均为前向弧,故每个弧上的流量增大 1,得到调整后的流量图,见图 7-48。

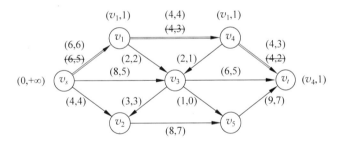

图 7-48 网络最大流求解过程一

根据图 7-48 标号后又得到一条增广链,调整量为 1,见图 7-49。

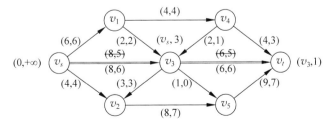

图 7-49 网络最大流求解过程二

根据图 7-49 标号后又得到一条增广链,调整量为 1,见图 7-50。

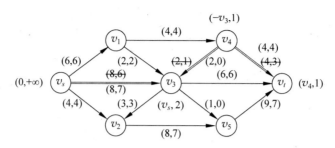

图 7-50　网络最大流求解过程三

根据图 7-50 标号后又得到一条增广链,调整量为 1,见图 7-51。

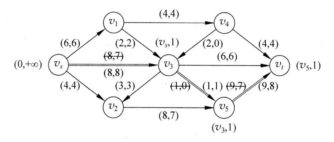

图 7-51　网络最大流求解过程四

因为在得到图 7-51 以后,以 v_s 为端点的弧均已经饱和,故只有 v_s 点可以有标号 $(0,+\infty)$,其他点都不能标号,标号过程无法继续进行下去,则图 7-51 所示为网络达到最大流。最小截集如图 7-51 所示,截量为 18。

例 7-8 中所讨论的情况是基于某一个已知的非零可行流,如果网络中只有容量,这时求解最大流的方法与例 7-8 的过程类似,只要从零流开始依次寻找增广链同样可以求出最大流。

补充材料:疑犯阻击问题

在一场疑犯追击的战斗中,警方已将疑犯圈定到一定范围内(如图 7-52 所示)。图中,A、F 为森林区域,中间一条河流,河中有 B、C、D、E 四座岛屿,这些岛屿以及两岸之间有些桥梁(图中每条粗实线为一座桥)互相连接。警方从 A 岸逐渐缩小搜索范围,疑犯只能从 A 岸向 F 岸逃跑。为了阻断疑犯的逃跑路线应在哪些桥上设定关卡?

这一问题本质要求在最少数量的桥上设卡阻断从 A 岸到 F 岸的通路。我们知道,一个连通网络图中,截集是切断从发点到收点的咽喉,只要去掉截集中的弧就可以把一个连通网络图划分为两个不连通的部分。所以,要阻断从 A 岸到 F 岸的通路,只需找到从 A 岸到 F 岸的截集即可。此外,要求设卡数量最小,所以要找的是最小截集。而根据最大流量最小截量定理可知,最小截集对应着网络的最大流量。这样,这个疑犯阻击问题可以转化网络最大流问题。

为了构建网络最大流问题,将 A、F 两岸以及中心四个岛屿作为点。并规定方向由 A

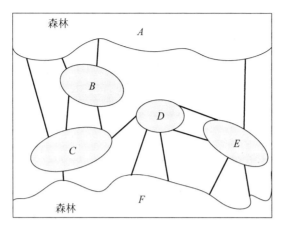

图 7-52 疑犯阻击问题

至 F，如果两点之间有桥相连，则两点之间有弧。不同点之间桥梁的数量表示了疑犯通过的方法数量，可认为是弧的容量。这样，可以得到如 7-53 的网络最大流问题模型。

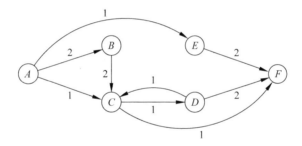

图 7-53 疑犯阻击问题的网络图

利用标号法可以得到该图的网络最大流，最终确定网络截集为：A 到 E、D 到 C 和 C 到 F 三座桥，即只须在这三座桥上设卡即可。

7.5 最小费用最大流问题

7.5.1 问题的提出

由网络最大流问题的求解过程不难发现，当网络中各弧的容量一定时，那么最大流便是唯一确定的，但是流量在不同弧上的分配则有可能不同。现在假设每单位流量在不同弧上的费用不同，这样流法不同会导致总的流量费用不同。具体说，当网络中每个弧上的容量 c_{ij} 已知时，网络 D 的最大流 $D(f^*)$ 便是一个定值。由于即使在 $D(f^*)$ 下，每个弧上的分配 f_{ij}^* 也会有所不同，加上流在每个弧上的费用 b_{ij} 也不同，那么在 $D(f^*)$ 下的总费用 $\sum_{(v_i,v_j) \in A} b_{ij} f_{ij}^*$ 便不相同。最小费用最大流问题就是要确定最大流 $D(f^*)$ 在不同弧上的分配，使得总的费用为最小，即求 $B(f^*) = \sum_{(v_i,v_j) \in A} b_{ij} f_{ij}^*$。

给定网络 $D=(V,A,C)$，又给定了每个弧上的单位流量费用 b_{ij}，最小费用最大流问题就是要确定最大流 $D(f^*)$ 在不同弧上的分配，使得 $B(f^*) = \sum_{(v_i,v_j)\in A} b_{ij}f_{ij}^*$ 成立。

这类问题在现实中有着重要的意义，因为在现实中可能经常会遇到类似这样的问题，某公司要将某种物资最大限度地运往某个目的地，可选择的运输路线或运输方式有多种，不同的路线或不同的运输方式其费用有所差别，那么选择何种运输路线或运输方式才能使总的运输费用为最小。

7.5.2 最小费用最大流问题的解法

网络最大流问题的解法是寻找增广链 μ，并在 μ 上调整流量。由于 μ 上分为前向弧 μ^+ 和后向弧 μ^-，则当调整量为 θ 时，μ 上的总费用为

$$B_\mu(f) = \sum_{a_{ij}\in\mu^+}(f_{ij}+\theta)b_{ij} + \sum_{a_{ij}\in\mu^-}(f_{ij}-\theta)b_{ij}$$

这样总费用的变化量为

$$\Delta B_\mu(f) = \sum_{a_{ij}\in\mu^+}(f_{ij}+\theta)b_{ij} + \sum_{a_{ij}\in\mu^-}(f_{ij}-\theta)b_{ij} - \sum_{a_{ij}\in\mu^+}f_{ij}b_{ij} - \sum_{a_{ij}\in\mu^-}f_{ij}b_{ij}$$

$$= \theta\left(\sum_{a_{ij}\in\mu^+}b_{ij} - \sum_{a_{ij}\in\mu^-}b_{ij}\right)$$

当 $\theta=1$ 时，$\sum_{a_{ij}\in\mu^+}b_{ij} - \sum_{a_{ij}\in\mu^-}b_{ij}$ 称为增广链 μ 上的费用。

容易理解，如果 f 是流量为 $D(f)$ 时所有可行流中费用最小者，而 μ 是关于 f 的所有增广链中费用最小的增广链，那么只要沿着 μ 去调整 f 后所得到的新的可行流 f' 就一定是流量为 $D(f')$ 时所有可行流中费用最小者。据此调整网络流量，只要所得到的新流量 $D(f')$ 是最大流，即得到了最小费用最大流。

因为 $b_{ij}\geq 0$，所以 $f=0$ 一定是对应于零流时的最小费用流。设 f 是流量为 $D(f)$ 时所有可行流中费用最小者，那么接下来的问题就是要寻找关于 f 的最小费用增广链。具体方法是构建一个赋权的有向图 $W(f)$，其顶点是原网络 D 的顶点，而将 D 中的所有弧 (v_i,v_j) 分成两个相反方向的弧 (v_i,v_j) 和 (v_j,v_i)，定义

$$w_{ij} = \begin{cases} b_{ij}, & f_{ij} < c_{ij} \\ +\infty, & f_{ij} = c_{ij} \end{cases} \tag{7-13}$$

$$w_{ji} = \begin{cases} -b_{ij}, & f_{ij} > 0 \\ +\infty, & f_{ij} = 0 \end{cases} \tag{7-14}$$

式(7-13)的含义是：如果 D 中的弧 (v_i,v_j) 是非饱和弧，显然在此弧上可以加大流量，而每增加一个流量的费用为 b_{ij}；如果 D 中的弧 (v_i,v_j) 是饱和弧，显然在此弧上不可以加大流量，可认为每增加一个流量的费用为 $+\infty$。

式(7-14)的含义是：如果 D 中的弧 (v_i,v_j) 是非零流弧，显然在此弧上可以减少流量，而每减少一个流量会使费用减少 b_{ij}，用 $-b_{ij}$ 加以表示；如果 D 中的弧 (v_i,v_j) 是零流弧，那么在此弧上不可以减少流量，也可认为每减少一个流量的费用为 $+\infty$。

注意费用为$+\infty$的弧,在D中可以不必画出。

构建赋权的有向图$W(f)$的意义在于将在D中寻找增广链的过程转化成了在$W(f)$中寻找最短路的过程。因为在链上,如果在D中(v_i,v_j)为非饱和弧,$W(f)$中便有(v_i,v_j)存在,且单位流量费用为b_{ij};如果在D中(v_i,v_j)已经饱和,说明此弧上不能增大流量,虽然在D中有路,但在$W(f)$中就不应该有路了,即不存在增广链了。同样,如果在D中(v_i,v_j)为零流弧,$W(f)$中便不应该存在(v_j,v_i),因为该弧流量虽然可以增大,但它不能减少;如果在D中(v_i,v_j)为非零流弧,$W(f)$中就应该存在(v_j,v_i),因为在该弧上流量可以增大。

最小费用最大流问题的求解步骤为:

(1) 开始时取$f^{(0)}=0$;

(2) 第$k-1$步时,得到最小费用流为$f^{(k-1)}$,则构建赋权有向图$W[f^{(k-1)}]$,并在$W[f^{(k-1)}]$中寻找从v_s到v_t的最短路。如果最短路不存在,则$f^{(k-1)}$就是最小费用最大流。如果得到最短路,说明在原网络D中存在关于f的增广链μ,沿μ的方向在D上确定调整量θ,并按式(7-15)进行调整。

$$f_{ij}^{(k)} = \begin{cases} f_{ij}^{(k-1)} + \theta, & (v_i,v_j) \in \mu^+ \\ f_{ij}^{(k-1)} - \theta, & (v_i,v_j) \in \mu^- \\ f_{ij}^{(k-1)}, & (v_i,v_j) \notin \mu \end{cases} \quad (7\text{-}15)$$

这样就得到一个新的增大了的可行流$f^{(k)}$,重复步骤(2)。

例 7-9 求解图 7-54 所示的网络的最小费用最大流,弧旁数字为(b_{ij},c_{ij})。

解:(1) 取$f^{(0)}=0$,构建赋权的有向图$W[f^{(0)}]$,并求其最短路,见图 7-55,最短路为$v_s \to v_1 \to v_t$。

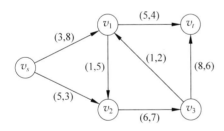
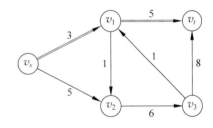

图 7-54　某网络及单位流量费用和容量　　　　图 7-55　$W[f^{(0)}]$

(2) 根据图 7-55,在增广链$v_s \to v_1 \to v_t$上调整流量 4。此时,网络中的流量为 4,见图 7-56。

(3) 根据图 7-56 所示的网络目前流量,构建新的赋权有向图,见图 7-57。因为弧(v_s,v_1)为非饱和非零流弧,故在赋权有向图 7-57 中,正方向弧的权为 3,反方向弧的权为-3。弧(v_1,v_t)为饱和弧,故正方向弧的权为9∞,反方向弧的权为-5,其他弧的权不变。在图 7-57 中继续寻找最短路,结果如图中双线箭头所示,即$v_s \to v_1 \to v_2 \to v_3 \to v_t$。

(4) 根据图 7-58,在增广链$v_s \to v_1 \to v_2 \to v_3 \to v_t$上调整流量 4。网络中的流量为$4+4=8$,见图 7-58。

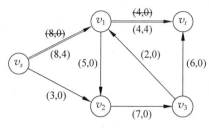

图 7-56 $f^{(1)}, D[f^{(1)}]=4$

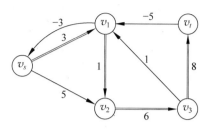

图 7-57 $W[f^{(1)}]$

(5) 根据图 7-58 所示的网络目前流量,构建新的赋权有向图,见图 7-59。因为弧 (v_s,v_1) 已经为饱和弧,故在赋权有向图 7-58 中,正方向弧的权为 ∞,反方向弧的权为 -3。弧 (v_1,v_2)、(v_2,v_3)、(v_3,v_t) 均为非饱和非零流弧,故正方向弧的权为 b_{ij},反方向弧的权为 $-b_{ij}$,其他弧的权不变。在图 7-58 中继续寻找最短路,结果如图中双线箭头所示,即 $v_s \to v_2 \to v_3 \to v_t$。

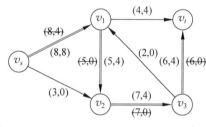

图 7-58 $f^{(2)}, D[f^{(2)}]=8$

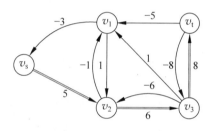

图 7-59 $W[f^{(2)}]$

(6) 根据图 7-59,在增广链 $v_s \to v_2 \to v_3 \to v_t$ 上调整流量 2,网络中的流量为 $4+4+2=10$,见图 7-60。

(7) 根据图 7-60 所示的网络目前流量,构建新的赋权有向图 7-61。因为弧 (v_s,v_2) 为非饱和非零流弧,故在赋权有向图 7-61 中,正方向弧的权为 5,反方向弧的权为 -5。弧 (v_2,v_3) 为非饱和非零流弧,故在赋权有向图 7-61 中,正方向弧的权为 6,反方向弧的权为 -6。弧 (v_3,v_t) 为饱和弧,故正方向弧的权为 $+\infty$,反方向弧的权为 -8。在图 7-61 中继续寻找最短路,因为 v_t 点不能被标上号,所以不存在由 v_s 到 v_t 点的最短路,即没有目前可行流的增广链,说明图 7-60 得到了最大流,最大流量为 10。将图 7-61 中已经标号点和未标号点分开即得到分离 v_s 和 v_t 的最小截集,见图 7-61 中的双线。

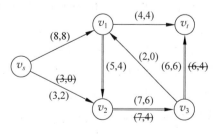

图 7-60 $f^{(3)}, D[f^{(2)}]=10$

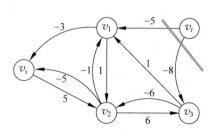

图 7-61 $W[f^{(3)}]$

7.6 中国邮递员问题

7.6.1 问题的提出

我国学者管梅谷在 1962 年提出了邮递员问题,国际上一般通称为"中国邮递员问题"。

图 7-62 可以简单地说明中国邮递员问题。某邮递员从邮局出发要将邮件送到各条街道的单位和居民家中,然后返回邮局,问他应该如何选择行走路线使得行走的路程最短。

由于在该邮递员所负责的街区中,部分街道是必须要重复行走的,也是各种理性可行走法所相同的部分。图中的 A、B、C、D、E、F 部分就是必须要重复行走的街道,它们的长短与最佳的行走方式无关,所以该邮递员的最短路问题可以简化为图 7-63 所示的图形,即该邮递员只要能保证在图 7-63 中找到最佳的行走路线,那么就可以在图 7-62 中相应得到最佳的行走路线,只不过要在 v_2 点重复走 C 街道,在 v_3 点时需要重复走 A、B 两个街道,等等。

图 7-62 某邮递员负责的街区

7.6.2 一笔画问题

给定一个连通图 G,若存在一条链,过每条边一次且仅一次,则称这条链为**欧拉链**。若存在一个简单圈,过每条边一次且仅一次,称此圈为**欧拉圈**。一个图若有欧拉圈,则称为**欧拉图**。显然一个图若能一笔画出,这个图就一定是欧图(起点与终点相同),或是含有欧拉链(起点与终点不同)。

定理 7-10 连通多重图是欧拉图,当且仅当图中无奇点。

定理 7-11 连通多重图有欧链,当且仅当图中有两个奇点。

根据定理 7-10,图 7-63 不是欧拉图,因为其中有 6 个奇点。根据定理 7-11,图 7-63 也不含欧拉链,因为其中不是两个奇点。

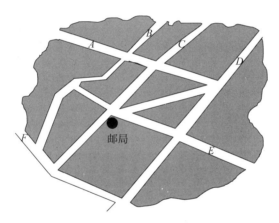

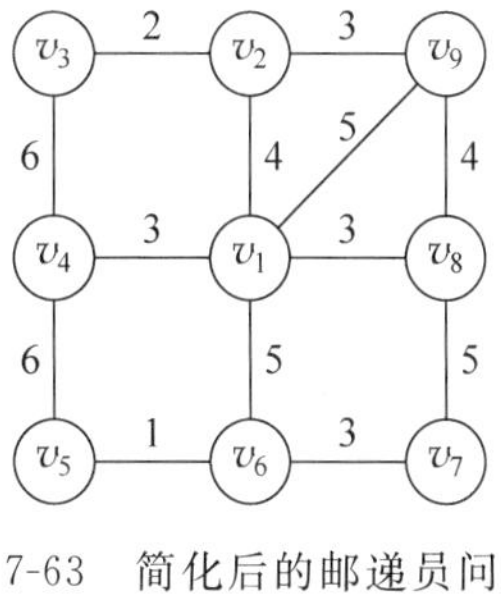

图 7-63 简化后的邮递员问题

7.6.3 奇偶点图上作业法

根据前面的讨论，对于邮递员问题，如果邮递员所负责的街道中没有奇点，那么他就可以从邮局出发，走过每个街道一次，最后回到邮局，他所走的路也一定是最短路。对于有奇点的街道图，就必须在某些街道上重复走一次或多次。

如果在某一街道上重复行走一次，相当于在原来的图中增加了一些重复边，且每条重复边的权与原来的边的权相等。比如图 7-63 为有奇点的街道图，因为任意图中奇点的个数为偶数，所以在原图中两个奇点之间增加一些重复边，见图 7-64，则得到了一个全是偶点的图形，即欧拉图。

在图 7-64 的某条边上同时增加两条重复边，则得到的图形仍为欧拉图，见图 7-65。因为每条边上的权均为非负，则图 7-65 的路程一定大于图 7-63 的总路程。显然在边 $[v_4,v_5]$ 和边 $[v_6,v_7]$ 重复两次是毫无意义的，即使不重复，得到的如图 7-64 所示的图形仍然是欧拉图。这样可以得到最优解的第一个性质。

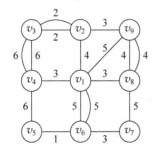

图 7-64 增加一些重复边的街道图

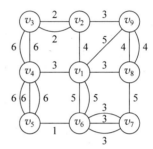

图 7-65 增加两条重复边的街道图

最优解性质 1：在最优方案中，每条边上最多有一条重复边。

另需注意，在图 7-64 的圈 $v_1 \to v_2 \to v_3 \to v_4 \to v_1$ 中，选择了在边 $[v_2,v_3]$ 和 $[v_3,v_4]$ 上重复，它劣于选择在 $[v_1,v_2]$ 和 $[v_1,v_4]$ 上重复，见图 7-66。

图 7-64 和图 7-66 都是欧拉图，但图 7-64 的总权要大于图 7-66 的总权。两个图形的差别是前者选择在边 $[v_2,v_3]$ 和 $[v_3,v_4]$ 上重复，两条重复边上的总权为 $6+2=8$；而后者选择在边 $[v_1,v_2]$ 和 $[v_1,v_4]$ 上重复，两条重复边的总权为 $4+3=7$。

同理，在图 7-66 的圈 $v_1 \to v_4 \to v_5 \to v_6 \to v_1$ 中，选择在边 $[v_1,v_4]$ 和 $[v_1,v_6]$ 上重复，劣于选择在 $[v_4,v_5]$ 和 $[v_5,v_6]$ 上重复，这是因为后者重复边总权为 $6+1=7$，小于前者重复边总权 $3+5=8$，见图 7-67。

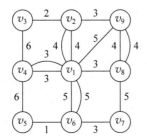

图 7-66 圈 $v_1 \to v_2 \to v_3 \to v_4 \to v_1$ 中的优化

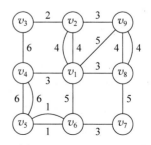

图 7-67 圈 $v_1 \to v_4 \to v_5 \to v_6 \to v_1$ 中的优化

由上述分析可以简单得到最优解的第二个性质。

最优解的性质 2：在最优方案中，每个圈中重复边的总权数不大于该圈总权的一半。

根据最优解的第二个性质，可以判断图 7-67 所示图形仍然不是邮递员问题的最优解，这是因为在圈 $v_1 \rightarrow v_2 \rightarrow v_9 \rightarrow v_8 \rightarrow v_1$ 中，选择在边 $[v_1, v_2]$ 和 $[v_8, v_9]$ 上重复，劣于选择在 $[v_1, v_8]$ 和 $[v_2, v_9]$ 上重复，见图 7-68。

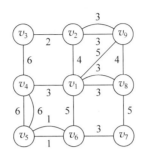

图 7-68　圈 $v_1 \rightarrow v_2 \rightarrow v_9 \rightarrow v_8 \rightarrow v_1$ 中的优化

图 7-68 中，任意一个圈的重复边总权都小于该圈总权的一半，所以图 7-68 所示路线即为本邮递员问题的最优解。

本章主要知识点

有向图、无向图、链、路、树、支撑树、最小支撑树、网络、最短路问题、最大流问题、最小费用最大流问题、中国邮递员问题

思　考　题

1. 什么是有向图？什么是无向图？两者有什么区别？
2. 什么是链？什么是简单链？什么是初等链？
3. 什么是圈？什么是简单圈？什么是初等圈？
4. 什么叫基础图？什么是支撑子图？
5. 什么是树？什么是支撑树？什么是最小支撑树？
6. 什么是路？什么是最短路问题？最短路问题的主要解法是什么？其基本步骤是什么？
7. 什么是网络？什么是网络最大流问题？网络最大流问题的主要解法是什么？其基本步骤是什么？
8. 什么是最小费用最大流问题？举例说明它可能用于解决什么问题？
9. 什么是欧拉链？什么是欧拉图？
10. 什么是中国邮递员问题？其最优解具有什么性质？

练 习 题

1. 分别用破圈法和避圈法求如下各图中的最小支撑树。

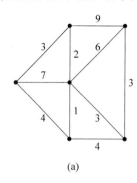

(a)

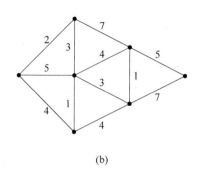

(b)

2. 有一项工程,要埋设电缆将中央控制室与 15 个控制点连通。下图中各线段标出了允许挖电缆沟的地点和距离(单位:百米)。若电缆线每米 10 元,挖电缆沟(深 1 米,宽 0.6 米)土方每立方米 3 元,其他材料和施工费用每米 5 元,则该项工程最少费用为多少元?

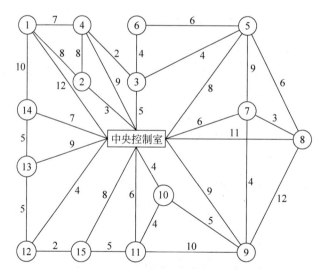

3. 用标号法求图中 v_1 到各点的最短距离与最短路径。

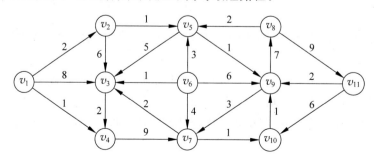

4. 用标号法求图中 v_1 到各点的最短距离与最短路径。

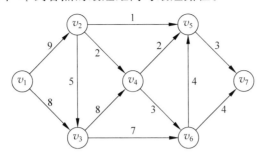

5. 一辆货车从水泥厂运水泥至某建筑工地。v_1 为水泥厂所在处，v_6 为建筑工地所在地。图中弧旁数字中第一个数字表示两点距离，第二个数字表示两点间汽车运输所需时间。分别依据最短距离和最少行驶时间确定水泥厂至建筑工地的汽车行驶路线。

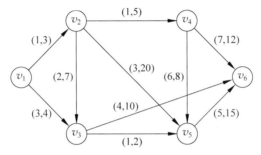

6. 下图表示某人每天上班可能的路线。他的家在 v_1，工作地点在 v_7，弧旁数字表示每条路线严重堵车的可能性。请帮他设计一条从家到工作地堵车可能性最小的路线。

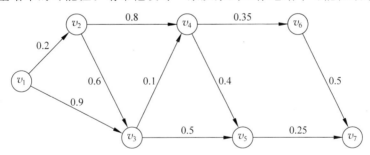

7. 已知某企业有 6 个销售点，相互间的距离如下图所示。现准备在 6 个销售点中选择一处建设物流中心。已知 A 处配送量为 50，B 为 40，C 为 60，D 为 20，E 为 70，F 为 90。问物流中心应建在哪个销售点，使物流总距离最小？

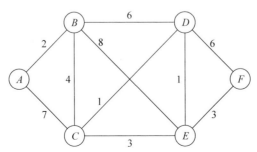

8. 用标号法求下图所示网络中从 v_s 到 v_t 的最大流量,图中弧旁数字为容量 c_{ij}。

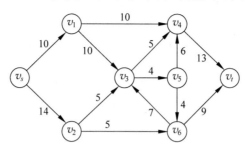

9. 下图中,从三口油井 A、B、C 经管道将油输至脱水处理厂 G、H,中间经 D、E、F 三个泵站。已知图弧旁数字为各管道通过的最大能力(吨/小时),求从油井每小时输送到处理厂的最大流量。

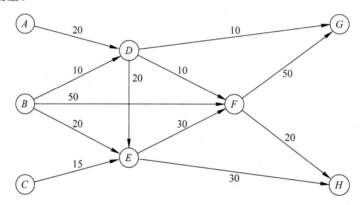

10. 求下图中从 v_s 至 v_t 的最小费用最大流,图中弧旁数字为 (b_{ij}, c_{ij})。

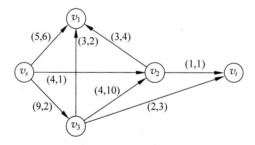

11. 求解下图所示的邮递员问题。

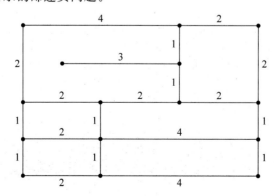

阅读与分析

D 食品企业商品配送路线设计问题

D 企业是 A 市专业从事日常生活食品生产企业。A 市的街道分布及各街区的距离（单位：公里）如图 7-69 所示。

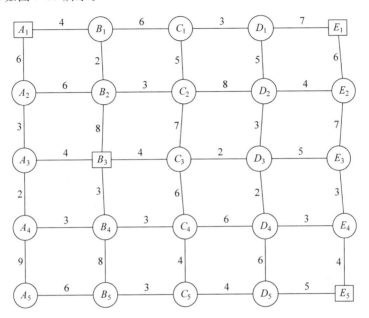

图 7-69 A 市街道分布

现食品厂位于 C_3，空车位于车库 C_4。每天一早往位于 A_1、B_3、E_1、E_5 的 4 个超市各配送一车食品，往各点送完食品后直接回车库。然后，等到每天晚上，再从车库出发分别去 A_1、B_3、E_1、E_5 各点拉一车货回到工厂 C_3，再停放到车库。

问题：请分别设计该企业早、晚汽车行驶路线使得总路线最短。

第 8 章

网络计划与优化

用网络分析的方法编制计划称为网络计划。它是 20 世纪 50 年代末发展起来的一种编制大型工程进度计划的有效方法。随后，国外陆续出现了一些计划管理的新方法，如关键路线法（critical path method，CPM）、计划评审法（program evaluation & review technique，PERT）等，这些方法都是建立在网络模型基础上，统称为网络计划技术。20 世纪 60 年代，我国已故著名数学家华罗庚将这些方法总结概括为统筹方法，并且身体力行地进行推广应用。目前，这些方法被世界各国广泛应用于工业、农业、国防、科研等计划管理中，对缩短工期，节约人力、物力和财力，提高经济效益发挥了重要作用。

补充材料：华罗庚提出的"泡茶问题"

数学家华罗庚是我国统筹规划方面的奠基人。他发现，数学中的统筹法和优选法是在生产中能够比较普遍应用的方法，可以提高工作效率，改变工作管理面貌。因此，他开始致力于"双法"（统筹法和优选法）在我国企业生产经营活动推广活动，并写成了《统筹方法平话及补充》和《优选法平话及其补充》两本科普图书，让生产一线的管理者和实践者理解和运用"双法"。泡茶问题是其中一个简单但著名的问题，可以说明统筹方法的基本思路。

烧一壶水，泡一杯茶共需要完成这些工作：洗茶壶（需 1 分钟）、洗茶杯（需 1 分钟）、烧开水（需 15 分钟）、准备茶叶（需 1 分钟）、泡茶（需 2 分钟）。而且，这些工作之间存在着前后关系，如烧水前需洗茶壶；泡茶需水烧开、洗净茶杯、准备好茶叶。但是，水烧开、洗净茶杯、准备好茶叶这三项工作却是没有前后关系。

显然，有多种方法来完成上述工作。但合理的安排应该是：第一项工作是洗茶壶（1 分钟），然后开始烧水（15 分钟），期间同时依次进行洗茶杯（1 分钟）、准备茶叶（1 分钟），最后水烧开后泡茶（2 分钟）。这样，一共需要 18 分钟时间完成全部工作。

这一问题看似简单，但包含网络计划的基本要素和要解决的核心问题。首先，一项工程或项目总是由不同更细的工作所组成的，这些工作都需要耗费一定资源，而且它们之间存在着一定的逻辑关系。其次，合理地安排这些工作的开始时间，可优化工程或项目的进度安排。这些也就是网络计划所讨论的基本内容。

统筹方法的基本原理是：从需要管理的任务的总进度着眼，以任务中各工作所需要的工时为时间因素，按照工作的先后顺序和相互关系做出网络图，以反映任务全貌，实现管理过程的模型化。然后进行时间参数计算，找出计划中的关键工作和关键路线，对任务的各项工作所需的人、财、物通过改善网络计划作出合理安排，得到最优先方案并付诸实施。还可对各种评价指标进行定量化分析，在计划的实施过程中，进行有效的监督与控制,以保证任务优质优量地完成。

补充材料:丁谓造城,一举三得

丁谓(966—1037),字谓之,后更字公言,两浙路苏州府长洲县人,祖籍河北。先后任参知政事(副相)、枢密使、同中书门下平章事(正相),前后共在相位7年。

大中祥符二年(1009年)4月,丁谓负责修建玉清昭应宫。工程规模宏大,规制宏丽,建筑分为2610区,共计有3600余楹。工程除了钱外有3个难题:一是盖皇宫要很多泥土,可是京城中空地很少,取土要到郊外去挖,路很远,得花很多的劳力;二是修建皇宫还需要大批建筑材料,都需要从外地运来,而汴河在郊外,离皇宫很远,从码头运到皇宫还得找很多人搬运;三是工程上原有很多碎砖破瓦等垃圾清运出京城,同样很费事。经过周密思考,丁谓制定出科学施工方案:首先从施工现场向外挖了若干条大深沟,把挖出来的土作为施工需要的新土备用,以解决新土问题。然后从城外把汴水引入所挖的大沟中,利用木排及船只运送木材石料,解决了木材石料的运输问题。最后,等到材料运输任务完成之后,再把沟中的水排掉,把工地上的垃圾填入沟内,使沟重新变为平地。一举三得,不仅节约了时间和经费,而且使工地秩序井然,使城内的交通和生活秩序不受施工影响太大。工程原先估计用15年时间建成,而丁谓只用了7年时间便建成,深得皇帝赞赏。

8.1 网络图绘制

工程网络图就是对一项工程,从整体出发,用系统的观点分析有哪些工序,以及这些工序之间的相互关系和先后排列顺序,应用点、线连接成网状结构的箭头图。借助网络图,可以计算有关的时间参数,决定工程的关键路线和关键工序。以便更合理地使用已有的人力、物力和资金,进行统筹安排,利用较短时间和较少费用完成全部任务。所以,研究和运用网络计划技术,首先必须从工程网络图开始。

8.1.1 工程网络图的绘制

例 8-1 某工厂拟开展一项新产品开发试制项目,按前期调研决定,该项目共包括10道工序,每道工序与所需时间以及它们之间的相互关系如表8-1所示。

表8-1 某厂新产品开发试制项目

工　　序	负责人	工序代号	所需时间(天数)	紧后工序
产品设计与工艺设计	A	a	60	b,c,d,e
外购配套件	B	b	45	l
下料、锻件	C	c	10	f
工装制造1	D	d	20	g,h
木模、铸件	E	e	40	h
机械制造1	F	f	18	l
工装制造2	G	g	30	k
机械加工2	H	h	15	l
机械加工3	K	k	25	l
装配调试	L	l	35	—

要求编制该项工程的网络计划。为编制网络计划,首先需要绘制网络图。常用绘制网络图的两种方法,分别为:双代号网络图(activity on arc,AOA)和单代号网络图(activity on node,AON)。

1. 双代号网络图

双代号网络图中,结点表示一个事项(或事件),它是一个或若干个工序的开始或结束,是相邻工序在时间上的分界点。结点用圆圈和里面的数字表示,数字表示结点的编号,如①,②,……等。弧表示一个工序,工序是指为了完成工程项目,在工艺技术和组织管理上相对独立的工作或活动。一项工程由若干个工序组成。工序需要一定的人力、物力等资源和时间。弧用箭线"→"表示。工序所需要的时间或资源等数据通过权的方式标注在箭线下面或其他合适的位置上。如在图 8-1 表示了工序 x 的基本信息,工序代号为 x,t_{ij} 为工序 x 所需的时间,节点 i 表示工序 x 开始,节点 j 表示工序 x 结束。

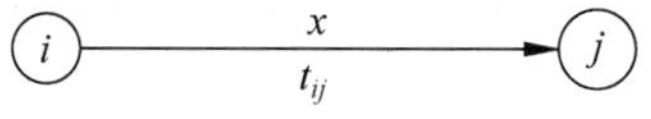

图 8-1 双代号网络图的表示方法

在双代号网络图中,用一条弧和两个结点表示一个确定的工序。图 8-1 中,工序开始的结点称为**箭尾结点**,又称为**箭尾事项**;工序结束的结点称为**箭头结点**,又称为**箭头事项**。工序的箭头事项和箭尾事项称为该工序的相关事项。在一张网络图上,只能有始点和终点两个结点,分别表示工程的开始和结束,其他结点既表示上一个(或若干个)工序的结束,又表示下一个(或若干个)工序的开始。

根据上述双代号网络图绘制方法,可将例 8-1 的项目绘制成如图 8-2 所示的网络图。

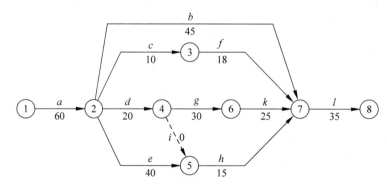

图 8-2 某厂新产品开发试制项目的双代号网络图

为正确反映工程中的各个工序的相互关系,在绘制网络图时,应遵循以下规则:

(1) 方向、时序与结点编号

网络图是有向图,按照工艺流程的顺序,规定工序从左向右排列。网络图中的各个结点都有一个时间(某一个或若干个工序开始或结束的时间),一般按各个结点的时间顺序编号。始点编号可以从 1 开始,也可以从 0 开始。

(2) 紧前工序与紧后工序

紧后工序表示只有在前一项工序完成后才能完成的工序,例 8-1 中 a 的紧后工序为

b、c、d、e,即 b、c、d、e 只有等到 a 工序完成后才能开始,a 就是它们的紧前工序。

(3) 虚工序

为了用来表达相邻工序之间的衔接关系,是实际上并不存在而虚设的工序。用虚箭线来表示。虚工序不需要人力、物力等资源和时间,只表示在某工序结束后,下一工序才能开始。如图 8-2 中工序 i 就是一虚工序。

(4) 相邻两个结点之间只能有一条弧

即一个工序用确定的两个相关事项表示,某两个相邻结点只能是一个工序的相关事项。如图 8-3 的左边的画法是错误的,右边的画法是正确的,其中工序 b 和工序 c 的顺序关系就是使用虚工序来描述的。

图 8-3 虚工序

(5) 网络图中不能有缺口和回路

在网络图中,除始点、终点外,其他各个结点的前后都应有弧连接,即图中不能有缺口,使网络图从始点经任何路线都可以到达终点。否则,将使某些工序失去与其紧后(或紧前)工序应有的联系。网络图中也不能有回路,即不可有循环现象。否则,将使组成回路的工序永远不能结束,工程永远不能完工。

(6) 平行作业

为缩短工程的完工时间,在工艺流程和生产组织条件允许的情况下,某些工序可以同时进行,即可采用平行作业的方式。如在图 8-2 中,工序 b、c、d、e 四个工序即可平行作业。

(7) 交叉作业

对需要较长时间才能完成的一些工序,在工艺流程与生产组织条件允许的情况下,可以不必等到工序全部结束后再转入其紧后工序,而是分期分批地转入。这种方式称为交叉作业。交叉作业可以缩短工程周期。

(8) 始点和终点

网络图中只能有一个始点和终点。当工程开始时有几个工序平行作业,或在几个工序结束后完工,用一个始点、一个终点表示,或使用虚工序表示。

(9) 网络图的分解与综合

根据网络图的不同需要,一个工序所包括的工作内容可以多一些,即工序综合程度较高。也可以在一个工序中所包括的工作内容少一些,即工序的综合程度较低。一般情况下,工程总指挥部制定的网络计划是工序综合程度较高的网络图(母网络图)。而下一级部门,根据综合程度高网络图的要求,绘制本部门的工序综合程度较低的网络图(子网络图)。将母网络分解为若干个子网络,称为网络图的分解。反之称为网络图的综合。

(10) 网络图的布局

网络图中,尽可能将关键路线布置在中心位置,并尽量将联系紧密的工作布置在相近的位置。为了使网络图清楚和便于在图上填写有关的时间数据及其他数据,弧线尽量用水平线或具有一段水平的折线。网络图上也可以附有时间进度,必要时也可以按完成各个工序的工作单位布置网络图。

2. 单代号网络图

单代号网络图是由结点和箭线构成的网络图。结点表示一个工序,其内容包括工序名称、工序序号、负责人、工期估计等,箭线表示工序活动间的顺序关系。本书采用的表示方法如图 8-4 所示,节点上半部分标注工序代号,下半部分标注工序持续时间。

图 8-4 单代号网络图表示方法

例 8-1 的单代号网络图绘制结果如图 8-5 所示。

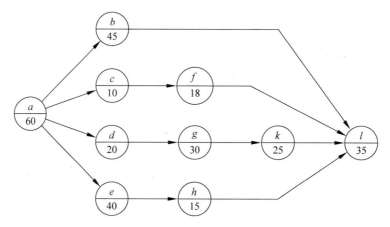

图 8-5 某厂新产品开发试制项目的单代号网络图

与双代号网络图相比,单代号网络图逻辑关系更加简单明了,容易掌握,没有虚活动,绘制过程中不容易出错。但单代号网络图中结点的画法比较复杂,所以本章主要以双代号网络图来说明网络分析问题。

8.2 关键路线的确定

8.2.1 网络图的关键路线

网络图中,从始点开始,按照各个工序的顺序,连续不断地到达终点的一条通路称为**路线**。在各条路线上,完成各个工序的时间之和是不完全相等的(见表 8-2)。其中,完成各个工序需要时间最长的路线称为**关键路线**,或称为**主要矛盾线**。在图 8-2 中,线路 1→2→4→6→7→8 就是一条关键路线,组成关键路线的工序称为**关键工序**。

表 8-2　网络图中的路线

路线	路线的组成	各工序所需时间之和(天)
1	1→2→7→8	60+45+35=140
2	1→2→3→7→8	60+10+18+35=123
3	1→2→4→6→7→8	60+20+30+25+35=170
4	1→2→4→5→7→8	60+20+15+35=130
5	1→2→5→7→8	60+40+15+35=150

要缩短工程的完工时间,就要能够缩短关键工序所需的时间,如果缩短其他非关键路线上的各个工序所需要的时间,就不能达到缩短整个工程的完工时间的目的。而且,在一定范围内适当地拖长非关键路线上各个工序所需要的时间,也不至于影响工程的完成时间。

在网络图中找出关键路线是编制网络计划的基本思想。对各个关键工序,优先安排资源,挖掘潜力,采取相应措施,尽量压缩需要的时间。对于非关键路线,在不影响工程完工时间的条件下,抽出适当的人力、物力等资源,用于关键工序上,以达到缩短工程工期,合理利用资源的目的。

关键路线是相对的,是可以变化的,在采取一定措施后,关键路线有可能变为非关键路线;同时,非关键路线也有可能变为关键路线。

8.2.2　时间参数

计算网络图中有关的时间参数,主要目的是找出关键路线,为网络计划的优化、调整和执行提供明确的时间概念。

网络图的时间参数包括工作所需时间,事项最早、最迟时间,工作的最早、最迟时间及时差等。进行时间参数计算不仅可以得到关键路线,确定和控制整个任务在正常进度下的最早完工期,而且在掌握非关键工作基础上可进行人、财、物等资源的合理安排,进行网络计划的优化。

下面介绍各种时间参数及有关的计算方法。

1. 工作时间的确定

工序(i,j)所需时间可记为$t(i,j)$或T_{ij},表示完成一项工序所需要的时间长度。通常有两种确定方法。

(1) 确定型

在具备工时定额和劳动定额的任务中,工序的工时T_{ij}可以用这些定额资料确定。有些工序虽无定额可查,但如果有有关工序的统计资料,可以利用统计资料通过分析来确定工序的工时。

(2) 随机型

对于开发性试制性的任务,往往不具备(1)中所讲的资料,对工序所需工时难以准确估计时,可以采用三点时间估计法来确定工序的工时。这种方法对每道工序先要作出下面三种情况的时间估计:

a——最快可能完成时间(最乐观时间);
m——最可能完成时间;
b——最慢可能完成时间(最悲观时间)。
利用以上三个时间 a,m,b,每道工序的期望工时可估计:

$$T_{ij} = \frac{a+4m+b}{6}$$

这一估计的方差为

$$\sigma^2 = \left(\frac{b-a}{6}\right)^2$$

2. 事项时间的确定

(1) 事项的最早时间

事项 j 的最早时间用 $T_E(j)$ 表示,它表明以它为始点的各工序最早可能开始的时间,也表示以它为终点的各工序的最早可能完成时间,它等于从始点事项到该事项的最长路线上所有工序的工时总和。事项最早时间可用下列递推公式,按照事项编号从小到大的顺序逐个计算。设总开工事项编号为 1,则

$$T_E(1) = 0 \quad T_E(j) = \max_i \{T_E(i) + T_{ij}\}$$

其中 $T_E(j)$ 为与事项 j 相邻的各紧前事项的最早时间。

若终点事项编号为 n,则终点事项的最早时间显然就是整个工程的最早完工期,即

$$T_E(n) = 最早完工时间$$

各事项的最早时间分别适用上述公式计算,并标注于图 8-6 中各个方框之中。

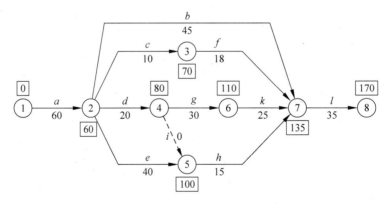

图 8-6 事项最早时间计算结果

(2) 事项的最迟时间

事项 i 的最迟时间用 $T_{L(i)}$ 表示,它表示在不影响任务总工期条件下,以它为始点的工作的最迟必须开始时间,或以它为终点的各工作的最迟必须完成时间。由于一般情况下,把任务的最早完工时间作为任务的总工期,所以事项最迟时间的计算公式为

$$T_L(n) = T_E(n) \quad T_L(i) = \min_j \{T_L(j) - T_{ij}\}$$

其中 $T_L(j)$ 为与事项 i 相邻的各紧后事项的最迟时间。

注意到,该公式也是递推公式,但与计算 $T_E(j)$ 的公式相反,是从始点事项开始,按编号由大至小的顺序逐个由后向前计算。各事项的最迟时间分别适用上述公式计算,并标注于图 8-7 中方框的右半部分。

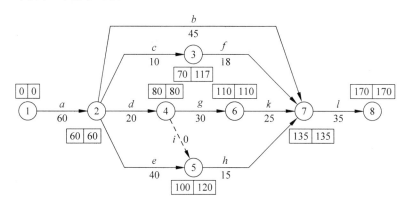

图 8-7　事项时间计算结果

3. 工序的时间参数

(1) 工序的最早开始时间 $T_{ES}(i,j)$

任何一个工序都必须在其紧前工序结束后才能开始,紧前工序的最早结束时间即为该工序的最早可能开始时间,简称为工序的最早开始时间,用 $T_{ES}(i,j)$ 表示。它等于该工序箭尾事项的最早时间,即

$$T_{ES}(i,j) = T_E(i)$$

由图 8-7 可以得到,各工序的最早开始时间如表 8-3 中第 5 列所示。

(2) 工序的最早结束时间 $T_{EF}(i,j)$

它表示工序最早可能结束时间,等于工序最早开始时间加上该工序的作业时间,即

$$T_{EF}(i,j) = T_{ES}(i,j) + T_{ij}$$

由图 8-7 可以得到,各工序的最早结束时间如表 8-3 中第 6 列所示。

(3) 工序的最迟结束时间 $T_{LF}(i,j)$

工序最迟结束时间表示,在不影响工程最早结束时间的条件下,工序最迟必须结束的时间。它等于工序的箭头事项的最迟时间,即

$$T_{LF}(i,j) = T_L(j)$$

由图 8-7 可以得到,各工序的最早结束时间如表 8-3 中第 7 列所示。

(4) 工序最迟开始时间 $T_{LS}(i,j)$

工程最迟开始时间表示,在不影响工程最早结束时间的条件下,工序最迟必须开始的时间,简称为工序最迟开始时间,它等于工序最迟结束时间减去工序的作业时间,即

$$T_{LS}(i,j) = T_{LF}(i,j) - T_{ij}$$

由图 8-7 可以得到,各工序的最迟开始时间如表 8-3 中第 8 列所示。

(5) 工序总时差 $TF(i,j)$

工序的总时差表示,在不影响工程最早结束时间的条件下,工序最早开始(或结束)时

间可以推迟的时间,称为该工序的总时差,即

$$\text{TF}(i,j) = T_{\text{LF}} - T_{\text{EF}} = T_{\text{LS}} - T_{\text{ES}}$$

各工序的总时差如表 8-3 中第 9 列所示。

(6)工序单时差 EF(i,j)

工序单时差表示,在不影响紧后工序的最早开始时间的条件下,工序最早结束时间可以推迟的时间。

$$\text{EF}(i,j) = T_{\text{ES}}(j,k) - T_{\text{EF}}(i,j)$$

其中(j,k)为工序(i,j)的紧后工序。各工序的单时差如表 8-3 中最后 1 列所示。

表 8-3　工序时间参数计算结果

工序代号	开始事项	结束事项	T_{ij}	T_{ES}	T_{EF}	T_{LF}	T_{LS}	TF	EF
a	1	2	60	0	60	60	0	0	0
b	2	7	45	60	105	135	90	30	30
c	2	3	10	60	70	117	107	47	0
d	2	4	20	60	80	80	60	0	0
e	2	5	40	60	100	120	80	20	0
f	3	7	18	70	88	135	117	47	47
g	4	6	30	80	110	110	80	0	0
h	5	7	15	100	115	135	120	20	20
i	4	5	0	80	80	120	120	40	20
k	6	7	25	110	135	135	110	0	0
l	7	8	35	135	170	170	135	0	—

工序总时差、单时差及其紧后工序的最早开始时间、最迟开始时间的关系如图 8-8 所示。

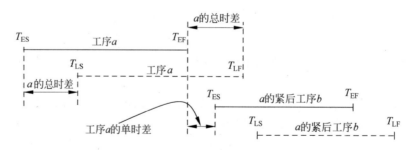

图 8-8　工序时间参数的关系

总时差为零的工序,开始和结束的时间没有一点机动的余地。由这些工序所组成的线路就是网络中的关键线路,这些工序就是关键工序。用计算工序总时差的方法确定网络中的关键工序和关键路线是确定关键路线最常用的方法。表 8-3 中,工序 a、d、g、k、l 的总时差为零,由这些工序组成的路线就是项目的关键路线,如图 8-9 中的粗线所示。

需要说明的是,前面的例子均是以双代号网络图为基础展开相关参数计算的说明,单代号网络图中时间参数的计算过程类似,就不再重复。

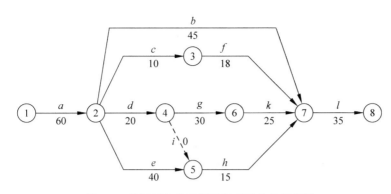

图 8-9 某厂新产品开发试制项目的关键路线

8.3 网络计划的优化

画过网络图并计算时间参数,已得到了一个初步的网络计划。而网络计划技术的核心却在于从工期、成本、资源等方面对这个初步方案作进一步的改善和调整,以求得最佳效果。这一过程就是网络计划的优化。根据计划的要求,综合地考虑进度、资源利用和降低费用等目标,即进行网络优化,确定最优的计划方案。

8.3.1 总工期优化

根据对计划进度的要求,缩短工程的完工时间,方法有如下三种:
(1) 采取技术措施,缩短关键工序的作业时间;
(2) 采取组织措施,充分利用非关键工序的总时差,合理调配技术力量及人、财、物等资源,缩短关键工序的作业时间;
(3) 研究关键路线上串联的每一个工作有可能改为平行工作或交叉进行的工作,以缩短作业时间。

8.3.2 总工期—成本优化

编制网络计划过程中,研究如何使得工程完工时间短、费用少;或者在保证既定的工程完工时间的条件下,所需要的费用最少;或者在限制费用的条件下,工程完工时间最短;都是时间—费用优化所要研究和解决的问题。工程项目的成本一般包括直接费用和间接费用两部分。

1. 直接费用

包括直接生产工人的工资及附加费、设备、能源、工具及材料消耗等直接与完成工程有关的费用。为缩短工序的作业时间,需要采取一定的技术组织措施,相应地要增加一部分直接费用。在一定条件下和一定范围内,工序的作业时间越短,直接费用越少。

2. 间接费用

包括管理人员的工资、办公费。间接费用通常按照工期长短分摊,在一定的生产规模内,工序的作业时间越短,分摊的间接费用越少。在一定条件下,工期越长,间接费用越大。

完成工程项目的直接费用、间接费用、总费用与工程完工时间的关系,一般情况下如图 8-10 所示。

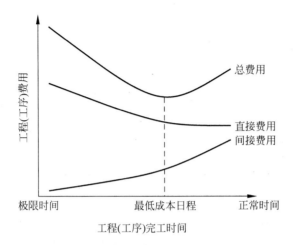

图 8-10　网络费用类型及其与工程完工时间的关系

图 8-10 中,正常时间是指,在现有的生产技术条件下,由各工序的作业时间所构成的工程完工时间。极限时间是为了缩短各工序的作业时间而采取一切可能的技术组织措施之后,可能达到的最短的作业时间和完成工程项目的最短时间。

进行总工期—成本优化中,需要计算工程项目完工时间所对应的工序总费用和工程项目所需要的费用,同时采取各种技术组织措施,获得使得工程费用最低的工程完工时间——最低成本日程。

直接费用与工作所需工时的关系常被假定为直线关系,如图 8-11。工序(i,j)的正常工时为 D_{ij},所需直接费用 M_{ij};极限时间为 d_{ij},所需直接费用为 m_{ij},工序(i,j)从正常工时每缩短一个单位时间所增加的费用称为直接费用变动率,用 c_{ij} 表示。

$$c_{ij}\frac{m_{ij}-M_{ij}}{D_{ij}-d_{ij}}$$

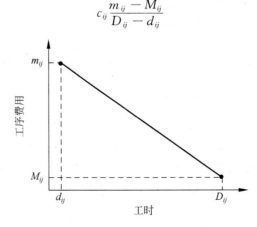

图 8-11　工序直接费用变动率

例 8-2 已知例 8-1 的工程项目每天的间接费用为 400 元,各工序在正常时间和极限时间下的直接费用如表 8-4 所示,现需确定该项目的最低成本日程。

表 8-4 某厂新产品开发试制项目的费用

工序代号	正常情况下		采取措施后		费用变动率（元/天）
	正常时间（天）	直接费用（元）	极限时间（天）	直接费用（元）	
a	60	10000	60	10000	—
b	45	4500	30	6300	120
c	10	2800	5	4300	300
d	20	7000	10	11000	400
e	40	10000	35	12500	500
f	18	3600	10	5440	230
g	30	9000	20	12500	350
h	15	3750	10	5750	400
k	25	6250	15	9150	290
l	35	12000	60	12000	—

按照图 8-9 中的安排,工程总工期为 170 天,各工序所计工期均为正常时间,根据表 8-4 中的数据资料,计算得到工程各工序的直接费用之和为 68900 元,间接费用为 170 天×400 元/天=68000 元,总费用为 136900 元,以上正常时间下的情况作为方案一。

以方案一为基础,要得到最低成本日程,需要进行以下步骤。

（1）从关键工序中选出缩短工时所需直接费用最少的方案,即选出直接费用变动率最低的方案,并确定该方案可能缩短的工作天数。

（2）按照新工序的工时,重新计算网络计划的关键线路及关键工序。

（3）计算由于缩短工时所增加的直接费用。

重复上述三个步骤,直到工期不能再缩短为止。方案一中,关键工序为 a、d、g、k、l 中,工序 k、g 的直接费用变动率最低,分别为 290 元和 350 元,均小于每天的间接费用。同时,已知这两个工序的作业时间分别都能缩短 10 天,进行该项调整后,得到方案二。

计算得到,方案二的关键工序不变,总工期缩短到 150 天,工程的直接费用等于方案一中的直接费用加上由于缩短工期而增加的直接费用,即 68900 元+(290 元/天×10 天+350 元/天×10 天)=75300 元。工程的间接费用为第一方案的间接费用减去由于缩短工期而节省的间接费用,即 68000 元-(20 天×400 元/天)=60000 元。总费用为 75300+60000=135300 元,总工期为 150 天。显然,方案二无论在总工期上还是总费用上都优于方案一,经济效果更好。

方案二中现有两条关键路线,关键工序分别为 a、d、g、k、l 和 e、h。如果在此基础上再缩短工期,例如将 d 工序缩短 10 天,e 和 h 工序均缩短 5 天,则工程的直接费用将变为 75300+400×10+400×5+500×5=83800 元,间接费用为 60000-400×10=56000 元。总费用为 83800+56000=139800 元。

显然,上述方案劣于方案二,总费用比方案一、二都高。所以,方案二为调整后的最优方案,对应的总工期 150 天即为最低成本日程。

8.3.3 总工期—资源的优化

一项工程的可用资源,一般情况下总是有限的,因此时间计划必须考虑资源问题。在编制网络计划安排工程进度的同时,就要考虑尽量合理地利用现有资源,并缩短工程周期。一项工程中的工序繁多,涉及的资源利用情况比较复杂,往往不可能在编制网络计划时,一次性把进度和资源利用都能够做出合理安排。通常,需要进行几次综合平衡后才能得到时间进度和资源利用方面都比较合理的计划方案。具体要求和做法如下:

(1) 优先安排关键工序所需要的资源;

(2) 利用非关键工序的总时差,错开各工序的开始时间,拉平资源需要量的高峰;

(3) 在确实受到资源限制,或者在考虑综合经济效益的条件下,也可以适当地推迟工程的完工时间。

例 8-3 在图 8-9 中,假设已知机械加工工人人数为 65 人,即完成工序 d、f、g、h、k 的机械加工工人数有限制,而且,这些工人可以完成上述五个工序中的任何一个工序。这五个工序所需工人数和总时差如表 8-5 所示。试确定该项目工程合理的施工顺序。

表 8-5 某厂新产品开发试制项目的工人人数限制

工序	所需时间(天)	需要机械加工工人数	总时差
d	20	58	0
f	18	22	47
g	30	42	0
h	15	39	20
k	25	26	0

若上述各工序均按最早开始时间安排,在完成所有关键工序的 75 天中,所需要的机械加工工人数如图 8-12 所示。

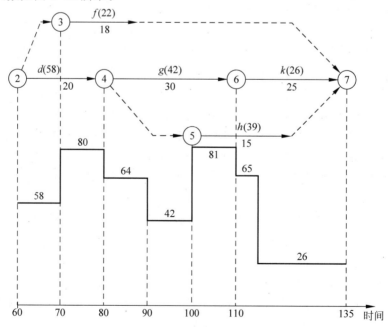

图 8-12 某厂新产品开发试制项目资源负荷

图 8-12 中，包括各工序代号、代号后面括号里的所需机械加工工人数以及它们下面的工序所需工作时间。上半部的进度图中实线箭线长度表示该工序所需的总工时，箭线开始的时间为该工序的最早开始时间，虚线表示非关键工序的总时差的长度。下半部分的图是不同时间段所需要的机械加工工人总数，一般称为**资源负荷图**。

从图 8-12 中可以看出，目前的安排方式中，人力资源的使用非常不均匀合理，其中有两段需要的工人数甚至超过了现有工人的人数。在这样的情况下，需要采取相应的时间—资源优化方法对以上工序的安排做适当地调整。

图 8-12 中都是按照各工序的最早开始时间安排，如果换用最迟开始时间，结果是从第 117 天至第 135 天中，需要机械加工工人数为 87 人，超过了现有工人数，所以这种调整方案也不可行。

如果我们利用非关键工序 f 和 h 的总时差，在不影响总工期的前提下进行调整，将做如下考虑。图 8-12 中可以看出，工序 f 和 d 同时进行时，所需机械加工工人数为 80 人，超过了现有工人数，所以利用工序 f 的总时差，将该工序 f 推迟到工序 d 结束后，即将工程开始后第 80 天作为工序 f 的开始时间。调整后，f 和 g 工序同时进行，需要机械加工工人数为 64 人，少于现有工人数。同理，将工序 h 的开始时间推迟到工程进行的第 110 天。经以上调整后的工程进度和人力资源安排如图 8-13 所示。

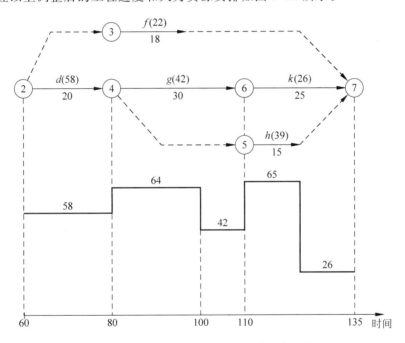

图 8-13　某厂新产品开发试制项目资源优化结果

以上以人力资源的限制与要求尽量符合均匀合理为例，说明了利用非关键工序总时差拉平资源负荷高峰，经过若干次调整，得到一个可行的最优计划方案的一般方法。这种方法适用于人力、物力、财力等各种资源与时间进度的综合平衡，从而选择了一个最优的计划方案。

在拉平资源负荷高峰的过程中,还可以采取非关键工序分段作业及减少所需资源等措施。必要时也可以根据计划目标和综合经济效益的要求,适当地拖长工程周期。

本章主要知识点

双标号网络图、单标号网络图、紧前工序、紧后工序、事项最早时间、事项最迟时间、工序最早开始时间、工序最早结束时间、工序最迟结束时间、工序最迟开始时间、总时差、单时差、网络优化

思 考 题

1. 试述编制网络计划包括的内容,网络计划的优点及适用范围。
2. 简述绘制网络图应遵循的主要规则及网络布局上应注意的事项。
3. 时间—资源优化和时间—费用优化的主要内容、步骤和相互间的关系。
4. 简述网络优化的主要内容和思路。

练 习 题

1. 指出下列网络图的错误,并修正。

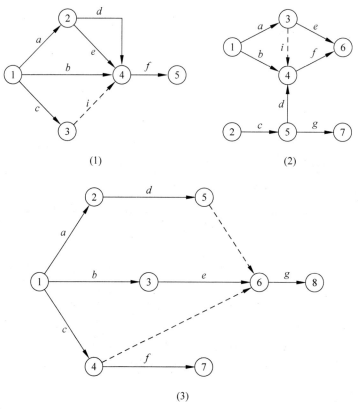

2. 根据下表所示的作业明细表,绘制网络图。

(a)

工序	紧前工序	工序	紧前工序
a	—	e	b
b	—	f	c
c	a,b	g	c
d	a,b	h	d,e,f

(b)

工序	紧前工序	工序	紧前工序
a_1	—	c_1	—
a_2	a_1	c_2	c_1
a_3	a_2	c_3	c_2
b_1	a_1	d_1	b_1,c_1
b_2	b_1,a_2	d_2	b_2,c_2,d_1
b_3	b_2,a_3	d_3	b_3,c_3,d_2

(c)

工序	紧后工序	工序	紧后工序
a	d,e	b	d,e,f
c	g	d	h
e	i	f	i
g	j	h	—
i	—	j	—

(d)

工序	紧后工序	工序	紧后工序
a	e	b	f,g,i
c	h	d	i
e	i	f	j
g	—	h	j
i	—	j	—

3. 求下图所示网络图中的相关时间参数。

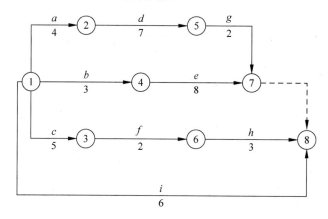

4. 已知某工程相关资料如下表所示,时间单位为天。

工序	紧前工序	工序时间	工序	紧前工序	工序时间
a	g,m	3	b	h	4
c	—	7	d	l	3
e	c	5	f	a,e	5
g	b,c	2	h	—	5
i	a,l	2	k	f,i	1
l	b,c	7	m	c	3

要求:
(1) 绘制网络图;
(2) 计算各工序的各项时间参数,指出关键工序;
(3) 若要求工程完工时间缩短 2 天,缩短哪些工序时间为宜。

5. 已知某工程相关资料如下表所示,时间单位为天。

工序	紧前工序	工序时间	工序	紧前工序	工序时间	工序	紧前工序	工序时间
a	—	60	g	b,c	7	m	j,k	5
b	a	14	h	e,f	12	n	i,l	15
c	a	20	i	f	60	o	n	2
d	a	30	j	d,g	10	p	m	7
e	a	21	k	h	25	q	o,p	5
f	a	10	l	j,k	10			

要求:
(1) 绘制网络图,计算各结点时间参数,确定关键路线;
(2) 若在工序 n 完成后,需要增加一道工序 t(工序时间为 3 天,工序 t 完成后接工序 o),而工序 t 只能在第 180 天开工。试绘制网络图,计算各结点时间,确定关键路线。

6. 某计划任务的网络图如下所示,试计算该项任务在30天完成的概率;如果要求完成该项任务的概率达到99.2%,则计划工期应规定为多少天?

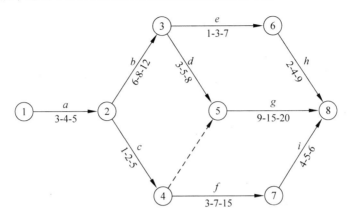

7. 已知某工程的网络图及有关资料如下所示。

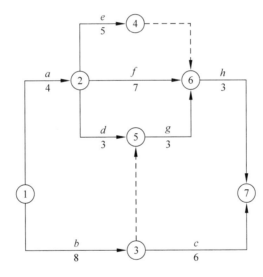

工　　序	a	b	c	d	e	f	g	h
缩短1天所增加费用	5	4	3	2	4	7	3	6

要求:
(1) 若工程完工时间缩短1天,缩短哪个工序时间最好,并指出这种情况下的关键路线;
(2) 若再缩短1天(合计为2天)怎样缩短最好,其中各工序只能缩短1天。

8. 某工程各工序的工序时间及所需要人数如下表所示,现有人数为10人,试确定工程完工时间最短的各工序的进度计划。

工序	紧前作业	工序时间	需要人员数
a	—	4	9
b	—	2	3
c	—	2	6
d	—	2	4
e	b	3	8
f	c	2	7
g	f,d	3	2
h	e,g	4	1

9. 已知某工程各项目活动的相关资料如下表所示,求该项工程的最低成本日程。

工序	作业时间	紧前活动	正常完成进度的直接费用(百元)	赶进度1天所需费用(百元)
a	4	—	20	5
b	8	—	30	4
c	6	b	15	3
d	3	a	5	2
e	5	a	18	4
f	7	a	40	7
g	4	b,d	10	15
h	3	e,f,g	15	6
合计			153	
工程的间接费用			500(元/天)	

阅读与分析

某建筑工程项目计划

某建筑工程,建筑面积3.8万平方米,地下1层,地上16层。施工单位(简称"乙方")与建设单位(简称"甲方")签订了施工总承包合同,合同期600天。合同约定工期每提前(或拖后)1天奖励(或罚款)1万元。

工程基本信息如表8-6所示。

表8-6 建筑工程项目信息

工序代号	工序名称	工序时间(天)	紧前工序
a	基础工程	120	—
b	主体工程	200	a
c	二次结构	40	b
d	屋面工程	30	b

续表

工序代号	工序名称	工序时间(天)	紧前工序
e	设备安装	40	c
f	室外装修	100	c,d
g	室内装修	200	e
h	室外工程	90	f
k	电梯安装	100	b

乙方将屋面和设备安装两项工程的劳务进行了分包,分包合同约定,若造成乙方关键工作的工期延误,每延误1天,分包方应赔偿损失1万元。

主体结构混凝土施工使用的大模板采用租赁方式,租赁合同约定,大模板到货每延误1天,供货方赔偿1万元。乙方提交了施工网络计划,并得到了监理单位和甲方的批准。施工过程中发生了以下事件:

事件1:底板防水工程施工时,因特大暴雨,造成基础工程施工工期延长5天,因人员窝工和施工机械闲置造成乙方直接经济损失10万元。

事件2:主体结构施工时,大模板未能按期到货,造成乙方主体结构施工工期延长10天,直接经济损失20万元。

事件3:屋面工程施工时乙方的劳务分包方不服从指挥,造成乙方返工,屋面工程施工工期延长3天,直接经济损失0.8万元。

事件4:中央空调设备安装过程中,甲方采购的制冷机组因质量问题退换货,造成乙方设备安装工期延长9天,直接费用增加3万元。

事件5:因为甲方对外装修设计的色彩不满意,局部设计变更通过审批后,使乙方外装修晚开工30天,直接费用损失0.5万元。

其余各项工作实际完成时间与费用和原计划相符。

问题:

(1) 按原计划绘制网络图,并确定网络计划的关键路线;

(2) 指出乙方向甲方索赔成立的事件,并分别说明索赔内容和理由;

(3) 分别指出乙方可以向大模板供货方和屋面工程劳务分包方索赔的内容和理由;

(4) 该工程实际总工期为多少天?乙方可得到甲方的工期补偿为多少天?工期奖(罚)款为多少万元?

(5) 乙方可得到各劳务分包方和大模板供货方的费用赔偿各是多少万元?

(6) 如果只有室内装修工程有条件可能压缩工期,在发生以上事件的前提条件下,为了能最大限度地获得甲方的工期奖励,室内装修工程工期至少应压缩多少天?

第 9 章

存 储 论

　　人们在生产和日常生活中往往将所需的物资、用品和食物暂时地储存起来，以备将来使用或消费。如工厂为了生产,必须储存一些原料；商店必须储存一些商品,营业时卖掉一部分商品使存储减少,到一定时候又必须进货,否则库存售空将无法继续营业。这种储存物品的现象是为了解决供应（生产）与需求（消费）之间不协调的一种措施,这种不协调性一般表现在供应量与需求量和供应时期与需求时期的不一致性上,出现供不应求或供过于求。人们在供应与需求这两环节之间加入储存这一环节,就能做到缓解供应与需求之间的不协调,以此为研究对象,利用运筹学的方法去解决最合理、最经济地储存问题。

　　所谓存储论(inventory)是专门研究经济资源最佳存储策略的理论与方法,它用定量方法描述存储物品的存储状态和动态供求关系,研究不同状态和不同供应关系情况下的存储费用结构,从而确定经济上最为合理的存储策略。它是运筹学各个分支中在实际应用方面获得成效最为显著的分支之一。

　　早在 1915 年,Harris 针对银行货币的储备问题进行了详细的研究,建立了一个确定性的存储费用模型,并求得了最佳批量公式。1934 年 Wilson 重新得出了这个公式,后来人们称这个公式为经济订购批量公式。这是属于存储论的早期工作。1958 年 Whitin 发表了《存储管理的理论》一书,随后 Arrow 等发表了《存储和生产的数学理论研究》,Moran 在 1959 年完成《存储理论》一书。此后,存储论成了运筹学中的一个独立的分支。本章主要介绍一些常用的存储模型及其解决方法。

补充材料：银行挤兑

　　1915 年,Harris 针对银行货币的储备问题进行了详细的研究,形成了存储问题的最早期研究成果。银行货币储备问题与银行挤兑现象密切相关。

　　银行挤兑又称挤提,提指的是提款,兑则是兑现。通常银行因信用度下降、传闻破产等原因,大量的银行客户因为金融危机的恐慌或者相关影响同时到银行提取现金,这会使银行陷入流动性危机,进而破产倒闭,而银行的存款准备金不足以支付,进而加剧银行的支付危机,这时就出现了银行挤兑现象。

　　银行挤兑发生的原因是多方面且复杂的。简单地讲,银行通过支付利息获取客户的资金,然后通过收取利息将这些资金贷出,这两方面的利息之差是银行获取利润维持生存的基础。银行当然希望将吸储得到的资金全部贷出以获取最大的收益,但是这在现实中是不可行的。一方面银行需要一定的资金用于维持其正常运营,如办公场所、设备投入、人员工资等；更重要的是，银行还需要留下一部分资金用于支付储户提现需求。当储户兑现的要求不能满足时就可能出现挤兑现象，这对银行而言往往是致命的。所以，银行必须确定一个合理的用于贷款支出的比例，即储备多少现金是合理的。

9.1 基 本 概 念

9.1.1 存储系统模型

一般而言，存储系统如图 9-1 所示。

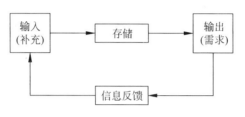

图 9-1　存储系统模型

在图 9-1 中，存储系统的一端为输入，即向存储系统补充物资；而另一端为输出，表现为物资的需求。一般说来，在存储系统中存储量因需求而减少，因补充而增加。供应与需求之间经常是不平衡的，这种不平衡产生了一些额外的费用。而存储论就是研究合理地处理供应、存储、需求之间的关系，以确定最佳的存储策略。

9.1.2 存储论的基本概念

1. 需求

对存储来说，由于需求，从存储中取出一定的数量，使存储量减少，这便是存储的输出。存储系统的需求呈现出多种形态。如有的需求是间断式的，而有的需求是连续均匀的。

图 9-2 和图 9-3 分别表示 t 时间内的输出量为 $S-W$，但两者的输出方式不同。图 9-2 表示的输出是间断的，而图 9-3 表示输出是连续的。

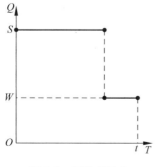

图 9-2　间断式输出

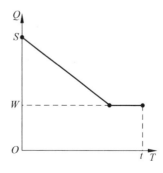

图 9-3　连续式输出

有的需求是确定的,如显像管厂每月按合同向电视机厂提供 3000 个显像管。而有的需求是随机的,如小卖部每天卖出的矿泉水瓶数。

2. 补充(订货或生产)

存储由于需求而不断减少,必须加以补充,否则最终将无法满足需求。补充就是存储的输入。补充的办法可能是向其他工厂订货,从订货到货物进入"存储"往往需要一段时间,我们称之为备货时间。从另一个方面来看,为了在某一时刻能补充存储,必须提前订货,那么这段时间也称之为提前时间。补充的另外一种方式就是生产,工厂向市场提供商品以保证供应,这个生产也可看作是对储存的补充。

备货时间可能很长,也可能很短,可能是随机性的,也可以是确定性的。

3. 存储策略

存储论要解决的问题是,多长时间补充一次,每次补充的数量应该是多少。决定多长时间补充一次以及每次补充数量的策略称为存储策略。常见的策略有三种类型。

(1) t_0 循环策略,即每隔 t_0 时间补充固定存储量 Q_0。这是一种最简单的存储策略。

(2) (s, S) 策略,每当存储量 $x > s$ 时不补充,而一旦当 $x \leqslant s$ 时补充存储,补充量为 $Q = S - x$,即将存储补充到 S。这种策略要求实时监测存储量的变化。

(3) (t, s, S) 策略,这是前述两种策略的混合形式,每经过 t 时间检查系统存储量,当存储量 $x > s$ 时不补充,而一旦当 $x \leqslant s$ 时补充存储,即将存储量补充到 S。

不同的存储策略的费用是不同的,一个好的存储策略,既可以使总费用少,又应避免因缺货影响生产(或对顾客失去信用)。

4. 费用

存储策略在一个存储系统中,主要包括下列一些费用。

(1) 存储费,包括货物占用资金应付的利息以及使用仓库、保管货物、货物损坏变质等支出的费用。

(2) 订货费,包括两项费用:一项是订购费用(固定费用),如手续费、电信往来、派人员外出采购等费用。订购费与订货次数有关而与订货数量无关。另一项是货物的成本费用,它与订货数量有关,如货物本身的价格、运输费用等。

(3) 生产费,补充存储时,如果不需向外厂订货,由本厂自行生产,这时仍需要支出两项费用。一项是装配费用(或称准备费用),属于固定费用;另一项是与生产产品的数量有关的费用,如材料费、加工费等,属于可变费用。

(4) 缺货费,当存储供不应求时所引起的损失。如失去销售机会的损失、停工待料的损失以及不能履行合同而缴纳的赔偿金等。

费用是存储论研究的核心问题,它也是判断存储策略优劣的标准。通常把存储模型中需求、补充、费用等一些数据皆为确定的数值的模型称为确定性存储模型,把模型中含有随机变量的称为随机存储模型。下面我们将分别介绍这些模型。

9.2 确定性存储模型

9.2.1 模型一：不允许缺货，备货时间很短

该模型的基本假设为：

(1) 缺货费用为无穷大；
(2) 当存储量降至 0 时，可以立即得到补充；
(3) 需求是连续的、均匀的，即若需求速度为 R，则时间 t 内的需求量为 Rt；
(4) 每次订货量固定，订购费不变；
(5) 单位存储费不变。

该模型为存储论中最基本的模型。该存储系统中存储量的变化情况如图 9-4 所示。一个好的存储策略应使得系统的总费用最低，有两种思路来解决问题。一种是使每个订货周期内的单位时间费用最少；另一种是使每个订货周期内的单位货物费用最少。这两种方法是等效的，我们先考虑第一种思路。

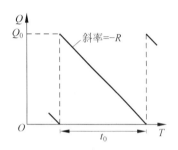

图 9-4 模型一存储量变化

假定每隔 t 时间补充一次存储，由于不允许缺货，所以本次订货应能满足下一期内需求量，而已知需求速率为 R，所以订货量应为 $Q=Rt$。设订购的固定费用为 C_3，货物单价为 K，这样每一次订货的总费用为 C_3+KRt，所以 t 时间内的平均订货费为 $C_3/t+KR$。

此外，t 时间内的存储量处于连续变化的过程中，但它是均匀变化，为了得到 t 时间内的存储费用，我们用平均存储量来计算。已知，在 t 时间内的平均存储量为

$$\frac{1}{t}\int_0^t RT\,dT = \frac{1}{2}Rt$$

再设单位时间内单位货物的存储费用为 C_1，则 t 时间内所需平均存储费用为 $\frac{1}{2}RtC_1$。

所以，上述两项之和即 t 时间总的平均费用为

$$C(t) = \frac{C_3}{t} + KR + \frac{1}{2}C_1Rt$$

现只需求得上式的最小值即可。令：

$$\frac{dC(t)}{dt} = \frac{C_3}{t^2} + \frac{1}{2}C_1R = 0$$

这样得到

$$t_0 = \sqrt{\frac{2C_3}{C_1R}}$$

由于

$$\left.\frac{d^2C(t)}{dt^2}\right|_{t=t_0} > 0$$

所以上述 t_0 值使得 $C(t)$ 最小,即每隔 t_0 时间订货一次可使 $C(t)$ 最小,订货批量为

$$Q_0 = Rt_0 = \sqrt{\frac{2C_3R}{C_1}}$$

上式就是存储论中著名的经济订购批量(economic ordering quantity, EOQ)公式,也称平方根公式,或经济批量公式。

由于 Q_0、t_0 皆与 K 无关,所以此后在费用函数中略去 KR 这项费用。如无特殊需要不要考虑此项费用,则费用公式可改写为

$$C(t) = \frac{C_3}{t} + \frac{1}{2}C_1Rt$$

将 t_0 的值代入上式可得到 EOQ 的最佳费用为

$$C_0 = \sqrt{2C_1C_3R}$$

从费用曲线(图 9-5)同样也可以求出 t_0、Q_0 和 C_0。

在图 9-5 中,$C(t)$ 曲线的最低点即为最低总费用,它是存储费用曲线与订购费用曲线的交点,即

$$\frac{C_3}{t} = \frac{1}{2}C_1Rt$$

解得

$$t_0 = \sqrt{\frac{2C_3}{C_1R}}$$

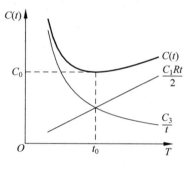

图 9-5 模型一的总费用

进而可以得到

$$Q_0 = Rt_0 = \sqrt{\frac{2C_3R}{C_1}}, \quad C_0 = \sqrt{2C_1C_3R}$$

上述的分析是基于 t 作为存储变量推导出来的,如果选取订货批量 Q 作为存储策略变量也可以推导出上述公式,有兴趣的同学可以自己尝试推导一下。

例 9-1 若某产品中有一外购件,年需求量为 10000 台,单价为 100 元。由于该件可在市场采购,故订货提前期为 0,并不允许缺货。已知每组织一次采购需 2000 元,每件每年的存储费为该件单价的 20%,试求经济订货批量及每年最小的存储费用。

解:由题设条件可知,该问题符合模型一的假设。其中

$R = 10000$ 台/年, $K = 100$ 元/台, $C_3 = 2000$ 元, $C_1 = 100 \times 20\% = 20$ 元/年

由经济订货批量公式可得,订货周期为

$$t_0 = \sqrt{\frac{2C_3}{C_1R}} = \sqrt{\frac{2 \times 2000}{20 \times 100000}} = 0.1414(年)$$

订货批量为

$$Q_0 = Rt_0 = 1414(台)$$

最低费用为

$$C_0 = \sqrt{2C_1C_3R} = \sqrt{2 \times 20 \times 2000 \times 10000} = 28284.27(元/年)$$

9.2.2 模型二:不允许缺货,生产需一定时间

模型二的假设条件与模型一相比而言,除生产需要一定时间的条件外,其余皆与模型

一的相同。

设生产批量为 Q，所需生产时间为 T，则生产速度为 $P=Q/T$。已知需求速度为 $R(R<P)$。生产的产品一部分满足需求，剩余部分才作为存储，这时存储量变化如图 9-6 所示。

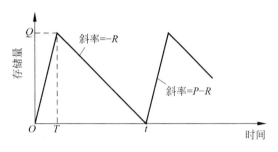

图 9-6　模型二存储量变化

在 $[0,T]$ 区间内，存储以 $(P-R)$ 速度增加，在 $[T,t]$ 区间内，存储以速度 R 减少。T 与 t 皆为待定数。从图 9-6 可知，

$$(P-R)T = R(t-T)$$

即

$$PT = Rt$$

这意味着以速度 P 生产 T 时间的产品等于 t 时间内的需求，这样有 $T=Rt/P$。

t 时间内的平均存储量为 $\dfrac{1}{2}(P-R)T$

t 时间内所需的存储费为 $\dfrac{1}{2}C_1(P-R)T$

t 时间内所需装配费为 C_3

这样可以得到单位时间总费用(平均费用) $C(t)$ 为

$$\begin{aligned}C(t) &= \frac{1}{t}\left[\frac{1}{2}C_1(P-R)Tt + C_3\right] \\ &= \frac{1}{t}\left[\frac{1}{2}C_1(P-R)\frac{Rt^2}{P} + C_3\right]\end{aligned}$$

为求得最小费用，根据一阶条件

$$\frac{\mathrm{d}C(t)}{\mathrm{d}t} = 0$$

可以解得

$$t_0 = \sqrt{\frac{2C_3P}{C_1R(P-R)}}$$

此为最佳订货周期。相应的生产批量为

$$Q_0 = \sqrt{\frac{2C_3RP}{C_1(P-R)}}$$

最低费用为

$$C(t_0) = \sqrt{2C_1C_3R\frac{P-R}{P}}$$

最佳生产时间为

$$T = \frac{Rt_0}{P} = \sqrt{\frac{2C_3 P}{C_1 P(P-R)}}$$

与模型一相比而言，所有参数之间只差了一个因子 $\sqrt{P/(P-R)}$。事实上当 P 足够大时（即生产时间很短），两组公式相同了，即模型二转化为了模型一。

例 9-2 某厂按合同每月需供应某电子元件 100 件，每月生产率为 500 件，每批装配费为 5 元，每件产品每月需存储费为 0.4 元。试确定该厂的经济生产批量、生产周期，最佳生产时间及最低费用。

解：已知题设条件符合模型二的假设，且

$$C_3 = 5, \quad C_1 = 0.4, \quad P = 500, \quad R = 100$$

根据前述公式，经济生产批量为

$$Q_0 = \sqrt{\frac{2C_3 RP}{C_1(P-R)}} \approx 56(\text{件})$$

生产周期为

$$t_0 = \sqrt{\frac{2C_3 P}{C_1 R(P-R)}} = 0.559(\text{月})$$

最佳生产时间为

$$T = \frac{Rt_0}{P} = \sqrt{\frac{2C_3 P}{C_1 P(P-R)}} = 0.1118(\text{月})$$

最低费用为

$$C(t_0) = \sqrt{2C_1 C_3 R \frac{P-R}{P}} = 17.8885(\text{元}/\text{月})$$

9.2.3 模型三：允许缺货，备货时间很短

在本模型中，允许缺货，并把缺货损失定量化来加以研究。由于允许缺货，所以企业在存储降至零后，还可以再等一段时间然后订货。也就是说，企业可以少付几次订货的固定费用，少支付一些存储费用。一般说来，当顾客遇到缺货时不受损失，或损失很小，而企业除支付少量的缺货费外也无其他损失时，发生缺货现象可能对企业是有利的。

假设单位时间物品存储费用为 C_1，每次订购费为 C_3，缺货费为 C_2（单位缺货损失），R 为需求速度。模型三的示意图如图 9-7 所示。

假设最初存储量为 S，可以满足 t_1 时间内的需求，所以 t_1 时间内的平均存储量为 $S/2$，在 $(t-t_1)$ 时间内的存储量为 0，不产生存储费用。但由于存在缺货损失，所以有缺货费，平均缺货量为 $R(t-t_1)/2$。另外，由于 S 仅能满足 t_1 时间内的需求 $S=Rt_1$，所以 $t_1=S/R$。这样，在 t 时间内所需存储费为

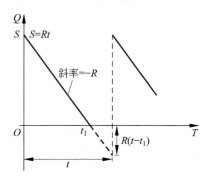

图 9-7 模型三存储量变化

$$C_1 \frac{1}{2} S t_1 = \frac{1}{2} C_1 \frac{S^2}{R}$$

在 t 时间内的缺货费为

$$C_1 \frac{1}{2} R(t-t_1)(t-t_1) = \frac{1}{2} C_2 \frac{(Rt-S)^2}{R}$$

此外，订购费为 C_3。这样平均总费用为

$$C(t,S) = \frac{1}{t}\left[C_1 \frac{S^2}{2R} + C_2 \frac{(Rt-S)^2}{2r} + C_3\right]$$

上式中有两个变量，可利用多元函数求极值的方法来求 $C(t,S)$ 的最小值。即令

$$\frac{\partial C}{\partial S} = \frac{1}{t}\left[C_1 \frac{S}{R} - C_2 \frac{(Rt-S)}{R}\right] = 0$$

$$\frac{\partial C}{\partial t} = -\frac{1}{t^2}\left[C_1 \frac{S^2}{2R} + C_2 \frac{(Rt-S)^2}{2R} + C_3\right] + \frac{1}{t}[C_2(Rt-S)] = 0$$

求解可以得，最优订货周期为

$$t_0 = \sqrt{\frac{2C_3(C_1+C_2)}{C_1 R C_2}}$$

最大存储量为

$$S_0 = \sqrt{\frac{2C_2 C_3 R}{C_1(C_1+C_2)}}$$

最低费用为

$$C^{\min}(t,S) = \sqrt{\frac{2C_1 C_2 C_3 R}{C_1+C_2}}$$

在不允许缺货情况下，为满足 t_0 时间内的需求，订货量为

$$Q_0 = R t_0 = \sqrt{\frac{2RC_3}{C_1} \frac{C_1+C_2}{C_2}}$$

而允许缺货情况下，存储量只需达到 S_0 即可，可以得到它们差值为

$$B = Q_0 - S_0 = \sqrt{\frac{2RC_1 C_3}{C_2(C_1+C_2)}}$$

它表示在 t_0 时间内的最大缺货量。

注意到，模型三的相关参数只与模型一的一个因子 $\sqrt{(C_1+C_2)/C_2}$ 相关，而该因子大于 1，所以模型三的参数比模型一的参数都要大。当不允许缺货时，即 $C_2 \to \infty$ 时，该因子的极限值为 1，这时模型三与模型一相同。

例 9-3 某电子设备厂对一种元件的需求为 2000 件/年，订货提前期为 0，每次订货费为 25 元。该元件每件成本为 50 元，年存储费为成本的 20%。如发生供应短缺，可在下批货到达时补上，但缺货损失为每件每年 30 元。求经济订货批量及全年的总费用。

解：题设条件符合模型三的假设。由于

$$R = 2000 \text{ 件/年}, \quad C_1 = 50 \times 20\% = 10 \text{ 元/(件·年)},$$

$$C_2 = 30 \text{ 元/(件·年)}, \quad C_3 = 25 \text{ 元/次}$$

所以，根据前述公式可以得到

$$Q_0 = \sqrt{\frac{2RC_3}{C_1}\frac{C_1+C_2}{C_2}} = 115(件)$$

$$C^{\min}(t,S) = \sqrt{\frac{2C_1C_2C_3R}{C_1+C_2}} = 886(元/年)$$

9.2.4 模型四：允许缺货，生产需一定时间

该模型的假设条件除允许缺货生产需一定时间外，其余条件与模型一相同，其存储量变化如图 9-8 所示。

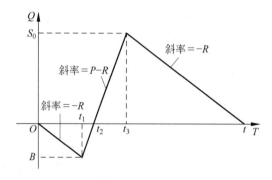

图 9-8 模型四存储量变化

图 9-8 中，t 为一个周期，假设从 0 时刻开始，存储量为 0。t_1 时刻开始生产，t_3 时刻停止生产。存储量的变化过程为：

$[0, t_1]$ 时间内，存储量为 0，存储系统处于缺货状态，需求速度为 R。设 B 为最大缺货量，则有 $B = Rt_1$。

$[t_1, t_2]$ 时间内，企业开始生产，一方面需满足当前需求，同时需补足 $[0, t_1]$ 时间内的缺货，所以存储量仍然为 0，但存在 $B = (P-R)(t_2-t_1)$。

$[t_2, t_3]$ 时间内，由于生产速度高于需求速度，存储量以 $P-R$ 的速度开始增加。若用 S_0 表示最大存储量，则 $S_0 = (P-R)(t_3-t_2)$。

$[t_3, t]$ 时间内，企业在 t_3 时刻停止生产，系统存储量开始以 R 的速度减少，到时刻 t 时存储量回到 0，完成一个周期。同样可以得到 $S_0 = R(t-t_3)$。

从上述分析过程中可以发现，由于存在 $B = Rt_1 = (P-R)(t_2-t_1)$，所以可以得到

$$t_1 = \frac{P-R}{P}t_2$$

另外，由于 $S_0 = (P-R)(t_3-t_2) = R(t-t_3)$，所以

$$t_3 - t_2 = \frac{R}{P}(t-t_2)$$

下面讨论在 $[0, t]$ 时间内的所有费用

存储费：$\frac{1}{2}C_1(P-R)(t_3-t_2)(t-t_2) = \frac{1}{2}C_1(P-R)\frac{R}{P}(t-t_2)^2$

缺货费：$\frac{1}{2}C_2Rt_1t_2 = \frac{1}{2}C_2R\frac{P-R}{P}t_2^2$

装配费：C_3

这样，在$[0,t]$时间内总平均费用为上述三项费用之和除以周期时间，即

$$C(t,t_2) = \frac{1}{t}\left[\frac{1}{2}C_1(P-R)\frac{R}{P}(t-t_2)^2 + \frac{1}{2}C_2R\frac{P-R}{P}t_2^2 + C_3\right]$$

为求得上式的最小值，令

$$\begin{cases} \dfrac{\partial C(t,t_2)}{\partial t} = 0 \\ \dfrac{\partial C(t,t_2)}{\partial t_2} = 0 \end{cases}$$

得到

$$t = t_0 = \sqrt{\frac{2C_3}{C_1R}}\sqrt{\frac{C_1+C_2}{C_2}}\sqrt{\frac{P}{P-R}}$$

$$t_2 = \frac{C_1}{C_1+C_2}t_0 = \frac{C_1}{C_1+C_2}\sqrt{\frac{2C_3}{C_1R}}\sqrt{\frac{C_1+C_2}{C_2}}\sqrt{\frac{P}{P-R}}$$

由此可以得到该模型的其他参数分别为订货量

$$Q_0 = Rt_0 = \sqrt{\frac{2C_3R}{C_1}}\sqrt{\frac{C_1+C_2}{C_2}}\sqrt{\frac{P}{P-R}}$$

最大存储量

$$S_0 = R(t_0 - t_3) = \sqrt{\frac{2C_3R}{C_1}}\sqrt{\frac{C_2}{C_1+C_2}}\sqrt{\frac{P-R}{P}}$$

最大缺货量

$$B_0 = Rt_1 = \frac{R(P-R)}{P} = t_2 = \sqrt{\frac{2C_1C_3R}{(C_1+C_2)C_2}}\sqrt{\frac{P-R}{P}}$$

最低费用为

$$\min C(t_0,t_2) = C_0 = \sqrt{2C_1C_3R}\sqrt{\frac{C_2}{C_1+C_2}}\sqrt{\frac{P-R}{P}}$$

注意到模型四是前述三个模型的综合，当设定不同参数的假设，它可转化为前述三个模型。

9.2.5 其他确定性存储模型

在前述的模型中，由于货物单价是一确定量，所以得到的最优存储策略与货物的单价无关。但在现实中如果货物单价是变化的，如常见的量大从优的情况，这时就必须考虑货物单价对存储策略的影响了。下面主要讨论价格有折扣的存储问题，其他类似问题可以借鉴这一思路。

令货物单位为$K(Q)$，且$K(Q)$按三个数量等级变化

$$K(Q) = \begin{cases} K_1 & 0 \leqslant Q < Q_1 \\ K_2 & Q_1 \leqslant Q < Q_2 \\ K_3 & Q_2 \leqslant Q \end{cases}$$

这是一个阶梯函数，如图9-9所示。

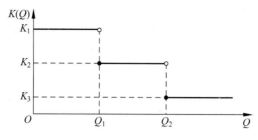

图 9-9　阶梯形货物单价

当订货量为 Q 时，一个周期内所需费用为

$$C(Q) = \frac{1}{2}C_1 Q \frac{Q}{R} + C_3 + K(Q)Q$$

即

$$C(Q) = \begin{cases} \frac{1}{2}C_1 Q \frac{Q}{R} + C_3 + K_1 Q, & 0 \leqslant Q < Q_1 \\ \frac{1}{2}C_1 Q \frac{Q}{R} + C_3 + K_2 Q, & Q_1 \leqslant Q < Q_2 \\ \frac{1}{2}C_1 Q \frac{Q}{R} + C_3 + K_3 Q, & Q_2 \leqslant Q \end{cases}$$

平均每单位货物所需费用为

$$C^{\mathrm{I}}(Q) = \frac{1}{2}C_1 \frac{Q}{R} + \frac{C_3}{Q} + K_1, \quad 0 \leqslant Q < Q_1$$

$$C^{\mathrm{II}}(Q) = \frac{1}{2}C_1 \frac{Q}{R} + \frac{C_3}{Q} + K_2, \quad Q_1 \leqslant Q < Q_2$$

$$C^{\mathrm{III}}(Q) = \frac{1}{2}C_1 \frac{Q}{R} + \frac{C_3}{Q} + K_3, \quad Q_2 \leqslant Q$$

上述成本函数如图 9-10 所示。

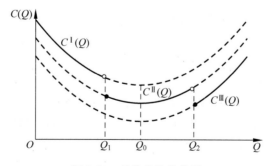

图 9-10　单位货物的费用

如果不考虑 $C^{\mathrm{I}}(Q)$、$C^{\mathrm{II}}(Q)$、$C^{\mathrm{III}}(Q)$ 的定义域，它们之间只差一个常数，因此它们的导数是相同的。为求得极小值，令导数为 0，可以解得 Q_0，但该值落在哪一个区间，事先无法确定。

假设 $Q_1 < Q_0 < Q_2$，这也不肯定 $C^{\mathrm{II}}(Q)$ 就是最小的。由图 9-10 可知，$C^{\mathrm{III}}(Q_2)$ 的值可

能更小。所以,如果设最佳订购批量为 Q^*,在给出价格有折扣的情况下,求解步骤为

(1) 对 $C^I(Q)$ 求得极值点为 Q_0(不考虑定义域);

(2) 若 $Q_0 < Q_1$,计算

$$C^I(Q_0) = \frac{1}{2}C_1\frac{Q_0}{R} + \frac{C_3}{Q_0} + K_1$$

$$C^{II}(Q_1) = \frac{1}{2}C_1\frac{Q_1}{R} + \frac{C_3}{Q_1} + K_2$$

$$C^{III}(Q_2) = \frac{1}{2}C_1\frac{Q_2}{R} + \frac{C_3}{Q_2} + K_3$$

由 $\min\{C^I(Q_0), C^{II}(Q_1), C^{III}(Q_2)\}$ 得到单位货物最小费用的订购批量 Q^*;

(3) 若 $Q_1 \leqslant Q_0 < Q_2$,计算 $C^{II}(Q_0)$、$C^{III}(Q_2)$,由 $\min\{C^{II}(Q_0), C^{III}(Q_2)\}$ 决定 Q^*;

(4) 若 $Q_2 \leqslant Q_0$,则 $Q^* = Q_0$。

例 9-4 某报社必须定期补充纸张的库存量,假定新闻纸以大型卷筒进货。每次订货费用为 25 元,纸张的价格按下列进货批量进行折扣:

买 1~9 筒,单价为 12 元;

买 10~49 筒,单价为 10 元;

买 50~99 筒,单价为 9.5 元;

买 100 筒以上,单价为 9 元。

另外,车间的消耗为每周 32 筒,存储纸张的费用为每周每筒 1 元。求最佳订货批量和每周的最小费用。

解:由题设条件可知,$R=32$,$C_1=1$,$C_3=25$,由经济订购批量公式可得:

$$Q^* = \sqrt{\frac{2C_3R}{C_1}} = 40$$

因为 Q_0 落在 10~49 之间,每筒的价格为 10 元,所以每周的平均费用为

$$C(Q_0) = \sqrt{2C_3C_1R} + RK = 360$$

而可以计算得到

$$C(50) = \frac{1}{2}C_1Q\frac{Q}{R} + C_3 + K(Q)Q = 345, \quad C(100) = \frac{1}{2}C_1Q\frac{Q}{R} + C_3 + K(Q)Q = 346$$

所以最佳订货批量应为 50 筒,费用为 345 元/周。

9.3 随机性存储模型

在前面的一些存储模型中,我们把需求率看成一个已知常量,但在现实的情况中,需求通常是不确定或随机的。随机性存储模型的主要特点是需求为随机的,而且其概率分布为已知。在这种情况下可供选择的策略主要有三种:

(1) 定期订货,但订货数量需要根据上一个周期剩下货物的数量决定。如果剩下的数量少,可以多订货;剩下的数量多,则可以少订或不订货。这种策略称为**定期订货法**。

(2) 定点订货,降到某一确定的数量时即订货,不再考虑间隔的时间。这一数量值称为订货点,每次订货的数量不变,这种策略称为**定点订货法**。

(3) 把定期订货与定点订货综合起来的方法,隔一定时间检查一次存储量,如果存储数量高于某个数值 s,则不订货;不高于 s 时,则订货补充存储量至 S,这种策略称为 (s,S) 策略。

与确定性存储模型不同,不允许缺货的条件只能从概率的意义方面理解,如不缺货的概率为 0.9 等。而存储策略的优劣通常以盈利的期望值的大小作为衡量的标准。

9.3.1 模型五:需求是随机离散的

需求为随机离散的存储问题中,最经典的就是报童模型。

补充材料:报童模型(Newsvendor Model)——最重要的生产管理模型

报童模型是最早的叫法,因为报童是违反禁止使用童工的劳工法的规定的,现在更多称为报贩模型。由于它十分简洁地描述了企业的生产存储问题,在现实中有着非常广泛的应用,因此对管理理论的影响也非常深远。

最早的报童模型说的是一个报童早上从批发商拿一些报纸出来,而报纸的需求是个随机数,如果需求大于他早上从批发商拿的报纸数,他就少赚了钱;如果需求小于他早上从批发商拿的报纸数,他就有报纸卖不出去。报童模型能给出报童的最优订货量,它的衍生模型有很多,其最主要的直接运用是在生产库存中,它可以用来计算订货点最优订货量等。

报童每日售报数量是一个随机变量。报童每售出一份报纸赚 k 元。如报纸未能售出,每份赔 h 元。每日售出报纸份数 r 的概率 $P(r)$ 根据以往的经验是已知的,问报童每日最好准备多少份报纸?

这个问题要求报童每日报纸的订货量 Q 为何值时,赚钱的期望值最大?即如何适当地选择 Q 值,使因不能售出报纸的损失及缺货失去销售机会的损失,两者期望值之和最小。设报童订购报纸数量为 Q。他的损失来自于两个方面:

情况 1:供过于求时,即 $r \leqslant Q$,这时报纸因不能售出而承担损失,其期望值为

$$\sum_{r=0}^{Q} h(Q-r)P(r)$$

情况 2:供不应求,即 $r > Q$,这时因缺货而少赚钱的损失期望值为

$$\sum_{r=Q+1}^{\infty} k(r-Q)P(r)$$

所以,当订货量为 Q 时,损失的期望值为

$$C(Q) = h\sum_{r=0}^{Q}(Q-r)P(r) + k\sum_{r=Q+1}^{\infty}(r-Q)P(r)$$

现在只需根据上式来确定 Q 值,使得 $C(Q)$ 最小即可。

由于报童订购报纸的数量只能取整数,而 r 是离散变量,所以不能用一阶条件求得极小值。所以,我们根据最小值的性质来确定最优值,假设报童每日订购报纸的数量为 Q,则根据最小值的概念可知,其损失期望值应满足下述两个条件,

条件 1: $C(Q) \leqslant C(Q+1)$

条件 2: $C(Q) \leqslant C(Q-1)$

从条件 1 出发有

$$h\sum_{r=0}^{Q}(Q-r)P(r)+k\sum_{r=Q+1}^{\infty}(r-Q)P(r)\leqslant h\sum_{r=0}^{Q+1}(Q+1-r)P(r)+k\sum_{r=Q+2}^{\infty}(r-Q-1)P(r)$$

化简后,得到

$$(k+h)\sum_{r=0}^{Q}P(r)-k\leqslant 0$$

即

$$\sum_{r=0}^{Q}P(r)\geqslant\frac{k}{k+h}$$

从条件 2 出发有

$$h\sum_{r=0}^{Q}(Q-r)P(r)+k\sum_{r=Q+1}^{Q}(r-Q)P(r)\leqslant h\sum_{r=0}^{Q-1}(Q-1-r)P(r)+k\sum_{r=Q}^{\infty}(r-Q+1)P(r)$$

化简后得到

$$(k+h)\sum_{r=0}^{Q-1}P(r)-k\leqslant 0$$

即

$$\sum_{r=0}^{Q-1}P(r)\leqslant\frac{k}{k+h}$$

综上,这样报童应订购的报纸的最佳数量 Q 应按下述条件确定

$$\sum_{r=0}^{Q-1}P(r)<\frac{k}{k+h}\leqslant\sum_{r=0}^{Q}P(r)$$

另外,从期望盈利最大的角度也可得到同样的结果。当需求 $r\leqslant Q$ 时,报童只能售出 r 份报纸,每份赚 k 元,共得 kr 元;未售出的报纸,每份赔 h 元,滞销损失为 $h(Q-r)$ 元。此盈利的期望值为

$$\sum_{r=0}^{Q}[kr-h(Q-r)]P(r)$$

当需求 $r>Q$ 时,报童因为只有 Q 份报纸可供销售,盈利的期望值为

$$\sum_{r=Q+1}^{\infty}=kQP(r)$$

无滞销损失。

所以,报童的期望盈利为

$$\Pi(Q)=\sum_{r=0}^{Q}krP(r)-\sum_{r=0}^{Q}h(Q-r)P(r)+\sum_{Q+1}^{\infty}kQP(r)$$

为使订购数量为 Q 时的盈利期望值最大,应满足下述两个条件:

条件 1:$\Pi(Q+1)\leqslant\Pi(Q)$

条件 2:$\Pi(Q-1)\leqslant\Pi(Q)$

由条件 1 可以得到

$$k\sum_{r=0}^{Q+1}rP(r)-h\sum_{r=0}^{Q+1}(Q+1-r)P(r)+k\sum_{r=Q+2}^{\infty}(Q+1)P(r)$$

$$\leqslant k\sum_{r=0}^{Q}rP(r)-h\sum_{Q-r}P(r)+k\sum_{r=Q+1}^{\infty}QP(r)$$

简化后得到

$$\sum_{r=0}^{Q} P(r) \geqslant \frac{k}{k+h}$$

同样方法从条件 2 出发,可以推导出

$$\sum_{r=0}^{Q-1} P(r) \leqslant \frac{k}{k+h}$$

与前述结果相同,报童应准备的报纸最佳数量应满足

$$\sum_{r=0}^{Q-1} P(r) < \frac{k}{k+h} \leqslant \sum_{r=0}^{Q} P(r)$$

例 9-5 某商店拟在新年期间出售一批日历画片,每售出 1000 张可盈利 700 元。若在新年期间不能售出须降价处理。但由于降价一定可以售完,此时每千张赔损 400 元。根据以往的经验,市场需求的概率如下表所示。

需求量 r(千张)	0	1	2	3	4	5
概率 $P(r)$	0.05	0.10	0.25	0.35	0.15	0.10

每年只能订货一次,问应订购日历画片多少才能使获利最大?

解:由题设条件可知,这一问题与报童模型的条件一致,且 $k=7, h=4$,所以,$\frac{k}{k+h}=0.637$,而由上表可知:

$$\sum_{r=0}^{2} = 0.40 < 0.637 < \sum_{r=0}^{3} = 0.75$$

所以,该商店应订购的日历画片应为 3000 张。

尽管报童模型是基于需求为随机离散的,但对于一些需求为连续的随机变量的问题,也可借鉴这一思路进行求解。

例 9-6 对某产品的需求量服从正态分布,已知 $\mu=150, \sigma=25$。又知每个产品的进价为 8 元,售价为 15 元。如销售不完按每个 5 元退回原单位。问该产品的订货量为多少个可使得预期的利润最大。

解:由题设条件可知,$k=15-8=7, h=8-5=3$,所以,$\frac{k}{k+h}=0.7$,由于 r 服从正态分布,所以

$$\Phi\left(\frac{Q^*-\mu}{\sigma}\right) = 0.7$$

由正态分布表,得到 $\frac{Q^*-150}{25}=0.525$,所以 $Q^*=163$。

报童模型只解决一次订货问题,模型中有一个严格的约定,即两次订货之间没有联系,都看作独立的一次订货。这种存储策略也可称为定期定量订货策略。

9.3.2 模型六:需求是连续的随机变量

在该模型中,货物单位成本为 K,货物单位售价为 P,单位存储费用为 C_1,需求 r 是

连续的随机变量,概率密度函数为 $f(r)$,这样 $f(r)\mathrm{d}r$ 表示随机变量在 r 与 $r+\mathrm{d}r$ 之间的概率,其分布函数为 $F(a)=\int_0^a f(r)\mathrm{d}r (a>0)$,生产或订购的数量为 Q,为决策变量。

当订购数量为 Q 时,实际销售量应该是 $\min[r,Q]$,也就是当需求为 r,而 r 小于 Q 时,实际销售量为 r;当 $r \geqslant Q$ 时,实际销售量只能是 Q。该模型中的存储费用为

$$C_1(Q) = \begin{cases} (Q-r)C_1, & r \leqslant Q \\ 0, & r > Q \end{cases}$$

货物的成本为 KQ,本阶段订购量为 Q,盈利为 $W(Q)$,盈利的期望值记为 $E[W(Q)]$。

本阶段的盈利为实际销售收入与货物成本和存储费用之差,即

$$W(Q) = P\min[r,Q] - KQ - C_1(Q)$$

当 $r \leqslant Q$ 时,发生概率为 $\int_0^Q f(r)\mathrm{d}r$,销售收入为 Pr,货物成本为 KQ,存储费用为 $(Q-r)C_1$;

当 $r > Q$ 时,发生概率为 $\int_Q^\infty f(r)\mathrm{d}r$,销售收入为 PQ,货物成本为 KQ,存储费用为 0。

综上,得到盈利的期望值为

$$E[W(Q)] = \int_0^Q Prf(r)\mathrm{d}r + \int_Q^\infty PQf(r)\mathrm{d}r - KQ - \int_0^Q (Q-r)C_1 f(r)\mathrm{d}r$$

整理后得到

$$E[W(Q)] = PE[r] - \left\{ P\int_Q^\infty (r-Q)f(r)\mathrm{d}r + \int_0^Q C_1(Q-r)f(r)\mathrm{d}r + KQ \right\}$$

上式右端项中,$PE[r]$ 为一常量,表示在需求量为随机变量 r 时的平均收益;$P\int_Q^\infty (r-Q)f(r)\mathrm{d}r$ 表示因供不应求而失去销售机会损失的期望值;$\int_0^Q C_1(Q-r)f(r)\mathrm{d}r$ 表示因供过于求时滞销受到损失的期望值(只考虑了存储费用);KQ 表示订货量为 Q 时的货物成本。这后三项构成了订货策略的成本的期望值,记其为 $E[C(Q)]$,这样

$$E[C(Q)] = P\int_Q^\infty (r-Q)f(r)\mathrm{d}r + \int_0^Q C_1(Q-r)f(r)\mathrm{d}r + KQ$$

为使得盈利期望值最大,有下列等式

$$\max E[W(Q)] = PE[r] - \min E[C(Q)] \text{ 或 } \max E[W(Q)] + \min E[C(Q)] = PE[r]$$

上面两式表明,盈利最大和损失极小所得出的 Q 是相同的,而且两者期望值之和为一常数。这样,求盈利极大可以转化为求损失极小。当 Q 可以连续取值时,$E[C(Q)]$ 是 Q 的连续函数,可利用一阶条件求其最小值,即令

$$\frac{\mathrm{d}E[C(Q)]}{\mathrm{d}Q} = 0$$

得到

$$\frac{\mathrm{d}}{\mathrm{d}Q}\left[P\int_Q^\infty (r-Q)f(r)\mathrm{d}r + \int_0^Q C_1(Q-r)f(r)\mathrm{d}r + KQ \right] = C_1\int_0^Q f(r)\mathrm{d}r - P\int_Q^\infty f(r)\mathrm{d}r + K$$
$$= 0$$

若令 $F(Q) = \int_0^Q f(r)\mathrm{d}r$，则
$$C_1 F(Q) - P[1-F(Q)] + K = 0$$
进而得到
$$F(Q) = \frac{P-K}{C_1+P}$$
由上式即可解出 Q，记其为 Q^*，即模型的最小值点。

此外，若 $P-K \leqslant 0$，显然由于 $F(Q) \geqslant 0$，等式不成立，此时 Q^* 取零值，即售价低于成本时，不需要订货。

前述过程只考虑了失去销售机会的损失，如缺货时需付出的费用 $C_2 > P$ 时，应用
$$E[C(Q)] = C_2 \int_Q^\infty (r-Q)f(r)\mathrm{d}r + C_1 \int_0^Q (Q-r)f(r)\mathrm{d}r + KQ$$
按上述推导过程可得
$$F(Q) = \frac{C_2-K}{C_1+C_2}$$

另外，模型五及模型六都只解决了一个阶段的问题，从一般情况来看，上一个阶段未售出的货物可以在第二个阶段继续出售，这时的存储策略为：

设 I 为上一阶段未能售出的货物数量，作为本阶段初的存储量，有
$$\min E[C(Q)] = K(Q-I) + C_2\int_Q^\infty (r-Q)f(r)\mathrm{d}r + C_1\int_0^Q (Q-r)f(r)\mathrm{d}r$$
$$= -KI + \min\left\{C_2\int_Q^\infty (r-Q)f(r)\mathrm{d}r + C_1\int_0^Q (Q-r)f(r)\mathrm{d}r + KQ\right\}$$

上式中，右边第一项为常量，第二项与前述成本表达式相同，所以当上期有剩余时，可以利用 $F(Q) = \dfrac{C_2-K}{C_1+C_2}$，求出 Q^* 值，相应的存储策略为：当 $I \geqslant Q^*$ 时，本阶段不订货；若 $I < Q^*$ 时，本阶段应订货，订货量 $Q-Q^*-I$，使阶段的存储量达到 Q^*，这时的盈利期望值最大。这种策略也可以称为定期订货，订货量不定的存储策略。

9.3.3 模型七：(s,S) 型存储策略

(s,S) 型存储策略要求隔一定时间检查一次存储量，如果存储量高于某个数值 s，则不订货；若存储量小于 s，则补充存储量至 S。

1. 需求为连续的随机变量

设货物单位成本为 K，单位存储费为 C_1，单位缺货费为 C_2，每次订货费为 C_3，需求 r 是连续的随机变量，概率密度函数为 $f(r)$，分布函数为 $F(a) = \int_0^a f(r)\mathrm{d}r$。期初存储量为 I，订货量为 Q。

根据假设条件，期初存量 I 为常量，订货量为 Q，所以期初存储量为 $S=I+Q$。本阶段所需订货费为 C_3+KQ，存储费用的期望值为
$$\int_0^S C_1(S-r)f(r)\mathrm{d}r$$

需支付的缺货费用的期望值为

$$\int_S^\infty C_2(r-S)f(r)\mathrm{d}r$$

所以,本阶段所需的总费用为

$$C(S) = C_3 + KQ + \int_0^S C_1(S-r)f(r)\mathrm{d}r + \int_S^\infty C_2(r-S)f(r)\mathrm{d}r$$

整理得到

$$C(S) = C_3 + K(S-I) + \int_0^S C_1(S-r)f(r)\mathrm{d}r + \int_S^\infty C_2(r-S)f(r)\mathrm{d}r$$

已知,$C(S)$ 是 S 的连续函数。由一阶条件可得

$$\frac{\mathrm{d}C(S)}{\mathrm{d}S} = K + C_1\int_0^S f(r)\mathrm{d}r - C_2\int_S^\infty f(r)\mathrm{d}r = 0$$

所以得到

$$F(S) = \int_0^S f(r)\mathrm{d}r = \frac{C_2 - K}{C_1 + C_2}$$

令 $N = \dfrac{C_2 - K}{C_1 + C_2}$,称其为临界值。为得出本阶段的存储策略,由 $\int_0^S f(r)\mathrm{d}r = N$,确定 S 的值,从而得到订货量 $Q = S - I$。

本模型中有订购费用 C_3,如果本阶段不订货可以节省订购费 C_3,因此,设想是否存在一个数值 $s(s \leqslant S)$ 使下面不等式成立,

$$Ks + C_1\int_0^s (s-r)f(r)\mathrm{d}r + C_2\int_s^\infty (r-s)f(r)\mathrm{d}r$$
$$\leqslant C_3 + KS + C_1\int_0^S (S-r)f(r)\mathrm{d}r + C_2\int_S^\infty (r-S)f(r)\mathrm{d}r$$

当 $s = S$ 时,不等式显然成立。

当 $s < S$ 时,不等式右端存储费用期望值大于左端存储费用期望值,右端缺货费用期望值小于左端缺货费用期望值;一增一减后仍然使不等式成立的可能性是存在的。如有不止一个 s 值使下列不等式成立,则选其中最小值作为模型 (s,S) 存储策略的 s。

$$C_3 + K(S-s) + C_1\left[\int_0^S (S-r)f(r)\mathrm{d}r - \int_0^s (s-r)f(r)\mathrm{d}r\right]$$
$$+ C_2\left[\int_S^\infty (r-S)f(r)\mathrm{d}r - \int_s^\infty (r-s)f(r)\mathrm{d}r\right] \geqslant 0$$

相应的存储策略是:每阶段初期检查存储,当库存 $I < s$ 时,需订货,订货的数量为 $Q = S - I$;当库存 $I \geqslant s$ 时,本阶段不订货。这种存储策略是:定期订货但订货量不确定。订货数量的多少视初期末库存 I 来决定订货量 Q。对于不易清点数量的存储,常用两堆法。人们常把存储分两堆存放,一堆的数量为 s,其余的另放一堆。平时从另放的一堆中取用,当运用了数量为 s 的一堆时,期末即订货。如果未运用 s 的一堆时,期末即可不订货。

2. 需求是离散随机变量

设需求 r 取值为 $r_0, r_1, r_2, \cdots, r_m$,且 $r_i < r_{i+1}$,其相应的概率为

$$P(r_0), P(r_1), P(r_2), \cdots, P(r_m), \text{且满足：} \sum_{i=1}^{m} P(r_i) = 1, \quad P_i \geqslant 0$$

原有存储量为 I，且在本阶段内为一常量，当本阶段开始时，订货量为 Q，存储量达到 $I+Q$，本阶段所需的各种费用包括

订货费：$C_3 + KQ$

存储费：当需求 $r < I+Q$ 时，未能售出的存储部分需支付存储费用；当需求 $r \geqslant I+Q$ 时，不需要支付存储费用。这样所需存储费的期望值为

$$\sum_{r \leqslant I+Q} C_1(I+Q-r)P(r)$$

缺货费：当需求 $r > I+Q$ 时，$r-I-Q$ 部分需支付缺货费，其期望值为

$$\sum_{r > I+Q} C_2(r-I-Q)P(r)$$

这样，本阶段的总费用期望值为

$$C(I+Q) = C_3 + KQ + \sum_{r \leqslant I+Q} C_1(I+Q-r)P(r) + \sum_{r > I+Q} C_2(r-I-Q)P(r)$$

令 $S = I+Q$，表示存储所达到的最高水平，上式可写成

$$C(S) = C_3 + K(S-I) + \sum_{r \leqslant I+Q} C_1(S-r)P(r) + \sum_{r > I+Q} C_2(r-S)P(r)$$

现需确定 S 的值以使得 $C(S)$ 达到最小即可，可以求得最优解为

$$\sum_{r \leqslant S_{i-1}} P(r) < N = \frac{C_2 - K}{C_1 + C_2} \leqslant \sum_{r \leqslant S_i} P(r)$$

其中，S 只从 $r_0, r_1, r_2, \cdots, r_m$ 取值，当 S 取值 r_i 时，记为 S_i。

本章主要知识点

存储策略、确定性存储模型、经济订货批量、随机性存储模型

思 考 题

1. 举例说明在生产和生活中存储问题的例子，并说明研究存储论对改进企业经营管理的意义。

2. 分别说明下列概念的含义：存储费、订货费、生产成本、缺货损失、订货提前期、订货点、循环订货策略。

3. 什么是定期定量订货策略，它的应用条件是什么？

4. 什么是定期订货，但订货数量不定的存储策略？

5. 试用单位货物费用最小的方法推导经济订货批量公式。

练 习 题

1. 若某产品中有一外购件，年需求量为 10000 件，单价为 100 元。由于该件可在市场采购，故订货提前期为零，并设不允许缺货。已知每组织一次采购需 2000 元，每件每年

的存储费为该件单价的 20%,求经济订货批量及每年最小的存储加上采购的总费用。

2. 加工制作羽绒服的某厂预测下年度的销售量为 15000 件,准备在全年的 300 个工作日内均衡组织生产。假如为加工制作一件羽绒服所需的各种原材料成本为 48 元,制作一件羽绒服所需原材料的年存储费为其成本的 22%,提出一次订货所需费用为 250 元,订货提前期为零,不允许缺货,试求经济订货批量。

3. 某单位每年需要某零件 5000 件,这种零件可以从市场购买到,故订货提前期为零。设该零件的单价为 5 元/件,年存储费为单价的 20%,不允许缺货。若每组织采购一次的费用为 49 元,一次购买 1000~2499 件时,给予 3%的折扣,购买 2500 件以上时,给予 5%的折扣。试确定一个使采购加存储费用之和为最小的采购批量。

4. 某公司经理一贯采用不允许缺货的经济批量公式确定订货批量,因为他认为缺货虽然随后补上总不是好事。但由于激烈竞争迫使他不得不考虑采用允许缺货的策略。已知对该公司所销产品的需求为 $R=100$ 件/年,每次的订货费用为 $C_3=150$ 元,存储费为 $C_1=3$ 元/(件·年),发生短缺时的损失为 $C_2=20$ 元/(件·年)。试分析:(1)计算采用允许缺货的策略较之原先不允许缺货策略带来的费用上的节约;(2)如果该公司为保持一定的信誉,自己规定缺货随后补上的数量不超过总量的 15%,任何一名顾客因供应不及时须等下一批货到达补上的时间不得超过 3 周,问这种情况下允许缺货的策略能否被采用?

5. 某大型机械含三种外购件,其有关数据如下表所示。

外购件	年需求量(件)	订货费(元)	单价(元)	占用仓库面积(平方米)
1	1000	1000	3000	0.5
2	3000	1000	1000	1
3	2000	1000	2500	0.8

若存储费占单件价格的 25%,不允许缺货,订货提前期为零。又限定外购件库存总费用不超过 24000 元,仓库面积为 250 平方米,试确定每种外购件的最优订货批量。

6. 已知某产品所需三种配件的有关数据如下表所示。

配件	年需求(件)	订货费(元)	单价(元)	年存储费占单价的百分比(%)
1	1000	50	20	20
2	500	75	100	20
3	2000	100	50	20

若订货提前期为零,不允许缺货,又限定这三种配件年订货费用的总和不超过 1500 元,试确定各自的最优订货批量。

7. 试根据下列条件推导并建立一个经济订货批量公式:(1)订货必须在每个月月初的第一天提出;(2)订货提前期为零;(3)每月需求量为 R,均在各月中的 15 日这一天内发生;(4)不允许发生供货短缺;(5)存储费为每件每月 C 元;(6)每次订货的费用为 V 元。

8. 某商店准备在新年前订购一批挂历批发出售,已知每售出一批(100 本)可获利

70元。如果挂历在新年前售不出去,则每100本损失40元。根据以往销售经验,该商店售出挂历的数量如下表所示。

销售量(百本)	0	1	2	3	4	5
概率	0.05	0.10	0.25	0.35	0.15	0.10

如果该商店对挂历只能提出一次订货,问应订几百本,使期望的获利最大?

9. 某商店代销一种产品,每件产品的购进价格为800元,存储费每件为40元,缺货费用每件为1015元,订购费一次60元,原有库存10件。已知对产品需求的概率如下表所示。

需求量 x	30	40	50	60
$P(x)$	0.20	0.20	0.40	0.20

试确定该商店的最佳订货数量。

10. 某商店存有某种商品10件,每件的进价为3元,存储费为1元,缺货费为16元。已知对该种商品的需求量服从 $\mu=20, \sigma=5$ 的正态分布,求商店对该种商品的最佳订货量。

阅读与分析

出租车零件更换问题

某出租车汽车公司拥有2500辆出租车,均由一个统一的维修厂负责维修。出租车有一个易耗零件,其需求量为每月8套,每套价格为8500元。已知每提出一次订货需订货费1200元,年存储费用为每套价格的30%,订货提前期为2周。此外,每辆出租车如因该部件损坏后不能及时更换每停止出车一周的损失为400元。

现需确定该维修厂这个部件最优的订货策略。

第 10 章

决 策 论

人类为了生存和发展,进行着大量的生活、生产、经济、教育、科技、政治和军事活动以及其他社会活动,这些活动无不与决策分析有着密切的关系。

决策分析是为处理当前或未来可能发生的问题,选择最佳方案的一种过程。可见,运筹学中的问题都可以划入决策论的范畴。决策论奠基人西蒙有句名言:"管理就是决策"。决策贯穿于管理的全过程,也就是说,一切管理工作的核心就是决策。这也说明了决策对于管理的重要性。

现代决策的主要特点在于,以概率和数理统计为基础,以统计判定理论和高等数学为工具,广泛地收集和处理信号,考虑人的心理和外在环境、市场等应变因素,指导人们把各类工程技术因素与经济效益统一起来做定量分析,并以电子计算机为辅助手段,研究决策的性质和规律、模型和方法,以寻求整体的最优解或满意解(行动方案)。因此,决策具有目的性、信息性、经济性和实践性四大基本属性,而应变性是更高层次的属性。

在这一章里,首先介绍决策论的基本概念;接着分别介绍不确定型决策和风险型决策(Bayes 决策)的准则和方法,最后介绍多目标决策中最为常用的层次分析法和多属性决策问题。

10.1 基 本 概 念

从决策论发展的历史来看,存在着两个不同的研究方向:第一个研究方向是从理论上探讨人们在决策过程中的行为机理,这一方向又可进一步分为两个研究内容——描述性决策和规范性决策。所谓描述性决策是研究人们实际上是按照什么准则和方式进行决策,这主要是决策心理学探讨的问题;规范性决策是研究人们应当按照什么准则、什么方式做决策才是合理的或理性的,期望效用理论就是这方面研究的主要成果。决策论的另一个研究方向是对实际决策问题的研究,如将一些典型的具体问题模型化,以指导实际决策过程。这些实际问题涉及新产品开发、新技术推广、企业战略选择、冲突决策等许多方面。图 10-1 简单地勾画出了决策论发展的历程。

10.1.1 决策模型要素

任何一个决策问题都包括一些基本要素,它们是构成一个决策模型的基本要求,也是分析一个决策问题的基本步骤,也就是说在分析一个决策问题时,首先要明确的就是这些要素。具体而言,一个决策模型应包括三大基本要素:

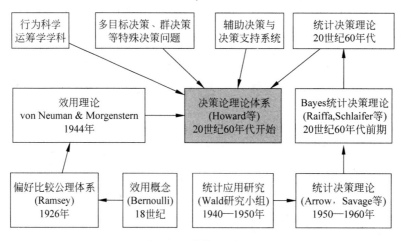

图 10-1　决策论发展历程

1. 不可控因素——自然状态

它是不以人的意志为转移的客观因素,其集合又叫状态空间,记为

$$\Theta = \{\theta_1, \theta_2, \cdots, \theta_n\} = \{\theta_j\}, \quad j = 1, 2, \cdots, n$$

Θ 中的元素 θ_j 称为状态变量。这里给出的状态空间是一种离散的表达方式,事实上,状态空间不一定是离散型的,如温度、时间的变化作为决策状态时,状态变量为连续的。

2. 可控因素——决策方案

它是有待人们进行选择的主观因素,其集合叫作决策(或策略、行动、方案、活动)空间,记为

$$A = \{a_1, a_2, \cdots, a_m\} = \{a_i\}, \quad i = 1, 2, \cdots, m$$

A 中的元素 a_i 称为决策变量。同样这里的决策空间是一种离散的表达方式,但决策空间同样可以是连续型的,如企业的产量或价格决策。通常来说,决策空间只是可列的集合即可,一般要求至少有两个或以上的方案。

3. 损益值

它是指在外界环境某种状态 θ_j 发生时,决策方案 a_i 实施后的收益或损失,记为 r_{ij}。显然它是 θ_j 和 a_i 的函数,即

$$r_{ij} = r(a_i, \theta_j), \quad i = 1, 2, \cdots, m; j = 1, 2, \cdots, n$$

当状态变量为离散时,损益值可构成如下矩阵(损益矩阵):

$$R = (r_{ij})_{m \times n} = \begin{bmatrix} r_{11} & r_{12} & \cdots & r_{1n} \\ r_{21} & r_{22} & \cdots & r_{2n} \\ \vdots & \vdots & \ddots & \vdots \\ r_{m1} & r_{m2} & \cdots & r_{mn} \end{bmatrix}$$

损益值是决策系统的目标。我们总是寻求损失(费用、成本、风险)期望值最小,或收

益(利润、效益、效率、效用、价值)期望值最大,或目标达到满意值的最优方案 $a^* = a_j$。关键问题是 i^* 等于多少?相应的目标极值 r_{ij} 达到多少?

这样,状态空间、策略空间和损益函数组成了所谓的决策模型:

$$D = D(\boldsymbol{\Theta}, \boldsymbol{A}, \boldsymbol{R})$$

决策问题无处不在。例如,一个企业要决策是否投产一种新产品?它构成了这样一个决策模型:状态空间 $\boldsymbol{\Theta}$ 可能由需求量大 θ_1,需求量一般 θ_2 和需求量小 θ_3 三个元素组成。策略空间可能由投产 a_1 和不投产 a_2 两个决策变量组成。即

$$\boldsymbol{\Theta} = \{\theta_1, \theta_2, \theta_3\}, \quad \boldsymbol{A} = \{a_1, a_2\}$$

收益矩阵假设为

$$R = \begin{matrix} & \text{大} & \text{一般} & \text{小} \\ \text{投产} \\ \text{不投产} \end{matrix} \begin{pmatrix} 3 & 1 & -2 \\ 0 & 0 & 0 \end{pmatrix}$$

其中,收益值 $r_{11} = 3$ 表示在需求量大时如果投产的话,企业可获得 300 万元的收益,而 $r_{13} = -2$ 意味着如果市场需求量小时,企业投产的话会损失 200 万元。这样就构建起来了一个决策模型。

此外,一个决策模型还可能包括这样一些针对决策者假设,如决策者的价值观,决策者对待风险的态度等。

10.1.2 决策过程

决策都应该按照一定的科学方法和过程来展开,才能保证决策的质量。一般的决策过程如图 10-2 所示。

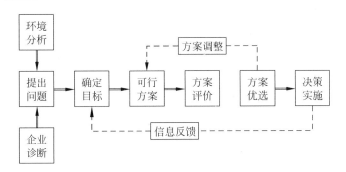

图 10-2 决策的一般过程

具体而言,各步骤的主要内容为:

(1) 提出问题。决策分析的第一步是要明确问题,即决策要解决什么样的问题。对于企业而言,这一过程可能包括企业的内外部环境分析。

(2) 确定目标。在这一过程中决策者要明确的是决策的目标是什么,什么样的目标是可以接受的。一般而言,通常的决策目标可能是成本最低或利润最大等。

(3) 可行方案。在这一过程中,决策者应该尽可能地找到解决问题所有可行的方案,通常要求方案应该尽可能的全面,甚至有时候可先不要考虑方案的可行性,即这一阶段强

调方案的数量而不是方案的质量。有很多的方法是可以采用的,典型的如头脑风暴法(brain storming)。

(4) 方案评价。在这一过程中,决策者应对上述所有的方案确立一个明确的评价标准来进行方案的评价,而评价结果通常是一个方案的排序。应注意的是评价一个方案的标准可能是单一的,也可能是多方面的,而且通常从不同的方面进行评价可能会得到不同的排序结果。如某个方案在利润方面可能是最好的,但它的成本却不一定是最低的。所以,在进行方案评价时要确定一个合理的、科学的、可信的评价标准。

(5) 方案优选。在方案优选阶段,决策者应根据方案评价的结果,综合考虑多方面的因素进行方案的选择,应该遵循的依据是如何保障决策目标的实现。这一过程可能会出现找不到合适方案的情况,这时应返回第(3)步,继续查找其他的可行方案。

(6) 方案实施。根据方案优选的结果,进行方案的实施。在实施过程中,要不断地与决策目标进行对照,发现偏离,及时调整方案或目标。

上述的决策过程是针对一般情况而言的,从理论上讲所有的决策问题都应遵循这样的过程来展开,但并不排除一些特殊情况下的特殊处理。

10.1.3 决策分类

决策的分类至今仍不十分统一,依据不同标准分类也不同。常见的一些分类有:

1. 按状态空间分类

按状态空间的不同,将决策问题分为三种类型:确定型决策、不确定型决策和风险型决策。当状态空间只包含一个元素时,为确定型决策;当状态出现的概率未知时,为不确定型决策;当状态出现的概率已知时,为风险型决策。

具体来说,确定型决策是指那些状态空间是唯一确定的决策,如企业生产计划的制订,在各种情况完全确定掌握的条件下做的计划就是确定型决策。这类问题可以用线性规划、图与网络等方法来解决。事实上,本书前面所涉及的问题,绝大多数都可划入确定型决策的范畴。

当决策状态有两种或两种以上时,未来的状态无法确定,此类问题就属于不确定型决策。不确定型决策又有两种情况:一种是完全不确定的状态;另一种是用概率表示的随机状态。通常把前者称为不确定型决策,而把后者称为风险型决策。

本教材将按此种分类方法来讨论决策问题。

2. 按性质的重要性分类

可将决策分为战略决策、策略(管理)决策和战术(业务)决策。战略决策往往在一个相当长的时期内影响全局,如企业的长远发展规划、生产规模的确定、产品品种结构的设计、新产品开发和市场开拓等发展战略问题的决策都属于此类。战略决策需要考虑外界的动态环境与企业生产经营活动保持平衡,属于高层次决策。

策略决策是为完成战略决策的规定而进行的决策,如对一个企业产品规格的选择、组织的财务与物资供应系统设计与选择、工艺方案和设备的选择等。战术决策又称为作业决策或业务决策,属于基层决策。其目的是为了提高日常工作的效率,如库存管理、生产管理、技术管理等。

3. 按决策的结构分类

决策可分为程序化决策和非程序化决策。前者是一种有明确判别准则和目标,可以按一定程序(规则)反复进行的决策,如订货和物资供应。许多组织的基层单位的决策问题多属于此类。非程序化决策是指要决策的问题结构不十分清楚的一次性重大决策,无法用固定的程序和方法来进行。它的科学性和合理性更多地取决于决策者的素质和创新能力。

4. 按问题描述的性质分类

将决策分为定量决策和定性决策。用数值模型表示的决策叫作定量决策,不能用数值模型表示的决策叫作定性决策。在实际工作中,往往需要用定性决策与定量决策相结合的方法进行综合决策,但总的发展趋势是尽可能地把决策问题量化。

5. 按目标数量和属性的多少分类

单目标决策与多目标决策是按目标数量的多少分类的,当目标个数为一个时,称为单目标决策,否则为多目标决策。

决策的分类还可以举出一些。如,按决策过程的连续性可分为单项决策和序贯决策,按决策问题的大小可分为宏观决策和微观决策,按参与决策的人数多少可分为个人决策或单一决策等。

10.2 不确定型决策

不确定型决策是指决策者所面临的状态空间不唯一,而且决策者并不知道状态空间的概率分布情况。这时由于决策者对环境情况了解较少,往往倾向于根据主观判断来进行决策。通常根据决策者对待不确定性的态度的不同,将不确定型决策的方法划分为5种准则:悲观主义准则、乐观主义准则、折中主义准则等可能性准则、最小后悔值准则。

例 10-1 某工厂有 3 种方案可供选择,方案 a_1 是对原厂进行扩建,方案 a_2 是对原厂进行技术改造,方案 a_3 是建设新厂。而未来市场可能出现滞销(θ_1)、销路一般(θ_2)和畅销(θ_3)3 种状态。各方案在每种状态下的利润矩阵如表 10-1 所示。问该厂的决策者应如何决策?

表 10-1 某厂面临的不确定型决策问题

方案 \ 状态	θ_1	θ_2	θ_3
a_1	-4	13	15
a_2	4	7	8
a_3	-6	12	17

下面讨论决策者如何应用不确定型决策准则进行决策。

10.2.1 悲观主义准则

悲观主义准则也称为保守主义准则、maxmin n 准则、小中取大准则，它是保守悲观论者偏爱的决策方法。该方法的原则是：先找出每个决策在各种状态下的最小收益值，再从这些决策的最小收益值中选一个最大值，它所对应的决策就是最优决策。因为保守或悲观的决策者害怕风险和损失，总是担心未来会出现最不利的状态，他只期望在这些最不利的情况下找出一个最好的决策。实质上它是一种提高收益下界的方法。该方法的计算公式为

$$a^* = \max_i \min_j \{r_{ij}\}$$

在例 10-1 中，

当 $i=1$ 时，$\min_j\{r_{1j}\}=-4$；当 $i=2$ 时，$\min_j\{r_{2j}\}=4$；当 $i=3$ 时，$\min_j\{r_{3j}\}=-6$。所以，$a^*=\max_i \min_j\{r_{ij}\}=\max\{-4,4,-6\}=4$，最优决策为 a_2。这一过程也可以在收益表中实现（如表 10-2 所示）。

表 10-2　不确定型决策——悲观主义准则

状态 方案	θ_1	θ_2	θ_3	min
a_1	-4	13	15	-4
a_2	4	7	8	4√
a_3	-6	12	17	-6

从决策结果来看，即使未来市场需求最不利的情况出现，选择方案 a_2 也可以保证企业获利 4，但是同时企业损失了其他有利情况下获取更高收益的机会。

10.2.2 乐观主义准则

这种方法也称为 maxmax 方法，它是爱冒风险的乐观主义者偏好的方法。乐观的决策者对待不确定性的态度与悲观的决策者截然相反，当他面临情况不明的决策问题时，绝不放弃任何一个可获得最好结果的机会，以争取好中之好的乐观态度来选择他的决策方案。根据此准则，决策者从最有利的结果去考虑问题，先找出每个方案在不同自然状态下最大的收益值，再从这些最大值收益中选取一个最大值，相应方案即为最优方案。其计算方法为

$$a^* = \max_i \max_j \{r_{ij}\}$$

以例 10-1 为例，其计算过程如表 10-3 所示。

表 10-3　不确定型决策——乐观主义准则

状态 方案	θ_1	θ_2	θ_3	max
a_1	-4	13	15	15
a_2	4	7	8	8
a_3	-6	12	17	17√

从决策结果来看,如果未来的市场需求如乐观主义的决策者所愿,则企业可获得 17 的利润,但同时也注意选择方案 a_3 企业也面临着承受最大损失 6 的风险。

10.2.3 折中主义准则

前述中,无论悲观主义准则,还是乐观主义准则都走向了两个极端,于是研究者们提出把这两种准则结合起来的方法,这种方法要求决策者给定一个乐观系数 α,其取值介于 $[0,1]$ 区间,所以有时这种方法也称为乐观系数法。根据给定的乐观系数,对于每一个方案可以按下式得到一个折中收益值,然后在这些折中值中选取一个最大值,作为决策选择的依据。

$$H(a_i) = \alpha \max_j \{r_{ij}\} + (1-\alpha) \min_j \{r_{ij}\}, \quad i = 1, 2, \cdots, m$$

容易发现,当 $\alpha=1$,该准则与乐观主义准则一致,而当 $\alpha=0$ 时,它与悲观主义准则一致。当 $0<\alpha<1$ 时,该准则介于乐观主义准则与悲观主义准则之间,这也是该准则被称为折中主义准则的原因。乐观系数的确定可以依赖于一些其他方法。

下面以 $\alpha=0.8$ 时讨论例 10-1 在折中主义准则下的最优决策,计算过程见表 10-4。

表 10-4 不确定型决策——折中主义准则

状态 方案	θ_1	θ_2	θ_3	$\alpha=0.8$
a_1	-4	13	15	11.2
a_2	4	7	8	7.2
a_3	-6	12	17	12.4√

10.2.4 等可能性准则

等可能性准则是根据 19 世纪数学家 Laplace 提出的"理由不充足推理"提出的,所以该准则也称为 Laplace 准则。他认为,当一个人面临着某事件集合,在没有什么确切信息来说明这一事件比另一事件有更多发生机会时,只能认为各事件发生的机会是均等的,即每一事件发生的概率均为 $1/n$。然后计算各方案的收益期望值,再在其中选择一个最大值,它所对应的方案即为决策方案。事实上,由于各个事件发生的概率相等,期望值实际上就是平均值,所以该准则也被称为平均主义准则。

以例 10-1 为例,其计算过程如表 10-5 所示。

表 10-5 不确定型决策——等可能性准则

状态 方案	θ_1	θ_2	θ_3	平均值
a_1	-4	13	15	24/3√
a_2	4	7	8	19/3
a_3	-6	12	17	23/3

由决策结果来看,最优决策是选择方案 a_1,它意味着平均来看方案 a_1 的收益是最大的。

10.2.5 最小后悔值准则

该方法是由经济学 Savage 提出的,所以也称为 Savage 准则。决策者制定决策之后,若实际情况未能符合理想,必定后悔。如在例 10-1 中,如果决策选择了方案 a_2,当实际市场需求为 θ_3 时,决策就会后悔,而选择方案三就不会后悔。所以,这种方法就是将各自然状态下的最大收益值作为理想目标,并将该状态中的其他值与最高值之差作为后悔值,以衡量决策者后悔的程度。即后悔值的计算方法为

$$r'_{ij} = \max_i \{r_{ij}\} - r_{ij}, \quad j = 1, 2, \cdots, n$$

最小后悔值准则要求首先得到各方案的最大后悔值,然后在其中选择最小值,它对应的方案即为最优决策。以例 10-1 为例,具体计算过程如表 10-6 所示。

表 10-6 不确定型决策——最小后悔值准则

方案\状态	θ_1	θ_2	θ_3	后悔值
a_1	8	0	15	8√
a_2	0	6	9	9
a_3	10	1	0	10

所以,依据最小后悔值准则,该问题的最优决策是选择方案 a_1。

最后需要说明的,从以上的分析发现同一不确定型决策问题,用不同的准则进行求解,得到的最优决策并不必然一致。这一点与实际情况是一致的,因为决策者对不确定性的偏好不同,对同一问题的处理原则不可能是一样的,自然造成决策的结果之间存在差别。一般来说,保守型方法对小型或资金薄弱的企业较为适用;对于大型企业,有较雄厚的实力,可以为取得较大利润做适当的冒险,采用一些风险高的决策。

10.3 风险型决策

风险型决策是指决策者对客观情况不甚了解,但对将发生各事件的概率是已知的。决策者往往通过调查,根据过去的经验或主观估计等途径获得这些概率。在风险决策中,一般采用期望值作为决策准则,常用的有最大期望收益准则和最小机会损失准则。

10.3.1 最大期望收益准则

最大期望收益(expected monetary value,EMV)准则是风险型决策的基本方法。该准则以每个方案的期望收益作为判断方案优劣的标准,选择期望收益最大的方案作为决策方案。具体而言,方案 a_i 的期望收益为

$$\mathrm{EMV}(a_i) = \mathrm{EMV}_i = \sum_{j=1}^{n} p_j r_{ij}, \quad i = 1, 2, \cdots, m$$

例 10-2 东方书店希望订购最新出版的图书。根据以往的经验,此类新书的销售量可能为 50、100、150 或 200 本。现假定每本新书的订购价为 4 元,销售价为 6 元,剩书的处理价为每本 2 元。而且根据以往同类书籍的统计资料,预计新书销量的分布如表 10-7 所示。

表 10-7 东方书店图书订购决策

预计销量	50	100	150	200
发生概率	0.2	0.4	0.3	0.1

现书店应订购多少本才能保证期望收益最大?

解:由于已知各种未来状态的发生概率,所以这是一个风险型决策问题,分别计算书店订购不同数量图书的收益和相应的期望收益,可以得到:

预计销量	50	100	150	200	期望收益
发生概率	0.2	0.4	0.3	0.1	
订购 50 本(a_1)	100	100	100	100	100
订购 100 本(a_2)	0	200	200	200	160
订购 150 本(a_3)	−100	100	300	300	140
订购 200 本(a_4)	−200	0	200	400	60

其中,方案 a_1:订购 50 本时的期望收益计算方法为
$$\mathrm{EMV}(a_1) = 100 \times 0.2 + 100 \times 0.4 + 100 \times 0.3 + 100 \times 0.1 = 100$$
其他方案的期望收益按此法同样也可以得到。所以最优决策的期望收益为
$$\max\{100, 160, 140, 60\} = 160$$
对应的最优方案为"订购 100 本"。

上述的求解过程也可以通过决策树的方式来体现,如图 10-3 所示。

在决策树中,通常用

□——决策结点,从它引出的分支叫方案分支,分支数反映可选的行动方案数;

○——状态结点,从它引出的分支叫概率分支,分支数反映可能的自然状态数;

△——结果结点,它旁边的数字是每一个方案在相应状态下的收益值。

10.3.2 最小机会损失准则

最小机会损失(expected opportunity loss,EOL)准则也是风险准则中常用的决策方法。它以方案的期望后悔值作为判断方案优劣的标准,以最小期望后悔值所对应的方案为最优决策。

方案 i 的期望后悔值计算公式为
$$\mathrm{EOL}(a_i) = \mathrm{EOL}_i = \sum_{j=1}^{n} p_j r'_{ij}, \quad j = 1, 2, \cdots, n$$

其中

$$r'_{ij} = \max_i \{r_{ij}\} - r_{ij}, \quad j = 1, 2, \cdots, n$$

即为前述的后悔值。

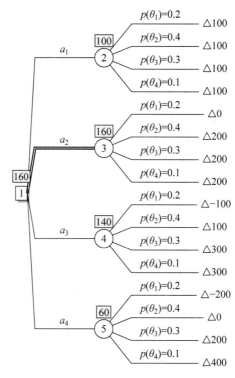

图 10-3 决策树

对于例 10-2 来说，使用最小期望后悔值决策如下表所示。

预计销量	50	100	150	200	期望后悔值
发生概率	0.2	0.4	0.3	0.1	
订购 50 本(a_1)	0	100	200	300	130
订购 100 本(a_2)	100	0	100	200	70
订购 150 本(a_3)	200	100	0	100	90
订购 200 本(a_4)	300	200	100	0	170

最优决策仍然为选择方案"订购 100 本"。

注意到，两种决策准则得到的决策是一致的。那么这是必然呢，还是偶然呢？事实上，可以证明这两种决策准则的结果总是一致的。

10.3.3 Bayes 决策方法

前面的 EMV 准则和 EOL 准则都是基于经验分布的一种决策方法，但由于现实环境的变化，这些经验分布中一般存在着较大的风险因素。所以，决策者通常都会采用调查手段和方法（如实验、抽样调查、试销等）来获取一些新数据，从而调整这种经验分布，然后再根据调整后的概率进行决策。而这种概率调整的过程中使用了概率论中著名的 Bayes 公式，所以把这种决策方法常称为 Bayes 决策方法。一般来说，把未调整前的概率称先验概率，把经 Bayes 公式调整后得到的概率称为后验概率。

Bayes 公式主要用来研究事物发生的原因，即要知道在 A 发生的条件下，某个"原因" B_i 发生的概率。设 $B_1, B_2, \cdots, B_n$ 是一组互斥的完备事件集，即所有的 B_i 互不相容且满足 $\sum_{i=1}^{n} B_i = \varnothing$（全集），并设 $P(B_i) > 0$，则对于作事件 A，有

$$P(B_i \mid A) = \frac{P(B_i)P(A \mid B_i)}{\sum_{i=1}^{n} P(B_i)P(A \mid B_i)} = \frac{P(B_i A)}{P(A)}, \quad i = 1, 2, \cdots, n$$

下面将通过一个实例来说明如何利用 Bayes 决策方法来求解风险型决策问题。

例 10-3 某厂在考虑是否大批量投产一种新产品的决策中，根据以往经验，预计该产品大批量投入市场后有 3 种销售远景（表 10-8）。

表 10-8 某厂新产品的销售远景估计

销售远景	概率($p(\theta_i)$)	收益
盈利(θ_1)	0.25	15
一般(θ_2)	0.30	1
亏损(θ_3)	0.45	−6

因亏损的先验概率较大，故该厂还要研究是否采用"试销法"进行市场调查。经财务部门预算，进行一次试销调查花费 60 万元。而试销所得到的调查信息的可靠性是有限的，有过去产品进入市场的统计资料可借鉴（表 10-9）。

表 10-9 某厂新产品的试销资料

调查结果 \ 实际情况	盈利(θ_1)	一般(θ_2)	亏损(θ_3)
盈利(z_1)	0.65	0.25	0.10
一般(z_2)	0.25	0.45	0.15
亏损(z_3)	0.10	0.30	0.75

试问在这些情况下是否值得应用试销方式进行市场调查。

解：（1）先验分析，根据先验概率计算不同方案的先验期望收益，即如果不进行试销调查不同方案的期望收益。

方案 a_1 "进行新产品的大批量生产"，其期望收益为

$$\text{EMV}(a_1) = 0.25 \times 15 + 0.3 \times 1 + 0.45 \times (-6) = 1.35 \text{（百万元）}$$

方案 a_2 "不进行新产品的大批量生产"，其期望收益为

$$\text{EMV}(a_2) = 0.25 \times 0 + 0.3 \times 0 + 0.45 \times 0 = 0 \text{（百万元）}$$

所以，先验分析的结果为选择方案 a_1 "进行新产品的大批量生产"，获得 1.35 百万元的期望收益，记为 $\text{EMV}_0^* = 1.35$。

（2）Bayes 修正，基于过去试销的准确性的条件概率，根据 Bayes 公式对先验概率进行修正。

试销结果为"盈利"的概率为

$$p(z_1) = \sum_{j=1}^{3} p(\theta_j) p(z_1 \mid \theta_j) = 0.25 \times 0.65 + 0.3 \times 0.25 + 0.45 \times 0.1 = 0.2825$$

试销结果为"一般"的概率为

$$p(z_2) = \sum_{j=1}^{3} p(\theta_j) p(z_2 \mid \theta_j) = 0.25 \times 0.25 + 0.3 \times 0.45 + 0.45 \times 0.15 = 0.2650$$

试销结果为"亏损"的概率为

$$p(z_3) = \sum_{j=1}^{3} p(\theta_j) p(z_3 \mid \theta_j) = 0.25 \times 0.1 + 0.3 \times 0.3 + 0.45 \times 0.75 = 0.4525$$

然后,利用 Bayes 公式计算各事件的后验概率。

试销结果为"盈利"的条件下销售远景为"盈利"的概率为

$$p(\theta_1 \mid z_1) = \frac{p(\theta_1) p(z_1 \mid \theta_1)}{p(z_1)} = 0.575$$

试销结果为"盈利"的条件下销售远景为"一般"的概率为

$$p(\theta_2 \mid z_1) = \frac{p(\theta_2) p(z_1 \mid \theta_2)}{p(z_1)} = 0.266$$

试销结果为"盈利"的条件下销售远景为"亏损"的概率为

$$p(\theta_3 \mid z_1) = \frac{p(\theta_3) p(z_1 \mid \theta_3)}{p(z_1)} = 0.159$$

同样的方法,可以得到其他的后验概率,列在表 10-10 中。

表 10-10 后 验 概 率

实际情况 调查结果	盈利(θ_1)	一般(θ_2)	亏损(θ_3)
盈利(z_1)	0.75	0.266	0.159
一般(z_2)	0.236	0.509	0.255
亏损(z_3)	0.055	0.199	0.746

上述的概率计算过程也可以在图 10-4 中进行。

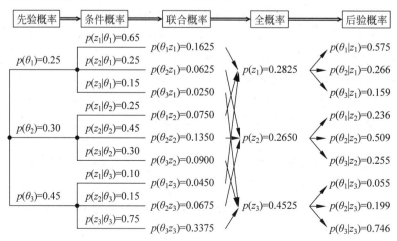

图 10-4 Bayes 公式计算过程

(3) 后验分析。后验分析是根据修正后的概率来计算不同条件下的期望收益,然后根据期望收益的大小来选择最优决策。为简单起见,我们仍然通过决策树的方式来进行后验分析,如图 10-5 所示。

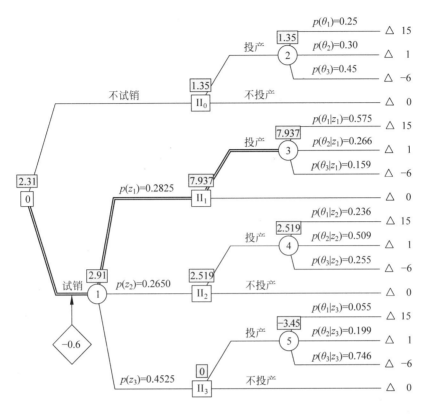

图 10-5 Bayes 决策树

由图中的结果可以看出,该厂应该进行试销调查,如果试销调查的结果为"盈利"和"一般"都应大批量生产新产品,而调查结果为"亏损"时应选择不投产新产品。

10.3.4 风险型决策的灵敏度分析

在风险型决策中,方案的选择依赖于自然状态的发生概率及方案在自然状态下的收益值,而这些值通常都是估算或预测所得,不可能十分准确。所以在风险型决策中,方案的灵敏度分析就显得十分重要了。所谓灵敏度分析就是分析决策所用的数据在什么范围内变化时,原最优决策方案仍然有效。通常是对自然状态发生的概率进行灵敏度分析,也就是考虑自然状态发生概率的变化如何影响最优方案的选择。

例 10-4 如表 10-11 所示的一个风险决策问题,试进行概率灵敏度分析,即讨论自然状态发生概率变化对决策的影响。

表 10-11 灵敏度分析

状态\方案	1	2
	0.4	0.6
1	8	−6
2	4	10
3	6	8

解：容易知道,当前概率条件下,方案 1、2 和 3 的期望收益分别为：−0.4,7.6 和 7.2,所以现在的最优决策为选择方案 2。

为进行灵敏度分析,现假设状态 1 的概率为 p_1,则状态 2 出现的概率为 $1-p_1$,由此可得不同方案的期望值分别为

$$EMV_1 = 8p_1 - 6(1-p_1)$$
$$EMV_2 = 4p_1 + 10(1-p_1)$$
$$EMV_3 = 6p_1 + 8(1-p_1)$$

为求转折概率可求方程 $EMV_1 = EMV_2 = EMV_3$,求解可以分别得到 3 个不同的 p_1 的值。为了更清楚地说明问题,现作一个直角坐标第,横轴表示 p_1 的取值,从 0 到 1；纵轴表示不同方案的期望收益值,这样就可以把上述三个方案的期望收益用这个直角坐标系中的直线表示出来,如图 10-6 所示。

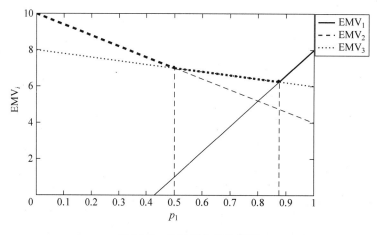

图 10-6 灵敏度分析示意图

由图 10-6 容易得到

当 $0 \leqslant p_1 \leqslant 0.5$ 时,EMV_2 最大,所以此时的最优决策为方案 2；

当 $0.5 \leqslant p_1 \leqslant 0.875$ 时,EMV_3 最大,所以此时的最优决策为方案 3；当 $0.875 \leqslant p_1 \leqslant 1$ 时,EMV_1 最大,所以此时的最优决策为方案 1。

事实上,上述的灵敏度分析只是给大家介绍一个简单的思路。当方案数增多,状态数增多后,灵敏度分析就复杂得多了。

10.4 效用函数与风险度量

10.4.1 效用函数的定义

用期望值法进行决策分析求得的最优方案是期望报酬值最大意义下的方案,它只能保证在统计意义上达到预期目标,即当决策问题多次反复出现时,用期望报酬值最优来指导决策效果较好。在一次具体实践中,期望报酬值不一定是实际报酬值。

例 10-5 某公司有笔闲置资金,有两种可供选择的投资方案,a_1 和 a_2。方案 a_1 为投资到某种风险基金,根据往年的收益情况来看,该基金盈利的概率为 0.7,盈利后的收益为 10 万元;基金亏损的概率为 0.3,亏损金额为 3 万元。方案 a_2 为银行储蓄,收益为 5 万元。为获得最大利润应如何决策?

易知,这是个风险型决策问题,根据前述的方法容易得到最优解为选择方案 a_1,获得 6.1 万元的期望收益。这是一个统计意义上的期望值,如果基金盈利,选择此方案的实际收益为 10 万元,多于期望收益值。如果亏损实际收益为 -3 万元,却小于期望收益值。这样看来,追求期望收益值是有风险的,而不同的决策者对待风险的态度是不同的。

问题 1:采用方案 A1,稳获 100 元;方案 B1 获得 250 元和 0 元的概率各为 50%。

问题 2:采用方案 A2,稳获 10000 元;方案 B2 掷一枚均匀硬币直到出现正面为止。若所掷的次数为 n,则当出现正面时获 2^n 元。

在问题 1 中,根据最大期望收益准则,应选择方案 B1,可能对于大多数人也会选择 B1。但是在问题 2 中,方案 B2 的期望收益为

$$\text{EMV}(B2) = 2 \times \frac{1}{2} + 2^2 \times \frac{1}{2^2} + \cdots + 2^n \times \frac{1}{2^n} + \cdots = \infty$$

所以根据最大期望收益准则应选择方案 B2。但绝大多数人都不会选择这个方案,而会选择方案 A2,这就是著名的 St. Petersburg 悖论。它说明,单纯依靠货币收益来进行决策的合理性是值得探讨的。相同数量货币在不同的风险情况下,对同一决策者来说具有不同的效用值;相同数量的货币在不同的决策者看来也具有不同的效用。为了对决策者对货币收益的偏好程度给出一个数量标志,就引进了效用函数的概念,它表示决策者对风险的态度。

补充材料:St. Petersburg 悖论

圣彼得堡悖论是 Daniel Bernoulli(1738)提出的一个概率期望值悖论,它来自于前述的掷币游戏。设定掷出正面或者反面为成功,游戏者如果第一次投掷成功,得奖金 2 元,游戏结束;第一次若不成功,继续投掷,第二次成功得奖金 4 元,游戏结束;这样,游戏者如果投掷不成功就反复继续投掷,直到成功,游戏结束。如果第 n 次投掷成功,得奖金 2^n 元,游戏结束。按照概率期望值的计算方法,将每一个可能结果的得值乘以该结果发生的概率即可得到该结果奖值的期望值。游戏的期望值即为所有可能结果的期望值之和。随着 n 的增大,以后的结果虽然概率很小,但是其奖值越来越大,每一个结果的期望值均为 1,所有可能结果的得奖期望值之和,即游戏的期望值,将为"无穷大"。按照概率的理论,

多次试验的结果将会接近于其数学期望。但是实际的投掷结果和计算都表明，多次投掷的结果，其平均值最多也就是几十元。

这就出现了计算的期望值与实际情况的"矛盾"。实际在游戏过程中，游戏的收费应该是多少？决策理论的期望值准则在这里还成立吗？这是不是给"期望值准则"提出了严峻的挑战？正确认识和解决这一矛盾对于认识随机现象、发展决策理论和指导实际决策都具有重大意义。

事实上，自从帕斯卡·布莱斯（Blaise Pascal，1623—1662）16世纪开辟了决策理论的研究以来，不确定性决策问题就一直困扰着决策理论的研究。其中，有些有关无穷决策问题更是到现在仍有许多不同意见和见解，并因此而出现许多悖论。如帕斯卡之赌（Pascal's Wager）、阿雷斯悖论（Allais Paradox）、圣彼得堡悖论（St. Petersburg paradox）等。这些问题都为促进决策论发展作出了重要的贡献。

一个决策问题中所有收益的集合称为收益集，记为 R。设 $r_1, r_2 \in R$，如果一个决策者认为 r_1 优于 r_2，用 $r_1 > r_2$ 或 $r_2 < r_1$ 表示；如果他认为 r_1 和 r_2 相当，记为 $r_1 \sim r_2$ 或 $r_2 \sim r_1$。这样就在 R 集合的元素之间建立了一种偏好关系，它满足下面的公理。

公理 10-1 完备性。若 $r_1, r_2 \in R$，则下面的三个关系有且只有一个成立：$r_1 > r_2$；$r_1 < r_2$；$r_1 \sim r_2$。

公理 10-2 传递性。若 $r_1, r_2, r_3 \in R$，且 $r_1 > r_2$ 和 $r_2 < r_3$，则 $r_1 > r_3$。

效用函数是定义在收益集 R 上的一个实函数 $u(r)$。它满足这样的条件：当 $r_1 > r_2$ 时，$u(r_1) > u(r_2)$；当 $r_1 \sim r_2$ 时，则 $u(r_1) = u(r_2)$，它反映了决策者对方案收益的偏好程度。对同一个决策问题，不同的决策者的效用函数可能不同。

在前述的风险决策模型中，一个方案 a 的期望效用值 $u(a)$ 定义为

$$u(a_i) = \sum_{j=1}^{n} p_j u(r_{ij}), \quad i = 1, 2, \cdots, m$$

下面给出确定效用函数值的方法。

设 $r_{\max}$ 和 $r_{\min}$ 分别是集合 R 上的最大元素和最小元素。为方便起见，不妨设 $u(r_{\max}) = 1$，$u(r_{\min}) = 0$，由效用函数的性质可知，对 $r_{\min} < r < r_{\max}$，有 $0 \leqslant u(r) \leqslant 1$。如在例 10-5 中，如果令 $u(10) = 1, u(-3) = 0$，如果决策者认为方案 a_2 比方案 a_1 好，即他认为 5 万元的效用值大于 a_1 的效用值。调整方案 a_2 的收益值，直到决策者认为两个方案相当为止。例如，方案 a_2 表示以概率 1 得到 4 万元的收益，决策者认为 a_1 和 a_2 相当。这时 4 万元的效用值等于方案 a_1 的效用值，即

$$u(4) = 1 \times 0.7 + 0.3 = 0.7$$

另一方面，可以调整方案 a_1 中的概率，直到决策者认为两个方案相当为止。如果方案表示得到 10 万元收的概率是 0.8，而亏损 3 万元的概率是 0.2，而此时决策者认为 a_1 和 a_2 相当，则他认为 5 万元的效用值与方案 a_1 的效用值相等，即

$$u(5) = 1 \times 0.8 + 0 \times 0.2 = 0.8$$

用这种方法可以得到一个决策者的效用函数。在直角坐标系里，用横坐标表示收益值，纵坐标表示效用函数值，可画出一条曲线，称为效用曲线。效用曲线分为三种基本类型。图 10-7 所示的效用曲线中，其中 $u_1(r)$ 是凹的，通常称为风险厌恶型效用曲线；

$u_2(r)$是一条直线,称为风险中性型效用曲线;$u_3(r)$是凸的,称为风险喜好型效用曲线。在实际中,效用函数很复杂,与决策者的主观意志密切相关,它在某些区间可能是凹的,而某些区间又可能是凸的。

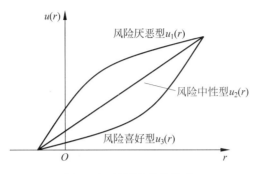

图 10-7　效用曲线的类型

在风险型决策分析中,用最大期望收益准则来选择最优方案具有风险。不同的决策者对风险的态度不同,利用效用函数来代替收益函数进行决策,决策结果就比较充分地反映了决策者的意愿。利用效用函数进行决策分析只要在期望值法中用效用函数代替收益函数即可。

例 10-6　某工厂欲生产一种新产品。有两种生产方案可供选择,即年产 2 万吨和年产 5 万吨。根据市场预测知道产品销路有好、中、差、滞销四种情况。这几种情况发生的概率和两个方案在各种情况下的经济效益如表 10-12(单位:万元)所示。

表 10-12　某厂新产品决策问题——经济效益

销路\方案	好(0.3)	中(0.4)	差(0.2)	滞销(0.1)
年产 2 万吨	200	200	200	−100
年产 5 万吨	500	200	−200	−500

设工厂的效用函数在各收益值的效用值分别为

$u(500)=1$,　$u(200)=0.5$,　$u(-100)=0.1$,　$u(-200)=0.05$,　$u(-500)=0$

试用效用函数选择最优方案。

解:根据题设效用函数的值得到表 10-13 所示的效用值表。

表 10-13　某厂新产品决策问题——效用值

销路\方案	好(0.3)	中(0.4)	差(0.2)	滞销(0.1)
年产 2 万吨	0.5	0.5	0.5	0.1
年产 5 万吨	1	0.5	0.05	0

这样,方案 1:年产 2 万吨的期望效用值为

$$EU_1 = 0.3 \times 0.5 + 0.4 \times 0.5 + 0.2 \times 0.5 + 0.1 \times 0.1 = 0.46$$

方案 2：年产 5 万吨的期望效用值为
$$EU_2 = 0.3 \times 1 + 0.4 \times 0.5 + 0.2 \times 0.05 + 0.1 \times 0 = 0.51$$
所以应该选择方案 2。

这里方案 1 和方案 2 的期望收益值分别为 170 万元和 140 万元，若按期望收益值进行决策应选方案 1。由此可见，把收益作为决策目标和把效用值作为决策目标，其结果可能是不同的，一般利用效用函数进行决策分析更能反映决策者的主观愿望。

10.4.2 风险度量

前面在讨论风险决策的过程中，并没有涉及一个根本问题的讨论，即风险应该如何衡量？一直以来，风险度量是决策领域研究的热点问题，也存在着大量的风险度量理论与方法。这一部分将介绍常用的三种风险度量的基本方法。

1. Markowitz 风险价格

Markowitz 风险价格度量风险时，认为风险规避型经济主体是愿意放弃一部分财富来规避风险的。在面临相同风险时，同是风险规避型主体，但为避免风险而愿意放弃的财富数量是不同的，这种差异反映了不同经济主体不同的风险规避程度。在风险一定的情况下，为避免风险愿意放弃的财富越多，风险规避程度也就越高；反之亦然。

假设经济主体面临风险型决策问题（也称为风险赌局）$G(a,b;\alpha)$，其中 a 和 b 为可能出现的风险结果，α 为结果 a 出现的概率，自然 $1-\alpha$ 为结果 b 出现的概率。可以用图 10-8 表示这一风险型决策问题和 Markowitz 风险价格度量的思路。

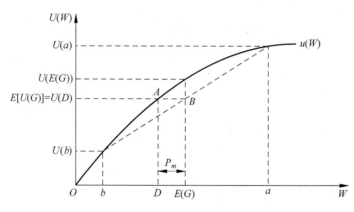

图 10-8　Markowitz 风险价格

在图 10-8 中，$U(W)$ 为决策者的效用函数。风险决策问题 $G(a,b;\alpha)$ 的期望值为
$$E(G) = \alpha a + (1-\alpha)b$$
风险决策问题的期望效用为（A 点）
$$E[U(G)] = \alpha U(a) + (1-\alpha)U(b)$$
D 为风险决策问题的确定性等价，即对于该经济主体而言无风险结果 D 与该风险决策问题无差异，即 $E[U(G)]=U(D)$，所以 $D=U^{-1}(E[U(G)])$。

Markowitz 风险价格为风险性结果的期望值与确定性等价结果的差,即

$$P_m = E(G) - D$$

风险性结果的期望值是经济主体面临的可能结果,是平均意义上的结果,在实际情况下是不确定的。风险规避型经济主体为避免风险而愿意放弃的最大财富数量即为 Markowitz 风险价格。通常,经济主体不喜欢不确定的平均结果,而宁可要一个较小的确定性结果。但如果为避免风险而需要放弃的财富数量超过 Markowitz 风险价格,则经济主体所得结果的效用值就将小于风险决策问题的效用值,这时经济主体宁愿承担风险(参赌)。

风险价格是针对风险结果本身的代价。确定性等价结果实际上是经济主体对风险性结果价值的主观评价。只要风险性结果的确定等价结果大于零,就值得实施这一风险性经济行为。

例 10-7 一经济主体具有对数效用函数,即 $U(W) = \ln W$。现面临一个风险性经济机会 $G(30,5;0.2)$。易知,这一风险性结果的期望值为 $E(G) = 10$。如果给该经济主体以确定的 10 万元,则其效用值为 $U[E(G)] = \ln 10 = 2.3$。而风险性结果的效用为其可能结果的效用期望值,即 $U(G) = E[U(W)] = 1.97$。可见,风险性结果的效用值小于该风险性机会期望结果(作为确定值)的效用。为了得到确定性等价结果 D,令 $\ln D = U(G) = 1.97$,由此得到 $D = 7.17$ 万元,所以 $P_m = E(G) - D = 2.83$ 万元。由于 $D > 0$ 表明对这一经济主体而言,该风险性经济行为值得实施,但其价值不是 10 万元,而是只有 7.17 万元。

一般地,假设经济主体目前的财富水平为 W_0,经济主体面临风险性经济行为 $G(a,b;\alpha)$,则在实施这一经济行为后,该经济主体的财富水平为

$$\widetilde{W} = W_0 + G(a,b;\alpha) = G(a+W_0, b+W_0;\alpha)$$

实施这一经济行为后的财富水平期望值为

$$E[\widetilde{W}] = E[W_0 + G(a,b;\alpha)] = W_0 + \alpha a + (1-\alpha)b$$

这一经济行为的期望效用值为

$$U(\widetilde{W}) = U[W_0 + G(a,b;\alpha)]$$

令 $U(D) = U(\widetilde{W})$,则 D 为实施这一经济行为前财富水平的风险性经济机会的确定性等价结果。这样风险价格为

$$P_m = E(\widetilde{W}) - D$$

2. 风险决策代价

考虑经济主体在实施风险性经济行为前财富水平与存在风险性经济机会后确定性等价结果之差,来反映经济主体因为承担风险后的主观损失,称其为风险代价,即

$$C_m = W_0 - D$$

例 10-8 一个具有对数效用函数的经济主体,其目前财富水平为 10 万元,风险性机会为 $G(100,10;0.9)$。则 $E(G) = 91$ 万元。由于 $W_0 = 10$,所以

$$\widetilde{W} = 10 + G(100,10;0.9) = G(110,20;0.9)$$

则 $E(\widetilde{W})=101$ 万元。而 $U(\widetilde{W})=0.9\times U(110)+0.1\times U(20)=4.53$，则 $\ln D=U(\widetilde{W})$ 可以得到 $D=92.76$ 万元，这样 $C_m=W_0-D=-82.76$ 万元。负号表示利用这一风险性机会后的主观盈利。注意到其中的风险性机会的可能结果是大于零的，故利用这样的机会总是有利的，经济主体将愿意付出一定的代价获得这样的机会。对于初始财富水平为 10 万元，效用函数为对数型的经济主体，最多愿意支付 82.76 万元获得这一风险性机会，这也相当于该经济主体为购买这一风险性机会愿意支付的价格。另一方面，风险价格为 $P_m=E(\widetilde{W})-D=8.24$ 万元总是正的，因为对于风险规避经济主体而言，不确定的结果总是相当于一个较小的确定性结果。

3. 风险的 Pratt-Arrow 度量

设经济主体目前财富水平为 W_0，面临一个等效中性的风险性机会（$E(G)=0$），该风险机会的结果为一个随机变量 $\tilde{z}$，这样利用这个机会以后的财富水平为 $W_0+\tilde{z}$。设 $\pi=\pi(W_0,\tilde{z})$ 为风险价格，即

$$\pi(W_0,\tilde{z})=E(W_0+\tilde{z})-D$$

所以，

$$U(W_0+\tilde{z})=U(D)=U[E(W_0+\tilde{z})-\pi(W_0,\tilde{z})] \qquad (10\text{-}1)$$

考虑到

$$E(W_0+\tilde{z})=E(W_0)+E(\tilde{z})=E(W_0)$$

且

$$U(W_0+\tilde{z})=E[U(W_0+\tilde{z})]$$

将 (10-1) 式两端在 W_0 处作泰勒展开，可以得到

$$U(W_0+\tilde{z})=E[U(W_0+\tilde{z})] \qquad (10\text{-}2)$$
$$=E[U(W_0)+\tilde{z}U'(W_0)+0.5\tilde{z}^2U''(W_0)+O(\tilde{z}^3)] \qquad (10\text{-}3)$$
$$=U(W_0)+0.5\sigma^2U''(W_0)+O(\tilde{z}^3) \qquad (10\text{-}4)$$

而

$$U[E(W_0+\tilde{z})-\pi(W_0,\tilde{z})]=U[W_0-\pi(W_0,\tilde{z})] \qquad (10\text{-}5)$$
$$=U(W_0)-\pi U'(W_0)+O(\pi^2) \qquad (10\text{-}6)$$

在不考虑无穷小量时，将 (10-2) 和 (10-5) 代入 (10-1) 可以得到，

$$\pi=\frac{1}{2}\sigma^2\left[\frac{U''(W_0)}{U'(W_0)}\right] \qquad (10\text{-}7)$$

这就是风险价格的 Pratt-Arrow 度量。在风险一定的情况下，经济主体对风险的主观态度完全由方括号中的量决定。这一量值被定义为绝对风险规避系数，即

$$\text{ARA}=-\frac{U''(W_0)}{U'(W_0)} \qquad (10\text{-}8)$$

但是，由于风险价格随经济主体目前的财富水平而改变。一般而言，风险规避型经济主体面临一个特定的风险，在其财富水平较低时，对此风险看得较重，风险价格较大，绝对风险规避程度也较大；而在该经济主体财富水平较高时，对同一风险，风险价格较小，绝

对风险规避度也较小。因此,绝对风险规避系数不能完全反映风险态度。所以,由此引入了与财富水平相关的相对风险规避系数,即

$$RRA = -W_0 \frac{U''(W_0)}{U'(W_0)} \tag{10-9}$$

绝对风险规避系数是广泛使用的描述决策者风险态度的参数,通常

ARA>0 时,决策者为风险厌恶型的,而且其值越大风险厌恶程度越高;

ARA=0 时,决策者为风险中性的;

ARA<0 时,决策为风险喜好型的,而且其绝对值越大风险喜好程度越高。

10.5 层次分析法

层次分析法(analytic hierarchy process,AHP)是由美国运筹学家 T. L. Saaty 于 20 世纪 70 年代提出的,是一种解决多目标的复杂问题的定性与定量相结合的决策分析方法。层次分析法用决策者的经验判断各衡量目标能否实现的标准之间的相对重要程度,并合理地给出每个决策方案的每个标准的权数,利用权数求出各方案的优劣次序。

10.5.1 AHP 法的原理

例如,某工厂有一笔剩余资金欲作分配。根据各方面的反映和意见,提出可供领导决策的方案有:

(1) 作为资金发给职工;

(2) 扩建食堂和托儿所;

(3) 开办职工业余技术学校和培训班;

(4) 建立图书馆;

(5) 引进新技术扩大生产规模等。

领导在决策时,要考虑到调动职工劳动生产积极性,提高职工文化技术水平,改善职工物质文化生活状况等方面。对这些方案的优劣性进行评价,排除后,才能作出决策。

面对这类复杂的决策问题,处理的方法是,先对问题所涉及的因素进行分类,然后构造一个因素之间相互连接的层次结构模型。因素分类:一为目标类,如合理使用剩余资金,以促进企业发展;二为准则类,这是衡量目标能否实现的标准,如调动职工劳动积极性,提高企业的生产技术水平;三为措施类,是指实现目标的方案、方法、手段等,如发资金,扩建集体福利设施,引进新技术等。按目标到措施自上而下地将各类因素之间的直接影响关系排列于不同层次,并构成层次结构图,如图 10-9 所示。

构造好各类问题的层次结构图是一项细致的分析工作,要有一定经验。根据层次结构图确定每一层的各因素的相对重要性的权数,直至计算出措施层各方案的相对权数,这就给出了各方案的优劣次序,以便供领导作出决策。

AHP 法的原理是这样的:设有 n 个目标 $A_1, A_2, \cdots, A_n$,它们的权重分别为 $w_1, w_2, \cdots, w_n$。

若将它们的权重两两比较,其比值可构成 $n \times n$ 矩阵 $\boldsymbol{A}$。

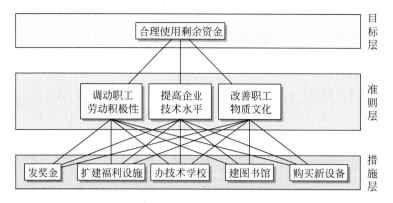

图 10-9　AHP 法的层次结构

$$A = \begin{bmatrix} w_1/w_1 & w_2/w_2 & \cdots & w_1/w_n \\ w_2/w_1 & w_2/w_2 & \cdots & w_2/w_n \\ \vdots & \vdots & \ddots & \vdots \\ w_n/w_1 & w_n/w_2 & \cdots & w_n/w_n \end{bmatrix}$$

A 矩阵具有如下性质：若用权重向量

$$W = (w_1, w_2, \cdots, w_n)^{\mathrm{T}}$$

右乘 A 矩阵，得到

$$AW = \begin{bmatrix} w_1/w_1 & w_2/w_2 & \cdots & w_1/w_n \\ w_2/w_1 & w_2/w_2 & \cdots & w_2/w_n \\ \vdots & \vdots & \ddots & \vdots \\ w_n/w_1 & w_n/w_2 & \cdots & w_n/w_n \end{bmatrix} \begin{bmatrix} w_1 \\ w_2 \\ \vdots \\ w_n \end{bmatrix} = nW$$

即

$$(A - nI)W = 0$$

由矩阵理论可知，W 为特征向量，n 为特征值。若 W 为未知时，则可根据决策者对目标之间两两相比的关系，主观作出比值的判断或用 Delphi 法来确定这些比值，使 A 矩阵为已知，故判断矩阵记作 $\overline{A}$。

根据正矩阵的相关理论，可以证明：若 A 矩阵有以下特点（设 $a_{ij} = w_i/w_j$）：

(1) $a_{ii} = 1$；

(2) $a_{ij} = 1/a_{ji}, i, j = 1, 2, \cdots, n$；

(3) $a_{ij} = a_{ik}/a_{jk}, i, j, k = 1, 2, \cdots, n$。

则该矩阵具有唯一非零的最大特征值 $\lambda_{\max}$，且 $\lambda_{\max} = n$。

若给出的判断矩阵 $\overline{A}$ 具有上述特征，则该矩阵具有完全一致性。然而人们对复杂事物的各因素，采用两两比较时，不可能做到判断的完全一致性，而存在着估计误差，这必然导致特征值及特征向量也有偏差。这时问题由 $AW = nW$ 变成 $\overline{A}W' = \lambda_{\max} W'$，这里 $\lambda_{\max}$ 是矩阵 $\overline{A}$ 的最大特征值，W' 便是带有偏差的相对权重向量。这就是由判断不相容而引起的误差。为了避免误差太大，所以要衡量 $\overline{A}$ 的一致性，当 A 矩阵完全一致时，因 $a_{ii} = 1$，所以

$$\sum_{i=1}^{n}\lambda_i = \sum_{i=1}^{n}a_{ii} = n$$

存在着唯一的非零 $\lambda = \lambda_{\max} = n$。而当 $\overline{A}$ 矩阵存在判别不一致时，一般是 $\lambda_{\max} \geqslant n$。这时

$$\lambda_{\max} + \sum_{i \neq \max}\lambda_i = \sum_{i=1}^{n}a_{ii} = n$$

于是有

$$\lambda_{\max} - n = -\sum_{i \neq \max}\lambda_i$$

这样可以其平均值作为检验判断矩阵一致性指标（CI）

$$CI = \frac{\lambda_{\max} - n}{n-1} = \frac{-\sum_{i \neq \max}\lambda_i}{n-1}$$

容易发现，当 $\lambda_{\max} = n$ 时，CI＝0，为完全一致；CI 值越大，判断矩阵的完全一致性越差。一般只要 CI≤0.1，就可认为判断矩阵的一致性可以接受，否则重新进行两两比较判断。

另外，当判断矩阵的维数 n 越大时，判断的一致性将越差，故应放宽对高维判断矩阵一致性的要求。当维数 n 越小，应加严对判断矩阵一致性的要求。所以引入同阶矩阵的随机指标（Random Index，RI），并取 CI 与 RI 的比值 CR 作为衡量判断矩阵一致性的指标，即

$$CR = \frac{CI}{RI} \tag{10-10}$$

同样要求 CR 值不能超过 0.1，其中 RI 的值如表 10-14 所示。

表 10-14　n 阶矩阵的 RI 值

n	2	3	4	5	6	7	8	9	10
RI	0.00	0.58	0.90	1.12	1.24	1.32	1.41	1.45	1.49

10.5.2　标度及其含义

为了使各因素之间进行两两比较得到量化的判断矩阵，引入 1～9 的标度。根据心理学家的研究指出：人们区分信息等级的极限能力为 7 ± 2，所以在进行两两比较引入了如表 10-15 所示的标度体系。

表 10-15　AHP 法的标度值及其含义

标度（a_{ij}）	含　义
1	因素 i 与因素 j 相同重要
3	因素 i 比因素 j 略重要
5	因素 i 比因素 j 较重要
7	因素 i 比因素 j 非常重要
9	因素 i 比因素 j 绝对重要
2,4,6,8	为以上判断之间的中间状态对应的标度值
倒数	若因素 j 与因素 i 比较，得到判断值为 $a_{ji} = 1/a_{ij}$

10.5.3 层次模型

如前所述,根据具体问题一般分为目标层、准则层和措施层,如图 10-9 所示。复杂的问题可分为总目标层、子目标层、准则层(或制约因素层)、方案措施层,或分为层次更多的结构。

如一位顾客决定要购买一套新住宅,经过初步调查研究确定了 3 套候选的房屋 A、B、C,问题是如何在这 3 套房屋里选择一套较为满意的房屋呢?顾客从房地产公司得到了有关这 3 套房屋的资料,各套资料都给出了下面相关的数据和资料:

(1) 房屋的地理位置;
(2) 房屋的交通情况;
(3) 房屋附近的商业、卫生、教育情况;
(4) 房屋小区的绿化、清洁、安静等自然环境;
(5) 建筑结构;
(6) 建筑材料;
(7) 房屋布局;
(8) 房屋面积;
(9) 房屋设备;
(10) 房屋每平方米建筑面积的单价。

实际上这 10 方面也就给出了评判房屋满意程度的 10 个标准。为了简化问题,把这 10 个标准归纳为 4 个标准:

(1) 房屋的地理位置与交通(第 1、2 项);
(2) 房屋的居住环境(第 3、4 项);
(3) 硬件设施,包括结构、布局和设施(第 5、6、7、8、9 项);
(4) 房屋每平方米建筑面积的单价(第 10 项)。

这样,就可以用这 4 个标准来评判房屋的满意程度,以使选出较满意的房屋。这个问题的层次结构图分为 3 个层次:目标层、准则层和方案层,如图 10-10 所示。

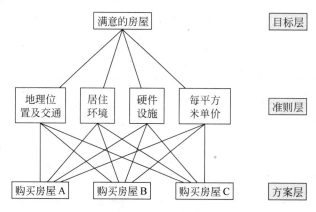

图 10-10 房屋购买的 AHP 层次结构

按给出的层次结构模型,设目标层为 A,准则层为 C(有 k 个准则因素)、措施层 P(有 n 个方案)。决策者用其他方法给出各层因素之间的两两比较得到 $A-C$ 判断矩阵为:

$$\begin{array}{c|cccc} A & C_1 & C_2 & \cdots & C_k \\ \hline C_1 & a_{11} & a_{12} & \cdots & a_{1k} \\ C_2 & a_{21} & a_{22} & \cdots & a_{2k} \\ \vdots & \vdots & \vdots & \ddots & \vdots \\ C_k & a_{k1} & a_{k2} & \cdots & a_{kk} \end{array}$$

然后分别给出 $C_i-P(i=1,2,\cdots,k)$ 的判断矩阵。

$$\begin{array}{c|cccc} C_i & P_1 & P_2 & \cdots & P_n \\ \hline P_1 & a_{11} & a_{12} & \cdots & a_{1n} \\ P_2 & a_{21} & a_{22} & \cdots & a_{2n} \\ \vdots & \vdots & \vdots & \ddots & \vdots \\ P_n & a_{n1} & a_{n2} & \cdots & a_{nn} \end{array}$$

如前述选房屋的问题,准则层共有 4 个因素,通过调查,得到它们对于目标的两两比较矩阵如表 10-16 所示。

表 10-16　房屋购买的 $A-C$ 判断矩阵

目标:满意的房子	地理位置及交通	居住环境	硬件设施	每平方米单价
地理位置及交通	1	2	3	2
居住环境	1/2	1	4	1/2
硬件设施	1/3	1/4	1	1/4
每平方米单价	1/2	2	4	1

表 10-16 反映了对于目标而言,4 个准则两两比较的重要性。如 $a_{12}=2$ 表示"地理位置及交通"比"居住环境"的重要性介于"相同重要"与"略为重要"之间。

另外,以 4 个准则为标准,来两两比较房子 A、B、C 的优劣就可以得到 C_i-P 判断矩阵,如表 10-17 所示。

表 10-17　房屋购买的 C_i-P 判断矩阵

房子	地理位置及交通			居住环境			硬件设施			每平方米单价		
	A	B	C	A	B	C	A	B	C	A	B	C
A	1	2	8	1	1/3	1/4	1	1/4	1/6	1	1/3	4
B	1/2	1	6	3	1	1/2	4	1	1/3	3	1	7
C	1/8	1/6	1	4	2	1	6	3	1	1/4	1/7	1

然后就可以计算各判断矩阵的最大特征值和特征向量。

10.5.4　计算方法

一般来说,在 AHP 法中计算判断矩阵的最大特征值与特征向量,并不需要很高的精确度,故用近似法计算即可。当然,也可通过一些计算软件得到更为精确的解。方根法是一种最常用的方法。方根法是一种近似的计算法,其计算步骤为

(1) 计算判断矩阵每行所有元素的几何平均值

$$\bar{\omega}_i = \sqrt[n]{\prod_{j=1}^{n} a_{ij}} \quad i = 1, 2, \cdots, n$$

得到

$$\bar{\boldsymbol{\omega}} = (\bar{\omega}_1, \bar{\omega}_2, \cdots, \bar{\omega}_n)^{\mathrm{T}}$$

(2) 将 $\bar{\omega}$ 归一化处理,即计算

$$\omega_i = \frac{\bar{\omega}_i}{\sum_{i=1}^{n} \bar{\omega}_i}, \quad i = 1, 2, \cdots, n$$

得到 $\boldsymbol{\omega} = (\bar{\omega}_1, \bar{\omega}_2, \cdots, \bar{\omega}_n)^{\mathrm{T}}$,即为所求特征向量的近似值,这也是各因素的相对权重。

(3) 计算判断矩阵的最大特征值 $\lambda_{\max}$。

$$\lambda_{\max} = \sum_{i=1}^{n} \frac{(A\bar{\omega})_i}{n\omega_i}$$

其中 $(A\bar{\omega})_i$ 为向量 $A\bar{\omega}$ 的第 i 个元素。

(4) 计算判断矩阵一致性指标,检验其一致性。

当各层次的诸因素的相对权重都得到后,就可以进行措施层的组合权重的计算了。设有目标层 A、准则层 C、方案层 P 构成的层次模型,目标层 A 对准则层 C 的相对权重为

$$\bar{\boldsymbol{\omega}}^{(1)} = (\bar{\omega}_1^{(1)}, \bar{\omega}_2^{(1)}, \cdots, \bar{\omega}_k^{(1)})^{\mathrm{T}}$$

准则层的各准则 C_i,对方案层的 n 个方案的相对权重为

$$\bar{\boldsymbol{\omega}}_l^{(2)} = (\bar{\omega}_{1l}^{(2)}, \bar{\omega}_{2l}^{(2)}, \cdots, \bar{\omega}_{nl}^{(2)})^{\mathrm{T}}, \quad l = 1, 2, \cdots, k$$

那么各方案对目标而言,其相对权重是通过权重 $\bar{\omega}^{(1)}$ 和 $\bar{\omega}_l^{(2)}$ 组合得来的,其计算方法如表 10-18 所示。这时得到的 $\boldsymbol{V}^{(2)} = (v_1^{(2)}, v_2^{(2)}, \cdots, v_n^{(2)})$ 为 P 层各方案的相对权重,也就是对各个方案的排序,最大权重的方案应为优选方案。

表 10-18 权重组合计算

P 层 \ C 层	因素及权重				组合权重
	C_1	C_2	$\cdots$	C_k	$V^{(2)}$
	$w_1^{(1)}$	$w_2^{(1)}$	$\cdots$	$w_k^{(1)}$	
P_1	$w_{11}^{(2)}$	$w_{12}^{(2)}$	$\cdots$	$w_{1k}^{(2)}$	$v_1^{(2)} = \sum_{j=1}^{k} w_j^{(1)} w_{1j}^{(2)}$
P_2	$w_{21}^{(2)}$	$w_{22}^{(2)}$	$\cdots$	$w_{2k}^{(2)}$	$v_2^{(2)} = \sum_{j=1}^{k} w_j^{(1)} w_{2j}^{(2)}$
$\vdots$			$\vdots$		$\vdots$
P_n	$w_{n1}^{(2)}$	$w_{n2}^{(2)}$	$\cdots$	$w_{nk}^{(2)}$	$v_n^{(2)} = \sum_{j=1}^{k} w_j^{(1)} w_{nj}^{(2)}$

对于前述买房子的问题,根据方根法求解过程如下:

首先，根据表 10-16 计算准则层各因素对于目标层的相对权重。计算过程如表 10-19 所示。

表 10-19 房屋购买的 $A-C$ 层计算结果

目标满意的房子	地理位置及交通	居住环境	硬件设施	每平方米单价	几何均值	相对权重
地理位置及交通	1	2	3	2	1.8612	0.3998
居住环境	1/2	1	4	1/2	1.0000	0.2148
硬件设施	1/3	1/4	1	1/4	0.3799	0.0816
每平方米单价	1/2	2	4	1	1.4142	0.3038
列和					4.6553	1

即 $\bar{\boldsymbol{\omega}}^{(1)}=(0.3998,0.2148,0.0816,0.3038)^T$。下面进行一致性检验。由于

$$A\bar{\boldsymbol{\omega}}^{(1)} = \begin{bmatrix} 1 & 2 & 3 & 2 \\ \frac{1}{2} & 1 & 4 & \frac{1}{2} \\ \frac{1}{3} & \frac{1}{4} & 1 & \frac{1}{4} \\ \frac{1}{2} & 2 & 4 & 1 \end{bmatrix} \begin{bmatrix} 0.3998 \\ 0.2148 \\ 0.0816 \\ 0.3038 \end{bmatrix} = \begin{bmatrix} 1.6818 \\ 0.8930 \\ 0.3445 \\ 1.1468 \end{bmatrix}$$

进一步可以得到

$$\lambda_{\max} = \sum_{i=1}^{n} \frac{(A\bar{\omega})_i}{n\omega_i} = 4.1831, \quad \text{CI} = \frac{\lambda_{\max} - n}{n-1} = 0.0610$$

查表 10-14，得到 RI=0.90，所以

$$\text{CR} = \frac{\text{CI}}{\text{RI}} = 0.0678 < 0.1$$

所以判断矩阵一致性可以接受。同样的方法对 P 层计算得到如表 10-20 的结果。

表 10-20 房屋购买的 C_i-P 层计算结果

	判断矩阵			几何平均值	相对权重	$\lambda_{\max}$	CI	CR
位置及交通	1	2	8	2.5198	0.5947	3.0183	0.0091	0.0158
	1/2	1	6	1.4422	0.3404			
	1/8	1/6	1	0.2752	0.0649			
居住环境	1	1/3	1/4	0.4368	0.122	3.0183	0.0091	0.0158
	3	1	1/2	1.1447	0.3196			
	4	2	1	2.0000	0.5584			
硬件设施	1	1/4	1/6	0.3467	0.0852	3.0536	0.0268	0.0462
	4	1	1/3	1.1006	0.2706			
	6	3	1	2.6207	0.6442			
每平方米单价	1	1/3	4	1.1006	0.2628	3.0324	0.0162	0.0279
	3	1	7	2.7589	0.6586			
	1/4	1/7	1	0.3293	0.0786			

由上述计算结果可以发现，所有判断矩阵都能通过一致性检验。

最后再按表 10-18 进行计算,得到各方案的优劣次序。计算结果如表 10-21 所示。

表 10-21　房屋购买的权重组合计算结果

方案 \ 准则及权重	位置及交通 0.3998	居住环境 0.2148	硬件设施 0.0816	每平方米单位 0.3038	组合房子
房子 A	0.5947	0.1220	0.0852	0.2628	0.3507
房子 B	0.3404	0.3196	0.2706	0.6586	0.4269
房子 C	0.0649	0.5584	0.6442	0.0786	0.2223

通过比较分析,房子 B 得分(权重)最高,房子 A 次之,而房子 C 最低,所以应该选择购买房子 B。

AHP 法对于权重的计算还有一些常用的近似算法,如求和法,有兴趣的读者可以参考相关的资料。

10.6　多属性决策方法

多属性决策是一个较新的决策问题类别,在经济管理等许多领域有着广泛的实际应用。前面讲到的决策问题,决策者在进行决策时只考虑不同方案的收益这一个属性。但是有些决策作出时必须考虑不同方案的多个属性,如评选优秀学生时不能只凭学习成绩这一个属性,同时还需要考虑品德、实践能力、身体素质等多个属性。但当属性多于一个时,由于各属性之间存在着相关关系或冲突,备选方案之间就不像单属性决策那样是完全有序的了,因此多属性决策问题与单属性决策问题的主要区别就在于它需要以决策者的偏好信息作为决策依据。例如,有三个同学参加优秀学生的评比,同学 A 成绩最好,同学 B 品德突出,同学 C 社会实践能力最强,这时要选出一个优秀学生就会受决策者的偏好的影响。如果决策者认为社会实践能力最重要,那么有理由相信同学 C 获评优秀学生的可能较大一些。决策者的偏好取决于主观与客观因素,主观的因素如决策者个人经验、知识水平、喜好等;客观因素则受到决策目标、技术条件、实验条件等的限制。多属性决策重点研究关于离散的、有限个备选方案的决策问题,其实质是利用已有的决策信息通过一定的方式对备选方案进行排序并择优,所以有时候多属性决策与评价问题有着密切关系。

10.6.1　多属性决策问题的基本概念

多属性决策问题广泛地存在于社会、经济、管理等各个领域中,如投资决策、项目评估、质量评估、方案优选、企业选址、资源分配、科研成果评价、绩效考评、经济效益评估等。决策者要从具有多个属性的一组备选方案中进行选择,其目的是要从多个备选方案中选择一个相对最优的方案,使该方案的各个属性能最大限度地达到决策者满意。属性是指"目标"或"指标",上述各个备选方案通常都具有多个属性,而各个属性一般具有不同的量纲,各个属性之间还有可能存在冲突。多属性决策往往只含有有限个预先制订的方案,最优方案的确定与其属性满足程度有关。

多属性决策问题可以描述为:给定一组可能的备选方案 $A = \{a_1, a_2, \cdots, a_m\}$,对于每

个方案 a_i 都具有若干属性 $C=\{c_1,c_2,\cdots,c_n\}$,决策的目的就是从这一组备选方案中找到一个使决策者达到最满意的方案,或者对这一组方案进行综合评价排序,且排序结果能够反映决策者的意图。不同备选方案 a_i 的不同的属性 c_j 的值用 x_{ij} 表示,通常将多属性决策问题描述为一个属性表格(如表 10-22 所示)。

表 10-22 多属性决策问题的属性值表

属性 备选方案	c_1	c_2	$\cdots$	c_n
a_1	x_{11}	x_{12}	$\cdots$	x_{1n}
a_2	x_{21}	x_{22}	$\cdots$	x_{2n}
$\vdots$	$\vdots$	$\vdots$	$\ddots$	$\vdots$
a_m	x_{m1}	x_{m2}	$\cdots$	x_{mn}

例 10-9(多属性决策问题) 某企业需要在 6 个待选的零部件生产企业 A_i,$i=1,2,\cdots,6$,中选择一个合作伙伴,企业在选择时主要从产品质量(如合格率)、产品价格(元/件)、售后服务(响应时间)、技术水平(先进程度)、供应能力(件/周)等 5 个属性对备选供应商进行考察,通过调查得到 6 家企业的相关情况如表 10-23 所示。

表 10-23 供应商的数据

属性 供应商	产品质量 c_1	产品价格 c_2	售后服务 c_3	技术水平 c_4	供应能力 c_5
A_1	0.83	326	3.2	0.20	250
A_2	0.90	295	2.4	0.25	180
A_3	0.99	340	2.2	0.12	300
A_4	0.92	287	2.0	0.33	200
A_5	0.87	310	0.9	0.20	150
A_6	0.95	303	1.7	0.09	175

这是一个典型的多属性决策问题。企业在选择供应商时需要从 5 个方面综合考虑,而备选供应商在各个属性上的表现也存在差异。如 A_5 的售后服务的响应时间最短,但其产品质量却不尽如人意。所以,企业在选择时需要权衡多个属性的综合表现情况,通常采用赋予各个属性不同权重水平以体现决策者的偏好。另一方面,各个属性值的单位是不同的,如产品质量用合格率来体现,其单位为百分比,而产品价格为元/件。也就是说,属性值的量纲是不同的,没有办法直接进行相关的运算。如将产品质量与产品价格相加是没有任何实际意义的。这样,为了进行各个属性的综合比较,要保证各个属性的值都是无量纲的。而且,各个属性值的方向也存在差异,如产品质量应该是越大越好(称为效益型属性)的,产品价格应该越低越好(称为成本型属性),供应能力在某个值或某个区间内是最好的(称为中间型属性)。所以,为了进行不同方案的综合比较,应该让各个属性值的方向一致。

属性数据的去量纲、方向调整是进行多属性决策的基础性工作,通常一并进行,有时称为数据的规范化处理。

10.6.2 属性数据的规范化处理

由于属性数据的量纲、数据方向、数量级等方面的不一致,所以为了进行备选方案的综合比较,在进行多属性决策时首先需要对属性数据进行规范化处理,常用的方法如下。

1. 线性变换

令原始属性值矩阵为 $X=\{x_{ij}\}$,变换后的矩阵为 $Y=\{y_{ij}\}$。线性变换方法为

$$y_{ij} = \begin{cases} x_{ij}/x_{ij}^{\max}, & \text{若 } j \text{ 为效益型属性} \\ x_{ij}^{\min}/x_{ij}, & \text{若 } j \text{ 为成本型属性} \end{cases}$$

其中,$x_{ij}^{\max}=\max_i x_{ij}$,$x_{ij}^{\min}=\min_i x_{ij}$。

经过线性变换后,y_{ij} 为无量纲的,而且对于效益型属性和成本型属性最优值均为 1,而且越接近 1 越优。需要说明的是,上述变化中效益型属性是线性变换,而成本型属性是非线性的变换。

2. 0-1 变换

属性值经过线性变换后最优值为 1,但最差值一般不为 0;若最差值为 0,最优值往往不为 1。为了使每个属性值变换后的最优值为 1 且最差值为 0,可以使用 0-1 变换来实现。其变换方法为

$$y_{ij} = \begin{cases} \dfrac{x_{ij}-x_{ij}^{\min}}{x_{ij}^{\max}-x_{ij}^{\min}}, & \text{若 } j \text{ 为效益型属性} \\ \dfrac{x_{ij}^{\max}-x_{ij}}{x_{ij}^{\max}-x_{ij}^{\min}}, & \text{若 } j \text{ 为成本型属性} \end{cases}$$

3. 向量规范化

向量规范化方法对于成本型属性和效益型属性都使用相同的方法,即

$$y_{ij} = \frac{x_{ij}}{\sqrt{\sum_{i=1}^{m} x_{ij}^2}}$$

这种变换方法从属性值的大小上无法分辨属性的优劣,它的最大特点是规范化后各方案的同一属性值的平方和为 1。

4. 中间型属性数据的变换

中间型属性值既非效益型也不是成本型,即其值太大或太小都不好,而介于某个区间范围内最好。若对于某个属性 c_j,给定的最优属性区间为 $[x_j^-, x_j^+]$,其中 x_j^- 为该属性的最优下界,x_j^+ 为该属性的最优上界,则

$$y_{ij} = \begin{cases} 1 - \dfrac{x_j^- - x_{ij}}{x_j^- - x_{ij}^{\min}}, & \text{若 } x_{ij}^{\min} \leqslant x_{ij} < x_j^- \\ 1, & \text{若 } x_j^- \leqslant x_{ij} \leqslant x_j^+ \\ 1 - \dfrac{x_{ij} - x_j^+}{x_{ij}^{\max} - x_j^+}, & \text{若 } x_j^+ < x_{ij} \leqslant x_{ij}^{\max} \\ 0, & \text{其他} \end{cases}$$

这种变换实际上是将原属性变换为一个梯形模糊数,变换后的值类似于模糊隶属度,如图 10-11 所示。当最优值为点值时(即 $x_j^- = x_j^+$ 时),得到的是一个三角模糊数。

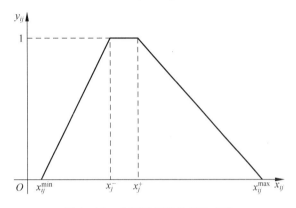

图 10-11 中间型属性数据的变换

在例 10-9 中,产品质量、技术水平为效益型数据,产品价格和售后服务水平为成本型数据,供应能力为中间型数据(假设最优区间为[180,250]),则利用前述 0-1 变换和中间型数据变换的规则得到变化后的属性决策表为(表 10-24)。

表 10-24 供应商的数据

属性 供应商	c_1	c_2	c_3	c_4	c_5
A_1	0.0000	0.2642	0.0000	0.4583	1.0000
A_2	0.4375	0.8491	0.3478	0.6667	1.0000
A_3	1.0000	0.0000	0.4348	0.1250	0.0000
A_4	0.5625	1.0000	0.5217	1.0000	1.0000
A_5	0.2500	0.5660	1.0000	0.4583	0.0000
A_6	0.7500	0.6981	0.6522	0.0000	0.8333

10.6.3 属性权重确定的常用方法

决策者为了在具有多个属性的备选方案中作出选择,通常需要设定不同属性的权重以反映决策者在方案选择时的偏好,所以权重反映了:

(1) 决策者对目标属性的重视程度;

(2) 各目标属性值的差异程度;

(3) 各目标属性值的可靠程度。

权重应当综合反映这三种因素的作用,而且通过权重可以使用各种方法将多属性决策问题化为单属性问题求解。

目前存在着多种权重确定的方法,但基本上可分为主观赋权法和客观赋权法两类。

主观赋权法是指人们依照经验主观确定属性权重。在赋权的过程中充分发挥专家作用,利用专家的知识、经验来确定权数。所以,这类方法实际上是专家调查、专家征询法,典型方法包括头脑风暴法、Delphi 法等。这类方法主要缺点是主观随意性较大,权重值与专家的经验、知识水平等有着较大的关联性。

客观赋权法是指通过科学的方法对客观资料进行整理、计算、分析而得到的权重,避免了人为因素和主观因素的影响。这类方法来源于客观实际数据,有较强的客观性,其权重的准确性取决于提供数据的准确程度。

下面介绍几种较为常用的方法。

1. 特征向量法

在多属性决策中,对属性权重确定时也可采用前述的 AHP 法。根据决策者对各个属性的相对重要性的判断得到判断矩阵后,可以利用前面的 AHP 法计算各属性的权重。

如前述的供应商选择的决策问题中,如果对 5 个属性的相对重要性作两两比较得到如下的判断矩阵:

$$\begin{bmatrix} 1 & \frac{1}{2} & 4 & \frac{1}{2} & 5 \\ 2 & 1 & 7 & 2 & 5 \\ \frac{1}{4} & \frac{1}{7} & 1 & \frac{1}{3} & \frac{1}{2} \\ 2 & \frac{1}{2} & 3 & 1 & 2 \\ \frac{1}{5} & \frac{1}{5} & 2 & \frac{1}{2} & 1 \end{bmatrix}$$

利用前述的方根近似法,求得权重向量为

$$\boldsymbol{w} = (0.2162, 0.4210, 0.0563, 0.2242, 0.0823)^{\mathrm{T}}$$

一致性判断系数 CR=0.05129<0.1,判断矩阵满足一致性要求。

2. 最小平方和法

最小平方和法是由 Cku、Kalaba 和 Spingarn 三人于 1979 年提出的,其基础还是利用决策者的判断矩阵(如 Satty 矩阵),而原理比 Saaty 的特征向量法要简单。

由于判断矩阵 $\boldsymbol{A}$ 的一致性很难成立,且有 $a_{ij} = w_i/w_j$,因此一般情况下,$(a_{ij}w_j - w_i)$ 的值并不为零,但是可以选择一组权 $(w_1, w_2, \cdots, w_n)$,使误差平方和最小,即

$$\min Z = \sum_{i=1}^{n} \sum_{j=1}^{n} (a_{ij}w_j - w_i)^2$$

$$\begin{cases} \sum_{i=1}^{n} w_i = 1 \\ w_i \geqslant 0, \quad i=1,2,\cdots,n \end{cases} \tag{10-11}$$

上述优化问题可以通过构造拉格朗日函数 L 来求解。

$$L = \sum_{i=1}^{n}\sum_{j=1}^{n}(a_{ij}-w_i)^2 + 2\lambda\left(\sum_{i=1}^{n}w_i - 1\right)$$

其中 λ 为拉格朗日乘子。

L 对 $w_l(l=1,2,\cdots,n)$ 求偏导数，并令其为 0，得到 n 个代数方程：

$$\sum_{i=1}^{n}(a_{il}w_l - w_i)a_{il} - \sum_{j=1}^{n}(a_{lj}w_j - w_l) + \lambda = 0 \tag{10-12}$$

由上式及 $\sum_{i=1}^{n}w_i=1$，构成 $n+1$ 个非齐次线性方程组，且包含有 n 个未知数 w_1，$w_2,\cdots,w_n$ 及 λ，因此可求得 $\boldsymbol{W}=(w_1,w_2,\cdots,w_n)^\mathrm{T}$。式(10-12)还可以表示为一般的线性方程组：

$$\boldsymbol{BW} = \boldsymbol{E}$$

式中，

$$\boldsymbol{W}=(w_1,w_2,\cdots,w_n)^\mathrm{T}, \quad \boldsymbol{E}=(-\lambda,-\lambda,\cdots,-\lambda)^\mathrm{T}$$

$\boldsymbol{B}$ 为系数矩阵，b_{ii} 为对角项系数，且

$$b_{11} = \sum_{i=1,i\neq 1}^{n} a_{i1}^2 + n - 1 \tag{10-13}$$

$$b_{22} = \sum_{i=1,i\neq 2}^{n} a_{i2}^2 + n - 1 \tag{10-14}$$

$$\cdots$$

$$b_{nn} = \sum_{i=1,i\neq n}^{n} a_{in}^2 + n - 1 \tag{10-15}$$

而其他项

$$b_{ij} = -(a_{ij}+a_{ji}), \quad i,j=1,2,\cdots,n \tag{10-16}$$

由此即可解得权重向量 $\boldsymbol{W}$。

仍以前述供应选择问题为例，假设判断矩阵 $\boldsymbol{A}$ 为

$$\boldsymbol{A} = \begin{bmatrix} 1 & \frac{1}{2} & 4 & \frac{1}{2} & 5 \\ 2 & 1 & 7 & 2 & 5 \\ \frac{1}{4} & \frac{1}{7} & 1 & \frac{1}{3} & \frac{1}{2} \\ 2 & \frac{1}{2} & 3 & 1 & 2 \\ \frac{1}{5} & \frac{1}{5} & 2 & \frac{1}{2} & 1 \end{bmatrix}$$

根据式(10-13)—式(10-16)可求得系数矩阵 $\boldsymbol{B}$ 如下

$$\boldsymbol{B} = \begin{bmatrix} 12.1025 & -0.4000 & -0.2353 & -0.4000 & -0.1923 \\ -2.5000 & 4.3104 & -0.1400 & -0.4000 & -0.1923 \\ -4.2500 & -7.1429 & 82.0000 & -0.3000 & -0.4000 \\ -2.5000 & -2.5000 & -3.3333 & 8.6111 & -0.4000 \\ -5.2000 & -5.2000 & -2.5000 & -2.5000 & 58.2500 \end{bmatrix}$$

也即有

$$12.1025w_1 - 0.4000w_2 - 0.2353w_3 - 0.4000w_4 - 0.1923w_5 = -\lambda$$
$$-2.5000w_1 + 4.3104w_2 - 0.1400w_3 - 0.4000w_4 - 0.1923w_5 = -\lambda$$
$$-4.2500w_1 - 7.1429w_2 + 82.0000w_3 - 0.3000w_4 - 0.4000w_5 = -\lambda$$
$$-2.5000w_1 - 2.5000w_2 - 3.3333w_3 + 8.6111w_4 - 0.4000w_5 = -\lambda$$
$$-5.2000w_1 - 5.2000w_2 - 2.5000w_3 - 2.5000w_4 + 58.2500w_5 = -\lambda$$
$$w_1 + w_2 + w_3 + w_4 + w_5 = 1$$

由此可解得

$$\boldsymbol{W} = (0.1420, 0.3719, 0.0591, 0.3400, 0.0870)^{\mathrm{T}}$$

3. 熵权法

现代信息论的奠基人 C. E. Shannon 在 1941 年首先提出了信息熵的概念,解决了对信息的量化度量问题。按照信息论基本原理的解释,信息是系统有序程度的一个度量,熵是系统无序程度的一个度量,两者绝对值相等,但符号相反。因此,根据这一性质,可以利用多属性决策中各属性的固有信息,计算其熵值。如果指标的信息熵越小,该指标提供的信息量越大,在多属性决策中所起作用理当越大,权重就应该越高;反之,如果指标的信息熵越大,该指标提供的信息量越小,其信息的作用就越小,权重也应该越小。

如果某个离散随机变量 X 的概率分布为 $p_j = P\{X = x_i\}$ $(j = 1, 2, \cdots, n)$,则该随机分布所包含的信息量为

$$H(X) = -K \sum_{j=1}^{n} p_j \log p_j, \quad 0\log 0 \triangleq 0$$

这就是信息熵的计算公式,其中 K 为一正常数,它的值主要依赖于对数取不同的底数。当 X 的概率分布为均匀分布时,$H(X)$ 取得最大值 $\log n$,即均匀分布的熵最大。

利用熵信息的概念来进行权重的确定,假设多属性决策矩阵为

$$\begin{array}{c} & \begin{array}{cccc} c_1 & c_2 & \cdots & c_n \end{array} \\ \begin{array}{c} A_1 \\ A_2 \\ \vdots \\ A_m \end{array} & \begin{bmatrix} x_{11} & x_{12} & \cdots & x_{1n} \\ x_{21} & x_{22} & \cdots & x_{2n} \\ \vdots & \vdots & \ddots & \vdots \\ x_{m1} & x_{m2} & \cdots & x_{mn} \end{bmatrix} \end{array} \tag{10-17}$$

其中,$A_i(i=1,2,\cdots,m)$ 表示 m 个备选方案,$c_j(j=1,2,\cdots,n)$ 表示每个方案具有 n 个属性,x_{ij} 表示不同方案在不同属性下的取值。

则用

$$p_{ij} = \frac{x_{ij}}{\sum_{i=1}^{m} x_{ij}}, \quad j=1,2,\cdots,n \tag{10-18}$$

表示第 j 个属性 c_j 下，第 i 个方案 A_i 的贡献度，这种贡献度可以说是包含有一种信息内容，因此可以用 E_j 来表示所有方案（m 个方案）对属性 c_j 的贡献总量：

$$E_j = -K \sum_{i=1}^{m} p_{ij} \ln p_{ij}, \quad j=1,2,\cdots,n \tag{10-19}$$

其中常数 K 可以取为 $K=1/\ln m$，这样就能保证 $0 \leqslant E_j \leqslant 1$，即 E_j 最大为 1。

从式（10-19）可以看出，当某个属性下各方案的贡献度趋于一致时，E_j 趋于 1，特别是当全相等时，可以不考虑该目标的属性在决策中的作用，即此时属性的权重为 0。

如现有一决策矩阵为

$$\boldsymbol{M} = \begin{bmatrix} 5 & 1.4 & 6 & 7 & 5 & 7 \\ 9 & 2 & 30 & 7 & 5 & 9 \\ 8 & 1.8 & 11 & 7 & 7 & 5 \\ 12 & 2.5 & 18 & 7 & 5 & 5 \end{bmatrix}$$

则第 4 属性的权重为 0。

这样可看出属性值由所有方案差异大小来决定权系数大小，为此可定义 d_j 为第 j 个属性下各方案贡献度的一致性程度

$$d_j = 1 - E_j \tag{10-20}$$

则各属性权重可表示为

$$w_j = \frac{d_j}{\sum_{j=1}^{n} d_j} \tag{10-21}$$

当 $d_j = 0$ 时，第 j 属性可以剔除，其权重为 0。

如果决策者事先已有一些经验的主观估计权重 λ_j，则可借助上述的 w_j 来对 λ_j 进行修正，即

$$w'_j = \frac{\lambda_j w_j}{\sum_{j=1}^{n} \lambda_j w_j} \tag{10-22}$$

熵权法的最大特点是仅利用决策的属性值矩阵所给的信息来计算权重，而没有引入决策者的主观判断，具有较强的客观性。所以，熵权法是权重确定最为常用的客观方法。

例 10-10 某人在购买汽车的决策问题中，考虑了 4 种车型以及油耗、功率、费用、安全性、维护性、操纵性等 6 个属性，得到相应的决策矩阵如下：

$$\boldsymbol{M} = \begin{bmatrix} 5 & 1.4 & 6 & 7 & 5 & 7 \\ 9 & 2 & 30 & 7 & 5 & 9 \\ 8 & 1.8 & 11 & 7 & 7 & 5 \\ 12 & 2.5 & 18 & 7 & 5 & 5 \end{bmatrix}$$

首先利用式(10-18)计算出贡献度 p_{ij} 如下表。

表 10-25　购买轿车决策问题的贡献度 p_{ij}

	油耗	功率	费用	安全性	维护性	操纵性
Car1	0.15	0.18	0.09	0.14	0.23	0.27
Car2	0.26	0.26	0.46	0.32	0.23	0.35
Car3	0.24	0.23	0.27	0.23	0.32	0.19
Car4	0.35	0.32	0.28	0.32	0.23	0.19

各属性的熵值 E_j、d_j 及确定的权重 w_j 如下表所示。

表 10-26　购买轿车决策问题的属性熵值及权重确定

E_j	0.97	0.98	0.89	0.96	0.99	0.98
d_j	0.03	0.02	0.11	0.04	0.01	0.02
w_j	0.14	0.07	0.49	0.16	0.04	0.10

如果决策者事先主观给出的各属性权重为

$$\boldsymbol{\lambda} = (0.1, 0.1, 0.3, 0.2, 0.2, 0.1)^{\mathrm{T}}$$

则经修正可得

$$\boldsymbol{w}' = (0.07, 0.03, 0.68, 0.14, 0.03, 0.05)^{\mathrm{T}}$$

10.6.4　多属性决策的常用方法

目前存在着许多的多属性决策方法,而且这些方法还在不断地发展中。这里介绍两种最为常用的有效方法:简单加权和法和基于距离的 TOPSIS 方法。

1. 简单加权和法

加权和法的求解步骤比较简单,它利用不同方案各属性的加权和作为方案排序的依据,其具体步骤为:

(1) 属性值规范化处理。选择前述的适当方法对各属性值进行规范化处理。假设规范化处理后,方案 i 属性 j 的规范化值为 y_{ij}。

(2) 确定各属性的权重系数 $w_j(j=1,2,\cdots,n)$。

(3) 计算各方案的属性值加权和,即令

$$V_i = \sum_{j=1}^{n} w_j y_{ij}, \quad i = 1, 2, \cdots, m$$

根据 V_i 值的大小对方案进行排序,确定决策结果。

如前述的供应商选择的决策中,按上述步骤可以得到如表 10-27 所示的计算结果。

表 10-27 供应商选择决策

属性及权重 供应商	c_1 0.1420	c_2 0.3719	c_3 0.0591	c_4 0.3400	c_5 0.0870	加权和
A_1	0.0000	0.2642	0.0000	0.4583	1.0000	0.3411
A_2	0.4375	0.8491	0.3478	0.6667	1.0000	0.7121
A_3	1.0000	0.0000	0.4348	0.1250	0.0000	0.2102
A_4	0.5625	1.0000	0.5217	1.0000	1.0000	0.9096
A_5	0.2500	0.5660	1.0000	0.4583	0.0000	0.4609
A_6	0.7500	0.6981	0.6522	0.0000	0.8333	0.4772

由此得到各供应由优到差的排序为:$A_4 > A_2 > A_6 > A_5 > A_1 > A_3$。

加权和法由于简单、直观,成为最为常用的多属性决策方法。采用加权和法的关键在于确定指标体系,并且设定各属性的权重系数。但在使用加权和法时实际上隐含着如下的基本假设:

(1) 属性(指标)体系呈树状结构;

(2) 每个属性的边际价值是线性的,即优劣与属性值大小成比例,每两个属性价值都是相互独立的;

(3) 属性间的完全可补偿性,即一个方案的某属性无论多差都可用其他相对较好的属性进行补偿。

事实上,以上假设往往并不成立。首先,指标体系通常是网状的。其次,属性的边际价值常常是局部线性的,甚至有时最优值为给定区间(或点);属性间的价值都极难满足其独立条件。即使满足独立性,有时也极难验证其满足。至于属性间通常只是部分地、有条件地可补偿。所以,使用加权和法要十分谨慎。

2. TOPSIS 方法

TOPSIS 为接近理想点法(technique for order preference by similarity to ideal solution)的缩写。其基本思想为:假想一个理想方案和一个负理想方案,然后分别确定各方案与理想方案和负理想方案的距离。与理想方案最近且与负理想方案最远的方案为最优方案。所以 TOPSIS 是一种基于距离的方案排序方法,该方法所使用的距离为(加权后)欧氏距离。具体步骤如下:

(1) 用向量规范化方法求得规范化决策矩阵。设多属性决策问题的决策矩阵为 $\boldsymbol{X} = \{x_{ij}\}$,规范化决策矩阵为 $\boldsymbol{Y} = \{y_{ij}\}$,则

$$y_{ij} = \frac{x_{ij}}{\sqrt{\sum_{i=1}^{m} x_{ij}^2}}, \quad i = 1, 2, \cdots, m; j = 1, 2, \cdots, n$$

(2) 构成加权规范矩阵 $\boldsymbol{V} = \{v_{ij}\}$。若各属性的权重向量为 $\boldsymbol{W} = (w_1, w_2, \cdots, w_n)^T$,则

$$v_{ij} = w_j \cdot y_{ij}, \quad i = 1, 2, \cdots, m; j = 1, 2, \cdots, n$$

(3) 确定理想方案 $A^* = (v_1^*, v_2^*, \cdots, v_n^*)$ 和负理想方案 $A^- = (v_1^-, v_2^-, \cdots, v_n^-)$。当属性值为效益型时,理想方案为每列中的最大值,负理想方案为每列中的最小值;当属性

值为成本型时,理想方案为每列中的最小值,负理想方案为每列中的最大值。即

$$v_j^* = \begin{cases} \max v_{ij}, & j \text{ 为效益型属性} \\ \min v_{ij}, & j \text{ 为成本型属性} \end{cases}, \quad i = 1, 2, \cdots, m$$

$$v_j^- = \begin{cases} \min v_{ij}, & j \text{ 为效益型属性} \\ \max v_{ij}, & j \text{ 为成本型属性} \end{cases}, \quad i = 1, 2, \cdots, m$$

(4) 计算各方案到理想方案的距离 d_i^* 和到负理想方案的距离 d_i^-。

$$d_i^* = \sqrt{\sum_{j=1}^{n}(v_{ij} - v_j^*)^2}, \quad d_i^- = \sqrt{\sum_{j=1}^{n}(v_{ij} - v_j^-)^2}, \quad i = 1, 2, \cdots, m$$

(5) 计算各方案的相对接近度,令

$$C_i = \frac{d_i^-}{d_i^- + d_i^*}, \quad i = 1, 2, \cdots, m$$

(6) 根据相对接近度 C_i 值对各方案进行排序。

以前述供应商选择问题为例,首先根据表 10-23 的数据,利用向量规范化方法得到规范后的矩阵如表 10-28。

表 10-28 规范化处理后的数据

属性 供应商	c_1	c_2	c_3	c_4	c_5
A_1	0.3718	0.4284	0.5990	0.3822	0.4741
A_2	0.4031	0.3876	0.4492	0.4777	0.3414
A_3	0.4434	0.4468	0.4118	0.2293	0.5690
A_4	0.4121	0.3771	0.3744	0.6305	0.3793
A_5	0.3897	0.4073	0.1685	0.3822	0.2845
A_6	0.4255	0.3981	0.3182	0.1720	0.3319

若各属性的权重为 $\boldsymbol{W} = (0.1420, 0.3719, 0.0591, 0.3400, 0.0870)^{\mathrm{T}}$,则得到加权后的规范矩阵如表 10-29 所示。

表 10-29 加权规范化处理后的数据

属性 供应商	c_1	c_2	c_3	c_4	c_5
A_1	0.0528	0.1593	0.0354	0.1299	0.0412
A_2	0.0572	0.1442	0.0266	0.1624	0.0297
A_3	0.0630	0.1661	0.0243	0.0780	0.0495
A_4	0.0585	0.1402	0.0221	0.2144	0.0330
A_5	0.0553	0.1515	0.0100	0.1299	0.0247
A_6	0.0604	0.1481	0.0188	0.0585	0.0289

在 5 个考察属性中,产品质量、技术水平、供应能力为效益型属性,产品价格与售后服务为成本型属性,所以得到理想方案和负理想方案分别为

$$\boldsymbol{A}^* = (0.0630, 0.1402, 0.0100, 0.2144, 0.0495),$$
$$\boldsymbol{A}^- = (0.0528, 0.1661, 0.0354, 0.0585, 0.0247)$$

然后分别计算各方案到理想方案与负理想方案的距离,以及各方案的相对接近度。结果如表 10-30 所示。

表 10-30 各方案到理想点的距离及相对接近度

供应商	d_i^*	d_i^-	C_i
A_1	0.0912	0.0737	0.4468
A_2	0.0585	0.1068	0.6463
A_3	0.1396	0.0349	0.2000
A_4	0.0210	0.1589	0.8834
A_5	0.0890	0.0773	0.4647
A_6	0.1577	0.0260	0.1416

由此得到各供应商的排序为:$A_4 > A_2 > A_5 > A_1 > A_3 > A_6$。

本章主要知识点

决策、不确定型决策的五种准则、风险型决策、决策树、Bayes 决策方法、效用函数、层次分析法、多属性决策、TOPSIS 方法

1. 简述决策的分类、决策的过程和程序、构成决策模型的各要素,并举例说明。
2. 简述确定型决策、风险型决策和不确定型决策之间的区别。
3. 什么是决策矩阵?收益矩阵、损失矩阵、风险矩阵、后悔值矩阵在含义方面有何区别?
4. 对比分析不确定型决策中的悲观主义准则、乐观主义准则、等可能性准则、最小机会损失准则、折中主义准则之间的区别与联系,并指出采用不同准则时决策者所面临的环境和心理条件。
5. 什么是乐观系数 α?应该如何确定乐观系数?
6. EMV 准则和 EOL 准则之间有何区别与联系?试说明两种准则决策的结果为什么是相同的?
7. 试述效用的概念及其在决策中的意义和作用。
8. 试说明 AHP 法的基本原理和过程。
9. 什么是多属性决策问题?其基本决策方法和过程是什么?

练 习 题

1. 某不确定型决策问题的决策矩阵如下表所示。

(1) 若乐观系数 $\alpha=0.4$,矩阵中的数字为利润,用不确定型决策的各种决策准则分别确定相应的最优方案;

(2) 若表中数字为成本,问对应于上述各种决策准则所选择的方案有何变化?

方案 \ 事件	E_1	E_2	E_3	E_4
S_1	4	16	8	1
S_2	4	5	12	14
S_3	15	19	14	13
S_4	2	17	8	17

2. 某决策者的效用函数可由下式表示：
$$U(x) = 1 - e^{-x}, \quad 0 \leqslant x \leqslant 10000 \text{ 元}$$

如果该决策者面临下列两份合同：

	$P_1 = 0.6$	$P_2 = 0.4$
A	6500	0
B	4000	4000

问决策者倾向于签订哪份合同？

3. 某工厂正在考虑是现在还是明年扩大生产规模的问题。由于可能出现的市场需求情况不一样，预期利润也不同。已知市场需求为高(E_1)、中(E_2)、低(E_3)的概率及不同方案时的预期利润（单位：万元）如下表所示。

方案 \ 事件	$E_1(0.2)$	$E_2(0.5)$	$E_3(0.3)$
现在扩大	10	8	−1
明年扩大	8	6	1

对该厂来说损失1万元效用值为0，获利10万元效用值为100，对以下事件效用值无差别：

(1) 肯定得8万元或0.9概率得10万元和0.1概率失去1万元；

(2) 肯定得6万元或0.8概率得10万元和0.2概率失去1万元；

(3) 肯定得1万元或0.25概率得10万元和0.75概率失去1万元。

要求建立效用值矩阵，并分别根据实际盈利额和效用值按期望值法确定最优决策。

4. 有一块海上油田进行勘探和开采的招标。根据地震试验资料的分析，找到大油田的概率为0.3，开采期内可赚取20亿元；找到中油田的概率为0.4，开采期内可赚取10亿元；找到小油田的概率为0.2，开采期内可赚取3亿元；油田无工业开采价值的概率为0.1。按招标规定，开采前的勘探等费用均由中标者负担，预期需投入1.2亿元，以后不论油田规模多大，开采期内赚取的利润中标者分成30%。有A、B、C三家公司，它们的效用函数分别为

A公司　$U(M) = (M+1.2)^{0.9} - 2$

B公司　$U(M) = (M+1.2)^{0.8} - 2$

C公司　$U(M) = (M+1.2)^{0.6} - 2$

试根据效用值用期望值法确定每家公司对投标的态度。

5. 某公司有 5 万元多余资金,如用于某项开发项目估计成功率为 96%,若成功一年可获利 12%,但若失败有失去全部资金的风险。如把资金存放到银行,则可获得年利 6%。为获取更多情报,该公司求助于咨询服务,咨询费用为 500 元,但咨询意见只提供参考。过去咨询公司类似 200 例咨询意见实施结果情况如下表所示。

咨询意见 \ 实施结果	投资成功	投资失败	合计
可以投资	154	2	156
不宜投资	38	6	44
合计	192	8	200

试用决策树法分析该公司是否值得求助于咨询服务,以及该公司多余资金应如何合理使用?

阅读与分析

车间熔炉更新问题

某铸造车间需要在熔炉更新问题上作出决策:是修理老炉子,还是卖掉旧炉(值 6000 元),买进新的现代化炉子。目前工业界有一种看法,即三年内在熔化炉技术上可能有重大突破。据估计三年内设计并制造出新炉子的可能为 60%,而且出现新炉子时,使现有炉子在技术上无法竞争的可能为 0.9,新炉子比旧炉子只作少许改进的可能性为 0.1。

修理旧炉的费用为 8000 元,买一个新炉的费用为 25000 元,两者均可使用 8 年然后卖掉。若用 N_1 表示不出现新炉子,N_2 表示出现新炉子并使现有炉子在技术上无法竞争,N_3 表示新炉子只作少量技术上改进。有关数据见表 10-31。

表 10-31 熔化炉相关数据

状态	购买新炉		修理旧炉	
	每年节约	8 年后残值	每年节约	8 年后残值
N_1	6000	8000	2000	4000
N_2	2000	2000	1000	2000
N_3	3000	4000	1000	3000

此外,该车间还有另一种选择方案:即先修旧炉,如三年内出现新炉子,可将已修的旧炉卖掉(值 9000 元),购买新炉费用为 50000 元。如属 N_2 的情况时,每年可节约 10000 元,购进新炉于第五年末卖掉(值 15000 元),如属 N_3 的情况,每年可节约 8000 元,五年后卖掉残值为 12000 元。

请用决策树分析方法确定该企业最优的设备更新策略。

第 11 章

对 策 论

在现实社会中,我们经常会遇到带有竞赛或斗争性质的现象,像下棋、打扑克、体育比赛、军事斗争等。这类现象的共同特点是参加的往往是利益互相冲突的双方或几方,而对抗的结局并不取决于某一方所选择的策略,而是由双方或者几方所选择的策略决定,这类带有对抗性质的现象称为对策。在这类行为中,参加斗争或竞争的各方各自有不同的目标和利益。为了达到各自的目标和利益,各方必须考虑对手的各种可能的行动方案,并力图选取对自己最有利或最合理的方案。对策论就是研究对策行为中斗争各方是否存在着最合理的行动方案,以及如何找到最合理的行动方案的数学理论和方法。

补充材料:囚徒困境问题

提到对策问题或博弈问题,都不可避免地会讲到囚徒困境(Prisoner's Dilemma)问题,它是博弈论的非零和博弈中具代表性的例子,反映个人最佳选择并非团体最佳选择。

囚徒困境的故事讲的是:两个嫌疑犯作案后被警察抓住,分别关在不同的屋子里接受审讯,无法进行信息交流。警察知道两人有罪,但缺乏足够的证据。警察告诉每个嫌疑犯:如果两人都抵赖,各判刑 1 年;如果两人都坦白,各判 8 年;如果两人中一个坦白而另一个抵赖,坦白的直接释放,抵赖的判 10 年。那么作为囚徒他的理性选择应该是什么呢?

在这个问题中,每个囚徒都面临两种选择:坦白或抵赖。我们可将两人选择不同策略及其收益情况用表 11-1 表示。

表 11-1 囚徒困境问题的策略和收益

甲 \ 乙	抵 赖	坦 白
抵赖	(−1,−1)	(−10,0)
坦白	(0,−10)	(−8,−8)

在表 11-1 中,括号中的第 1 个数字表示甲的收益,第 2 个数字表示乙的。当甲选择抵赖时,乙的最优选择是坦白,因为相比而言坦白不用坐牢,而抵赖却要坐 1 年牢。当甲选择坦白时,乙的最优选择仍然是选择坦白,因为相比而言抵赖要坐 10 年牢,而坦白只需坐 8 年牢。所以,无论甲的选择是什么,乙的最优选择都是坦白。由于甲、乙的策略与收益情况都是相同的,所以无论乙的选择是什么,甲的最优选择都是坦白。这样这一个对策

问题最后的结果就是甲、乙都选择坦白,共同坐 8 年牢。但是我们知道,如果两人都抵赖,各判 1 年,显然这个结果更好。囚徒困境所反映出的深刻问题是,个人理性有时能导致集体的非理性——聪明的人类会因自己的聪明而作茧自缚,或者损害集体的利益。这也是为什么对策论在现代经济管理中如此重要的原因之一。

11.1 基本概念

11.1.1 对策论发展简史

对策论(game theory)也叫博弈论,最初用数学方法来研究对策现象的是数学家 E. Zermelo,他在 1912 年发表的《关于集合论在象棋对策中的应用》一文中,证明三种着法必定存在一种不依赖黑方(对手)如何行动,白方(自己一方)总取胜的着法,或黑方总取胜的着法,或者有一方总能保证达到和局的着法(究竟存在的是哪一种并没能指出来)。此后,1921 年法国数学 E. Borel 讨论了个别几种对策现象,引入了"最优策略"的概念,证明对于这些对策现象存在着最优策略,并猜出了一些结果。1928 年,冯·诺依曼证明了这些结果。

20 世纪 40 年代以来,由于战争和生产的需要,提出不少"对策问题",像飞机如何侦察潜水艇的活动、护航商船队的组织形式等。这些问题引起了一些科学家的兴趣,进而对"对策现象"进行了研究,同时许多经济问题使经济学和对策论的研究结合起来,为对策论的应用提供了广泛的场所,也加快了对策论体系的形成。1944 年冯·诺依曼和摩根斯坦恩总结了对策论的研究成果,合著了《对策论与经济行为》一书。从此,对策论的研究开始走向系统化和公理化。20 世纪 50 年代,纳什(Nash)建立了非合作博弈的"纳什均衡"理论,标志着博弈论的新时代开始。

对策是决策主体在他们的策略相互依存情形下相互作用状态的抽象表述,也就是说,在对策局势下,各方的利益不仅取决于自身的行为,而且也取决于其他对策参与者的行为,进而言之,一方所采取最优策略取决于他对对手所采取的策略的预期,而对策论则是研究上述情况下决策主体的理性行为选择的理论。

补充材料:齐王赛马

在我国古代,"齐王赛马"就是一个典型的对策论研究的例子。

战国时期,有一次齐王要与他的大将田忌赛马,双方约定,比赛三局,每局各出赛马一匹,负者要付胜者千金,双方都有上、中、下三个等级的马,已知在同等级的马中,田忌的马不如齐王的马,但如果田忌的马比齐王的马高一等级,则田忌的马就能取胜,如果田忌与齐王的同等级的马比赛,则田忌要连输三局而输掉三千金,当时田忌手下的一位谋士出了一个好对策,每局比赛时先让齐王牵出他的马,然后用下马对齐王的上马,用中马对齐王的下马,以上马对齐王的中马,结果田忌二胜一负,得了千金。这是我国历史上一个最为经典的对策问题。田忌的那位谋士叫孙膑,他后来留下传世的经典著作《孙子兵法》,其中不乏这样对策问题的解决思路。

11.1.2 对策模型的基本要素

现实生活中的对策现象是很多的,除了竞赛、战争等对策现象,还有许多其他方面的例子。例如在农业方面,在对大自然规律还没有完全掌握的条件下(如气候、自然灾害等),如何对施肥、选种、投资等进行决策,就是人与大自然之间进行的对策。又例如工厂企业之间的合作、兼并以及资金的投入等也是一种对策行为。不管是什么形式的对策现象,任何一个对策模型都必须包括以下三个基本要素。

1. 局中人

参加对策的每一方称为局中人。通常用 I 表示局中人的集合,如果有 n 个局中人,则 $I=\{1,2,\cdots,n\}$。一般要求 I 是一个至少包含两个元素的可列结合。如在"齐王赛马"中,局中人就是齐王和田忌。

对策中的局中人的概念是广义的。局中人除了可理解为个人外,还可理解为某一集体,如企业、公司、小组、国家等。当研究不确定的自然条件下进行某项与自然条件有关的生产决策时,就可把大自然当作一个局中人。

另外,需要注意的是,在对策中总是假定每一个局人都是"理性的"的决策者,即对任一局中人来讲,都是个人利益最大化或损失最小化的个体,或者说,不存在利用其他局中人决策失误来扩大自身利益的可能性。

2. 策略集合

每个局中人在竞争的过程中,总期望自己取得尽可能好的结果。这样每个局中人都在想法挑选能达到目的的"方法",我们把这种"方法"称为局中人的策略。如在乒乓球团体赛中运动员的出场次序就是一个策略。把一个局中人拥有的策略全体称为该局中人的策略集,如第 i 个局中人的策略集用 S_i 表示。一般来说,每一局中人的策略集中至少应该包括两个策略。当每个局中人在一局对策中都在自己的策略集中选定一个策略后,这局对策的结果就被决定了。每个局中人所选定的策略放在一起称为一个局势。

在"齐王赛马"的例子中,如果用(上,中,下)表示以上马、中马、下马依次参赛这样一个次序,这是一个完整的行动方案,即为一个策略。可以得到,局中人齐王和田忌各自都有 6 个策略:(上,中,下)、(上,下,中)、(中,上,下)、(中,下,上)、(下,中,上)和(下,上,中)。

要注意的是,策略是指局中人在整个竞争过程中对付他方的一个完整方法,并非指竞争过程中某一步所采用的局部行动。如"人不犯我,我不犯人;人若犯我,我必犯人"这是一个策略,而"不犯人"和"犯人"则是行动,不能称之为策略。同样在"齐王赛马"中,选择上马参赛是一个行动,而(上,中,下)这才是一个策略。

3. 支付函数

对策的结局用数量来表示,称为支付函数(或赢得函数),所以支付函数是定义在局势集合上的数值函数,用符合 H_i 表示局中人 I 的支付函数。

在"齐王赛马"的例子中,当齐王选择(上,中,下)这样的策略而田忌也选择(上,中,下)的策略时,齐王可以赢得3千金,而田忌会失去3千金,此时齐王的赢得是3,而田忌的赢得为-3。同样我们也可以得到其他局势下双方的赢得情况,如表11-2所示。

表 11-2 "齐王赛马"问题的收益矩阵

S_1 \ S_2	β_1 (上中下)	β_2 (上下中)	β_3 (中上下)	β_4 (中下上)	β_5 (下上中)	β_6 (下中上)
α_1(上中下)	3	1	1	1	-1	1
α_2(上下中)	1	3	1	1	1	-1
α_3(中上下)	1	-1	3	1	1	1
α_4(中下上)	-1	1	1	3	1	1
α_5(下上中)	1	1	1	-1	3	1
α_6(下中上)	1	1	-1	1	1	3

在表11-2中,局中人齐王的策略集为 $S_1=\{\alpha_1,\alpha_2,\cdots,\alpha_6\}$,局中人田忌的策略集为 $S_2=\{\beta_1,\beta_2,\cdots,\beta_6\}$,把表11-2中的数值矩阵

$$A = \begin{bmatrix} 3 & 1 & 1 & 1 & -1 & 1 \\ 1 & 3 & 1 & 1 & 1 & -1 \\ 1 & -1 & 3 & 1 & 1 & 1 \\ -1 & 1 & 1 & 3 & 1 & 1 \\ 1 & 1 & 1 & -1 & 3 & 1 \\ 1 & 1 & -1 & 1 & 1 & 3 \end{bmatrix}$$

称为局中人齐王的支付函数。

一般而言,当上述三个基本因素确定后一个对策模型也就确定了。

11.1.3 对策问题建模举例

对策问题建模主要是明确上述三个基本要素。

例 11-1(猜硬币游戏) 两个参加者 A、B 各出示一枚硬币,在不让对方看见的情况下,将硬币放在桌上,若两个硬币都呈正面或都是反面,则 A 得 1 分,B 付出 1 分;若两个硬币一正一反,则 B 得 1 分,而 A 付出 1 分。

这时 A、B 分别是局中人 1 和局中人 2,他们各有两个策略,出示硬币的正面或反面。用 α_1、α_2 分别表示局中人 1 出示正面和反面这两个策略;用 β_1、β_2 分别表示局中人 2 出示正面和反面这两个策略,这样 $S_1=\{\alpha_1,\alpha_2\}$、$S_2=\{\beta_1,\beta_2\}$。当两个局中人分别从自己和策略集中选定一个策略以后,就得到一个局势。这个游戏的局势集合是 $S_1 \times S_2 = \{(\alpha_1,\beta_1), (\alpha_1,\beta_2), (\alpha_2,\beta_1), (\alpha_2,\beta_2)\}$。两个局中人的支付函数分别为 H_1 和 H_2,是定义在局势集合上的函数,由给定的规则可得到

$$H_1(\alpha_1,\beta_1)=1, \quad H_1(\alpha_1,\beta_2)=-1, \quad H_1(\alpha_2,\beta_1)=-1, H_1(\alpha_2,\beta_2)=1$$
$$H_2(\alpha_1,\beta_1)=-1, \quad H_2(\alpha_1,\beta_2)=1, \quad H_2(\alpha_2,\beta_1)=1, \quad H_2(\alpha_2,\beta_2)=-1$$

例 11-2(两人对决问题) 两个人决斗,都拿着已经装上子弹的手枪,站在相隔距离

是 1 单位的地方,然后面对面走近,在每一步他们都可以决定是否打出唯一的一发子弹。当然,离得越近,打得越准。假如其中一个开枪而未打中,按规则,他仍要继续往前走,双方各在什么时机开枪好呢?

这个对策中只有两个局中人:1 和 2。局中人 1 的策略是选择在双方距离为 $x(0 \leqslant x \leqslant 1)$ 时开枪,所以局中人 1 的策略集合为 $S_1 = \{x \mid 0 \leqslant x \leqslant 1\}$。同样,局中人 2 选择在双方距离为 $y(0 \leqslant y \leqslant 1)$ 时开枪,则 $S_2 = \{y \mid 0 \leqslant y \leqslant 1\}$。局势集合为 $S_1 \times S_2 = \{(x,y) \mid 0 \leqslant x \leqslant 1, 0 \leqslant y \leqslant 1\}$。

现在再来看定义在局势集合上的支付函数是什么?假设局中人 1 的命中率函数是 $p_1(x)$,它表示当距离是 x 时,击中对方的概率;设局中人 2 在双方相距为 y 时开枪击中对方的概率是 $p_2(y)$。规定击中对方而自己未被击中得 1 分,被对方击中但自己没有击中对方得 -1 分,双方都没有被对方击中或者都被对方击中各得 0 分。以 $H_1(x,y)$ 表示局中人 1 的支付函数,则

$$H_1(x,y) = \begin{cases} 1 \times p_1(x) + (-1) \times [1-p_1(x)] = 2p_1(x) - 1, & x > y \\ 1 \times p_1(x)[1-p_2(y)] + (-1)[1-p_1(x)] \times p_2(y) = p_1(x) - p_2(y), & x = y \\ (-1) \times p_2(y) + 1 \times [1-p_2(y)] = 1 - 2p_2(y), & x < y \end{cases}$$

在上式中,局中人 1 在双方相距为 x 时开枪,$x > y$ 表示局中人 1 先开枪,$p_1(x)$ 是局中人 2 被击中的概率。若局中人 2 被击中,则局中人 1 得到的支付为 $1, 1-p_1(x)$ 是局中人 2 没有被击中的概率。若局中人 2 没有被击中,则局中人 1 必被击中,他得到的支付是 -1,所以 $1 \times p_1(x)$ 与 $(-1) \times [1-p_1(x)]$ 这两项之和是局中人 1 的期望支付。

$x = y$ 是两个局人同时开枪的情形。其中 $1 \times p_1(x)[1-p_2(y)]$ 表示局中人 2 被击中而局中人 1 没有被击中时,局中人 1 的期望支付。$(-1) \times [1-p_1(x)]p_2(x)$ 则是局中人 2 没有被击中而局中人 1 被击中时,局中人 1 的期望支付。两个人都击中对方或都没有被对方击中时支付为 0。

$x < y$ 是局中人 2 先开枪的情况。$p_2(y)$ 是局中人被击中的概率,这时他得到的支付是 $-1, 1-p_2(y)$ 是局中人 1 没有被击中的概率。按规则局中人 2 将继续向前走,一定被击中。这时局中人 1 得到的支付是 1,所以局中人 1 的期望支付是 $(-1) \times p_2(y) + 1 \times [1-p_2(y)]$。

同样可以写出局中人 2 的支付函数。

例 11-3(三人硬币游戏) 三个人做一个游戏,每个人同时出示一个硬币的正面或反面。如果三个人出示的全是正面或反面,则三个人的支付都是 0;如果有两个人出示正面,一个人出示反面,则出示反面的人扣两分,两个出示正面的人每人各得一分。如果有两个出示反面,一个出示正面,则出示正面的人扣两分,两个出示反面的人每人各得一分。这是一个 3 人对策,局中人集合 $I = \{1, 2, 3\}$,每个局中人有两个策略:出示正面或反面。如果用 1 代表出正面,用 0 表示出反面,那么 $S_i = \{0, 1\}, i = 1, 2, 3$ 是局中人 1、局中人 2、局中人 3 的策略集合,局势为

$$S_1 \times S_2 \times S_3 = \{(x_1, x_2, x_3) \mid x_i = 0, 1; i = 1, 2, 3\}$$

用 $H_1(x_1, x_2, x_3)$ 表示局中人 1 的支付函数,则

$$H_1(0,0,0) = 0, \quad H_1(0,1,0) = 1, \quad H_1(0,1,1) = -2, \quad H_1(0,0,1) = 1$$

$$H_1(1,0,0)=-2, \quad H_1(1,1,0)=1, \quad H_1(1,1,1)=0, \quad H_1(1,0,1)=1$$

同样可以写出局中人 2、局中人 3 的支付函数,从而确定这个问题的对策模型。

11.1.4 对策的分类

从上面的例子可以发现,现实生活众多的对策问题,有些是二人对策,有些是多人对策;有些是有限对策,有些是无限对策;有些是零和对策,有些是非零和对策;有些是合作对策,有些是非合作对策。为了便于对不同的对策问题进行研究,可以根据不同的方式进行分类,通常的分类方式有:

(1) 根据局中人的个数,分为二人对策和多人对策;
(2) 根据各局中人的赢得函数的代数和是否为零,分为零和对策和非零和对策;
(3) 根据各局中人间是否允许合作,分为合作对策和非合作对策;
(4) 根据局中人的策略集中的策略个数,分为有限对策和无限对策。

此外,还有许多其他的分类方式。例如,根据策略的重返是否与时间有关,可分为静态对策和动态对策;根据对策模型的数学特征,可分为矩阵对策、连续对策、微分对策、阵地对策、凸对策、随机对策等。

下面主要介绍二人零和对策问题。

11.2 矩阵对策的数学模型

在众多对策模型中,占有重要地位的是二人有限零和对策,也称为矩阵对策。这类对策是到目前为止在理论研究和求解方法都较完善的一个对策分支。矩阵对策可以说是一类最简单的对策模型,其研究思想和方法十分具有代表性,体现了对策论的一般思想和方法,且矩阵对策的基本结果也是研究其他对策模型的基础。

在矩阵对策中,一般用 I、II 分别表示两个局中人,并设局中人 I 有 m 个纯策略,局中人 II 有 n 个纯策略,则局中人 I、II 的策略集分别为

$$S_1=\{\alpha_1,\alpha_2,\cdots,\alpha_m\}; \quad S_2=\{\beta_1,\beta_2,\cdots,\beta_n\}$$

当局中人 I 选定纯策略 α_i 和局中人 II 选定纯策略 β_j 后,就形成了一个纯局势 (α_i,β_j)。可见这样的纯局势共有 $m\times n$ 个。对任一纯局势 (α_i,β_j),记局中人 I 的赢得值为 a_{ij},并称

$$A=\begin{bmatrix} a_{11} & a_{12} & \cdots & a_{1n} \\ a_{21} & a_{22} & \cdots & a_{2n} \\ \vdots & \vdots & \ddots & \vdots \\ a_{m1} & a_{m2} & \cdots & a_{mn} \end{bmatrix}$$

为局中人 I 的赢得矩阵。由于假定对策为零和的,故局中人 II 的赢得矩阵为 $-A$,即上述矩阵取负值即为局中人 II 的赢得矩阵。

当局中人 I、II 和策略集 S_1、S_2 及局中人 I 的赢得矩阵 A 确定后,一个矩阵对策也就确定了。通常,将一个矩阵对策记为

$$G=\{I,II;S_1,S_2;A\}, \quad 或简记为:G=\{S_1,S_2;A\}$$

11.3 矩阵对策问题的解法

11.3.1 矩阵对策的纯策略均衡

当矩阵对策模型确定后，各局中人面临的问题便是如何选择对自己最有利的纯策略，以谋取最大的赢得(或最小损失)。下面通过一个具体例子来分析应如何求解各局中人的最优策略。

例 11-4(矩阵对策) 设有一矩阵对策 $G=\{S_1,S_2;A\}$，其中 $S_1=\{\alpha_1,\alpha_2,\alpha_3\}$，$S_2=\{\beta_1,\beta_2,\beta_3\}$，且

$$A = \begin{bmatrix} 3 & 1 & 2 \\ -4 & 1 & 4 \\ 2 & -2 & -1 \end{bmatrix}$$

试求双方的最优策略。

解：由局中人Ⅰ的赢得矩阵 A 可以看出，局中人Ⅰ的最大赢得是 4，要想得到这个赢得，他应选择策略 α_2。由于局中人Ⅱ也是理智的，他考虑到局中人Ⅰ打算选择 α_2 的心理，于是他会准备用 β_1 对付局中人Ⅰ，使他不仅得不到 4 反面失去 4。由于局中人Ⅱ也是理智的，当然也会猜到局中人Ⅱ的这一心理，所以他会用 α_1 来对付，使局中人Ⅱ得不到 4 反而失去 3，……所以，如果双方都不想冒险，都不存在侥幸心理，而是考虑到对方必然会设法使自己的所得最少这一点，就应该从各自可能出现的最不利的情形中选择一种最有利的情形作为决策的依据，这是一种稳妥的方式，也是所谓的"理智行为"。

这样，局中人Ⅰ的三种策略可能带来的最少赢得，即矩阵 A 中每行的最小元素分别为：1，-4，-2，在这些最少赢得中最好的结果是赢得 1。所以，局中人Ⅰ只要以 α_1 参加对策，无论局中人Ⅱ选取什么样的策略，都能保证局中人Ⅰ的收入不会少于 1；而出其他任何策略，其收入都有可能少于 1，甚至输给对方。同理，对局中人Ⅱ来说，各策略可能带来的最不利的结果，即矩阵 A 中每列的最大元素分别为：3，1，4，在这些最不利的结果中最好的结果(输得最少)是 1。即局中人Ⅱ只要选择策略 β_2，无论局中人Ⅰ采取什么样的策略，都能保证自己的损失不会多于 1；而采取其他任何策略，其损失都有可能多于 1。

上面的分析表明，局中人Ⅰ、Ⅱ的"理智行为"分别是选取纯策略 α_1 和 β_2，这时局中人Ⅰ的所得和局中人Ⅱ的所失相等，均为 1。局中人Ⅰ是按最大最小原则，局中人Ⅱ是按最小最大原则选择各自的策略，这对双方来说都是一种最为稳妥的行为。因此 α_1 和 β_2 分别为局中人Ⅰ、Ⅱ的最优策略。

一般地，对于矩阵对策问题 $G=\{S_1,S_2;A\}$，其中 $S_1=\{\alpha_1,\alpha_2,\cdots,\alpha_m\}$，$S_2=\{\beta_1,\beta_2,\cdots,\beta_n\}$，且 $A=(a_{ij})_{m\times n}$。若存在

$$\max_i \min_j a_{ij} = \min_j \max_i a_{ij} = a_{i^* j^*}$$

则 $V_G=a_{i^* j^*}$ 称为对策 G 的值，称使上式成立的局势 $(\alpha_{i^*},\beta_{j^*})$ 为 G 在纯策略下的解，α_{i^*} 和 β_{j^*} 分别称为局中人Ⅰ、Ⅱ的最优纯策略。

注意到,根据对策值的定义,它具有这样的特征:它是所在行的最小值,也是所在列的最大值。如例 11-4 中,对策值 $V_G=1$ 既是第一行的最小值,也是第二列的最大值。另外,这样可使得 α_{i^*} 和 β_{j^*} 成为矩阵对策的最优策略,因为此时对策双方都没有动机偏离现有这个策略。如在例 11-4 中,当局中人Ⅱ选择 β_2 作为最优策略时,局中人Ⅰ不会偏离策略 α_1,不然他的收益会更低,所以 α_1 成为局中人Ⅰ的最优策略。反过来,当局中人Ⅰ选择 α_1 作为其最优策略时,局中人Ⅱ也没动机偏离 β_2 这个策略,不然他损失的会更多,所以 β_2 成为局中人Ⅱ的最优策略。所以,此时对策处于一种均衡状态,因此也将局势 $(\alpha_{i^*}, \beta_{j^*})$ 称为对策的均衡解。

例 11-5 某城市由汇合的三条河分割为三个区,如图 11-1 所示。图中的比例为城市居民分布情况。目前该市还没有溜冰场,所以有两家公司准备投资建设溜冰场。其中公司甲打算建两个,而公司乙只准备建一个。每个公司都知道,如果在城市的某一个区域只有一个溜冰场,则该溜冰场独揽该区全部业务;如果有两个溜冰场则平分市场;若没有溜冰场则该区的业务将平均分散到三个溜冰场中。每个公司都想把溜冰场设在营业额最多的地方。试分析两个公司的策略及均衡结果。

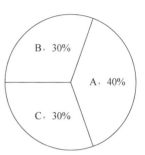

图 11-1 居民分布情况

解:在这个对策问题中,有两个局中人:公司甲和公司乙。每家公司的策略有 3 个,如表 11-3 所示。

表 11-3 公司甲、公司乙的策略

公司甲的策略				公司乙的策略			
策略＼地区	A	B	C	策略＼地区	A	B	C
α_1	1	1	0	β_1	1	0	0
α_2	1	0	1	β_1	0	1	0
α_3	0	1	1	β_3	0	0	1

表中,"1"表示在该区建溜冰场,"0"表示不在该区建溜冰场。当公司甲选择策略 α_1 时,即在区域 A 和 B 建立溜冰场,如果公司乙选择策略 β_1(即在区域 A 建溜冰场)时,也就是在局势 (α_1,β_1) 的情况下,公司甲所占有的市场份额为

$$\frac{40\%}{2}+30\%+2\times\frac{30\%}{3}=70\%$$

公司乙所占有的市场份额为

$$\frac{40\%}{2}+0+1\times\frac{30\%}{3}=30\%$$

同样可得到其他局势下,公司甲、乙的市场占有情况如表 11-4 所示。

可以发现,两个局中人的收益之和并不是零。为了将其转化为零和对策,我们将甲、乙公司的市场份额都减去 50% 后,得到了一个零和对策问题。如表 11-5 所示。

表 11-4 不同局势下公司甲、公司乙的市场占有情况   单位：%

局势	甲公司	乙公司	局势	甲公司	乙公司
(α_1,β_1)	70	30	(α_2,β_2)	70	30
(α_1,β_2)	75	25	(α_2,β_3)	75	25
(α_1,β_3)	70	30	(α_3,β_1)	60	40
(α_2,β_1)	70	30	(α_3,β_2)	72	28
			(α_3,β_3)	72	28

表 11-5 公司甲、公司乙的矩阵对策   单位：%

乙＼甲	β_1	β_2	β_3	$\min\limits_{j} a_{ij}$
α_1	**20**	25	20	20*
α_2	**20**	20	25	20*
α_3	10	22	22	10
$\max\limits_{i} a_{ij}$	20*	25	25	

注：*表示最优解。

由表 11-5 可以得到

$$\max_{i}\min_{j} a_{ij} = \min_{j}\max_{i} a_{ij} = a_{11} \quad 或 \quad a_{21} = 20\%$$

所以，对策分析的结果是公司甲的最优策略是在 A、B 或 A、C 两个区域建溜冰场，而公司乙的最优策略是在 A 区建设自己的溜冰场。这样公司甲占有 70% 的市场份额，而公司乙将占 30% 的市场份额。

11.3.2 矩阵对策的混合策略

1. 混合策略的概念

根据上述的矩阵对策的解法，并不是所有的对策都存在着纯策略意义下的解。如某矩阵对策的支付矩阵是为

$$A = \begin{bmatrix} 1 & 5 \\ 4 & 2 \end{bmatrix}$$

根据前述方法，这时可以求得

$$\max_{i}\min_{j} a_{ij} = 2, \quad \min_{j}\max_{i} a_{ij} = 4$$

两者并不相等，不满足对策解的概念。这种情况下，我们说该对策不存在纯策略意义下的均衡局势和解。也就是说，局中人不能单独使用某一个策略，以不变应万变。一个比较自然且合乎实际的想法是：既然局中人不能单纯使用一个策略，他是否可依照在策略集上的某一概率分布来选取自己的策略，以使得局中人的平均赢得（或损失）最多（或最少）。我们把这种策略称之为混合策略。解一个混合策略问题就是求两个局中人各自选取不同策略的概率分布。

下面给出混合策略与混合策略解的规范化定义。

定义 11-1 设有矩阵对策 $G=\{S_1,S_2;A\}$，其中 $S_1=\{\alpha_1,\alpha_2,\cdots,\alpha_m\}$，$S_2=\{\beta_1,\beta_2,\cdots,$

$\boldsymbol{\beta}_n\}$，$\boldsymbol{A}=(a_{ij})_{m\times n}$，记

$$S_1^* = \left\{x \in E^m \mid x_i \geqslant 0, \sum_{i=1}^m x_i = 1, i = 1,2,\cdots,m\right\}$$

$$S_2^* = \left\{y \in E^m \mid y_j \geqslant 0, \sum_{j=1}^m y_j = 1, j = 1,2,\cdots,n\right\}$$

则 S_1^* 和 S_2^* 分别称为局中人 I 和 II 的混合策略集；$x \in S_1^*$ 和 $y \in S_2^*$ 分别称为局中人 I 和 II 的混合策略；对 $x \in S_1^*, y \in S_2^*$，称 (x,y) 为一个混合局势，局中人 I 的赢得函数记为

$$E(x,y) = x^\top \boldsymbol{A} y = \sum_{i=1}^m \sum_{j=1}^n a_{ij} x_i y_j$$

这样得到一个新的对策记为 $G^* = \{S_1^*, S_2^*; E\}$，称 G^* 为对策 G 的混合扩充。

定义 11-2 设 $G^* = \{S_1^*, S_2^*; E\}$ 是矩阵对策 $G = \{S_1, S_2; \boldsymbol{A}\}$ 的混合扩充，如果

$$\max_{x \in S_1^*} \min_{y \in S_2^*} E(x,y) = \min_{y \in S_2^*} \max_{x \in S_1^*} E(x,y)$$

记其值为 V_G，则称其为对策 G^* 的值，称使得上式成立的混合局势为 (x^*, y^*) 在混合策略意义下的解，x^* 和 y^* 分别称为局中人 I 和 II 的最优混合策略。

2. 矩阵对策的简化

在讲述混合策略的求解之前，先为大家介绍矩阵对策的简化问题，即优超原则的使用。如下述的矩阵对策问题中，

$$\boldsymbol{A} = \begin{bmatrix} 3 & 2 & 4 & 0 \\ 3 & 4 & 2 & 3 \\ 4 & 3 & 4 & 2 \\ 0 & 4 & 0 & 8 \end{bmatrix}$$

容易看出，局中人 1 绝不会选择他的第一个策略，这是因为不论局中人 2 选择什么策略，局中人 1 的第三个策略的支付总不小于第一个策略的收益。我们把这种情况称为策略三优超于策略一。因此，局中人 1 的第一个策略必定只能以零概率出现在他的最优策略中，这样要解上面这个矩阵对策，可将矩阵的第一行划去，只要解下面的矩阵对策就可以了。

$$\boldsymbol{A} = \begin{bmatrix} 3 & 4 & 2 & 3 \\ 4 & 3 & 4 & 2 \\ 0 & 4 & 0 & 8 \end{bmatrix}$$

这时，对于局中人 2 来说，第一个策略的损失都小于第三个策略的损失，所以对于局中人 2 而言，策略三优超于策略一，应划去第 1 列，得到

$$\boldsymbol{A} = \begin{bmatrix} 4 & 2 & 3 \\ 3 & 4 & 2 \\ 4 & 0 & 8 \end{bmatrix}$$

此外，上面的这个矩阵对策中，还有

$$\begin{bmatrix} 4 \\ 3 \\ 4 \end{bmatrix} \geqslant \frac{1}{2}\begin{bmatrix} 2 \\ 4 \\ 0 \end{bmatrix} + \frac{1}{2}\begin{bmatrix} 3 \\ 2 \\ 8 \end{bmatrix}$$

也就是说，局中人2的第二个策略与第三个策略按概率分布 $\left(\frac{1}{2}, \frac{1}{2}\right)$ 得到的一个混合策略还是优超于第一个策略的，所以应划去第1列。得到

$$A = \begin{bmatrix} 2 & 3 \\ 4 & 2 \\ 0 & 8 \end{bmatrix}$$

这个矩阵的第一行元素被第二、三行元素的一个凸线性组合所优超：

$$(2,3) \leqslant \frac{1}{2}(4,2) + \frac{1}{2}(0,8)$$

因此，又可以将这个 3×2 的矩阵的第一行划去，得到

$$A = \begin{bmatrix} 4 & 2 \\ 0 & 8 \end{bmatrix}$$

此时，再没有办法简化原始对策了，求解这个对策问题与求解原对策问题的解是一致的。

3. 矩阵对策的图解法

求解混合策略有许多方法，我们给大家介绍两种常用的方法：图解法和线性规划解法。图解法适用于赢得矩阵为 $2 \times n$ 或 $m \times 2$ 阶的对策问题。

例 11-6 求下面矩阵对策问题的解。

$$A = \begin{bmatrix} 1 & 3 & 5 \\ 4 & 2 & 1 \end{bmatrix}$$

解：首先判断这个矩阵对策问题已经最简化了，而且不存在纯策略意义上的解。

设局中人Ⅰ的混合策略为 $(x, 1-x)^T$。过数轴上为 $(0,0)$ 和 $(1,0)$ 点分别做两条线垂线Ⅰ-Ⅰ和Ⅱ-Ⅱ，垂线上的点的纵坐标值分别表示局中人Ⅰ采取纯策略 α_1 和 α_2 时，局中人Ⅱ采取各纯策略时的赢得值。如图 11-2 所示。当局中人Ⅰ选择每一策略 $(x, 1-x)^T$ 时，他的最少可能的收入由局中人Ⅱ选择 $\beta_1, \beta_2, \beta_3$ 时所确定的三条直线：

$$l_1: x + 4(1-x) = V$$
$$l_2: 3x + 2(1-x) = V$$
$$l_3: 5x + (1-x) = V$$

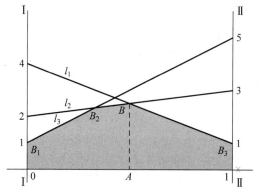

图 11-2 $2 \times n$ 对策的图解法

在 x 处的纵坐标中最小者,即如折线 $B_1B_2BB_3$ 所示。

所以,对局中人 I 来说,他的最优选择就是确定 x 使他的收入尽可能地多,从图 11-2 可知,按最小最大原则应选择 $x=OA$,而 AB 的长度即为对策值。为求出点 X 和对策值 V_G,可联立过 B 点的两条线段 l_1 和 l_2 所确定的方程组

$$\begin{cases} x+4(1-x)=V_G \\ 3x+2(1-x)=V_G \end{cases}$$

解得 $x=0.5, V_G=2.5$。所以,局中人 I 的最优策略为 $x^*=(0.5,0.5)^T$。

此外,从图上还可以看出,局中人 II 的最优混合策略只由 β_1 和 β_2 构成。设 $y^*=(y_1^*,y_2^*,y_3^*)$ 为局中人 II 的最优混合策略,则

$$\begin{cases} y_3^*=0 \\ y_1^*+3y_2^*=V_G \\ 4y_1^*+2y_2^*=V_G \\ y_1^*+y_2^*=1 \end{cases}$$

解得 $y^*=(0.25,0.75,0), V_G=2.5$ 为局中人 II 的最优混合策略与对策值。

对于 $m\times2$ 型的矩阵对策,其图解思路与 $2\times n$ 型类似。

例 11-7 求下面矩阵对策问题的解。

$$A=\begin{bmatrix} 4 & -3 \\ 2 & 1 \\ -1 & 3 \end{bmatrix}$$

解:设局中人 II 的混合策略为 $(y,1-y)$。作图过程与上例类似,见图 11-3。

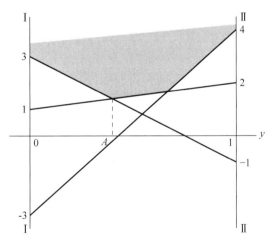

图 11-3 $m\times2$ 对策的图解法

图中 A 为 y^*,解方程组

$$\begin{cases} 2y+(1-y)=V_G \\ -y+3(1-y)=V_G \end{cases}$$

得到 $y^* = \frac{2}{5}, V_G = \frac{7}{5}$。注意到局中人 Ⅰ 的最优混合策略中只由 α_2 和 α_3 构成,所以得到如下方程组

$$\begin{cases} x_1^* = 0 \\ 2x_2^* - x_3^* = V_G \\ x_2^* + 3x_3^* = V_G \\ x_2^* + x_3^* = 1 \end{cases}$$

解之得到局中人 Ⅰ 的最优策略为 $x_1^* = 0, x_2^* = \frac{2}{3}, x_3^* = \frac{1}{3}$。

4. 矩阵对策的线性规划解法

图解法虽然直观简单,但对于高维的一般矩阵对策问题却无能为力,所以这时线性规划解法就显得尤其重要。下面我们以下述矩阵对策来介绍线性规划解法。如某矩阵对策中局中人 Ⅰ 的赢得矩阵为

$$A = \begin{bmatrix} 1 & 3 & 3 \\ 4 & 2 & 1 \\ 3 & 2 & 2 \end{bmatrix}$$

容易得知该对策问题不存在纯策略均衡。为求其混合策略均衡,设局中人 Ⅰ 的混合策略为 $(x_1, x_2, x_3)^T$,局中人 Ⅱ 的混合策略为 (y_1, y_2, y_3),V 为局中人 Ⅱ 选择最有利的策略下局中人 Ⅱ 的期望收益。

当局中人 Ⅱ 使用 β_1 时,局中人 Ⅰ 的期望收益为:$x_1 + 4x_2 + 3x_3$,它应不小于 V,即

$$x_1 + 4x_2 + 3x_3 \geqslant V$$

同样,当局中人 Ⅱ 使用 β_2 和 β_3 时,有

$$3x_1 + 2x_2 + 2x_3 \geqslant V$$
$$3x_1 + x_2 + 2x_3 \geqslant V$$

此外,概率的正则性与非负性要求,即

$$x_1 + x_2 + x_3 = 1; \quad x_i \geqslant 0, i = 1, 2, 3$$

现令 $x_i' = x_i / V$(不妨设 $V > 0$,如果 $V > 0$ 不成立,可以将所有的矩阵元素加上一个适当大的数 K 来实现这一要求。有定理保证,变化后的矩阵对策与原矩阵对策同解,只是对策的值差了一个 K。),这样上述的关系式就变为

$$x_1' + x_2' + x_3' = \frac{1}{V}$$
$$x_1' + 4x_2' + 3x_3' \geqslant 1$$
$$3x_1' + 2x_2' + 2x_3' \geqslant 1$$
$$3x_1' + x_2' + 2x_3' \geqslant 1$$

对局中人 Ⅰ 来说,他希望 V 值越大越好,也就是希望 $1/V$ 越小越好,为了实现这一目标,可以建立起局中人 Ⅰ 的最优混合策略的线性规划模型如下:

$$(\text{P})\ \begin{vmatrix} \min z = x'_1 + x'_2 + x'_3 \\ \text{s. t.} \begin{cases} x'_1 + 4x'_2 + 3x'_3 \geqslant 1 \\ 3x'_1 + 2x'_2 + 2x'_3 \geqslant 1 \\ 3x'_1 + x'_2 + 2x'_3 \geqslant 1 \\ x'_1, x'_2, x'_3 \geqslant 0 \end{cases} \end{vmatrix}$$

基于同样的思路,可以建立起局中人Ⅱ的最优混合策略的线性规划模型如下:

$$(\text{D})\ \begin{vmatrix} \max w = y'_1 + y'_2 + y'_3 \\ \text{s. t.} \begin{cases} y'_1 + 3y'_2 + 3y'_3 \geqslant 1 \\ 4y'_1 + 2y'_2 + y'_3 \geqslant 1 \\ 3y'_1 + 2y'_2 + 2y'_3 \geqslant 1 \\ y'_1, y'_2, y'_3 \geqslant 0 \end{cases} \end{vmatrix}$$

显然,问题(P)和(D)是互为对偶的线性规划,故可利用单纯形法或对偶单纯形法来解。通常先求解问题(D),之后(P)的结果也相应地确定了。然后再利用前述的变换关系就可以得到原问题的解了。如该例中,求解(D)问题得到:

$$(y'_1, y'_2, y'_3) = \left(\frac{1}{7}, \frac{1}{7}, \frac{1}{7}\right), \quad (x'_1, x'_2, x'_3)^\text{T} = \left(\frac{1}{7}, 0, \frac{2}{7}\right), \quad \frac{1}{V} = \frac{3}{7}$$

所以,局中人Ⅰ的最优策略为

$$(x_1, x_2, x_3)^\text{T} = V(x'_1, x'_2, x'_3)^\text{T} = \frac{7}{3} \times \left(\frac{1}{7}, 0, \frac{2}{7}\right) = \left(\frac{1}{3}, 0, \frac{2}{3}\right)$$

局中人Ⅱ的最优策略为

$$(y_1, y_2, y_3) = V(y'_1, y'_2, y'_3)^\text{T} = \frac{7}{3} \times \left(\frac{1}{7}, \frac{1}{7}, \frac{1}{7}\right) = \left(\frac{1}{3}, \frac{1}{3}, \frac{1}{3}\right)$$

对策值为 $V = \frac{7}{3}$。

上述过程就是利用线性规划求解矩阵对策问题的基本过程。总结一下求解矩阵对策的一般过程如下:

(1) 利用优超原则对矩阵对策进行化简;

(2) 若化简后的矩阵对策为 $2 \times n$ 或 $m \times 2$ 的形式,则用图解法进行求解;

(3) 否则,检查矩阵中是否存在负值。若有,则将整个矩阵加一个常数,使其不包含负值,然后利用线性规划进行求解,但要注意对求解结果的变换。若无,则直接使用线性规划进行求解,同样求解结果要进行变换。

例 11-8 市场中只有甲、乙两个企业生产手机,他们都想在经营管理上采取一定措施而获得更多的市场份额,甲企业可以采用的措施有:(1)降低产品价格;(2)提高产品质量;(3)推出新产品。乙企业考虑采取的措施有:(1)增加广告费用;(2)增设维修网点,加强售后服务;(3)改进产品性能。由于两家企业的财力有限,都只能采取一个措施。假定两家企业所占的市场总份额一定,由于各自采取的措施不同,通过预测今后两个企业的市场占有份额变动情况如表 11-6 所示(表中正值为甲企业所增加的市场份额,负值为甲企业所减少的市场份额),试求这两个企业各自的最优策略。

表 11-6 甲、乙企业的措施与收益

甲 \ 乙	β_1（措施 1）	β_2（措施 2）	β_3（措施 3）
α_1（措施 1）	10	-6	3
α_2（措施 2）	8	5	-5
α_3（措施 3）	-12	10	8

解：易见，此对策无法简化且无纯策略意义下的解。因为甲的赢得矩阵 A 中有负元素，所以令 $K=12$，把 K 加到 A 中的每一个元素上得 A'。

$$A' = \begin{bmatrix} 22 & 6 & 15 \\ 20 & 17 & 7 \\ 0 & 22 & 20 \end{bmatrix}$$

建立相应的两个互为对偶的线性规划模型如下：

$$\min z = x_1 + x_2 + x_3$$

$$\text{s.t.} \begin{cases} 22x_1 + 20x_2 \geqslant 1 \\ 6x_1 + 17x_2 + 22x_3 \geqslant 1 \\ 15x_1 + 7x_2 + 20x_3 \geqslant 1 \\ x_1, x_2, x_3 \geqslant 0 \end{cases}$$

$$\max w = y_1 + y_2 + y_3$$

$$\text{s.t.} \begin{cases} 22y_1 + 6y_2 + 15y_3 \geqslant 1 \\ 20y_1 + 17y_2 + 7y_3 \geqslant 1 \\ 22y_2 + 20y_3 \geqslant 1 \\ y_1, y_2, y_3 \geqslant 0 \end{cases}$$

求解得到

$$x_1 = 0.0273 \quad x_2 = 0.200 \quad x_3 = 0.0266 \quad z = 0.0698$$
$$y_1 = 0.0221 \quad y_2 = 0.0224 \quad y_3 = 0.0253 \quad w = 0.0698$$
$$V = 1/z = 14.3212$$

所以，对策的解为

$$x^* = V(x_1, x_2, x_3)^T = (0.3903, 0.2867, 0.3230)^T$$
$$y^* = V(y_1, y_2, y_3) = (0.3161, 0.3212, 0.3627)$$
$$V_G = V - K = 2.3212$$

11.4 其他类型的对策问题简介

在这一部分，主要给大家介绍现代经济博弈论的一些基本内容。现代博弈论从信息和时间两个方面将非合作博弈划分为四大类型，如表 11-7 所示。

表 11-7　博弈的分类及其对应的均衡概念

信息＼时间	静　态	动　态
完全信息	完全信息静态博弈 纳什均衡 Nash(1950—1951)	完全信息动态博弈 子博弈精炼纳什均衡 Selten(1965)
不完全信息	不完全信息静态博弈 贝叶斯纳什均衡 Harsany(1967—1968)	不完全信息动态博弈 Selten(1975) Kreps 和 Wilson(1982) Fudenberg 和 Tirole(1991)

11.4.1　完全信息静态博弈

纳什均衡是完全信息静态博弈的基本均衡概念。完全信息静态博弈(static games of complete information)是指博弈的每个局中人对所有其他局中人的特征(策略空间、支付函数等)有完全的了解,而且所有局中人同时选择行动且只选择一次(这里的"同时"强调的是,每个局中人选择行动时并不知道其他局中人的选择)。作为其基本均衡概念的纳什均衡是指在其他局中人的策略选择既定的前提下,每个局中人都会选择自己的最优策略(每个局中人的个人选择均依赖于其他局中人的选择,不依赖的情况只是例外),所有局中人的最优策略组合就是纳什均衡。它意味着,在给定别人策略的情况下,任何一个局中人都不能通过改变自己的策略得到更大的效用或收益,从而没有任何人有积极性打破这个均衡。如果一个策略组合不是纳什均衡,则至少有一个局中人认为,在其他局中人都遵守这一组合的规定下,他可以比现在做得更好。

纳什均衡被认为是局中人个人理性选择达成一致的结果。博弈过程也是局中人个人理性选择的过程,当且仅当所有局中人预测一个特定的纳什均衡会出现时,有且仅有这个纳什均衡构成博弈均衡,即:个人理性选择达成了对均衡的一致性预测。进一步,纳什均衡深刻地揭示了个人理性与集体理性之间存在的内在矛盾。纳什均衡是理性局中人之间利益冲突与妥协达到的一种相对稳定的状态,而这种状态没有一个行为主体可以单方面地加以改变。但是,个人理性选择的结果在总体上可能并不是帕雷托最优的结果。在此基础上,人们后来又提出了加以改进的其他均衡概念。

11.4.2　完全信息动态博弈

纳什均衡求解中,假定别人的策略选择是既定的,分析局中人如何选择自己的最优策略。这时,局中人并不考虑自己的选择对别人的影响,这样纳什均衡就允许了不可置信策略威胁的存在,而含有不可置信威胁的策略是不会实际发生的。针对纳什均衡的这一缺陷,Selten 在引入动态分析并提出完全信息动态博弈的同时,提出了子博弈精炼纳什均衡的概念,第一次对纳什均衡进行了改进。

博弈树是动态博弈分析常用的树状分析图。它由结、枝和信息集组成。结可分为起始结、决策结和终点结。起始结是博弈树的起点,决策结是局中人的决策变量,终点结是博弈树的终点。枝是结的连线,对应于局中人的行动。处于博弈同一阶段的决策结被分为不同的信息集,在每一个信息集上,局中人仅知道博弈进入了其中的某一个决策结,但却不知道自己具体处于哪一个决策结上。子博弈是指从某一个决策结起始的后续博弈,包含该后续博弈的决策结的信息集不包含不属于这个后续博弈的决策结,这个后续博弈的所有决策结都包含在这些信息集中。完全信息动态博弈(dynamic games of complete information)是指,博弈中的每个局中人对所有其他局中人的特征有完全的了解,局中人的行动有先后顺序。子博弈精炼纳什均衡是完全信息动态博弈的基本均衡概念,其核心思想是:剔除纳什均衡中包含不可置信威胁的均衡策略;当且仅当局中人的策略在每一个子博弈中都构成纳什均衡时,亦即当且仅当均衡策略在每一个子博弈中都是最优时,纳什均衡就构成了子博弈精炼纳什均衡。构成子博弈精炼纳什均衡的策略不仅在均衡路径(均衡路径是均衡策略组合在博弈树上对应的枝和结的连线)的决策结上是最优的,而且在非均衡路径的决策结上也是最优的。任何有限(局中人的个数有限,策略空间有限)完全信息动态博弈都存在子博弈精炼纳什均衡。

理性人假定是达成子博弈精炼纳什均衡的一个重要保证。由于局中人是理性的,根据对先行动者行动的观察,后行动者能够并且必然对先行动者的策略选择做出合乎理性的反应;先行动者也知道这一点;这就保证了将包含不可置信威胁的不合理均衡策略剔除出去,将合理纳什均衡和不合理纳什均衡分离开来。

11.4.3 不完全信息静态博弈

纳什均衡是完全信息条件下的均衡概念,从而适用性受到限制。为此,Harsany 构建了不完全信息博弈的基本理论,提出了不完全信息静态博弈的基本均衡概念——贝叶斯纳什均衡。不完全信息(静态和动态)博弈的分析是在 Harsany 转换的基础上进行的。

不完全信息静态博弈是指,至少有一个局中人不知道其他局中人的支付函数,所有局中人同时行动。Harsany 转换是不完全信息(静态和动态)博弈分析的基本概念。通过该转换,Harsany 在不完全信息静态博弈上附加了一定的分析前提,将不完全信息静态博弈转化为"包含同时行动的完全但不完美信息动态博弈",使得不完全信息静态博弈的分析可以在已经讨论过的完全信息动态博弈的分析框架下进行,而在 Harsany 转换提出之前,人们是无法对不完全信息博弈进行分析的。Harsany 转换借助于三个新增的概念展开,它们是:局中人的类型(局中人个人特征的完备描述,简化起见,一般将其等同于局中人的支付函数)、自然(局中人的类型是由先天因素或博弈之外的客观因素决定的,为便于分析,Harsany 将这些因素归结为一个虚拟的局中人"自然",由于是虚拟的,因而他不获得支付并且对于所有博弈结果具有同等偏好,其作用仅在于决定局中人的类型,具体作用过程见下面对 Harsany 转换具体做法的分析的第一点)和局中人的信念(局中人根据其他局中人各种可能类型的概率分布对其类型所作出的判断,即条件概率)。转换的具体做法是:

(1) 自然选择局中人的类型,并将局中人的真实类型告知他自己,而不告知其他局中人,同时并不对每个局中人的各种可能类型及其概率分布保密;这样,每个局中人知道自己的类型,不知道别人的真实类型,仅知道其各种可能类型的概率分布,被选择的局中人

也知道其他局中人心目中的这个分布函数;

(2) 自然之外的每个局中人根据其他局中人可能类型的概率分布对其类型作出先验判断,并各自同时选择行动,博弈终了,除自然以外,各个局中人得到对各自的支付。通过 Harsany 转换,不完全信息静态博弈转化为包含同时行动的完全但不完美信息动态博弈(把对支付函数的不了解转化为对局中人类型的不了解)。其动态性在于,整个博弈被转化为两阶段动态博弈,即自然选择的阶段和其他局中人同时行动的阶段,前者实际上是为了使原博弈能够进行分析而虚构的,集中体现了 Harsany 转换对原博弈附加的分析前提,后者是一个静态博弈,它实际上等同于原来的不完全信息静态博弈;其信息的完全性在于,每个局中人都知道其他局中人的各种可能类型,而每个局中人的支付和策略都依赖于其类型,这样,每个局中人都知道其他局中人的各种可能类型的支付函数和策略空间;其信息的不完美性表现在,局中人对自然的选择没有完全的了解,亦即局中人对每个局中人的可能类型及其概率分布具有完全的了解,而对他们的真实类型并没有完全的了解。贝叶斯纳什均衡是不完全信息静态博弈的基本均衡概念。在自然选择之后,各个局中人同时行动,没有机会观察到别人的选择。如果给定别人的策略选择,每个局中人的最优策略依赖于自己的类型(以下简称类型依赖策略)。由于每个局中人仅知道其他局中人的类型的概率分布而不知道其真实类型,他就不可能准确地知道其他局中人实际上会选择什么策略;但他能正确地预测到其他局中人的选择是如何依赖于其各自类型的;这样,他决策的目标就是,在局中人类型的概率分布是完全信息的前提下,给定自己的类型依赖策略和别人的类型依赖策略,最大化自己的期望效用。贝叶斯纳什均衡就是这样一种类型依赖策略组合:在给定自己的类型和别人类型的概率分布的情况下,每个局中人的期望效用达到了最大化,没有人有选择其他策略的积极性。

11.4.4 不完全信息动态博弈

贝叶斯纳什均衡仅仅局限于静态分析,从而其适用性也受到了限制。为此,弗得伯格和泰勒尔对它进行了改进,定义了不完全信息动态博弈的基本均衡概念——精炼贝叶斯纳什均衡。

不完全信息动态博弈是指,在博弈中至少有一个局中人不知道其他局中人的支付函数;局中人的行动有先后之分,后行动者能观察到先行动者的行动。不完全信息动态博弈分析也是在 Harsany 转换的框架下进行的。具体讲,自然首先选择局中人的类型,局中人自己知道自己的真实类型,其他局中人不知道被选择的局中人的真实类型,仅知道其各种可能类型的概率分布;之后,局中人开始行动,局中人的行动有先后顺序,后行动者能观察到先行动者的行动,但不能观察到先行动者的类型。但是,由于局中人的行动依赖于其类型,每个局中人的行动都传递着有关自己类型的某种信息,所以后行动者便可以通过观察先行动者的行动来推断其类型或修正对其类型的信念(按"贝叶斯法则"将先验概率转化为后验概率),然后选择自己的最优行动。先行动者预测到自己的行动将被后行动者所利用,也就会设法选择传递有利信息,避免传递不利信息。因此,博弈过程不仅是局中人选择行动的过程,而且是局中人不断修正信念的学习过程。精炼贝叶斯纳什均衡是不完全信息动态博弈的基本均衡概念,它要求,给定有关其他局中人类型的信念,局中人的策略在每一个信息集开始的"后续博弈"上构成贝叶斯纳什均衡;并且,在所有可能的情况下,局中人要根据所观察到的其他局中人的行为,按照贝叶斯法则来修正自己有关后者类型的信念,进而据此选择并最优化自己的行动。精炼贝叶斯纳什均衡是所有局中人策略和信念的一种结合,它满足如下条件:

(1) 在给定每个局中人有关其他局中人类型的信念的情况下,他的策略选择是最优的;

(2) 每个人有关他人类型的信念都是使用贝叶斯法则从所观察到的行动中获得的。

精炼贝叶斯纳什均衡不仅定义在策略组合上,还强调了局中人的信念,因为最优策略是相对于信念而言的。

在不完全信息范围内,还有一些均衡概念,如:Selten 的"颤抖手均衡"(Trembling Hand Equilibrium,1975)、Myerson 的"恰当均衡"(Proper Equilibrium,1978)、Kreps 和 Willson 的"序贯均衡"(Sequential Equilibrium,1982)、Kohlberg 和 Merten 的"稳定均衡"(Stable Equilibrium,1986)等。

综上所述,经济博弈论的一系列均衡概念都是在纳什均衡的基础上发展起来的,其基本思路都是通过逐步剔除不合理均衡而得到更为精确和合理的均衡概念。根据约束条件的强弱,均衡概念由弱到强依次是:纳什均衡、子博弈精炼纳什均衡、贝叶斯纳什均衡、精炼贝叶斯纳什均衡、序贯均衡、颤抖手均衡、恰当均衡、稳定均衡。每一个较强均衡概念都是在较弱均衡概念基础上发展而来,因此,强概念自然也适用于弱概念的分析环境。

本章主要知识点

矩阵对策、纯策略均衡、混合策略均衡、对策值、矩阵对策的简化方法、矩阵对策的图解法、矩阵对策的单纯形解法

思 考 题

1. 说明组成对策模型的三个基本要素及各要素的含义。
2. 二人零和有限对策的基本形式和特点是什么?
3. 矩阵对策的混合扩充是什么?如何理解混合策略的概念?
4. 优超策略如何确定?
5. 求解矩阵对策的基本方法有哪些?

练 习 题

1. A、B 两人各有 1 角、5 分和 1 分的硬币各一枚。在双方互不知道情况下各出一枚硬币,并规定当和为奇数时,A 赢得 B 所出硬币;当和为偶数时,B 赢得 A 所出硬币。试据此列出二人零和对策的模型,并说明该项游戏对双方是否公平合理。

2. A 和 B 进行一种游戏,A 先在横坐标 x 轴的 [0,1] 区间内任选一个数,但不让 B 知

道,然后 B 在纵坐标 y 轴的 [0,1] 区间内任选一个数。双方选定后,B 对 A 的支付为
$$p(x,y) = \frac{1}{2}y^2 - 2x^2 - 2xy + \frac{7}{2}x + \frac{5}{4}y$$
求 A、B 各自的最优策略和对策值。

3. 下列矩阵为 A、B 对策时 A 的赢得矩阵,求 A、B 各自的最优策略和对策值。

(1) $\begin{bmatrix} -3 & 3 & 0 & 2 \\ -4 & -1 & 2 & -2 \\ 1 & 1 & -2 & 0 \\ 0 & -1 & 3 & -1 \end{bmatrix}$ (2) $\begin{bmatrix} 2 & 4 & 0 & -2 \\ 4 & 8 & 2 & 6 \\ -2 & 0 & 4 & 2 \\ -4 & -2 & -2 & 0 \end{bmatrix}$

(3) $\begin{bmatrix} 3 & -1 & -3 \\ -3 & 3 & -1 \\ -4 & -3 & 3 \end{bmatrix}$ (4) $\begin{bmatrix} 1 & 3 & 3 \\ 4 & 2 & 1 \\ 3 & 2 & 2 \end{bmatrix}$

4. 有甲、乙两家生产小型电子计算器的工厂,其中甲厂研制出一种新型袖珍计算器。为推出这种新产品加强与乙厂竞争,考虑了三个竞争对策:(1)将新产品全面投入生产;(2)继续生产现有产品,新产品小批量试产试销;(3)维持原状,新产品只生产样品征求意见。乙厂了解到甲厂有新产品情况下也考虑了三个策略:(1)加速研制新计算器;(2)对现有计算器革新;(3)改进产品外观和包装。由于受市场预测能力限制,下表给出了双方对策结果的大致的定性分析资料(对甲厂而言)。试通过对策分析,确定甲、乙两厂各应采取哪一种策略?

甲厂＼乙厂	1	2	3
1	较好	好	很好
2	一般	较差	较好
3	很差	差	一般

5. 有甲、乙两支游泳队举行包括三个项目的对抗赛。这两支游泳队各有一名健将级运动员(甲队为李,乙队为王),在三个项目中成绩都很突出,但规则准许他们每人只能参加两项比赛,每队的其他两名运动员可参加全部三项比赛。已知各运动员平时成绩(秒)如下表。

	甲1	甲2	李	王	乙1	乙2
100 米蝶泳	59.7	63.2	57.1	58.6	61.4	64.8
100 米仰泳	67.2	68.4	63.2	61.5	64.7	66.5
100 米蛙泳	74.1	75.5	70.3	72.6	73.4	76.9

假定各运动员在比赛中都发挥正常水平,比赛第一名得 5 分,第二名得 3 分,第三名得 1 分,问教练员应决定让自己的健将参加哪两项比赛,使本队得分最多?(各队参加比赛名单相互保密,确定以后不准变动)

阅读与分析

智 猪 博 弈

在博弈论中,"智猪博弈"是一个著名的纳什均衡的例子。假设猪圈里有一头大猪、一头小猪。猪圈的一头有猪食槽,另一头安装着控制猪食供应的按钮,按一下按钮会有10个单位的猪食进槽,但是谁按按钮就会首先付出2个单位的成本,若大猪先到槽边,大小猪吃到食物的收益比是9∶1;同时到槽边,收益比是7∶3;小猪先到槽边,收益比是6∶4。那么,在两头猪都有智慧的前提下,最终结果是小猪选择等待。

实际上小猪选择等待,让大猪去按控制按钮,而自己选择"坐船"(或称为搭便车)的原因很简单:在大猪选择行动的前提下,小猪也行动的话,小猪可得到1个单位的纯收益(吃到3个单位食品的同时也耗费2个单位的成本,以下纯收益计算相同)。而小猪等待的话,则可以获得4个单位的纯收益,等待优于行动;在大猪选择等待的前提下,小猪如果行动的话,小猪的收入将不抵成本,纯收益为−1单位,如果小猪也选择等待的话,那么小猪的收益为零,成本也为零。总之,等待还是要优于行动。

在小企业经营中,学会如何"搭便车"是一个精明的职业经理人最为基本的素质。在某些时候,如果能够注意等待,让其他大的企业首先开发市场,是一种明智的选择。这时候有所不为才能有所为!

高明的管理者善于利用各种有利的条件来为自己服务。"搭便车"实际上是提供给职业经理人面对每一项花费的另一种选择,对它的留意和研究可以给企业节省很多不必要的费用,从而使企业的管理和发展走上一个新的台阶。这种现象在经济生活中十分常见,却很少为小企业的经理人所熟识。

试建立智猪博弈模型,并结合企业实例说明智猪博弈的应用。

第 12 章

运筹学问题的软件求解

现实中所遇到的运筹学问题可能较为复杂,涉及较多的变量和约束条件,此时必须借助计算机的帮助才能实现求解,目前存在着大量的专业软件可用于求解运筹学问题。本章主要介绍两种可用于求解运筹学问题的软件,一是微软公司的办公软件之一 Excel,可借助其"规划求解"加载宏求解不太复杂的运筹学问题。二是 Lindo System 公司的 LINGO 软件,它是 Linear Interactive and General Optimizer 的缩写,即"交互式的线性和通用优化求解器",可以用于求解非线性规划、线性和非线性方程组的求解等,功能十分强大,是求解运筹学问题较为专业的选择。

12.1 Excel 求解运筹学问题

12.1.1 Excel 简介

Microsoft Excel 是美国微软公司开发的 Windows 环境下的电子表格系统,它是目前应用最为广泛的办公室表格处理软件之一。自 Excel 诞生以来历经了许多不断升级的版本。随着版本的不断提高,Excel 软件的强大的数据处理功能和操作的简易性逐渐走入了一个新的境界,整个系统的智能化程度也不断提高,它甚至可以在某些方面判断用户的下一步操作,使用户操作大为简化。这些特性已使 Excel 成为现代办公软件重要的组成部分。

Excel 每项工作都是在一个叫工作簿(workbook)的文件中展开的,每个工作簿均由 1 个或多个工作表(sheet)构成,工作表是一个由行和列组成的表格。行号和列号分别用数字和字母区别,行列编号共同决定了一个单元格(cell)。早期版本中,Excel 中每个工作簿中的工作表以及每个工作表中的单元格数量是有限制的,但是随着计算机处理能力的不断增强,在高版本中这些限制理论上已经取消,单纯受限于计算机自身的处理能力了。可见,Excel 具备了强大的数据处理能力。可以毫不夸张地说,运筹学的大部分问题都可以在 Excel 中实现。

由于 Excel 与其他的 Windows 应用程序使用和操作上没有太大区别,所以我们不将 Excel 的基本操作作为重点,而着重介绍与运筹学相关的 Excel 所独有的特点和功能。

1. 数据的手动输入

建立一个新的 Excel 文件之后,便可进行数据的输入操作。Excel 中以单元格为单位进行数据的输入操作。一般用上下左右光标键、Tab 键或用鼠标选中某一单元格,然后输入数据。Excel 中的数据按类型不同通常可分为四类:数值型,字符型,日期型和逻辑型。Excel 根据输入数据的格式自动判断数据属于什么类型。如日期型的数据输入格式为"月/日/年","月-日-年"或"时:分:秒"。要输入逻辑型的数据,输入"true"(真)或"false"(假)即可。若数据由数字与小数点构成,Excel 自动将其识别为数值型,Excel 允许在数值型数据前加入货币符号,Excel 将其视为货币数值型,Excel 也允许数值型数据用科学计数法表示,如 2×10^9 在 Excel 中可表示为 2E+9。除了以上三种格式以外的输入数据,Excel 将其视为字符型处理。

2. 公式生成数据

Excel 的数据中也可由公式直接生成。例如:在当前工作表中 A1 和 B1 单元格中已输入了数值数据,欲将 A1 与 B1 单元格的数据相加的结果放入 C1 单元格中,可按如下步骤操作:用鼠标选定 C1 单元格,然后输入公式"=A1+B1"或输入"=SUM(A1:B1)",回车之后即可完成操作。C1 单元格此时存放的实际上是一个数学公式"A1+B1",因此 C1 单元格的数值将随着 A1、B1 单元格的数值的改变而变化。Excel 提供了完整的算术运算符,如+(加)、-(减)、*(乘)、/(除)、%(百分比)和丰富的函数,如 SUM(求和)、CORREL(求相关系数)、STDEV(求标准差)等,供用户对数据执行各种形式的计算操作,在 Excel 帮助文件中可以查到各类算术运算符和函数的完整使用说明。

3. 复制生成数据

Excel 中的数据也可由复制生成。实际上,在生成的数据具有相同的规律性的时候,大部分的数据可以由复制生成。可以在不同单元格之间复制数据,也可以在不同工作表或不同工作簿之间复制数据,可以一次复制一个数据,也可同时复制一批数据,为数据输入带来了极大的方便。普通单元格的复制结果与公式单元格的复制结果相差较大,下面分别予以说明。

1) 普通单元格的复制

普通单元格指的是非公式的单元格,一般可以按如下步骤进行复制:

(1) 拖动鼠标选定待复制的区域,选定之后该区域变为黑色。Excel 可以进行整行、整列或整个表格的选定操作。例如,如果要选定表格的第一列,可直接用鼠标单击列标"A";如果要选定表格的第一行,可直接用鼠标单击行标"1";如果要选定整个表格,可直接单击全选按钮。

(2) 选定完区域之后,用鼠标右击该区域,选择"复制",将区域内容复制到粘贴板之中。可以发现该区域已被虚线包围。

(3) 用鼠标右击目标区域,选择"粘贴",则单元格区域的复制即告完成。

2) 公式单元格的复制

公式单元格的复制,一般可分为两种,一种是值复制,一种是公式复制。值复制指的是只复制公式的计算结果到目标区域;公式复制指的是仅复制公式本身到目标区域。下面对它们的操作步骤分别予以说明。

(1) 值复制:首先,拖动鼠标选定待复制区域;然后,用鼠标右击选定区域,选择"复制"选项;最后,用鼠标右击目标区域,再单击"选择性粘贴"子菜单。出现复制选项,选定"数值"选项,然后用鼠标单击"确定"按钮,则公式的值复制即告完成。

(2) 公式复制:公式复制是 Excel l 数据成批计算的重要操作方法,要熟练公式复制的操作首先要区分好两个概念:单元格的相对引用与绝对引用。

Excel 中的公式中一般都会引用到别的单元格的数值,如果你希望当公式复制到别的区域之时,公式引用单元格不会随之相对变动,那么你必须在公式中使用单元格的绝对引用。如果你希望当公式复制到别的区域之时,公式引用单元格也会随之相对变动,那么你必须在公式中使用单元格的相对引用。在公式中如果直接输入单元格的地址,那么默认的是相对引用单元格,如果在单元格的地址之前加入"$"符号,那么意味着绝对引用单元格。例如,在当前工作表中 A1 和 B1 单元格中已输入了数值数据,用鼠标选定 C1 单元格,然后输入公式"＝A1＋B1",此公式引用的便是两个相对的单元格 A1、B1,也就是说,如果将该公式复制到 C2 的单元格,公式所引用的单元格的地址将随之发生变化,公式将变为"＝A2＋B2",如果将该公式复制到 F100 的单元格,那么公式将变为"＝D100＋E100"。这就是相对引用的结果,公式的内容随着公式的位置变化而相对变化。如果在 C1 单元格输入的是"＝\$A\$1＋\$B\$1"那么此公式引用的便是绝对的单元格,不论将公式复制到何处,公式的内容都不会发生变化。当然,绝对引用和相对引用亦可在同一公式之中混合交叉使用,例如,如果在 C1 单元中输入的是公式"＝A\$1＋B\$1",那么意味着,公式的内容不会随着公式的垂直移动而变动,而是随着公式的水平移动而变动,如果将该公式复制到 F100 单元格,那么公式将变为,"＝D\$1＋E\$1"。可以作这样的归纳:公式中"\$"符号后面的单元格坐标不会随着公式的移动而变动,而不带"\$"符号后面的单元格坐标会随着公式的移动而变动。

在实际的使用中,如果能把单元格的相对引用与绝对引用灵活应用到 Excel 的公式之中,能为数据成批准确运算带来极大的方便。

下面将以 2016 版本为基础介绍利用 Excel 求解运筹学中的一些典型问题。这一过程中主要使用的是 Excel 的"规划求解"加载项。Excel 提供了专门用于求解规划问题的宏,在使用时首先要进行加载。加载的方法为:"文件"→"选项",会出现如图 12-1 所示的对话框,在左侧选择"加载项",然后单击底部的"转到(G)…"按钮,出现如图 12-2 所示的对话框,选中"规划求解"之后单击"确定"按钮即完成加载。

加载成功后,会在"数据"菜单项下出现"规划求解"的子菜单项。

图 12-1　Excel 选项页面

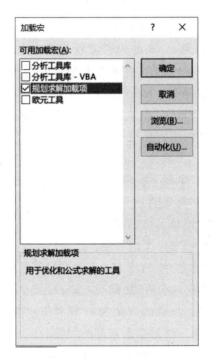

图 12-2　Excel 加载宏页面

12.1.2 求解线性规划问题

下面我们以一个具体的线性规划问题来说明利用 Excel 求解线性规划问题的过程。

$$\max z = 90x_1 + 160x_2 + 40x_3 + 100x_4$$

$$\text{s.t.}\quad 2x_1 + 8x_2 + 4x_3 + 2x_4 \leqslant 480$$

$$5x_1 + 4x_2 + 8x_3 + 5x_4 \leqslant 800$$

$$7x_1 + 8x_2 + 2x_3 + 5x_4 \geqslant 900$$

$$x_1, x_2, x_3, x_4 \geqslant 0$$

步骤 1：为了使用 Excel 求解，首先需要按一定格式将所有线性规划的参数输入 Excel 中。可按图 12-3 的格式在 Excel 中输入线性规划参数。

	A	B	C	D	E	F	G	H
1	EXCEL求解线性规划问题							
2	价值系数	90	160	40	100			
3	决策变量	x_1	x_2	x_3	x_4			
4	约束条件					资源使用量	约束类型	资源限制量
5	I	2	8	4	2		<=	480
6	II	5	4	8	5		<=	800
7	III	7	8	2	5		>=	900
8								
9	最优解						最优值	
10								
11								
12								

此区域用于存放决策变量的求解结果。

此区域用于存放最优目标函数值。

图 12-3 Excel 求解线性规划——数据录入

步骤 2：定义相关单元格的计算公式。

约束条件和目标函数值的表达中会使用到一个函数 SUMPRODUCT()，在给定的几组数组中，将数组间对应的元素相乘，并返回乘积之和。其语法为

```
SUMPRODUCT (array1, array2, array3, ...)
```

array1，array2，array3，…为 2 到 30 个数组，其相应元素需要进行相乘并求和。

如约束 I 的左端就可以表示为：SUMPRODUCT(B5:E5,B9:E9)，我们将该值放入 F5 单元格中。同样方式可以定义其他的约束条件和目标函数值，如图 12-4 所示。

	A	B	C	D	E	F	G	H
1	Excel求解线性规划问题							
2	价值系数	90	160	40	100			
3	决策变量	x_1	x_2	x_3	x_4			
4	约束条件					资源使用量	约束类型	资源限制量
5	I	2	8	4	2	=SUMPRODUCT(B5:E5,B$9:E$9)	<=	480
6	II	5	4	8	5	=SUMPRODUCT(B6:E6,B$9:E$9)	<=	800
7	III	7	8	2	5	=SUMPRODUCT(B7:E7,B$9:E$9)	>=	900
8								
9	最优解						最优值	=SUMPRODUCT(B2:E2,B9:E9)

图 12-4 Excel 求解线性规划——计算公式录入

步骤 3：利用"规划求解"进行求解。

选择"数据"→"规划求解…"，出现如图 12-5 所示的"规划求解参数"对话框。

图 12-5　Excel 求解线性规划——求解参数录入

在图 12-5 所示的"规划求解参数"对话框中，首先在"设置目标"中输入"＄H＄9"，或单击输入框右侧的按钮，选择 H9 单元格。然后，单击"最大值"选项。接下来，单击"添加(A)"按钮输入约束条件，如图 12-6 所示。

图 12-6　Excel 求解线性规划——约束条件录入

由于Ⅰ、Ⅱ约束条件都是"＜＝"型，所以在录入时可一同录入。最后，选中"使无约束变量为非负数(K)"和"选择求解方法(E)"中选择"单纯线性规划"，再单击"求解(S)"按钮，就可得到如图 12.7 所示的规划求解结果，同时可以生成"运算结果报告""敏感性报告"和"极限值报告"。

第 12 章 运筹学问题的软件求解

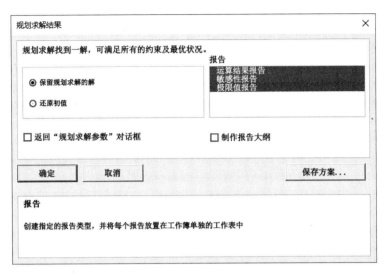

图 12.7　Excel 求解线性规划——求解结果报告

（1）运算结果报告如图 12-8 所示。该报告可分为 4 个部分。第 1 部分主要说明求解器运行的基本信息。第 2 部分说明所求解问题的目标函数的情况。这个问题中，目标函数实现了最大化，最优值为 18000。第 3 部分说明了决策变量的最优值情况。在这个问题中，最优解为 $x_1=0, x_2=25, x_3=0, x_4=140$。第 4 部分反映了约束条件的情况。在这个问题中，实现最优时，三个约束条件均达到了限制值，即三种资源没有剩余。

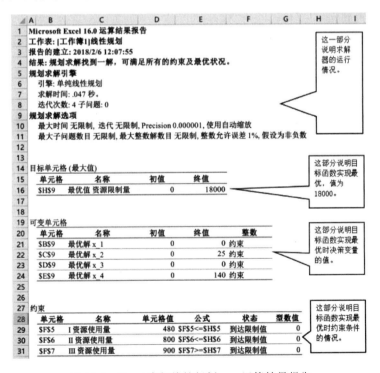

图 12-8　Excel 求解线性规划——运算结果报告

(2) 敏感性报告如图 12-9 所示，主要反映价值系数和资源向量的敏感性分析结果。

```
    A    B       C        D     E     F      G      H        I        J
1  Microsoft Excel 16.0 敏感性报告
2  工作表: [工作簿1]线性规划
3  报告的建立: 2018/2/6 12:07:55
4
5
6  可变单元格
7                      终    递减   目标式   允许的          允许的
8    单元格    名称     值    成本   系数    增量            减量
9    $B$9    最优解 x_1   0    -10    90     10             1E+30
10   $C$9    最优解 x_2  25     0    160    240              80
11   $D$9    最优解 x_3   0   -130    40    130             1E+30
12   $E$9    最优解 x_4 140     0    100    100              10
13
14 约束
15                      终    影子   约束    允许的          允许的
16   单元格    名称     值    价格   限制值   增量            减量
17   $F$5   I 资源使用量  480   12.5   480    1120          9.09495E-14
18   $F$6   II 资源使用量 800    15    800     400          7.57912E-14
19   $F$7   III 资源使用量 900    0    900   5.68434E-14       1E+30
20
21
```

这部分说明最优解不变的前提下价值系数的变化范围。

这部分说明最优解不变的前提下资源向量的变化范围。

资源的影子价格

图 12-9　Excel 求解线性规划——敏感性报告

图 12-9 中，敏感性报告共包含两个表。第 1 个表反映的是价值系数的敏感性情况，它分别给出了最优解不变的前提下价值系数的变化范围。如此例中，决策变量 x_1 的价值系数的允许增加量为 10，允许减少量为 ∞，这样我们可以确定 c_1 的变化区间为 $[100, \infty)$。第 2 个表反映的资源向量的敏感性情况，它分别给出了最优解不变的前提下资源向量的变化范围及其影子价格。此例中，资源 I 的影子价格为 12.5，允许增量为 0，允许减量为 160，所以可以得到 b_1 的变化区间为 $[320, 480]$。

(3) 极限值报告。由于该报告没有较大的现实价值，而且与教学内容无关，在此不作介绍了。

12.1.3　求解整数规划问题、运输问题、0-1 规划问题

由于整数规划、运输问题、0-1 规划（包括指派问题）本质上均属于线性规划问题，所以可以使用上述方法进行求解。先以运输问题为例来进行说明。

例 12-1　设有三个化肥厂 A、B、C 供应四个地区 I、II、III、IV 的农用化肥。假定等量的化肥在这些地区使用效果相同。各化肥厂年产量，各地区年需要量及从各化肥厂到各地区运送单位化肥的运价如表 12-1 所示。试求出总的运费最节省的化肥调拨方案。

表 12-1　运输问题的 Excel 求解

化肥厂＼地区	I	II	III	IV	产量
A	16	13	22	17	50
B	14	13	19	15	60
C	19	20	23	—	50
最低需求	30	70	0	10	
最高需求	50	70	30	不限	

与前类似,先建立求解的 Excel 表格,参数设置如图 12-10 所示。

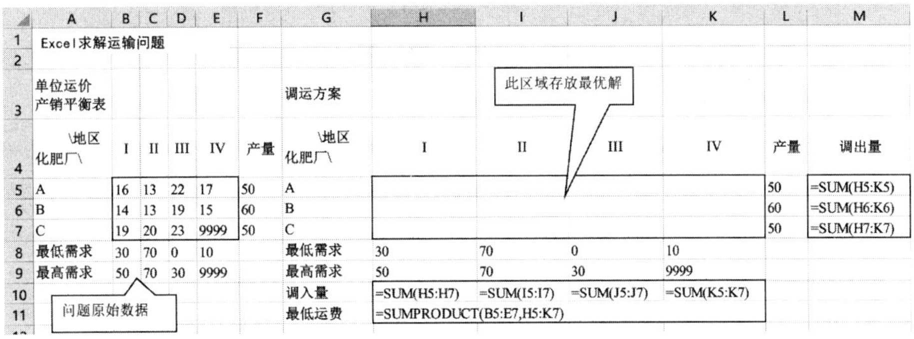

图 12-10　Excel 求解运输问题——数据录入

然后利用"规划求解"工具求解,如图 12-11 所示。

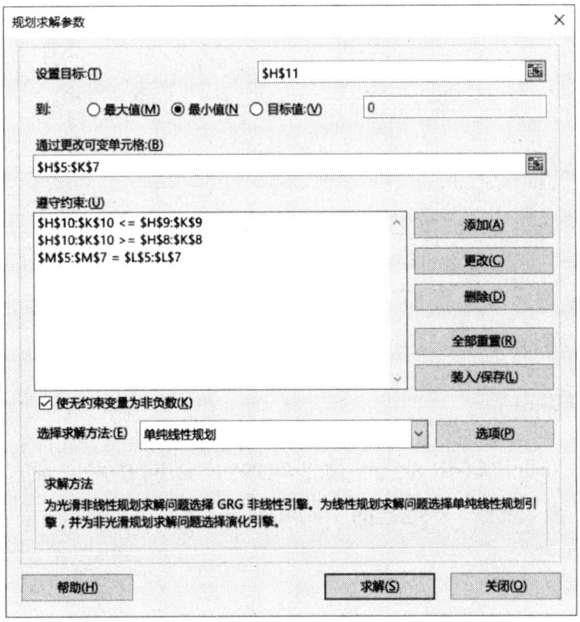

图 12-11　Excel 求解运输问题——参数设置

其中,目标单元格为 H11,求最小值,可变单元格为区域 H5:K7,约束条件共三个:H10:K10<=H9:K9(调入量不超过最高需求量)、H10:K10<=H8:K8(调入量不低于最低需求量)、M5:M7=L5:L7(调出量等于产量)。然后勾选非负,选择单纯线性规划,最后单击求解,得到如图 12-12 所示的最优调运方案,同样也可以生成三个运算报告,此处不作详细介绍了。

整数规划、0-1 规划是在线性规划的基础上分别增加了变量的整数或 0-1 取值要求,可以将这一要求作为约束条件增加到参数设置的过程中即可。Excel 中在增加约束条件时,有多种约束类型可以选择,如图 12-13 所示。

	A	B	C	D	E	F	G	H	I	J	K	L	M
1	Excel求解运输问题												
2													
3	单位运价 产销平衡表						调运方案						
4	\地区 化肥厂\	Ⅰ	Ⅱ	Ⅲ	Ⅳ	产量	\地区 化肥厂\	Ⅰ	Ⅱ	Ⅲ	Ⅳ	产量	调出量
5	A	16	13	22	17	50	A	0	50	0	0	50	50
6	B	14	13	19	15	60	B	0	20	0	40	60	60
7	C	19	20	23	9999	50	C	50	0	0	0	50	50
8	最低需求	30	70	0	10		最低需求	30	70	0	10		
9	最高需求	50	70	30	9999		最高需求	50	70	30	9999		
10							调入量	50	70	0	40		
11							最低运费	2460					

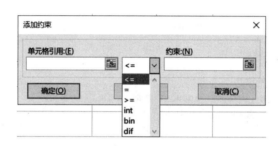

图 12-12　Excel 求解运输问题——结果

图 12-13　约束条件类型选择

其中,当选择 int 时表示左侧所选中的单元格为整数变量;当选择 bin 时表示左侧所选中的单元格为 0-1 变量。

12.1.4　求解图论问题

图论中许多问题都可以转化为线性规划问题,所以同样可以通过规划求解工具来进行求解。这里我们主要介绍三个问题的 Excel 解法。

1. 最大流问题

最大流问题是一个特殊的线性规划问题,即最大流是在满足容量限制条件和流量平衡条件下的最大流问题。

例 12-2　求图 12.14 所示网络的最大流,弧旁数字为容量 c_{ij}。

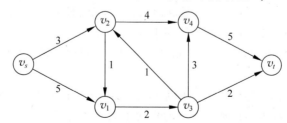

图 12-14　Excel 求解最大流问题

首先按图 12-15 建立求解模型。

	A	B	C	D	E
1	Excel求解最大流问题				
2					
3	网络结构			容量约束条件	
4	起点	终点	容量		流量
5	vs	v1	5	>=	
6	vs	v2	3	>=	
7	v1	v3	2	>=	
8	v2	v1	1	>=	
9	v2	v4	4	>=	
10	v3	v2	1	>=	
11	v3	v4	3	>=	
12	v3	vt	2	>=	
13	v4	vt	5	>=	
14					
15	流量平衡条件		净流量		
16	发点	vs	=SUMIF($A$5:$A$13,B16,$E$5:$E$13)-SUMIF($B$5:$B$13,B16,$E$5:$E$13)	=C16	<-最大流
17	中间点	v1	=SUMIF($A$5:$A$13,B17,$E$5:$E$13)-SUMIF($B$5:$B$13,B17,$E$5:$E$13)	0	
18		v2	=SUMIF($A$5:$A$13,B18,$E$5:$E$13)-SUMIF($B$5:$B$13,B18,$E$5:$E$13)	0	
19		v3	=SUMIF($A$5:$A$13,B19,$E$5:$E$13)-SUMIF($B$5:$B$13,B19,$E$5:$E$13)	0	
20		v4	=SUMIF($A$5:$A$13,B20,$E$5:$E$13)-SUMIF($B$5:$B$13,B20,$E$5:$E$13)	0	
21	收点	vt	=SUMIF($A$5:$A$13,B21,$E$5:$E$13)-SUMIF($B$5:$B$13,B21,$E$5:$E$13)	=C21	<-最大流

图 12-15　Excel 求解网络最大流——数据录入

图 12-15 中，首先输入网络结构，包括每条弧起点、终点和容量。然后再建立容量约束和流量平衡两个约束条件。这里用到了 SUMIF（）函数，它表示有条件求和，基本格式为

SUMIF(range, criteria, [sum_range])

其中，range 为根据条件进行计算的单元格的区域，criteria 用于确定对哪些单元格求和的条件，sum_range 为要求和的实际单元格（缺省时，对 range 参数中指定的单元格求和）。

如在计算出发点 v_s 的净流量时，第一个 SUMIF（）函数用于计算从 v_s 流出的流量，第二个 SUMIF（）函数用于计算流入 v_s 的流量。

在建立网络最大流的求解模型后，即可利用"规划求解"进行求解了，具体参数设置如图 12-16 所示。

图 12-16 中，目标单元格为 D16 或 D21，表示 v_s 发出的净流量或 v_t 收到的净流量。可变单元格为 E5:E13，即为需要确定的每条弧的最终流量。约束条件有两个：一是 C17:C20=D17:D20，表示中间点流量为 0；二是 E5:E13<=C5:C13，表示每条弧上的流量不超过其容量。最后单击求解按钮得到如图 12-17 所示的最优解。

由图 12-17 可知，网络最大流量为 5，各条弧上的流量在 E5:E13 区域中给出。

2．最小费用最大流问题

最小费用最大流问题可以看作两阶段的线性规划问题，即先求出网络的最大流，在固定最大流的前提下求最小费用。

例 12-3　求图 12-18 所示网络的最小费用最大流，弧旁数字为单位流量费用和容量 (b_{ij}, c_{ij})。

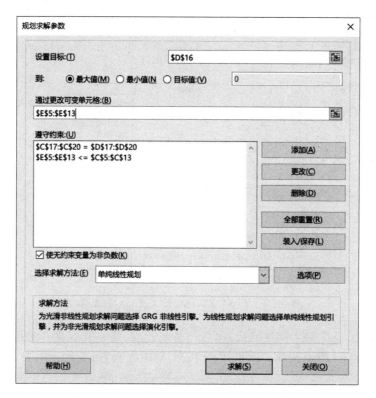

图 12-16 Excel 求解网络最大流——参数设置

	A	B	C	D	E
1	Excel求解最大流问题				
2					
3	网络结构			容量约束条件	
4	起点	终点	容量		流量
5	vs	v1	5	>=	2
6	vs	v2	3	>=	3
7	v1	v3	2	>=	2
8	v2	v1	1	>=	0
9	v2	v4	4	>=	3
10	v3	v2	1	>=	0
11	v3	v4	3	>=	0
12	v3	vt	2	>=	2
13	v4	vt	5	>=	3
14					
15	流量平衡条件		净流量		
16	发点	vs	5	5	<-最大流
17	中间点	v1	0	0	
18		v2	0	0	
19		v3	0	0	
20		v4	0	0	
21	收点	vt	-5	-5	<-最大流

图 12-17 Excel 求解网络最大流——结果

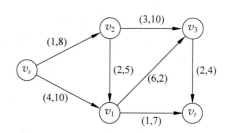

图 12-18 Excel 求解最大流问题

按图 12-19 建立求解模型，求最大流。此处过程与前述最大流的方法一样，故不再累述。

求解以后得最大流如图 12-20 所示。

第12章 运筹学问题的软件求解

	A	B	C	D	E	F
1	Excel求解最小费用最大流问题					
2						
3	网络结构					
4	起点	终点	容量	费用	容量约束条件	流量
5	vs	v1	10	4	>=	
6	vs	v2	8	1	>=	
7	v1	v3	2	6	>=	
8	v1	vt	7	1	>=	
9	v2	v1	5	2	>=	
10	v2	v3	10	3	>=	
11	v3	vt	4	2	>=	
12						
13	流量平衡条件		净流量			
14	发点	vs	=SUMIF($A$5:$A$11,B14,$F$5:$F$11)-SUMIF($B$5:$B$11,B14,$F$5:$F$11)	=C14	<-最大流	
15		v1	=SUMIF($A$5:$A$11,B15,$F$5:$F$11)-SUMIF($B$5:$B$11,B15,$F$5:$F$11)	0		
16	中间点	v2	=SUMIF($A$5:$A$11,B16,$F$5:$F$11)-SUMIF($B$5:$B$11,B16,$F$5:$F$11)	0		
17		v3	=SUMIF($A$5:$A$11,B17,$F$5:$F$11)-SUMIF($B$5:$B$11,B17,$F$5:$F$11)	0		
18	收点	vt	=SUMIF($A$5:$A$11,B18,$F$5:$F$11)-SUMIF($B$5:$B$11,B18,$F$5:$F$11)	=C18	<-最大流	

图12-19　Excel求解网络最小费用最大流——数据录入

	A	B	C	D	E	F
1	Excel求解最小费用最大流问题					
2						
3	网络结构					
4	起点	终点	容量	费用	容量约束条件	流量
5	vs	v1	10	4	>=	7
6	vs	v2	8	1	>=	4
7	v1	v3	2	6	>=	0
8	v1	vt	7	1	>=	7
9	v2	v1	5	2	>=	0
10	v2	v3	10	3	>=	4
11	v3	vt	4	2	>=	4
12						
13	流量平衡条件		净流量			
14	发点	vs	11	11	<-最大流	
15		v1	0	0		
16	中间点	v2	0	0		
17		v3	0	0		
18	收点	vt	-11	-11	<-最大流	

图12-20　Excel求解网络最小费用最大流——最大流

然后求最小费用问题。首先将网络最大流固定为11，即单元格D14的值为11，单元格D18的值为-11。然后添加最小费用的目标函数，如图12-21所示。

	A	B	C	D	E	F
1	Excel求解最小费用最大流问题					
2						
3	网络结构					
4	起点	终点	容量	费用	容量约束条件	流量
5	vs	v1	10	4	>=	7
6	vs	v2	8	1	>=	4
7	v1	v3	2	6	>=	0
8	v1	vt	7	1	>=	7
9	v2	v1	5	2	>=	0
10	v2	v3	10	3	>=	4
11	v3	vt	4	2	>=	4
12						
13	流量平衡条件		净流量			
14	发点	vs	=SUMIF($A$5:$A$11,B14,$F$5:$F$11)-SUMIF($B$5:$B$11,B14,$F$5:$F$11)	11	<-最大流	
15		v1	=SUMIF($A$5:$A$11,B15,$F$5:$F$11)-SUMIF($B$5:$B$11,B15,$F$5:$F$11)	0		
16	中间点	v2	=SUMIF($A$5:$A$11,B16,$F$5:$F$11)-SUMIF($B$5:$B$11,B16,$F$5:$F$11)	0		
17		v3	=SUMIF($A$5:$A$11,B17,$F$5:$F$11)-SUMIF($B$5:$B$11,B17,$F$5:$F$11)	0		
18	收点	vt	=SUMIF($A$5:$A$11,B18,$F$5:$F$11)-SUMIF($B$5:$B$11,B18,$F$5:$F$11)	-11	<-最大流	
19	最小费用		=SUMPRODUCT(F5:F11,D5:D11)			

图12-21　Excel求解网络最小费用最大流——最小费用

然后利用规划求解进行求解,参数设置如图 12-22 所示。

图 12-22　Excel 求解网络最小费用最大流——参数设置

注意参数设置,有三处与求最大流时发生了变化:一是目标单元发生了变化;二是目标应设置为最小值;三是第一个约束条件发生了变化。然后单击"求解"按钮,得到如图 12-23 所示的最终结果。

	A	B	C	D	E	F
1	Excel求解最小费用最大流问题					
2						
3	网络结构					
4	起点	终点	容量	费用	容量约束条件	流量
5	vs	v1	10	4	>=	3
6	vs	v2	8	1	>=	8
7	v1	v3	2	6	>=	0
8	v1	vt	7	1	>=	7
9	v2	v1	5	2	>=	4
10	v2	v3	10	3	>=	4
11	v3	vt	4	2	>=	4
12						
13	流量平衡条件		净流量			
14	发点	vs	11	11	<-最大流	
15	中间点	v1	0	0		
16		v2	0	0		
17		v3	0	0		
18	收点	vt	-11	-11	<-最大流	
19	最小费用		55			

图 12-23　Excel 求解网络最小费用最大流——结果

由图 12-23 可知,网络最小费用为 55,最大流为 11,各条弧上的流量在 F5:F11 区域显示。

3. 最短路问题

最短路可以转化为一个最小费用最大流问题,只是把最大流固定为 1,同时每条弧上的流量只能是 0 或 1,0 表示该弧不在最短路上,1 表示该弧在最短路上。

例 12-4 求图 12-24 所示网络的最短路,弧旁数字为距离 d_{ij}。

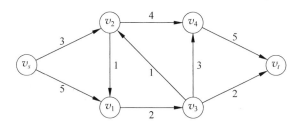

图 12-24 Excel 求解最短路问题

首先,按图 12-25 建立求解模型。

	A	B	C	D	E
1	Excel求解最短路问题				
2					
3	网络结构				
4	起点	终点	距离		是否在最短路上
5	vs	v1	5		
6	vs	v2	3		
7	v1	v3	2		
8	v2	v1	1		
9	v2	v4	4		
10	v3	v2	1		
11	v3	v4	3		
12	v3	vt	2		
13	v4	vt	5		
14					
15					最短距离
16	起点	vs	=SUMIF($A$5:$A$13,B16,$E$5:$E$13)-SUMIF($B$5:$B$13,B16,$E$5:$E$13)	1	=SUMPRODUCT(E5:E13,C5:C13)
17	中间点	v1	=SUMIF($A$5:$A$13,B17,$E$5:$E$13)-SUMIF($B$5:$B$13,B17,$E$5:$E$13)	0	
18		v2	=SUMIF($A$5:$A$13,B18,$E$5:$E$13)-SUMIF($B$5:$B$13,B18,$E$5:$E$13)	0	
19		v3	=SUMIF($A$5:$A$13,B19,$E$5:$E$13)-SUMIF($B$5:$B$13,B19,$E$5:$E$13)	0	
20		v4	=SUMIF($A$5:$A$13,B20,$E$5:$E$13)-SUMIF($B$5:$B$13,B20,$E$5:$E$13)	0	
21	终点	vt	=SUMIF($A$5:$A$13,B21,$E$5:$E$13)-SUMIF($B$5:$B$13,B21,$E$5:$E$13)	-1	

图 12-25 Excel 求解最短路——数据录入

然后,利用"规划求解"进行求解,参数设置如图 12-26 所示。

注意,约束条件中"＄E＄5：＄E＄13＝二进制"用于限定某条弧是否在最短路上。求解结果如图 12-27 所示。

求得最短距离为 8,最短路径为 $v_s \rightarrow v_2 \rightarrow v_1 \rightarrow v_3 \rightarrow v_t$。

12.1.5 求解决策问题

1. 不确定型决策问题

Excel 中的 MAX()、MIN() 和 AVERAGE() 函数可以解决不确定型决策问题。

图 12-26 Excel 求解最短路——参数设置

图 12-27 Excel 求解最短路——结果

例 12-5 某工厂有 3 种方案可供选择,方案 a_1 是对原厂进行扩建,方案 a_2 是对原厂进行技术改造,方案 a_3 是建设新厂。而未来市场可能出现滞销(θ_1)、销路一般(θ_2)和畅销(θ_3)3 种状态。各方案在每种状态下的利润矩阵如表 12-2 所示。分别用悲观准则、乐观准则、折中准则、平均准则和最小后悔值准则进行决策。

表 12-2　某厂新产品生产方案决策

状态 方案	θ_1	θ_2	θ_3
a_1	-4	13	15
a_2	4	7	8
a_3	-6	12	17

首先，按图 12-28 输入相关数据，并定义计算公式。

	A	B	C	D	E	F	G	H
1	Excel求解不确定型决策问题							
2					悲观准则	乐观准则	折中准则	平均准则
3	\状态 方案\	theta1	theta2	theta3	min	max	0.8	
4	a1	-4	13	15	=MIN(B4:D4)	=MAX(B4:D4)	=$G$3*F4+(1-$G$3)*E4	=AVERAGE(B4:D4)
5	a2	4	7	8	=MIN(B5:D5)	=MAX(B5:D5)	=$G$3*F5+(1-$G$3)*E5	=AVERAGE(B5:D5)
6	a3	-6	12	17	=MIN(B6:D6)	=MAX(B6:D6)	=$G$3*F6+(1-$G$3)*E6	=AVERAGE(B6:D6)
7	后悔值矩阵							
8	\状态 方案\	theta1	theta2	theta3	max			
9	a1	=MAX($B$4:$B$6)-B4	=MAX($C$4:$C$6)-C4	=MAX($D$4:$D$6)-D4	=MAX(B9:D9)			
10	a2	=MAX($B$4:$B$6)-B5	=MAX($C$4:$C$6)-C5	=MAX($D$4:$D$6)-D5	=MAX(B10:D10)			
11	a3	=MAX($B$4:$B$6)-B6	=MAX($C$4:$C$6)-C6	=MAX($D$4:$D$6)-D6	=MAX(B11:D11)			

图 12-28　Excel 求解不确定型决策——数据录入

运算结果如图 12-29 所示。

	A	B	C	D	E	F	G	H
1	Excel求解不确定型决策问题							
2					悲观准则	乐观准则	折中准则	平均准则
3	\状态 方案\	theta1	theta2	theta3	min	max	0.8	
4	a1	-4	13	15	-4	15	11.2	8
5	a2	4	7	8	4	8	7.2	6.33
6	a3	-6	12	17	-6	17	12.4	7.67
7	后悔值矩阵							
8	\状态 方案\	theta1	theta2	theta3	max			
9	a1	8	0	2	8			
10	a2	0	6	9	9			
11	a3	10	1	0	10			

图 12-29　Excel 求解不确定型决策——结果

可以得到决策结果为：悲观主义准则：方案 2；乐观主义准则：方案 3；折中主义准则：方案 3；平均主义准则：方案 1；最小后悔值准则：方案 1。

2. 风险型决策问题

下面以 10-2 为例说明 Excel 求解风险型决策问题的方法。

无论是 EMV 准则，还是 EOL 准则，都是期望值，所以都可以使用 SUMPRODUCT()。按图 12-30 建立求解模型。

计算结果如图 12-31 所示。

显然根据最期望收益准则，最优方案为方案 2；根据最小期望损失准则决策方案为方案 2。

	A	B	C	D	E	F
1	Excel求解风险型决策问题					
2	收益矩阵					
3	\状态	状态1	状态2	状态3	状态4	
4	方案\	0.2	0.4	0.3	0.1	EMV
5	方案1	100	100	100	100	=SUMPRODUCT($B$4:$E$4,B5:E5)
6	方案2	0	200	200	200	=SUMPRODUCT($B$4:$E$4,B6:E6)
7	方案3	-100	100	300	300	=SUMPRODUCT($B$4:$E$4,B7:E7)
8	方案4	-200	0	200	400	=SUMPRODUCT($B$4:$E$4,B8:E8)
9	后悔值矩阵					
10	\状态	状态1	状态2	状态3	状态4	
11	方案\	0.2	0.4	0.3	0.1	EOL
12	方案1	=MAX($B$5:$B$8)-B5	=MAX($C$5:$C$8)-C5	=MAX($D$5:$D$8)-D5	=MAX($E$5:$E$8)-E5	=SUMPRODUCT($B$4:$E$4,B12:E12)
13	方案2	=MAX($B$5:$B$8)-B6	=MAX($C$5:$C$8)-C6	=MAX($D$5:$D$8)-D6	=MAX($E$5:$E$8)-E6	=SUMPRODUCT($B$4:$E$4,B13:E13)
14	方案3	=MAX($B$5:$B$8)-B7	=MAX($C$5:$C$8)-C7	=MAX($D$5:$D$8)-D7	=MAX($E$5:$E$8)-E7	=SUMPRODUCT($B$4:$E$4,B14:E14)
15	方案4	=MAX($B$5:$B$8)-B8	=MAX($C$5:$C$8)-C8	=MAX($D$5:$D$8)-D8	=MAX($E$5:$E$8)-E8	=SUMPRODUCT($B$4:$E$4,B15:E15)

图 12-30 Excel 求解风险型决策——数据录入

	A	B	C	D	E	F
1	Excel求解风险型决策问题					
2	收益矩阵					
3	\状态	状态1	状态2	状态3	状态4	
4	方案\	0.2	0.4	0.3	0.1	EMV
5	方案1	100	100	100	100	100
6	方案2	0	200	200	200	160
7	方案3	-100	100	300	300	140
8	方案4	-200	0	200	400	60
9	后悔值矩阵					
10	\状态	状态1	状态2	状态3	状态4	
11	方案\	0.2	0.4	0.3	0.1	EOL
12	方案1	0	100	200	300	130
13	方案2	100	0	100	200	70
14	方案3	200	100	0	100	90
15	方案4	300	200	100	0	170

图 12-31 Excel 求解风险型决策——结果

下面以 10-8 为例说明利用 Excel 求解 Bayes 决策问题的方法。

首先按图 12-32 建立起 Bayes 求解模型。

	A	B	C	D	E	F	G	H	I
1	Excel求解Bayes决策问题								
2	先验信息					先验分析			
3	状态	盈利	一般	亏损	\状态	盈利	一般	亏损	
4	概率	0.25	0.3	0.45	方案\	0.25	0.3	0.45	EMV
5	条件收益	15	1	-6	方案1（投产）	15	1	-6	=SUMPRODUCT($F$4:$H$4,F5:H5)
6					方案2（不投产）	0	0	0	=SUMPRODUCT($F$4:$H$4,F6:H6)
7	条件概率					后验分析	联合概率		
8	\实际情况 调查结果\	盈利	一般	亏损	\实际情况 调查结果\	盈利	一般	亏损	全概率
9	盈利	0.65	0.25	0.1	盈利	=B$4*B9	=C$4*C9	=D$4*D9	=SUM(F9:H9)
10	一般	0.25	0.45	0.15	一般	=B$4*B10	=C$4*C10	=D$4*D10	=SUM(F10:H10)
11	亏损	0.1	0.3	0.75	亏损	=B$4*B11	=C$4*C11	=D$4*D11	=SUM(F11:H11)
12	调查成本	0.6							
13	后验概率								
14	\实际情况 调查结果\	盈利	一般	亏损	条件EMV	条件决策	后验EMV	后验净收益	
15	盈利	=F9/$I9	=G9/$I9	=H9/$I9	=SUMPRODUCT($B$5:$D$5,B15:D15)	=MAX(E15,0)	=SUMPRODUCT(I9:I11,F15:F17)	=G15-B12	
16	一般	=F10/$I10	=G10/$I10	=H10/$I10	=SUMPRODUCT($B$5:$D$5,B16:D16)	=MAX(E16,0)		是否进行调查	
17	亏损	=F11/$I11	=G11/$I11	=H11/$I11	=SUMPRODUCT($B$5:$D$5,B17:D17)	=MAX(E17,0)	=IF(H15>I5,"是","否")		

图 12-32 Excel 求解 Bayes 决策——数据录入

求解结果如图 12-33 所示。

由图 12-33 可知，若不进行市场调查，直接投产的期望收益为 1.35 百万元，如果进行调查后所带来的净期望收益为 2.31 百万元。所以应该进行调查。最优决策为：应该进

	A	B	C	D	E	F	G	H	I
1	Excel求解Bayes决策问题								
2	先验信息				先验分析				
3	状态	盈利	一般	亏损	\状态	盈利	一般	亏损	EMV
4	概率	0.25	0.30	0.45	方案\	0.25	0.3	0.45	
5	条件收益	15	1	-6	方案1（投产）	15	1	-6	1.35
6					方案2（不投产）	0	0	0	0
7	条件概率				后验分析	联合概率			
8	\实际情况 调查结果\	盈利	一般	亏损	\实际情况 调查结果\	盈利	一般	亏损	全概率
9	盈利	0.65	0.25	0.10	盈利	0.1625	0.0750	0.0450	0.2825
10	一般	0.25	0.45	0.15	一般	0.0625	0.1350	0.0675	0.2650
11	亏损	0.10	0.30	0.75	亏损	0.0250	0.0900	0.3375	0.4525
12	调查成本	0.6							
13	后验概率								
14	\实际情况 调查结果\	盈利	一般	亏损	条件EMV	条件决策	后验EMV	后验净收益	
15	盈利	0.5752	0.2655	0.1593	7.94	7.94	2.91	2.31	
16	一般	0.2358	0.5094	0.2547	2.52	2.52	是否进行调查		
17	亏损	0.0552	0.1989	0.7459	-3.45	0.00	是		

图 12-33　Excel 求解 Bayes 决策——数据录入

行调查。如果调查结果为"盈利"和"一般"都应投产生产新产品，而如果调查结果为"亏损"则不投产。

最后需要说明的是，由于 Excel 的强大计算能力，它还可以用于其他的运筹学的问题求解，如存储问题、对策问题等。由于它们较为简单或与前面介绍的内容有所重复，故不再赘述。

12.2　LINGO 求解运筹学问题

LINGO 是专门优化分析软件，功能十分强大，对于求解运筹学的相关问题是其基础功能。LINGO 内置了一种建立最优化模型的语言，可以简便地表达大规模问题，利用 LINGO 高效的求解器可快速求解并分析结果。

12.2.1　LINGO 基础知识

当在 Windows 中运行 LINGO 软件时，得到如图 12-34 所示的窗口。

外层是主框架窗口，包含了所有菜单命令和工具条，其他所有的窗口将被包含在主窗口之下。主窗口内默认会打开一个代码编写窗口，在这个窗口内录入优化模型。为了较快地了解 LINGO，先看一个利用 LINGO 求解线性规划的例子。

$$\max z = 90x_1 + 160x_2 + 40x_3 + 100x_4$$
$$\text{s.t.} \quad 2x_1 + 8x_2 + 4x_3 + 2x_4 \leqslant 480$$
$$5x_1 + 4x_2 + 8x_3 + 5x_4 \leqslant 800$$
$$7x_1 + 8x_2 + 2x_3 + 5x_4 \geqslant 900$$
$$x_1, x_2, x_3, x_4 \geqslant 0$$

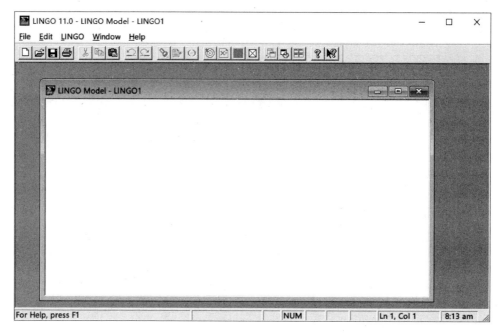

图 12-34 LINGO 主界面

在代码窗口输入如下代码：

!求解线性规划；
MAX = 90 * x1 + 160 * x2 + 40 * x3 + 100 * x4;
2 * x1 + 8 * x2 + 4 * x3 + 2 * x4 <= 480;
5 * x1 + 4 * x2 + 8 * x3 + 5 * x4 <= 800;
7 * x1 + 8 * x2 + 2 * x3 + 5 * x4 >= 900;

在上面的代码中，第一行为注释行，它以"!"开始，以";"结束。第二行为目标函数行，第 3~5 行为约束条件。注意每行都必须以";"结束。可以看到 LINGO 代码的输入非常简单，只需按问题的形式直接在代码窗口输入即可。

然后单击工具条上的靶形按钮即可得到如下的求解结果。

```
Global optimal solution found.
Objective value:                              18000.00
Infeasibilities:                              0.000000
Total solver iterations:                             2
Variable           Value         Reduced Cost
   X1           0.000000            10.00000
   X2           25.00000            0.000000
   X3           0.000000            130.0000
   X4           140.0000            0.000000
   Row     Slack or Surplus         Dual Price
    1           18000.00            1.000000
    2           0.000000            12.50000
    3           0.000000            15.00000
    4           0.000000            0.000000
```

结果显示，找到了该问题的全局最优解，目标函数值为 1800，变量的值为 $(x_1, x_2, x_3, x_4) = (0, 25, 0, 140)$，同时给出了约束条件的松弛或剩余变量的值，三个约束条件的松弛或剩余变量的值均为 0，而且第 1～3 种资源的影子价格分别为 12.5，15 和 0。

12.2.2 LINGO 中的常用函数

LINGO 中有 9 种类型的函数：

(1) 基本运算符：包括算术运算符、逻辑运算符和关系运算符；
(2) 数学函数：三角函数和常规的数学函数；
(3) 金融函数：LINGO 提供的两种金融函数；
(4) 概率函数：LINGO 提供了大量概率相关的函数；
(5) 变量界定函数：这类函数用来定义变量的取值范围；
(6) 集操作函数：这类函数为对集的操作提供帮助；
(7) 集循环函数：遍历集的元素，执行一定的操作的函数；
(8) 数据输入输出函数：这类函数允许模型和外部数据源相联系，进行数据的输入输出；
(9) 辅助函数：各种杂类函数。

基本运算符是非常基本的，甚至可以不认为它们是一类函数。事实上，在 LINGO 中它们是非常重要的。

算术运算符是针对数值进行操作的。LINGO 提供了 5 种二元运算符：

^乘方；*乘；/除；＋加；－减；

在 LINGO 中，逻辑运算符主要用于集循环函数的条件表达式中，来控制在函数中哪些集成员被包含，哪些被排斥。在创建稀疏集时用在成员资格过滤器中。LINGO 具有 9 种逻辑运算符：

♯not♯　♯否定该操作数的逻辑值，它是一个一元运算符；
♯eq♯　♯若两个运算数相等，则为 true；否则为 flase；
♯ne♯　♯若两个运算符不相等，则为 true；否则为 flase；
♯gt♯　♯若左边的运算符严格大于右边的运算符，则为 true；否则为 flase；
♯ge♯　♯若左边的运算符大于或等于右边的运算符，则为 true；否则为 flase；
♯lt♯　♯若左边的运算符严格小于右边的运算符，则为 true；
♯le♯　♯若左边的运算符小于或等于右边的运算符，则为 true；否则为 flase；
♯and♯　♯仅当两个参数都为 true e 时，结果为 true；否则为 flase；
♯or♯　♯仅当两个参数都为 false e 时，结果为 false；否则为 true。

LINGO 有三种关系运算符："="、"<="和">="。LINGO 中还能用"<"表示小于等于关系，">"表示大于等于关系。LINGO 并不支持严格小于和严格大于关系运算符。然而，如果需要严格小于和严格大于关系，比如让 A 严格小于 B：A<B，可以把它变成这样的表达式：A+ε<=B。

在 LINGO 中，关系运算符主要是被用在模型中，来指定一个表达式的左边是否等于、小于等于或者大于等于右边，形成模型的一个约束条件。关系运算符与逻辑运算符

#eq#、#le#、#ge#截然不同,前者是模型中该关系运算符所指定关系的为真描述,而后者仅仅判断该关系是否被满足:满足为真,不满足为假。

此外,LINGO 提供了大量的标准数学函数,如:

@abs(x)　　　　　　　返回 x 的绝对值
@sin(x)　　　　　　　返回 x 的正弦值,x 采用弧度制
@cos(x)　　　　　　　返回 x 的余弦值
@tan(x)　　　　　　　返回 x 的正切值
@exp(x)　　　　　　　返回常数 e 的 x 次方
@log(x)　　　　　　　返回 x 的自然对数
@lgm(x)　　　　　　　返回 x 的 gamma 函数的自然对数
@sign(x)　　　　　　　如果 $x<0$ 返回 -1;否则,返回 1
@floor(x)　　　　　　返回 x 的整数部分
@smax(x1,x2,…,xn)　　返回 $x_1,x_2,\cdots,x_n$ 中的最大值
@smin(x1,x2,…,xn)　　返回 $x_1,x_2,\cdots,x_n$ 中的最小值

LINGO 还提供了两个常用的金融函数。

@fpa(I,n)函数返回如下情形的净现值:单位时段利率为 I,连续 n 个时段支付,每个时段支付单位费用。若每个时段支付 x 单位的费用,则净现值可用 x 乘以 @fpa(I,n) 算得。@fpa(I,n)的计算公式为

$$\sum_{k=1}^{n}\frac{1}{(1+I)^k}=\frac{1-(1+I)^{-n}}{I}$$

净现值就是在一定时期内为了获得一定收益在该时期初所支付的实际费用。

@fpl(I,n)函数返回如下情形的净现值:单位时段利率为 I,第 n 个时段支付单位费用。@fpl(I,n)的计算公式为 $(1+I)^{-n}$。

另外,还有 4 个变量界定函数与运筹学有关。@bin(x)限制变量 x 为 0-1 变量;@bnd(L,x,U)限制变量 x 在区间 $[L,U]$ 内;@free(x)取消对变量 x 非负限制(默认的),即 x 可取任意实数;gin(x)限制变量 x 为整数。

LINGO 提供了常用的概率函数,可以用于涉及随机优化问题的求解。由于这些函数与本教材的相关性不大,所以不再赘述。下面介绍利用 LINGO 求解运筹学中的一些典型问题。

12.2.3　求解整数规划问题

利用 LINGO 求解整数规划问题时,只需要注意使用@gin(x)函数限定变量取整数值即可。如下面的整数规划问题,

$$\max z = 9x_1 + 6x_2 + 5x_3$$
$$\text{s.t.} \quad 2x_1 + 3x_2 + 7x_3 \leqslant 35/2$$
$$4x_1 + 9x_3 \leqslant 15$$
$$x_1, x_2, x_3 \geqslant 0$$
$$x_1, x_2 \text{ 为整数}$$

在 LINGO 中的求解代码为：

```
!整数规划问题;
MAX = 9 * x1 + 6 * x2 + 5 * x3;
2 * x1 + 3 * x2 + 7 * x3 <= 35/2;
4 * x1 + 9 * x3 <= 15;
@gin(x1);!x1 为整数;
@gin(x2);!x2 为整数;
```

注意其中第 5、6 行分别为限制 x_1 和 x_2 为整数。求解后可以得到 $z^* = 46\frac{2}{3}$，最优解为 $(x_1, x_2, x_3) = \left(3, 3, \frac{1}{3}\right)$。

12.2.4 求解 0-1 规划问题

0-1 规划问题求解过程应使用@bin(x)函数限制变量的取值为 0 或 1。如下所示的 0-1 规划问题

$$\min z = 8x_1 + 2x_2 + 4x_3 + 7x_4 + 5x_5$$
$$\text{s.t.} \quad 3x_1 + 3x_2 - x_3 - 2x_4 - 3x_5 \geqslant 2$$
$$5x_1 + 3x_2 + 2x_3 + x_4 - x_5 \geqslant 4$$
$$x_j = 0 \text{ 或 } 1, \forall j$$

在 LINGO 中的求解代码为

```
!0-1 规划问题;
MIN = 8 * x_1 + 2 * x_2 + 4 * x_3 + 7 * x_4 + 5 * x_5;
3 * x_1 + 3 * x_2 - x_3 - 2 * x_4 - 3 * x_5 >= 2;
5 * x_1 + 3 * x_2 + 2 * x_3 + x_4 - x_5 >= 4;
@bin(x_1);
@bin(x_2);
@bin(x_3);
@bin(x_4);
@bin(x_5);
```

注意到，上述代码中将每个变量都使用了@bin(x)函数进行了限制，但是这样的写法较为啰唆，当变量数量增加后这样的做法更不适用。所以下面我们将结合指派问题的求解来说明 LINGO 中"集"的概念与应用。

对实际问题建模的时候，总会遇到一群或多群相联系的对象，比如工厂、消费者群体、交通工具和雇工等。LINGO 允许把这些相联系的对象聚合成集(sets)。一旦把对象聚合成集，就可以利用集来最大限度地发挥 LINGO 建模语言的优势。

集是 LINGO 建模语言的基础，是程序设计最强有力的基本构件。借助于集，能够用一个单一的、长的、简明的复合公式表示一系列相似的约束，从而可以快速方便地表达规模较大的模型。

集是一群相联系的对象，这些对象也称为集的成员。一个集可能是一系列产品、卡车或雇员。每个集成员可能有一个或多个与之有关联的特征，我们把这些特征称为属性。

属性值可以预先给定,也可以是未知的,有待于 LINGO 求解。例如,产品集中的每个产品可以有一个价格属性;卡车集中的每辆卡车可以有一个牵引力属性;雇员集中的每位雇员可以有一个薪水属性,也可以有一个生日属性等。

在 LINGO 模型中使用集之前,必须在集部分事先定义。集部分以关键字"sets:"开始,以"endsets"结束。一个模型可以没有集部分,或有一个简单的集部分,或有多个集部分。一个集部分可以放置于模型的任何地方,但是一个集及其属性在模型约束中被引用之前必须定义了它们。

为了定义一个原始集,必须详细声明:

(1) 集的名字;

(2) 可选,集的成员;

(3) 可选,集成员的属性。

定义一个原始集,用下面的语法:

setname[/member-list][:attribute-list];

其中,setname 是你选择的用来标记集的名字,最好具有较强的可读性。集名字必须严格符合标准命名规则:以拉丁字母或下划线为首字符,其后由拉丁字母(A—Z)、下划线、阿拉伯数字(0,1,…,9)组成的总长度不超过 32 个字符的字符串,且不区分大小写。

member-list 是集成员列表。如果集成员放在集定义中,那么对它们可采取显式罗列和隐式罗列两种方式。如果集成员不放在集定义中,那么可以在随后的数据部分定义它们。当显式罗列成员时,必须为每个成员输入一个不同的名字,中间用空格或逗号隔开,允许混合使用。例如可以定义一个名为 students 的原始集,它具有成员 John、Jill、Rose 和 Mike,属性有 gender 和 age,定义方法如下

```
SETS:
    students/John Jill Rose Mike/: gender,age;
ENDSETS
```

当隐式罗列成员时,不必罗列出每个集成员。可采用如下语法

setname/member1..memberN/[:attribute-list];

其中 member1 是集的第一个成员,memberN 是集的最末一个成员。这种定义方式中 LINGO 将自动生成所有中间成员名,LINGO 也接受一些特定的首成员名和末成员名,用于创建一些特殊的集。如

成员列表格式	示例	所生成的集成员
1..n	1..5	1,2,3,4,5
StringM..StringN	Book2..Book8	Book2,Book,…,Book8
DayM..DayN	Mon..Fri	Mon,Tue,Wed,Thu,Fri
MonthM..MonthN	Oct..Jan	Oct,Nov,Dec,Jan
MonthYearM..MonthyearN	Oct2016..Jan2017	Oct2016,Nov2016,Dec2016,Jan2017

此外,集成员也不放在集定义中,而在随后的数据部分来定义。如,

```
SETS:
    stu:gender,age;
ENDSETS
DATA:
    stu,gender,age = John 1 16
                     Jill 0 14
                     Rose 0 17
                     Mike 1 13;
ENDDATA
```

上面代码中，在集部分只定义了一个集 stu，并未指定成员。然后在数据部分罗列了集成员 John、Jill、Rose 和 Mike，并对属性中的 gender 和 age 分别赋值。集成员无论用何种字符标记，它索引都是从 1 开始连续计数。在 attribute-list 中可以指定一个或多个集成员的属性，属性之间必须用逗号分隔。

在上述原始集定义的基础上，进一步可以定义派生集，其定义方式为

```
setname(parent-set-list)[/member-list][:attribute-list];
```

setname 是集的名字，parent-set-list 是已定义集的列表，多个时必须用逗号隔开。如果没有指定成员列表，那么 LINGO 会自动创建父集成员的所有组合作为派生集的成员。派生集的父集既可以是原始集，也可以是其他的派生集。下面是一个派生集定义的例子。

```
SETS:
    ClassRoom/1..5/;
    Class/A,B/;
    Week/1..8/;
    Available(ClassRoom,Class,Week):x
ENDSETS
```

上述定义后 LINGO 会生成三个父集的所有组合作为 Available 集的成员，如第 1 个成员为 $(1,A,1)$，最后一个成员为 $(5,B,8)$。

成员列表被忽略时，派生集成员由父集成员所有的组合构成，这样的派生集成为稠密集。如果限制派生集的成员，使它成为父集成员所有组合构成的集合的一个子集，这样的派生集成为稀疏集。（请有兴趣的同学自行查找相关资料。）

下面采用集的方式求解指派问题。假设有一个 5×5 指派问题，其费用矩阵为

$$\begin{bmatrix} 4 & 8 & 7 & 15 & 12 \\ 7 & 9 & 17 & 14 & 10 \\ 6 & 9 & 12 & 8 & 7 \\ 6 & 7 & 14 & 6 & 10 \\ 6 & 9 & 12 & 10 & 6 \end{bmatrix}$$

在 LINGO 中可建立如下代码

```
!5 个工人,5 个工作的分配问题;
MODEL:
SETS:
    workers/w1..w5/; !5 个工人;
```

```
        jobs/j1..j5/; !5 项工作;
        links(workers,jobs): cost,assign; !cost 为成本矩阵;
                                          assign 为指派结果矩阵;
ENDSETS
!数据部分;
DATA:
     cost = 4  8   7  15  12
            7  9  17  14  10
            6  9  12   8   7
            6  7  14   6  10
            6  9  12  10   6;
ENDDATA
!目标函数;
MIN = @SUM(links: cost * assign);
!每个工人只能有一份工作;
@FOR(workers(I):
     @SUM(jobs(J): assign(I,J)) = 1;
);
!每份工作只能有一个工人;
@FOR(jobs(J):
     @SUM(workers(I): assign(I,J)) = 1;
);
END
```

上面代码是规范的 LINGO 模型构建语言,主要包括三个部分:一是定义集;二是数据部分;三是模型部分。可以发现这样的方式非常规范和简洁。

12.2.5 求解运输问题

运输问题与指派问题有些类似,所以可以在指派问题的代码基础上进行适当修改后得到。如为求解例 12-1 中的运输问题可建立如下代码

```
!运输问题;
MODEL:
SETS:
   producers/pr1..pr3/: capacity;!三个生产商,capacity 为产量;
   vendors/v1..v4/: mindemand, maxdemand;
   !4 个需求商,mindemand 和 maxdemand 分别为最低和最高需求;
   links(producers, vendors): cost, trans;!cost 为运价,trans 为运量;
ENDSETS
DATA:
   capacity = 50 60 50;
   mindemand = 30 70 0 10;
   maxdemand = 50 70 30 999;
   cost = 16  13  22  17
          14  13  19  15
          19  20  23  999;
ENDDATA
!目标函数;
```

```
MIN = @SUM(links: cost * trans);
!需求约束;
@FOR(vendors(J):
    @SUM(producers(I): trans(I,J))>= mindemand(J));!不低于最低需求;
@FOR(vendors(J):
    @SUM(producers(I): trans(I,J))<= maxdemand(J));!不高于最高需求;
!产量约束;
@FOR(producers(I):
    @SUM(vendors(J): trans(I,J)) = capacity(I));
END
```

12.2.6 求解最大流问题

以例 12-2 为例,其 LINGO 求解代码如下

```
MODEL:
SETS:
    node/1..6/;!6个节点;
    road(node,node):c,a,f;
!不同节点之间点路,c 表示弧的容量;
a 为 0-1 矩阵,0 表示两点之间无弧,1 表示有;
f 为流量,待求;
ENDSETS
DATA:
    a = 0 1 1 0 0 0
        0 0 0 1 0 0
        0 1 0 0 1 0
        0 0 1 0 1 1
        0 0 0 0 0 1
        0 0 0 0 0 0;
    c = 0 5 3 0 0 0
        0 0 0 2 0 0
        0 1 0 0 4 0
        0 0 1 0 3 2
        0 0 0 0 0 5
        0 0 0 0 0 0;
ENDDATA
MAX = vf;!目标函数最大流;
@SUM(road(i,j)|i#eq#1:f(i,j)) = vf;!发点发出的流量;
!约束条件;
@FOR(node(i)|i#gt#1 #and# i#ne#@SIZE(node):
    @SUM(node(j):f(i,j) * a(i,j)) = @SUM(node(j):f(j,i) * a(j,i)));
    !中间点流量为 0;
@FOR(road(i,j):f(i,j)<= c(i,j));!弧上流量超过容量;
END
```

12.2.7 求解最短路问题

以例 12-4,可以建立如下的求解代码(仍然使用的求解最大流的思路)

```
!最短路问题;
MODEL:
SETS:
nodes/vs,v1,v2,v3,v4,vt/; !6个节点;
arcs(nodes,nodes)/vs v1,vs v2,v1 v3,v2 v1,
v2 v4,v3 v2,v3 v4,v3 vt,v4 vt/:w,x;
!所有的弧,w为距离,x为求解变量,取值0或1,1表示在最短路上,0表示不在;
ENDSETS
DATA:
w = 5 3 2 1 4 1 3 2 5; !注意数据要与前面所定义的弧顺序一致;
ENDDATA
n = @SIZE(nodes); !确定节点的个数;
MIN = @SUM(arcs:w * x); !在最短路上的弧的权之和最小;
@FOR(nodes(i)|i #ne# 1 #and# i #ne# n:!;
@SUM(arcs(i,j):x(i,j)) = @SUM(arcs(j,i):x(j,i)));
!中间点流入量与流出量相等;
@SUM(arcs(i,j)|i #eq# 1:x(i,j)) = 1; !发点发出1;
@SUM(arcs(i,j)|j #eq# n:x(i,j)) = 1; !收点收到1;
END
```

在最大流和最短路的求解模型基础上,容易得到最小费用最大流问题的求解模型。此处不再赘述,同学们可以自行练习。

参 考 文 献

[1] 钱颂迪. 运筹学(第 4 版)[M]. 北京:清华大学出版社,2006.
[2] 《运筹学》教材编写组. 运筹学(第 3 版)[M]. 北京:清华大学出版社,2005.
[3] 高孝伟,何大义. 运筹学[M]. 北京:中国大地出版社,2007.
[4] 韩伯棠. 管理运筹学(第 2 版)[M]. 北京:高等教育出版社,2005.
[5] 胡运权. 运筹学习题集(修订版)[M]. 北京:清华大学出版社,1995.
[6] 刘满凤,傅波,聂高辉. 运筹学模型与方法教程例题分析与题解[M]. 北京:清华大学出版社,2001.
[7] 王可定,周献中. 运筹决策理论方法新编[M]. 北京:清华大学出版社,2010.
[8] 罗党,王淑英. 决策理论与方法[M]. 北京:机械工业出版社,2010.
[9] 杜栋,庞庆华,吴炎. 现代综合评价方法与案例精选(第 2 版)[M]. 北京:清华大学出版社,2008.
[10] 何大义. 管理运筹学方法[M]. 武汉:武汉大学出版社,2018.
[11] 韩红梅. 生活中的运筹学[M]. 北京:电子工业出版社,2017.
[12] 熊伟. 运筹学(第 3 版)[M]. 北京:机械工业出版社,2014.

教师服务

感谢您选用清华大学出版社的教材！为了更好地服务教学，我们为授课教师提供本书的教学辅助资源，以及本学科重点教材信息。请您扫码获取。

▶ 教辅获取

本书教辅资源，授课教师扫码获取

▶ 样书赠送

管理科学与工程类重点教材，教师扫码获取样书

 清华大学出版社

E-mail: tupfuwu@163.com
电话：010-83470332 / 83470142
地址：北京市海淀区双清路学研大厦 B 座 509

网址：http://www.tup.com.cn/
传真：8610-83470107
邮编：100084